VOM ALT-WERDEN

Eine Materialsammlung aus der
RUDOLF STEINER-GESAMTAUSGABE

zusammengestellt durch
GISELA GAUMNITZ

In Lizenz der Rudolf-Steiner-Nachlaßverwaltung,
Dornach/Schweiz

aus der Arbeit des

HUMANUS-INSTITUTS ÖSCHELBRONN E.V.
Gemeinnütziger Verein für Altersforschung
und -lehre aus anthroposophisch
orientierter Geisteswissenschaft

JOHANNESHAUS · Zentrum für
Lebensgestaltung im Alter
Am Eichhof · D-7532 Niefern-Öschelbronn 2

Studienmaterial zur anthroposophisch orientierten Geisteswissenschaft

VOM ALT-WERDEN

Eine Materialsammlung aus der RUDOLF STEINER-GESAMTAUSGABE

zusammengestellt durch

GISELA GAUMNITZ

VERLAG DIE PFORTE · BASEL

Satz und Druck: Greiserdruck Rastatt

ISBN 3–85636–076–X

INHALTSANGABE

VORWORT

Mit diesem Studienmaterial aus dem Gesamtwerk von Rudolf Steiner wird ein Beitrag zur Alterskunde durch die Anthroposophie gegeben. Nur sehr schweren Herzens konnten nicht die ganzen Vorträge abgedruckt werden. Der Umfang, der sich nur schon aus den Zitaten ergeben hat, ist die Rechtfertigung dafür.

Rudolf Steiners Vorträge sind Kunstwerke, dem Aufbau und der inneren Führung nach.

Es wird deshalb mit Lesern gerechnet, die sich in die geisteswissenschaftliche Erarbeitung so vertiefen, daß sie das Bedürfnis haben, die ganzen Vorträge zu lesen. Erst dadurch ersteht die lebendige Atmosphäre des gesprochenen Wortes.

Wer als Betroffener – wir sind das ja alle ab dem fünfunddreißigsten Lebensjahr – dieses Buch zur Hand nimmt, wird es bestimmt so halten.

Selbstverständlich muß für eine Zitatensammlung aus Rudolf Steiners Vortragswerk erst recht gelten, was er in seiner Selbstbiographie «Mein Lebensgang» (GA 28, 35. und 36. Kapitel) zur Drucklegung seiner Vorträge folgendermaßen ausführt:

«Als mündliche, nicht zum Druck bestimmte Mitteilungen waren die Inhalte dieser Drucke gemeint . . .

Es ist nirgends auch nur in geringstem Maße etwas gesagt, was nicht reinstes Ergebnis der sich aufbauenden Anthroposophie wäre . . . Wer diese Privatdrucke liest, kann sie im vollsten Sinne eben als das nehmen, was Anthroposophie zu sagen hat. Deshalb konnte ja auch ohne Bedenken . . . von der Einrichtung abgegangen werden, diese Drucke nur im Kreise der Mitgliedschaft zu verbreiten. Es wird eben nur hingenommen werden müssen, daß

in den von mir nicht nachgesehenen Vorlagen sich Fehlerhaftes findet.
EIN URTEIL ÜBER DEN INHALT EINES SOLCHEN PRIVATDRUCKES wird ja allerdings nur demjenigen zugestanden werden können, der kennt, was als Urteils-Voraussetzung angenommen wird. Und das ist für die allermeisten dieser Drucke MINDESTENS die anthroposophische Erkenntnis des Menschen, des Kosmos, insofern sein Wesen in der Anthroposophie dargestellt wird, und dessen, was als ‹anthroposophische Geschichte› in den Mitteilungen aus der Geist-Welt sich findet.»

Die Notwendigkeit dieser Zusammenstellung hat sich aus der geisteswissenschaftlichen Auseinandersetzung mit dem Altersproblem ergeben. Die Kapitelgliederung und die Zwischentexte wollen die Hinweise Rudolf Steiners methodisch erschließen helfen und die Brücke zu den heutigen brennenden Altersproblemen bauen.
Wird die Fülle der Zitate bedacht – wobei Parallelstellen nicht berücksichtigt wurden, wenn sie nicht neue Gesichtspunkte enthielten, obwohl fast eine jede Textstelle Nuancierungen der oft schwer zu ergründenden Aussagen enthält – so ist beeindruckend, welche Bedeutung Rudolf Steiner dem Problem des Alt-Werdens beigemessen hat. Das Thema muß ihm sehr am Herzen gelegen haben!
Leider hat ihn niemand um einen Kurs darüber gebeten und ist er im Übermaß der Arbeit nicht zu einer eigenen Schrift dazu gekommen.
Es ist dabei auch zu bedenken, daß im Anfang der zwanziger Jahre das demographische Problem des steigenden Anteils der immer Älterwerdenden in der Gesellschaft erst anfing ins Bewußtsein der Menschen zu kommen und die ersten Schritte in der Geriatrie gerade erst getan wurden.
Zum Altersproblem werden in der Einleitung noch einige Gedanken aus geisteswissenschaftlicher Sicht entwickelt.
Zur Methode der Zusammenstellung noch folgendes:

1. Um deutlich zu unterscheiden, sind die Wortlaute Rudolf Steiners immer in NORMALSCHRIFT *gesetzt.*
Alle Überschriften, Hinweise, Zwischenbemerkungen und Hinweise vom Herausgeber sind in KURSIVSCHRIFT.
2. Die Bände der Gesamtausgabe sind mit der GA-Nr., der verwendeten Ausgabe und dem vollen Datum des benutzten Vortrages, sowie mit den Seitenzahlen bezeichnet. Wenn aus demselben Vortrag mehrere Stellen zitiert werden, sind Seitenzahlen dazwischengesetzt, wenn der Text nicht fortlaufend ist.
3. Am Schluß des Bandes ist eine Auflistung der verwendeten GA-Nr. mit dem vollständigen Titel des Gesamtausgabebandes zu beachten.
4. Nach jedem Kapitel ist eine oder sind zwei Leerseiten belassen, damit der Leser sich Parallelstellen oder andere Hinweise zum Studium notieren kann.

Dieser Beitrag zur Alterskunde möchte die Frage nach «dem Anthroposophischen» in der Altenarbeit klären helfen.

Man wird beim Durcharbeiten die dringende, mahnende Aufforderung Rudolf Steiners erleben, daß ohne das Hinzufügen der Geisteswissenschaft zur naturwissenschaftlichen Phänomenologie die Menschheitsevolution gefährdet ist.

EINLEITUNG

Was ist der Sinn des Alters? Welches sind die Alterungsprozesse? Wodurch werden solche Prozesse veranlaßt? So könnten noch viele Fragen nach Sinn und Ursache des Alters gestellt werden.
Rudolf Steiner gibt in seinem Lebenswerk viele Antworten. In den verschiedensten Zusammenhängen finden sich – oft unvermutet –, manchmal als Beispiel zum behandelten Thema, Ausführungen zur Altersfrage. Es war Rudolf Steiner offensichtlich ein Anliegen, die Altersfrage immer wieder als für die Zukunft wichtiges Thema ins Bewußtsein zu bringen: «Wir arbeiten da der Zukunft erst entgegen. Was der Mensch in der höheren Altersstufe in seinem Innern ausbildet, wird in der Zukunft organ- und körperschaffend sein; das wird auch im Weltenkosmos später mitwirken» (GA 55, Ausgabe 1959, 28. 2. 1907).
Wann beginnt eigentlich das Altern? Natürlich kann man sagen, mit dem ersten Atemzug, dann meint man eigentlich das «Älter-Werden». In dem zitierten Vortrag ist das «Altern», das «Altwerden» in der zweiten Lebenshälfte angesprochen, die ab fünfunddreißig beginnt. Dieses fünfunddreißigste Lebensjahr wird von Rudolf Steiner immer wieder als bedeutender Wendepunkt im Lebenslauf dargestellt. Es ereignen sich da – wenn auch im Unterbewußtsein – wichtigste Vorgänge, zum Beispiel die Begegnung mit dem Vater-Prinzip und das Lockern des Ätherleibes aus dem Leibesgefüge.
Auch die materialistischem Denken verhaftete Naturwissenschaft spricht vom funfunddreißigsten Lebensjahr als dem Beginn des Alterns, weil dies an den physiologischen Prozessen (Zellalterung) ablesbar ist. Dabei wird dann nach Mitteln gesucht, die das Zellwachstum wieder anregen und so leiblich jung (mehr Aufbau als Abbau) erhalten und das Leben verlängern könnten.

Wie soll nun aber seelisch und geistig das Hineinschreiten in die zweite Lebenshälfte als Vorbereitung auf das Alter aussehen?
Rudolf Steiner nennt es eine Gnade, wenn der Mensch um diese Zeit zu einem geisteswissenschaftlichen Schulungsweg findet.
Der Mensch, der jetzt auf dem Höhepunkt seiner Wirksamkeit im Sozialen und in der Verantwortung dem äußeren Leben gegenüber steht, soll die entscheidende Wende nach Innen vollziehen.
Warum schon mit fünfunddreißig Jahren, könnte man fragen?
Sollte man sich nicht Zeit lassen, bis das äußere Leben den Raum dazu gibt, zum Beispiel bei der Pensionierung? Bei einer solchen Fragestellung wird nicht berücksichtigt, daß ab der Lebensmitte die Bewußtseinsseele und ungefähr ab dem zweiundvierzigsten Jahr das Geistselbst als geistige Leiblichkeiten frei werden. Es beginnt die Entwicklung der physischen und geistigen Leiblichkeiten auseinanderzudriften, so daß man im Bewußtsein, in den seelischen und geistigen Bereichen starke Fähigkeiten veranlagen muß, um diese Entwicklung richtig gestalten zu können.
Rudolf Steiner stellt als Extreme zwei Altersbilder vor uns hin: den aus Herzenskräften wirkenden weisen Menschen und den in Lebensroutine «zur Mumie» erstarrten Menschen.
Als wichtiger volkspädagogischer Appell soll eindringlich aus der Anthroposophie – immer eindringlicher – in die Welt gestellt werden: Ab fünfunddreißig sollte man lernen, bewußt mit jedem Tag älter zu werden.
Diese Materialsammlung aus dem Gesamtwerk von Rudolf Steiner wendet sich an die Pädagogen, Therapeuten, Pfleger, Ärzte, aber auch an jeden Menschen in der Lebensmitte und selbstverständlich an alle Menschen im höheren Lebensalter.
Es gilt, mit der Frage nach dem richtigen Alt-Werden eine Zukunftsaufgabe in das Bewußtsein zu heben: Lernen sollten wir, zu dem naturhaften Menschen bewußt den «zweiten Menschen» in uns auszubilden.

Öschelbronn, Ostern 1987 Gisela Gaumnitz

I. «LERNEN MÜSSEN WIR BEWUSST DAS ÄLTERWERDEN»

Der Mensch muß lernen sich als das «Werdewesen» zu verstehen.

GA 180, Ausg. 1966, 6. 1. 1918, S. 187/188

Im Grunde versteht die neuere Menschheit nur, daß man einmal jung gewesen ist. Sie versteht nicht – in Wirklichkeit nicht – realistisch aufzufassen, daß man mit jedem Tage älter wird. Denn sie weiß nicht das Wort, das hinzutreten muß zu dem Worte der Vererbung, wenn man gegenüber dem Jünger-gewesen-Sein das Älterwerden stellt. Sieht man auf seine Kindheit, so spricht man von dem, was man ererbt hat. Ebenso kann man, wenn man auf sein Älterwerden blickt, von dem anderen Pol sprechen, kann wie von der Pforte der Geburt, so von der Pforte des Todes sprechen. Da entsteht die eine Frage: Was haben wir gewonnen durch die Voreltern, indem wir durch das Tor der Geburt eingetreten sind in dieses Leben? – Da entsteht die andere Frage: Was verlieren wir vielleicht, was wird in uns anders dadurch, daß wir den kommenden Zeiten entgegengehen, daß wir mit jedem Tag älter werden? Wie wird es, wenn wir bewußt erleben das Mit-jedem-Tag-Älterwerden?

Das aber ist eine Anforderung an unser Zeitalter. Lernen muß die Menschheit, bewußt mit jedem Tag älter zu werden. Denn lernt man bewußt mit jedem Tag das Älterwerden, dann bedeutet das wirkliche Wissen: ein Zusammentreten mit geistigen Wesenheiten, – wie es ein Herkommen von physischen Wesenheiten bedeutet, daß man geboren ist und vererbte Eigenschaften hat . . .

. . . Dann werden Sie sehen, warum an die Seite der alten Osiris-Isismythe die neue Isismythe treten kann, und warum für den Menschen der Gegenwart beide zusammen notwendig sind;

warum hinzugefügt werden muß zu den Worten, die vom alten Ägypten herüberklingen vom Standbilde zu Saïs: Ich bin das All; ich bin die Vergangenheit, die Gegenwart, die Zukunft, meinen Schleier hat noch kein Sterblicher gelüftet –, warum hineintönen muß in diese Worte ein anderes, warum heute diese Worte nicht mehr einseitig nur an die menschliche Seele heranklingen dürfen, sondern dazu klingen müssen die Worte: Ich bin der Mensch. Ich bin die Vergangenheit, die Gegenwart und die Zukunft. Meinen Schleier sollte jeder Sterbliche lüften.

GA 190, Ausg. 1980, 28. 3. 1919, S. 69

... Und siehst du einen alten Menschen mit grauen Haaren und runzeligem Gesicht, wo die Materie bemerklich welkt, und du beobachtest ihn in seinen Bewegungen, in der Art und Weise, wie er sich darlebt, dann siehst du nicht mehr wie beim Kinde, wie sich da etwas, das ja in ihm ist, vorzüglich durch die Hülle darlebt, sondern du siehst in dem Greise wirksam dasjenige, was sich schon beginnt loszulösen vom physischen Leib. Beobachte den Greis: du wirst an seinen Gebärden, an der Art seines Verhaltens allmählich aufsteigen zu einer Vorstellung vom Geiste. Wenn du den Greis vergleichst mit dem Kinde und die Gebärde des Greises vergleichst mit den kindlichen Imitationsgebärden, dann erweckt sich in deiner Seele ein Gefühl des Unterschieds zwischen Geist und Materie. – Denken Sie, wie da der Bildlichkeit, dem imaginativen Vorstellen geholfen wird. Da wird der Mensch darauf hingewiesen: Stelle dir konkret den Lebenslauf eines Menschen vor und empfinde an diesem Lebenslauf etwas, dann füllen sich deine sonstigen abstrakten Worte mit konkreten Inhalten an ...

GA 192, Ausg. 1964, 15. 6. 1919, S. 194

... denn man redet heute überhaupt nur vom Menschen, ohne zu berücksichtigen, daß er ein Werdewesen ist, daß mit jedem Lebensalter etwas Neues in seine ganze Entwickelung hineinzieht ...

GA 181, Ausg. 1967, 21. 5. 1918, S. 266

... Wer glaubt denn an die Produktivität, an die Fruchtbarkeit des Alters? Und weil man daran nicht glaubt, deshalb ist sie auch nicht da; denn man ist nicht darauf aufmerksam, wie jedes neue Jahr auch neue Offenbarungen bringt. Aber bedenken Sie, wieviel sich im Menschenleben dadurch ändern würde, wenn dieser Glaube wirklich allgemein würde, wenn alle Menschen glauben würden: Ich muß warten auf das Älterwerden, dann werde ich durch mich selbst Dinge erfahren, die ich früher nicht habe erfahren können. Erwartungsvolles Leben, hoffnungsvolles Leben – wo ist es denn heute? Aber solch ein Gedanke, solch eine Empfindung, übergegangen gedacht in das menschliche Gemeinschaftsleben: Denken Sie einmal, was für eine ungeheure Bedeutung dieses hätte! Welche ungeheure Bedeutung es hätte, wenn zu all den verschiedenen «Gleichheitsdemolierungen» – möchte ich es nennen –, die in der heutigen Zeit spielen, im Zusammenleben der Menschen das Bewußtsein hinzukäme: Einfach dadurch, daß man vierzig Jahre alt geworden ist, kann man etwas erfahren haben, was man mit siebenundzwanzig Jahren noch nicht erfahren kann. Denken Sie, wie dann ein Siebenundzwanzigjähriger zu einem Vierzigjährigen stehen könnte, wenn das eine naturgemäße Empfindung wäre! Natürlich kann es heute nicht sein, weil heute oft die Siebzigjährigen nicht älter sind als siebenundzwanzig, und oft gerade die Repräsentativsten nicht älter sind – und es nicht bemerken. Also man kann es heute nicht als eine reale Forderung verlangen ...

... Das Älterwerden des Menschen, der Menschheit, der Erde. Das Hereinnehmen der Todeskräfte bei den Völkern sind Tatsachen, die in den naturhaft ablaufenden Entwicklungsprozessen ihren Ursprung haben.

Dagegen steht der gewaltige Weckruf: Ändert euren Sinn! ...

Menschheit

GA 182, Ausg. 1969, 9. 10. 1918, S. 135

... Die äußeren sinnenfälligen Tatsachen, die jetzt geschehen, die sind rundherum um die Menschen, die fünf Jahre, zehn Jahre, zwanzig Jahre, dreißig Jahre, fünfzig Jahre, die siebzig Jahre alt sind. Dennoch wird kein einziger Mensch, der vernünftig ist, verlangen, daß man dasselbe Verhältnis des Menschen zu den Tatsachen bei den Fünfjährigen, bei den Zehnjährigen, bei den Zwanzigjährigen, bei den Fünfzigjährigen, bei den Siebzigjährigen herstellen soll. Wie die Menschen sich verhalten sollen zu der äußeren Umgebung, das kann nur bestimmt werden, wenn man auf die Entwickelung des Menschen selbst Rücksicht nimmt. Beim einzelnen Menschen wird das jeder zugeben. Aber so wie der einzelne Mensch einer ganz bestimmten Entwickelung unterliegt, wie er gewissermaßen eine andere Art von Kräften hat als Kind, in der Mitte des Lebensalters, als Greis, so hat die Menschheit im Lauf ihrer Entwickelung auch immer andere und andere Kräfte, und man steht gewissermaßen nur schlafend in der Weltentwickelung drinnen, wenn man nicht beachtet, daß die Menschheit in ihrem Wesen etwas anderes ist im 20. Jahrhundert, als sie im 15. Jahrhundert war oder gar in der Zeit des Mysteriums von Golgatha oder vorher. Es gehört zu den größten Mängeln und Verirrungen und Verwirrungen gerade unserer Zeit, daß man das, was ich eben gesagt habe, nicht beachten will, daß man der Meinung ist, man könne von dem Menschen oder von der Menschheit im allgemeinen ganz abstrakt sprechen und müsse nicht wissen, daß diese Menschheit einer Entwickelung unterworfen ist ...

Erde, altwerdende

GA 181, Ausg. 1967, 5. 3. 1918, S. 69

... Wenn wir nach den Gründen fragen, warum der Mensch heute das Verhältnis seiner Seele zur geistigen Welt, das selbstverständlich in derselben Stärke vorhanden ist wie nur je, wenn auch in anderer Art, sich nicht zum Bewußtsein bringen kann, so rührt das davon her, daß wir bereits die Mitte der Erdenentwickelung überschritten haben, uns gewissermaßen in der absteigenden Entwickelungsströmung des Erdendaseins befinden, . . .

Völkerschicksal, Jugendkraft – Todeskräfte, Besonnenheit

GA 233, Ausg. 1962, 25. 12. 1903, S. 34/5

. . . Nehmen wir an, wir hätten hier links das europäische Gebiet (siehe Zeichnung), hier rechts das asiatische Gebiet. Eine erobernde Bevölkerung (rot) konnte, auch vom Norden von Asien, herüberkommen, dehnt sich über irgendein Gebiet in Asien aus, macht die Bevölkerung untertan (rot um gelb).

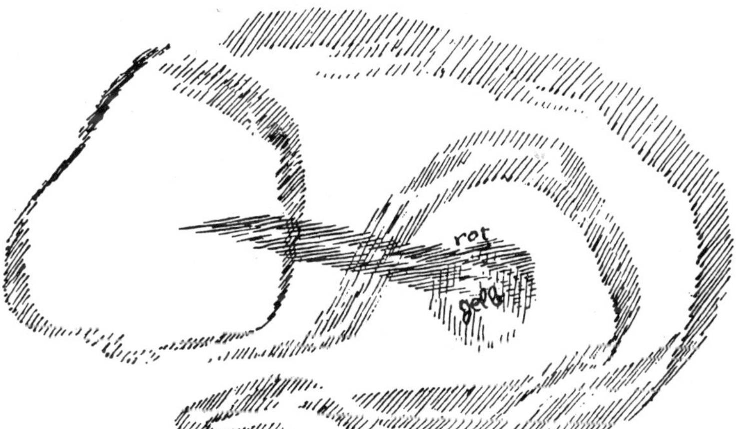

Was lag da eigentlich vor? In den charakteristischen Fällen, welche die eigentliche geschichtliche Entwickelung im Fluß erhielten, war immer die Bevölkerung, die erobernd auftrat, als Volk oder als Rasse jung – jung, voller Jugendkraft. Nun, was heißt heute unter den Menschen der gegenwärtigen Erdenentwikkelung jung sein? Unter den Menschen der gegenwärtigen Erdenentwickelung heißt jung sein, so viel Todeskräfte in jedem Augenblick seines Lebens in sich tragen, daß man die Seelenkräfte, die die absterbenden Vorgänge des Menschen brauchen, versorgen kann. Wir haben ja sprießende, sprossende Lebenskräfte in uns; die machen uns aber nicht besonnen, sondern die machen uns gerade ohnmächtig, bewußtlos. Die abbauenden, die Todeskräfte, die fortwährend in uns auch wirken, die nur immer von den Lebenskräften während des Schlafes überwunden werden, so daß wir eben nur am Ende des Lebens zusammenfassen all die Todeskräfte in dem einmaligen Tode, diese Todeskräfte müssen fortwährend in uns sein. Die bewirken die Besonnenheit, das Bewußtsein. Das ist aber eben ein Charakteristikon der gegenwärtigen Menschheit. Solch eine junge Rasse, ein junges Volk, das litt an seinen überstarken Lebenskräften. Was da Mensch war, hatte fortwährend das Gefühl: Ich drücke dauernd mein Blut gegen meine Körperwände. Ich kann es nicht aushalten. Mein Bewußtsein will nicht besonnen werden. Ich kann meine volle Menschlichkeit wegen meiner Jugendlichkeit nicht entwickeln.

So sprachen allerdings nicht die gewöhnlichen Menschen, so sprachen aber die Eingeweihten in den Mysterien, die diese ganzen geschichtlichen Vorgänge dazumal noch leiteten und lenkten. Und so hatte eine solche Bevölkerung zuviel Jugend, zuviel Lebenskräfte, zu wenig von dem in sich, was Besonnenheit geben konnte. Dann zog sie aus, eroberte ein Gebiet, wo eine ältere Bevölkerung lebte, die schon in irgendeiner Weise Todeskräfte in sich aufgenommen hatte, weil sie bereits in die Dekadenz gekommen war, zog aus, machte sich diese Bevölkerung untertänig. Es brauchte nicht eine Blutsverwandtschaft einzutreten zwischen den Eroberern und den zu Sklaven Gemachten. Dasjenige, was sich unbewußt im Seelischen abspielte zwischen den Eroberern und den versklavten Leuten, das wirkte verjüngend, und auf die Besonnenheit hin wirkte es. Und der erobernde Mensch, der sich seinen Hof begründet hatte, wo er nun seine Sklaven hatte, er brauchte eben auch nur den Einfluß auf sein Bewußtsein. Er brauchte nur hinzulenken seinen Sinn auf diese Sklaven, und, ich möchte sagen, abgedämpft in der Sehnsucht nach der Ohnmächtigkeit wurde die Seele, und Bewußtheit, Besonnenheit trat ein. . . .

Von welcher Leiblichkeit gehen die Verdichtungsprozesse aus?

Durch welche Prozesse wandelt sich die Menschheit, um vom naturhaften Hellsehen früherer Zeiten zur bewußten Geistesschau zu kommen?

Diese wichtigen Fragen beantwortet Rudolf Steiner, indem er an die Inhalte der eleusinischen Mysterien – den Raub der Persephone und die Wandlung der Demeterkräfte – anknüpft.

GA 129, Ausg. 1960; 19. 8. 1911; S. 36–51

. . . Da draußen in der Natur wirken Kräfte; sie ziehen durch die Nahrung, durch die Atmung in mich ein. Was sie draußen sind, wird regiert von der großen Demeter. – Aber die große Demeter schickt die Kräfte in die menschliche Seele hinein. Da werden sie verarbeitet – sagen wir es mit einem groben Ausdruck – mit der Verdauung, die geistig war, und werden umgestaltet zum hellsichtigen Vermögen. In dem Menschen, in der menschlichen Organisation, wird durch die Kräfte, die Demeter als fruchtende Göttin in aller Umgebung wirkt, das hellseherische Vermögen geboren, das repräsentiert ist durch Persephone . . .

. . . Und weil dieser Leib, weil unsere Organisation dichter geworden ist, kann sie auch sozusagen die hellseherischen Kräfte im Unterirdischen der Seele festhalten. Von dem Dichterwerden des menschlichen Leibes rührt das Gefangennehmen der hellseherischen Kräfte im Innern der Menschennatur her. Und indem man noch im alten Griechenlande fühlt, daß der alte – sagen wir symbolisch – weiche menschliche Leib in sich selber dichter wird, nimmt er die Kräfte auf, die im Innern der Erde wirksam sind, während er früher mehr von den Kräften beherrscht war, die den Luftkreis in Anspruch nahmen und dadurch ihn weicher machten.

Und immer wirksamer und wirksamer auf den menschlichen Leib wird das, was im Unterirdischen der Erde wirkt, was von Pluto regiert wird, so daß wir sagen können: im Innern des Menschen wurde Pluto immer wirksamer, er verdichtete den menschlichen Leib und raubte dadurch Persephone. – Diese Verdichtung der menschlichen Organisation ging bis in den physischen Leib, denn ganz anders schaute selbst in den ersten nachatlantischen Zeiten die menschliche Organisation aus als die heutige. Nur ein kurzsichtiger Blick kann glauben, daß die Menschen immer so gestaltet waren wie heute. Das habe ich öfter erwähnt . . .

. . . so daß jetzt diese hellseherischen Kräfte nurmehr verwendet werden zur groben Ernährung der Körperlichkeit . . .

. . . Was macht den dichteren menschlichen Leib sozusagen frisch und gesund? So wie den alten menschlichen Leib in uralten Zeiten frisch und gesund gemacht hat die Demeter, so macht den neuen Leib frisch und gesund Eros, das heißt das, was in den Naturkräften durch Eros repräsentiert wird. Und wenn nicht Eros auf ihn wirkte, sondern wenn Demeter fortgewirkt hätte, würde dieser menschliche Leib durch das ganze Leben hindurch welk und runzelig sein. Die Demeterkräfte liegen nicht in den frischen, pausbackigen und rotwangigen Menschenleibern heute, sondern liegen dann im Menschenleib, wenn er die Eroskräfte aus sich ausmerzt. Das tut er, wenn er älter wird, wenn er welk und runzelig wird. Denken Sie, dieser tiefe Zug ist im Mysterium von Eleusis vorhanden. Demeter erscheint Ihnen nach dem Raub der Persephone entblößt der ursprünglichen Kräfte; sie ist verwandelt durch Hekate, verwandelt so, daß sie nun die Welkheit bewirkenden Kräfte trägt. Und mit dem Raub der Persephone sehen wir in der Tat das Zurückziehen der Demeter von der unmittelbaren menschlichen Leibesorganisation auch im geschichtlichen Werden der Menschheit sich vollziehen. Oh, diese alten Naturwunder, sie drücken sich in den alten Göttergestalten in herrlicher Weise aus. Wenn mit dem Altern des Menschen sich Eros von ihm zurückzieht, dann beginnt wieder der Einfluß der Demeter auf die menschliche Leibesorganisation. Dann kann Demeter in gewisser

Beziehung wiederum in die menschliche Leibesorganisation hinein, dann tritt, was Repräsentant der fruchtenden Keuschheit ist, gegenüber der Erosorganisation in den Vordergrund. Und auf ein tiefes Mysterium, auf ein ganz gewaltiges Mysterium im Werden des Menschen werden wir hingewiesen, wenn wir das Altern des Menschen – die Umwandlung der Eroskräfte in die Demeterkräfte – in diesem Sinne verfolgen . . .

Was hat sich denn in der menschlichen Natur eigentlich geändert im Laufe der Zeiten seit der alten Atlantis bis in unsere Zeiten hinein? Das, worin eingehüllt ist die eigentliche Wesenheit des Menschen, hat sich geändert. Sie ist eingehüllt in seine drei Leibeshüllen, in den physischen Leib, Ätherleib und astralischen Leib, so daß unsere innerste Ich-Wesenheit eben in diesen drei Leibeshüllen steckt. Diese drei Leibeshüllen sind sämtlich anders geworden im Laufe der Entwickelung von der alten atlantischen Zeit bis heute. Und wir fragen jetzt: Was ist denn eigentlich der treibende Faktor, der da gewirkt, der diese Leibeshüllen anders gemacht hat? Wir müssen diesen treibenden, diesen impulsiven Faktor, das, was da gewirkt hat zum Anderswerden der Hüllen, vorzugsweise im menschlichen Ätherleib suchen. Der menschliche Ätherleib ist das Kraftende, das eigentlich Wirksame. Er hat den physischen Leib dichter gemacht, hat auch den astralischen Leib umgeändert. Denn diese drei Leiber sind nicht so, daß sie wie, sagen wir, Fruchtschalen, wie Zwiebelschalen äußerlich nebeneinander liegen, sondern ihre Kräfte durchdringen sich gegenseitig, sind in lebendiger Wechselwirkung. Und die wichtigste wirkende Hülle ist in dieser Umwandlung, in diesem geschichtlichen Werden des Menschen, der Ätherleib. Wir wollen uns symbolisch, schematisch einmal die drei Leiber des Menschen aufzeichnen. Ich zeichne einfach als drei untereinanderliegende Schichten den physischen, den ätherischen und den astralischen Leib.

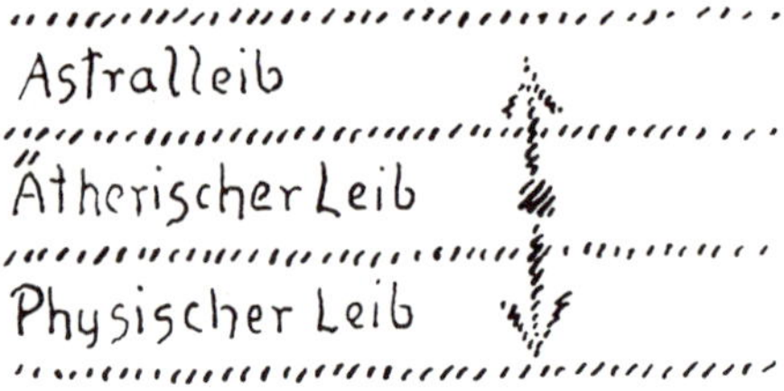

Wir müssen nun die eigentlichen Kräfte, die da wirksam sind, vor allen Dingen die Eros- und Demeterkräfte, in dem Ätherleibe suchen. Sie werden vom Ätherleib hinaufgeschickt in den astralischen Leib und hinuntergeschickt in den physischen Leib, so daß der Ätherleib sowohl den Astralleib wie auch den physischen Leib beeinflußt. Den physischen Leib macht der Ätherleib in dieser Zeit vorzugsweise dichter, in sich konsolidierter, den astralischen Leib gestaltet er so um, daß er nicht mehr hellseherische Kräfte entwickelt, sondern nur die intellektualistischen Kräfte der Menschennatur. Dadurch, daß der Mensch in dieser Weise umgestaltet wurde, daß er von seinem Ätherleibe aus alle drei Leiber umgestaltet erhielt, dadurch wurde in diesen drei Leibern im Laufe der Zeiten selbst Wichtigstes und Wesentlichstes verändert. Ganz umgestaltet wurden diese drei Leiber. Es war eben ein atlantischer Leib, selbst noch ein nachatlantischer Leib der ersten Periode anders, als ein Leib heute ist. Es waren alle Verhältnisse und Lebensbedingungen anders. Das alles hat sich umgestaltet.

1. Der verdichtete physische Leib wurde den äußeren Bedingungen des physischen Planes und damit auch den physischen Bedingungen in bezug auf Krankheits- und Gesundheitsverhältnisse unterworfen. Der alte noch nicht verdichtete, «weiche» Leib war in alten Zeiten den geistigen Bedingungen des Daseins unterworfen.

2. Der umgestaltende Ätherleib hat sich selber auch verändert. Der Ätherleib ist der Schlüssel zur Erkenntnis der Welt durch seine spiegelnde Tätigkeit. Früher führte er uns von Bild zu Bild und in der intellektuellen Kultur führt er von Gedanke zu Gedanke.

3. Im Astralleib wird die Fackel aller Erkenntnis entzündet, gespiegelt als bewußte Erkenntnis im Ätherleib.

... Im menschlichen Astralleib wird die Fackel der Erkenntnis entzündet, und diese Fackel der Erkenntnis ändert sich wiederum im Laufe des geschichtlichen Werdens der Menschheit, so daß in alten Zeiten der Mensch die hellseherische Bilder-Erkenntnis hatte und heute die intellektuelle Verstandes-Erkenntnis. So haben sich die Kräfte des Astralleibes geändert.

Während also der Mensch dieses geschichtliche Werden durchmachte, waren Kräfte in der menschlichen Natur, welche das ganze Verhältnis der Demeter zu den Menschen änderten. Aus dem alten, dünnen, menschlichen Leib, aus dem alten, hellseherische Fähigkeiten entwickelnden Astralleib wurde sozusagen die Demeter ausgetrieben. Eros wirkte ein. Dafür wurden die – wie ich Ihnen heute gezeigt habe – anders gearteten erosfreien Kräfte der menschlichen Natur mehr der Demeter unterstellt. Es wirkte also eine Kraft des Werdens in drei Arten auf die menschliche Natur während dieser Zeit von der alten atlantischen Zeit bis heute; eine dreifache Natur des Werdens, des Umgestaltens, des Umformens, eine dreifache Art der Metamorphose, vom Ätherleibe ausgehend auf den physischen Leib, auf den Ätherleib selber, auf den Astralleib gehend. Diese Kraft des Werdens und der Umgestaltung, sie war in der menschlichen Natur und ist in uns. Sie ändert uns von der Jugend ins Alter um, indem sie die Eroskräfte in die Demeterkräfte überführt. Es ist in unserer Organisation dieses dreifache Werden, das im physischen Leibe die anderen Krankheits- und Gesundheitsbedingungen bewirkt, das im Ätherleibe die andere Spiegelung der Erkenntnis veranlaßt, und das umändert die Fackel der Erkenntnis im Astralleibe.

Wie wunderbar ist es, daß uns aus der alten griechischen Götterlehre entgegenleuchtet der Repräsentant dieser Werdekräfte der menschlichen Natur, die in uns allen wirken, die unseren Astralleib umgestalten, die deshalb auch die Natur der Demeter umgestalten, jene Kräfte, die im menschlichen Ätherleibe sind, und die auf den physischen Leib und auf sich selber und auf den Astralleib wirken. Sie sind repräsentiert in der dreifachen Hekate.

... Im Laufe der menschlichen Einzelentwickelung von der Geburt bis zur Reife werden im menschlichen Werden die drei Glieder der menschlichen Leibeshülle umgeändert: in den ersten sieben Jahren die physische, in den zweiten sieben Jahren die ätherische, in den dritten sieben Jahren die astralische. – Die Kräfte, die Sie beschrieben finden, ohne daß dies Bild gebraucht ist, in meiner kleinen Schrift über «Die Erziehung des Kindes», die Kräfte, die da wirken in der menschlichen Organisation in dreifacher Weise, es sind die Hekate-Kräfte. Und indem Ihnen beschrieben wird heute von der Geisteswissenschaft, daß der Mensch bis zum Zahnwechsel vorzugsweise seinen physischen Leib ausbildet, wird darauf hingewiesen, daß die eine Form der Hekate in ihm wirkt. Da wird in moderner Form gesagt, was der Grieche meint, wenn er den einen Teil der Hekate mit Dolch und Schlange hinstellt. Und mit Schlüssel und Strickbund wird der zweite Teil der Umwandlung hingestellt, wo der Ätherleib aus sich selbst wirkt in den zweiten sieben Jahren. Und die dritten sieben Jahre werden hingestellt, als im Astralleib selber ganz vor sich gehend, mit dem Symbol der Fackel. So habe ich Ihnen im Grunde genommen in moderner Form längst das gesagt, was die Hekate-Weisheit der alten Griechen war, was im Bilde der Hekate in den alten Mysterien der Griechen ausgedrückt worden ist ...

Die Menschen mußten ihr Ich festigen und die Egoität ausbilden. Doch kommt bereits die Zeit – und Geisteswissenschaft bereitet sie vor – wo trotz der Intellektualität ein künftiges Hellsehen sich ankündigt. «Das ist das größte Ereignis des 20. Jahrhunderts: Dieses Hinaufentwickeln der menschlichen Natur zu dem, was wir die Wiederbringung des Paulus-Ereignisses nennen können ... es wird in Zukunft für die gesamte Menschheit kommen, nach und nach, von unserem Jahrhundert angefangen.»

So gibt uns die verwandelte Demeter, die «Repräsentantin der fruchtenden Keuschheit», im Alter die Möglichkeit, die Menschheitsaufgabe zu ergreifen:

... Der Christus ist da, ist mit dem Ätherleibe der Erde vereinigt. Das, worauf es ankommt, ist, daß die menschliche Seele sich heraufentwickelt, um ihn zu schauen. Darin liegt der große Fortschritt der Entwickelung der menschlichen Seele.

II. DER MENSCHLICHE LEBENSLAUF

Sieht man nur auf den jungen Menschen, so hat man nicht das Ganze des Menschenwesens erfaßt, denn es gehört der mittlere und alte Mensch dazu. Erst die drei in ihrer Verschiedenheit zusammengesehen, bilden eine Ganzheit.

Rudolf Steiner zeigt in einer Fülle von Aspekten, wie man immer wieder neu auf den Lebenslauf schauen kann und sich die Gesetze der Menschen- und Erdenentwickelung in ihm offenbaren.

Es gilt, durch das Anschauen der Lebensalter zum Erleben des wirkenden Geistes zu kommen (GA 181, 21. 5. 1918), im Anschauen des Lebenslaufes sich zu finden und sich zu erkennen als der aus Vergangenheit, Gegenwart und Zukunft Gewordene. Das Werdewesen Mensch zeigt sich als nicht begrenzbar durch Geburt und Tod. Es muß der Begriff des kosmischen Lebenslaufes hinzugefügt werden, dann erst zeigen sich die impulsierenden Kräfte in dem Wechselspiel von Evolution und Involution, zwischen Makrokosmos und Mikrokosmos.

Man kann den Lebenslauf in seiner wahren Gesetzmäßigkeit ohne das Vorgeburtliche und Nachtodliche nicht verstehen.

Man kann ihn aber auch nicht verstehen, wenn man ihn nicht fortwährend durchpulst weiß von den göttlich-geistigen Gesetzen und Wesen. Diese spiegeln sich in der Wechselbeziehung zwischen Seelisch-Geistigem und Physisch-Leiblichem. Sie spiegeln sich auch in der Entsprechung der Lebensjahrsiebte zu den Planeten, der drei Lebensalter zu der Vaterwelt, der Sohneswelt und der Welt des heiligen Geistes, in der Zeit karmischer Forderung und der der karmischen Erfüllung.

Der irdische Lebenslauf stellt sich dar als die aus der Götterweisheit gewordene Möglichkeit, in der der Mensch die Freiheit und die Liebe als Zukunftsziel anzustreben hat.

II. 1. Der irdische Lebenslauf: Das Tor der Liebe, die Geburt und das Tor der Freiheit, der Tod.

GA 202 Ausg. 1970; 11. 12. 1920, S. 110–113

... Nur weil man nicht äußerlich sieht, wie der ganze Makrokosmos mitwirkt, wenn der Menschenkeim im Mutterleibe sich entwickelt, nur weil man nicht sieht, daß da ebenso die Einwirkungen von außen geschehen, daß da erst recht der Mensch mit dem gesamten Makrokosmos in Verbindung ist, glaubt man, der Menschenkeim wachse einfach im mütterlichen Leibe aus den Kräften des mütterlichen Leibes selbst heraus. Dieser Menschenkeim kommt eigentlich eindeutig aus der geistigen Welt. Er benützt nur denjenigen Ort, in dem er gewissermaßen das Tor findet, um in die physische Welt hereinzukommen. Es ist innerhalb dessen, was sich um uns herum im Raume ausbreitet, nirgends ein Tor für den Menschen, der die Zeit zwischen dem Tod und einer neuen Geburt durchlebt hat, um in die physische Welt hereinzukommen. Es ist nur innerhalb des Menschenleibes selbst dieses Tor. Und was da kraftet, was da wirkt, das sind nicht die Kräfte von Vater und Mutter, sondern das sind kosmische Kräfte, die eben durch den mütterlichen Leib nach der Befruchtung ihren Zugang zur physischen Welt suchen, nach der sie als geistig-seelisches Wesen eine Begierde entwickelt haben.

So verwandelt sich der Mensch in ein physisches Wesen; aber dieses physische Wesen ist nur die äußere Form für ein Geistiges. Wir sehen das Kind, wie es zunächst, ich möchte sagen, undifferenzierte Züge hat, wie immer mehr und mehr sich aus ihm herausentwickelt die Menschengestalt. Und wir tun unrecht, wenn wir sagen: Da in dem Kinde drinnen, da ist etwas, was sich herausentwickelt. Wir tun recht, wenn wir von dem Kinde aus den Blick zurückwenden zu dem, was vorgeburtlich, was vor der Empfängnis tätig war, und was jetzt noch nachwirkt, was jetzt seine Wirkung äußert. In dem, was wir am Kinde beobachten von Tag zu Tag, von Woche zu Woche, von Jahr zu Jahr, sehen wir das Hereinwirken eines Vergangenen, das der Mensch geistig-seelisch durchgemacht hat vor seiner Geburt oder vor seiner Empfängnis. Wir tun nur recht, wenn wir das Kind so betrachten, daß wir sagen: Da ist die kindliche Organisation. Wir sehen, wie das Kind gewisse Eigenschaften entwickelt. Die suchen wir nicht in seinem Inneren, wo sie gewissermaßen herausstrahlen, sondern die suchen wir in seiner Vorzeit, von der noch die Strahlen hereinwirken. – Daß man das nicht will, das ist das große Unglück der modernen Weltanschauung. Die Zeit zu Hilfe nehmen, dasjenige, was vergangen ist, noch wirksam zu denken in seinem Gegenwärtigen, das ist es, worauf es ankommt. Und indem wir dann das Leben weiterentwickeln in der Zeit (blau, rechts), wandeln wir wiederum zurück, was leiblich-physisch ist, und wir kommen

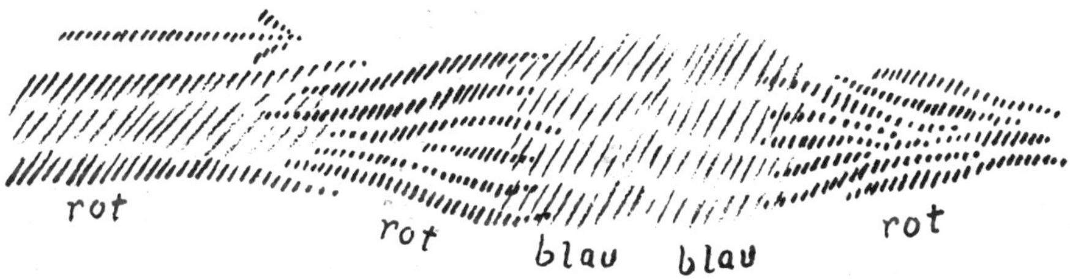

allmählich dazu, wiederum umzuwandeln das Leiblich-Physische in das Geistig-Seelische (rot, rechts). Indem wir physische Menschen geworden sind, hat sich in der Tat das Geistig-Seelische in das Physisch-Leibliche verwandelt, und wir verwandeln das Physisch-Leibliche wiederum in das Geistig-Seelische zurück. Sie werden sagen: Ja, da liegt aber doch eine Schwierigkeit vor! – Man würde schon verstehen, wie sich das Physisch-Leibliche wiederum zurückverwandelt in das Geistig-Seelische, wenn das so allmählich geschähe, wenn man sehen würde, daß der Mensch, sagen wir, vielleicht mit seinem fünfunddreißigsten Jahre ganz physisch geworden ist, dann aber anfangen würde, nach und nach wiederum geistig zu werden, und wenn er am Ende seines Lebens eben schon so geistig geworden wäre, daß der Tod nur ein allmählicher Übergang in das Geistig-Seelische wäre. Innerlich ist das auch der Fall, nur äußerlich nicht – der Schein trügt dabei. Es ist so, daß wir eigentlich in der absteigenden Lebenshälfte – die etwas älteren Leute, die hier sitzen, mögen mir diese Wahrheit nicht gar zu übel anrechnen –, indem wir älter werden, schon unseren Leib als etwas mitschleppen, was nicht mehr ganz zu uns gehört. Wir werden langsam Leichnam, und der Tod besteht eigentlich nur darin, daß uns dieser Leichnam zu schwer wird, daß die Schwerkraft zu stark wird, wenn wir mit unserer Seele am Morgen beim Aufwachen immer wiederum in diesen Leib zurückkommen. Man kann nur nicht sehen, wenn man die Sinne auf den äußeren Schein richtet, welche Veränderungen eigentlich mit dem Menschen vor sich gehen, und wie das Leben dieser zweiten Lebenshälfte schon ein langsames Sterben ist.

Es handelt sich nicht darum, daß wir das Geistig-Seelische auf der einen Seite annehmen, das Physisch-Leibliche auf der anderen, sondern daß wir verstehen lernen, wie sich, wenn wir den Zeitbegriff zu Hilfe nehmen, das Geistig-Seelische in das Physisch-Leibliche verwandelt, und das Physisch-Leibliche sich wiederum zurückverwandelt in das Geistig-Seelische. Dies hängt, trotzdem es sozusagen nur äußerlich den Verlauf der Menschenentwickelung ausdrückt, mit zwei bedeutsamen Eigenschaften des Menschen zusammen. Wodurch können wir uns aus einem Geistig-Seelischen allmählich in ein Physisch-Leibliches metamorphosieren, daß wir das Physisch-Leibliche werden, daß wir eins werden mit dem Physisch-Leiblichen? Dieses kann der Mensch erfassen, wenn er verstehen lernt, was die moralische Qualität der Liebe ist. Und eine wichtige, eine prinzipielle Wahrheit ist diese: Der Mensch geht in die physische Welt durch Liebe herein, durch das Sich-Ausgießen in das Physisch-Leibliche. Und wodurch geht er wieder hinaus? Er nimmt sich aus der physisch-leiblichen Metamorphose wieder zurück, er verwandelt sich zurück, und keine andere Kraft gibt ihm diese Möglichkeit des Zurückverwandelns als die Freiheit. So daß wir sagen:

Daß wir uns weiterentwickeln, durch den Tod gehen, geschieht gerade durch die Freiheit. Wir werden geboren durch die kosmische Liebe, wir gehen durch das Tor des Todes in die geistig-seelische Welt ein durch die Kraft der Freiheit, die wir in uns haben. Und entwickeln wir Liebe in der Welt, so ist diese Liebe im Grunde genommen der Nachklang, das Nachtönen unserer geistig-seelischen Wesenheit, wie wir sie gehabt haben vor unserer Geburt, oder sagen wir vor unserer Empfängnis. Und entwickeln wir Freiheit im Dasein zwischen Geburt und Tod, so entwickeln wir geistig-seelisch in uns wie prophetisch vorher als Kraft dasjenige, was unsere wichtigste Kraft ist, wenn wir den Leib durch den Tod verlassen haben werden.

Was heißt im Grunde genommen, kosmisch gefaßt, ein freies Wesen sein? Ein freies Wesen sein, sich zurückverwandeln können aus dem Physisch-Leiblichen in das Geistig-Seelische, heißt im Grunde genommen, sterben können; während Liebe heißt, sich verwandeln können – aus dem Geistig-Seelischen in Physisch-Leibliches. Lieben können heißt leben können, kosmisch gefaßt.

Sie sehen hier, wie Vorgänge, die zweifellos auch ganz natürlich gefaßt werden können, das Geborenwerden und das Sich-Entkörpern des Menschen, Geburt und Tod, die äußere Naturwissenschaft nur als Naturvorgänge auffaßt, als Erscheinungen, als Offenbarungen von Liebe und Freiheit gefaßt werden können . . .

GA 187, Ausg. 1968, 25. 12. 1918; S. 45/46

Durch den Heiligen Geist entwickelt sich der Mensch gegen sein Lebensende hin zur Freiheit.

. . . Bei der Geburt ist eine Kulmination der Gleichheitsidee da, und die Gleichheit bewegt sich in einer absteigenden Kurve. Umgekehrt ist es nun bei der Freiheitsidee. Die Freiheit bewegt sich in einer aufsteigenden Kurve und hat ihre Kulmination im Tode. Ich will damit nicht sagen, daß der Mensch, indem er durch die Pforte des Todes geht, den höchsten Gipfel eines freitätigen

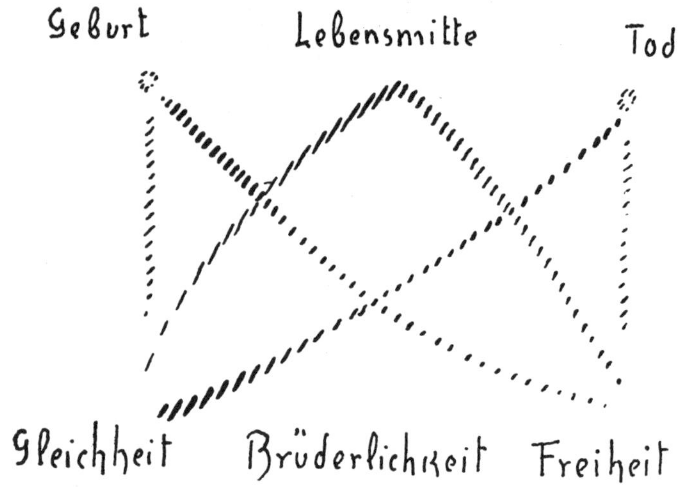

Wesens erreicht. Aber relativ, mit Bezug auf das Menschenleben entwickelt der Mensch den Impuls der Freiheit gegen den Moment des Todes hin immer mehr und mehr, und relativ hat er sich am meisten die Möglichkeit, ein freies Wesen zu sein, in dem Augenblick erworben, wo er durch des Todes Pforte in die geistige Welt eintritt. Während er also, indem er durch die Geburt in das physische Dasein eintritt, aus der geistigen Welt herausträgt die Gleichheit, die dann absteigt in der Entwickelung des physischen Lebenslaufes, entwickelt er gerade im physischen Lebenslaufe den Freiheitsimpuls und steigt mit dem ihm im physischen Lebenslauf erreichbaren Höchstmaß des Freiheitsimpulses durch die Pforte des Todes in die geistige Welt hinein.

... Und so kann man den Menschen wirklich nur betrachten seiner eigentlichen Natur nach, wenn man nun nicht sagt im absoluten Sinn: Der Mensch hat in der Welt die Prätention auf Freiheit, Gleichheit –, sondern wenn man weiß, wie der Impuls der Gleichheit seine Kulmination erlangt im Lebensbeginn, wie der Impuls der Freiheit seine Kulmination erlangt am Lebensende. Man schaut erst dann in dieses Komplizierte des menschlichen Werdens auch im Lebenslauf hier auf der Erde hinein, wenn man solche Dinge in Betracht zieht, wenn man nicht abstrakt einfach hinsieht auf den ganzen Menschen und sagt: Er hat Anspruch, verwirklicht zu sehen in der sozialen Struktur Freiheit, Gleichheit und so weiter. – Das sind die Dinge, die durch Geisteswissenschaft wiederum dem menschlichen Gemüt nahekommen müssen, die außer acht gelassen worden sind von der nach Abstraktion und dadurch nach Materialismus hinstrebenden neueren Entwickelung.

Nun der dritte der Impulse: die Brüderlichkeit. Ihr ist eigen, daß sie die Kulmination in einem gewissen Sinne in der Mitte des Lebens hat. Ihre Kurve steigt an (siehe Zeichnung Seite 20) und fällt wiederum. Man kann allerdings dafür die Sache nur so aussprechen, daß man sagt: In der Mitte des Lebens, wenn der Mensch in seinem labilsten, das heißt schwankenden Zustand ist mit Bezug auf das Verhältnis des Seelischen zum Leiblichen, da hat der Mensch die stärkste Veranlagung, die Brüderlichkeit zu entwickeln. Er entwickelt sie nicht immer, aber er hat Veranlagung dazu. Es sind sozusagen für die Entwickelung der Brüderlichkeit die stärksten Vorbedingungen gegeben in der Lebensmitte.

(S. 50)

... Weil der Mensch gewissermaßen in der Lebensmitte erstirbt durch die Kräfte des Naturlaufes, kann er sowohl den Impuls, den Instinkt der Brüderlichkeit wie namentlich den Impuls der Freiheit, den die Menschen heute so wenig aufnehmen, nicht ordentlich entwickeln, wenn er nicht lebendig macht in sich Gedanken, die unmittelbar von dem Christus-Impuls herkommen. Daher ist der Christus-Impuls unmittelbar, indem wir zu ihm uns hinwenden, die Anfeuerung zur Brüderlichkeit. In dem Maße, in dem man empfindet die Notwendigkeit der Brüderlichkeit, durchchristet man sich. Aber der Mensch würde allein während des Restes der Erdenzeit – in künftigen Entwickelungen wird es anders sein – nicht dahin kommen, die ganze Stärke des Freiheitsimpulses zu entwickeln. Da tritt dasjenige in unsere Erdenentwickelung als

Menschen ein, was beim Tode des Christus Jesus ausgeflossen ist und sich mit der Erdenentwickelung der Menschheit vereinigt hat . . .

(S. 51)

. . . Bis dahin wirkt er, bis zum dreiunddreißigsten Jahre, bis zur Lebensmitte, regt als der Christus die Brüderlichkeit an, übergibt dann dasjenige, was in des Menschen Kraft liegen soll, indem er ausfließen läßt in die Entwickelung der Menschen den Geist, dem Heiligen Geiste. Durch diesen Heiligen Geist, diesen gesundenden Geist entwickelt sich der Mensch gegen sein Lebensende hin zu Freiheit. So gliedert sich der Christus-Impuls ein in dieses konkrete menschliche Leben.

Solch eine innerliche Durchdringung des Menschenwesens mit dem Christus-Prinzip, das ist es, was als ein neuer Weihnachtsgedanke aufgenommen werden muß vom Menschenwissen. Wissen muß man, wie der Mensch mit der Gleichheit aus der geistigen Welt herauskommt. Das ist etwas, was ihm mitgegeben wird, was gewissermaßen aus dem Vatergott ist. Dann kann aber die Kulmination der Brüderlichkeit in der richtigen Weise nur durch des Sohnes Hilfe und durch den mit dem Geist vereinigten Christus die Entwickelung zum Freiheitsimpuls gegen den Tod hin in die Menschheitsentwickelung eintreten . . .

«Wollen wir verstehen, was der Mensch bei seiner Geburt sich mitbringt, so müssen wir den Menschen betrachten nach dem Tode.» *(GA 55, 28. 2. 1907 S. 158/159.) So beginnt Rudolf Steiner eine sehr differenzierte Beschreibung des menschlichen Lebenslaufes zusammen mit dem «kosmischen Lebenslauf» des Menschen. Im folgenden wird davon nur die Schilderung des Lebenslaufes ab der Lebensmitte wiedergegeben.*

GA 55, Ausg. 1959, 28. 2. 1907, S. 170–173

Um das fünfunddreißigste Jahr herum, da liegt des Menschen Lebensmitte, was alle Zeiten, die etwas gewußt haben von der Geisteswissenschaft, als etwas ungeheuer Wichtiges angesehen haben. Denn während bis zum einundzwanzigsten Jahre der Mensch aus seinen drei Leibern herausgeholt hat, was in ihm veranlagt ist, und bis zum achtundzwanzigsten Jahre aus der Umgebung herausgeholt hat, was sie ihm frei bieten konnte, beginnt er jetzt frei an seinen Leibern zu arbeiten, zuerst seinen astralen Leib zu festigen. Vorher hat er zu lernen gehabt aus der Umgebung und von der Umgebung; jetzt wird sein Urteil so, daß es eine gewisse Tragkraft bekommt für die Umgebung, und der Mensch tut wohl, wenn er vorher mit seinem Urteil über die Welt nicht zu stark abschließt. Erst gegen das fünfunddreißigste Jahr zu sollten wir unser Urteil verfestigen. Dann wird der Astralleib immer dichter und dichter. Haben wir bis dahin geübt, so dürfen wir jetzt ausübend werden. Jetzt fängt unser Urteil an, für die Umgebung etwas zu bedeuten. Jetzt, wo es heißt, mittun für die Welt, beginnt der Mensch sein Urteil in die Waagschale zu legen. Nun wird aus dem Wandernden ein Ratender, und nun können sich die anderen nach ihm richten.

Mit dem fünfunddreißigsten Jahre beginnt es, daß die Erfahrungen zu einer Art von Weisheit werden können. Mit dem fünfunddreißigsten Jahre ist der Zeitpunkt eingetreten, der sich auch im physischen Leben dadurch kennzeichnet, daß der Astralleib und Ätherleib sich von der Welt zurückziehen. Bis zum einundzwanzigsten Jahre und darüber hinaus wirkt der Astralleib im Ich, im Blut und Nervensystem. Da wirkt er wachsend, verfestigend, konsolidierend, der Mensch bekommt in dieser Beziehung eine gewisse Festigkeit. Was sich in seiner Gefühls- und Gedankenwelt richtig kristallisiert, das wird er in Einklang und zum Ausdruck bringen in Mut und Geistestätigkeit. Daher können wir diese Zeit auch die Zeit der Ausbildung des Blut- und Nervensystems nennen. Diese Zeit ist physisch abgeschlossen etwa gegen das fünfunddreißigste Jahr zu, wo sich der Ätherleib mehr zurückzieht von dem Wirken im äußeren physischen Leibe. Daher die Eigenart, daß von dieser Mitte an der Mensch allmählich aufhört, sich zu vergrößern; er konsolidiert sich, das Fett fängt an sich abzulagern, und die Muskeln gewinnen an Stärke. Das rührt aber nur davon her, daß der Ätherleib beginnt, sich zurückzuziehen. Daher werden auch die Kräfte des Ätherleibes frei, weil sie nicht mehr an dem physischen Leib zu arbeiten haben, und es gliedert sich zusammen mit dem, was der Mensch innerlich ausgebildet hat. Da wird der Mensch weise. Daher haben die Alten wohl gewußt, daß der Rat eines Menschen im öffentlichen Leben erst dann eine Bedeutung haben kann, wenn der Ätherleib sich zurückzieht vom physischen Leibe: dann kann er eintreten ins öffentliche Leben, und seine Anlagen haben für Staat und öffentliches Leben eine Bedeutung.

Vom fünfunddreißigsten Jahre ab zieht sich der Mensch immer mehr und mehr ins Innere zurück. Wenn wir auf einen solchen Menschen hinsehen, wird er nicht mehr jene Jugenderwartung und jene Jugendsehnsucht haben; dafür aber hat er seine Urteile, etwas, von dem wir fühlen, daß es eine Kraft ist im öffentlichen Leben. Nun sehen wir auch, wie diejenigen Kräfte und Fähigkeiten, die an dem Ätherleib hängen, wie das Gedächtnis, abzunehmen beginnen. Und nun kommen wir in die Jahre hinein, etwa gegen fünfzig, wo auch das physische Prinzip sich zurückzieht von dem Menschen, immer mehr und mehr Knochenerde absetzt, wo die Gewebe locker werden. Das physische Prinzip verbindet sich immer mehr mit dem Ätherprinzip, und das, was in Knochen, Muskeln, Blut und Nerven gegangen ist, fängt an, ein eigenes Leben zu entwickeln. Geistiger und immer geistiger wird der Mensch. Allerdings muß das dadurch gefördert werden, daß die frühere Erziehung in richtiger Weise gelenkt worden ist. Da muß der Astralleib auch etwas gehabt haben. Hat der Astralleib keine Jugendfreuden gehabt, dann ist das nicht in ihm, was sich jetzt in den dichteren Ätherleib einprägen soll. Und ist das nicht drinnen, dann kann jenes mächtige Innenleben sich nicht entwikkeln, und es muß das eintreten, was man das Kindischwerden im Alter nennt. Jene, die in der Jugend nicht die frische Kraft bekommen haben, fangen an auszudorren. Es ist geradezu auch in geisteswissenschaftlicher Beziehung außerordentlich wichtig, das zu beobachten.

Die günstigste Zeit für die Entfaltung spiritueller Anlagen ist die Zeit, wenn das fünfunddreißigste Jahr gekommen ist. Da werden die Kräfte, die sonst in den Körper hineingehen, frei, man hat sie zur Verfügung und kann mit ihnen arbeiten. Es ist daher ein besonders günstiges karmisches Geschick, wenn der Mensch nicht zu spät zur okkulten Entwicklung kommt. Solange der Mensch noch damit zu tun hat, seine Kräfte nach außen zu richten, solange kann er sie nicht nach innen richten. Daher muß der Zeitpunkt um das fünfunddreißigste Jahr herum als ein Kulminationspunkt angesehen werden. In der ersten Hälfte des Lebens hat sich alles schon zu einem rhythmischen Gang entwikkelt, aber in der zweiten Hälfte sind die Grenzen nicht mehr so bestimmt, obwohl in der Geisteswissenschaft Grenzen immer angegeben worden sind, aber diese sind ungenau.

Wir arbeiten da der Zukunft erst entgegen. Was der Mensch in der höheren Altersstufe in seinem Innern ausbildet, wird in der Zukunft Organ- und Körper-schaffend sein; das wird auch im Welten-Kosmos später mitwirken. Es wird in der Zukunft etwas da sein, was wir an der ersten Hälfte jetzt schon beobachten können. Diese Einteilung hat vielleicht, namentlich für die Jugend, etwas Bedrückendes, aber wer die Lehren der Geisteswissenschaft wirklich in sich aufnimmt, kann das nicht mehr empfinden. Wenn Sie das Menschenleben von einem hohen Standpunkt aus überschauen, werden Sie sehen, daß gerade durch eine solche Betrachtung des Lebenslaufes der Mensch zum richtigen Gebrauch und zu der Praxis hingeführt wird. Der Mensch wird die Resignation üben müssen, zu warten, bis er die Organe hat, um in der ihnen entsprechenden Sphäre richtig zu wirken.

Lebenslaufgesetzmäßigkeiten

GA 118, Ausg. 1965, 30. 1. 1910, S. 53

... Sie erinnern sich, daß wir ... in dem einzelnen Menschenleben einzelne Perioden unterscheiden ..., Perioden ..., welche von sieben zu sieben Jahren ungefähr verlaufen. Das geht ziemlich regelmäßig, diese Einteilung des Menschenlebens in solche einzelne Zeiträume, in der ersten Hälfte eines normalen Lebens. Unregelmäßig wird diese Einteilung, diese Gliederung in siebenjährige Perioden in der zweiten, in der absteigenden Lebenshälfte. Aus dem Grunde wird das so, weil wir in bezug auf die erste Hälfte unseres Lebens eigentlich diejenigen Gesetze und Tatsachen heute ausleben, die eine Art Wiederholung des regelmäßigen Entwickelungsganges der Menschheit seit Urzeiten her sind, während wir in der zweiten Hälfte unseres Lebens noch nicht etwas ausleben, was in der äußeren Welt schon geschehen ist, sondern was erst in der Zukunft geschehen wird. Es wird daher die zweite Hälfte des Lebens in der Zukunft beim Menschen viel regelmäßiger werden, als sie heute schon ist, immer regelmäßiger und regelmäßiger ...

Die Entsprechung der Lebensalter

GA 184, Ausg. 1968, 14. Sept. 1918, S. 106–108

... In diesen ersten sieben Jahren waltet wirklich nicht geringe Weisheit im menschlichen Organismus. Wenn das Kind – wie der Bourgeoisausdruck lautet – «das Licht der Welt» erblickt hat, ist sein Gehirn noch ziemlich undifferenziert. Es differenziert sich erst im Laufe der Zeit, und dasjenige, was da an Gehirnstrukturen auftritt, das entspricht wahrhaftig, wenn man es studiert, den Einflüssen einer tieferen Weisheit als alles, was wir im späteren Leben, wenn wir Maschinen konstruieren oder irgend etwas wissenschaftlich treiben, an Weisheit aufbringen können. Wir können das natürlich nicht später in bewußter Weise, was wir unbewußt vollbringen, wenn wir eben erst, wie gesagt, das Licht der

Welt erblickt haben. Da waltet kosmische Vernunft in uns, jene kosmische Vernunft, von der wir auch sprechen mußten, als wir die Entwickelung der Sprache anführten. Wahrhaftig, eine hohe kosmische Vernunft waltet in dem Menschen in den ersten sieben Lebensjahren.

Diese kosmische Vernunft richtet sich dann in den zweiten sieben Lebensjahren darauf, den Menschen zu tingieren mit dem, was zur Sexualreife führt; da waltet sie, diese kosmische Intellektualität, in einem geringen Maße schon. Man möchte sagen: Dasjenige, was da bleibt, was nicht im Inneren verwendet wird, ja, das steigt halt in den Kopf herauf. Der bekommt so etwas ab – es ist ja meistens auch danach! Aber dasjenige, was da der Kopf abbekommt, das ist eigentlich etwas, was im Inneren des Menschen, im Unbewußten des Seelenlebens, erspart wird. Und dann geht es weiter in den siebenjährigen Perioden.

Nun studiert man heute gewöhnlich das ganze Menschenleben, das sogenannte normale Menschenleben nicht; denn um dieses normale Menschenleben zu studieren, ist eine gewisse Hingabe notwendig, erst an den wahren Menschen selbst, dann aber auch an die großen kosmischen Gesetzmäßigkeiten. Und so kurios es klingt, dasjenige, was in den ersten Kinderjahren, in den ersten sieben Jahren in dem Menschen waltet, man kann es nicht verstehen, selbstverständlich nicht als Kind, auch nicht als Jüngling oder Jungfrau, auch nicht, wenn man sich schon einbildet, das ganze Leben zu fassen, in den Zwanzigerjahren. Man kann es nicht verstehen. Man kann zu einigem Verständnis kommen von dem, was sich in der Kindheit abspielt, wenn man dieses Verständnis innerlich im Menschen, in innerlichem Erleben sucht, so etwa zwischen seinem sechsundfünfzigsten und dreiundsechzigsten Lebensjahre. Das höchste Alter, das Greisenalter, gibt uns erst die Möglichkeit, einen geringen Einblick zu bekommen in dasjenige, was in uns waltet in den ersten sieben Kinderjahren. Das ist eine unbequeme Sache; denn der Mensch will heute, wenn er kaum den jungen Dachsjahren entwachsen ist, ein Vollmensch sein. Und unbequem ist es heute, sich zu gestehen, daß es hier auf der Welt etwas gibt, sogar an einem selbst etwas gibt, wozu, um es zu verstehen, man die Wende der Fünfzigerjahre erreichen muß. Und wiederum, wenn es sich um Verständnis handelt, um innerlich-menschliches Verständnis, wie wir es zunächst als Mensch erringen können, so kann man von demjenigen, was in den Jahren, in denen sich die Geschlechtsreife ausbildet, also sich vom siebenten bis zum vierzehnten Lebensjahre in der Menschennatur abspielt, einiges verstehen lernen so zwischen dem neunundvierzigsten und sechsundfünfzigsten Jahre, im Beginn der Fünfzigerjahre.

Es wäre nun gut, wenn solche Wahrheiten Geltung gewännen, denn durch solche Wahrheiten würde man eben das Leben verstehen lernen, während die anderen Wahrheiten, die man gewöhnlich über den Menschen aufstellt, solche sind, wie man sie wünscht. Man merkt das nur nicht, daß unbewußte Wünsche da sind. Und wiederum, dasjenige, was sich in uns abspielt von der Geschlechtsreife bis zum einundzwanzigsten Jahre, darüber bekommt man einigen innerlichen, erlebten Aufschluß, so daß man ein gewisses Urteil darüber haben kann, zwischen dem zweiundvierzigsten und neunundvierzigsten Lebensjahr, und wiederum, was sich in den Zwanzigerjahren bis zum achtundzwanzigsten Jahre abspielt, darüber kann man einigen Aufschluß bekommen zwischen dem fünfunddreißigsten und zweiundvierzigsten Lebensjahr. Das, was ich in bezug auf diese Dinge sage, das beruht auf wirklicher Lebensbeobachtung, die man machen muß, indem man sich in die geisteswissenschaftliche Beobachtung einarbeitet, und nicht jenen Firlefanz von Selbsterkenntnis treibt, der heute oftmals Selbsterkenntnis genannt wird, sondern wirkliche Selbsterkenntnis, das heißt, Menschenerkenntnis treibt. Und just nur in der Zeit vom achtundzwanzigsten bis fünfunddreißigsten Jahre ungefähr kann man etwas erleben, was man gleichzeitig, indem man es erlebt, auch verstehen kann; da ist ein gewisses Gleichgewicht zwischen Verstehen und Denken. In der ersten Hälfte des Lebens kann man Verschiedenes denken, kann man Verschiedenes vorstellen; um das verständnisvoll zu erleben, was man in der ersten Hälfte des Lebens vorstellen kann, muß man die zweite Hälfte des Lebens abwarten . . .

. . . Wir leben nicht umsonst ein sich modifizierendes, ein sich metamorphosierendes Leben. Wir leben dieses Leben so, daß jede Lebensperiode im Verhältnis zu anderen ihren Sinn und ihre Bedeutung hat. Und dazu leben wir, wie wir sagen, das normale Leben, wenn uns ein solches gegönnt ist, bis in die Sechzigerjahre hinein – über das frühe Sterben werden wir auch von diesem Gesichtspunkte aus morgen noch reden –, daß sich uns in einer gewissen Weise erst in der zweiten Lebenshälfte aufklärt, was in der ersten Lebenshälfte in uns waltet . . . In der Jugend denkt der Mensch, im Alter begreift er.

Der Gang des irdischen Lebenslaufes durch die Wirkenssphären der Planeten. Die Initiationsmöglichkeiten durch die Lebensalter.

GA 243, Ausg. 1955, 16. 8. 1924, S. 144–147

. . . Sehen Sie, so im Mond darinnen zu sein, könnte schon ein Kind mit acht Jahren, wenn es auf seine ersten sieben Lebensjahre zurückblickte, wenn man es initiieren könnte. Da würde es sogar am leichtesten hineinschauen in diese Mondensphäre, weil es noch nicht durch das folgende Leben beirrt würde. Man kann es natürlich noch nicht initiieren mit acht Jahren; aber theoretisch ist das durchaus möglich.

So schaut man also, wenn man mit der Kraft desjenigen schaut, was einem die ersten sieben Lebensjahre geben, in diese Mondensphäre hinein. Die Sache wird überhaupt da ganz, ganz anders, als man sie beschreibt mit dem gewöhnlichen Bewußtsein. Ich will Ihnen das durch einen Vergleich klarmachen.

Sehen Sie, wenn der Biologe heute den Embryo studiert in der Keimesentwicklung von den ersten Stadien bis später, dann studiert er den Keim in einem gewissen Stadium. Und an einer exzentrisch liegenden, also hier außen liegenden Stelle, da ist eine Verdickung des Materiellen. Da ist ein Einschluß. Da sieht man eine Art von Kern. Aber man kann und darf nicht sagen, obwohl

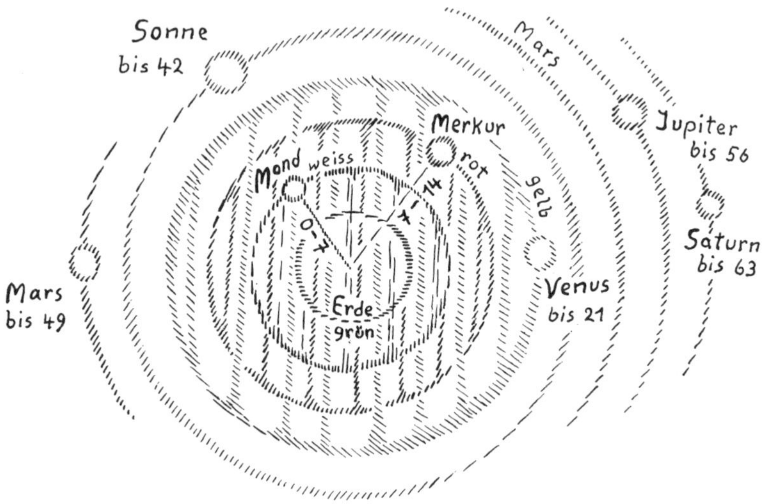

man das ganz deutlich sieht durch das Mikroskop, man darf nicht sagen: das ist bloß der Keim, bloß der Embryo; sondern es gehört das andere eben auch dazu.

Und so ist es, sehen Sie, beim Mond und auch bei den anderen Sternen: Das, was man da sieht als Mond, ist bloß eine Art von Kern, und das Ganze hier (hell) gehört zum Monde dazu. Und die Erde ist im Mond darinnen. Und wenn sich der Keim drehen könnte, dann würde dieser Kern auch hier herumgehen. Der Mond dreht sich und geht hier herum.

Die Alten, die von diesen Dingen noch etwas wußten, sprachen daher nicht vom Mond, sondern von der Mondensphäre, und sie sahen in dem, was wir heute Mond nennen, eben nur einen Punkt der äußersten Grenze. Den sieht man jeden Tag woanders. Man sieht dann innerhalb von 28 Tagen die ganze Grenze der Mondensphäre.

Die Kraft, hineinzuschauen in das, was da als Mondensphäre

bleibt, wenn die Erde verblaßt, diese Kraft erlangt man, wenn die inneren Erlebnisse des Menschen zwischen der Geburt und dem siebenten Jahre inspiratorische Kraft werden.

Und wenn nun die Erlebnisse der zweiten Lebensepoche, zwischen dem Zahnwechsel und der Geschlechtsreife, inspiratorische Kraft werden, dann erlebt man die Sphäre des Merkurs. So daß man also daran die zweite Sphäre erlebt. Das erste ist aus der Kraft vom Lebensanfang bis zum siebenten Lebensjahre; dieses hier (das zweite) ist aus der Kraft vom 7. bis 14. Lebensjahre.

Wiederum stecken wir ja mit der Erde im Merkur darinnen. Es wird uns dasjenige, was Merkur-Erlebnisse sind, nur durch das Auge sichtbar, das wir uns anschaffen können, wenn wir bewußt zurückdringen, anschauend zurückdringen in die Erden-Erlebnisse zwischen dem 7. und 14. Jahre. Und wenn man dann geschlechtsreif wird, das Lebensalter durchlebt vom 14. bis 21. Lebensjahre, dann lebt man sich hinein in die Venussphäre.

Die Alten waren gar nicht so dumm; sie haben in ihrer traumhaften Erkenntnis über diese Dinge viel gewußt, und sie haben den Planeten, in den man sich hineinlebt, wenn man geschlechtsreif wird, mit einem Namen bezeichnet, der mit dem Liebesleben zusammenhängt, denn das beginnt in dieser Zeit.

Dann weiter, wenn man auf dasjenige bewußt zurückschaut, andeutend zurückschaut, was man zwischen dem 21. und 42. Lebensjahre erlebt, dann weiß man sich darinnen in der Sonnensphäre. Also die einzelnen Lebensalter geben einem, wenn man sie zu inneren Organen umwandelt, die Kraft, das Bewußtsein hinaus in den Kosmos zu erweitern, stückweise zu erweitern.

Wiederum ist es nicht so, meine sehr verehrten Anwesenden, daß man nicht vor dem 42. Lebensjahre etwas wissen könnte über die Sonnensphäre. Da können es einem aber die Merkurwesen sagen, denn die wissen es schon. Man erfährt es also dann indirekt, sozusagen durch übersinnlichen Unterricht. Um aber im eigenen Bewußtsein etwas zu erleben auf der Sonnensphäre, um hineinzutreten in die Sonnensphäre und in ihr so zu erleben, wie man spazierengeht in Torquay, dazu muß man nicht nur zwischen dem 21. und 42. Lebensjahre leben, sondern muß über das 42. Jahr schon hinaus sein, muß zurückschauen können, denn nur in der Rückschau offenbaren sich die Geheimnisse.

Um wiederum, wenn man zurückschauen kann auf das Leben bis zum 49. Lebensjahre, offenbarten sich die Marsgeheimnisse. Kann man zurückschauen auf das Leben bis zum 56. Lebensjahre, offenbaren sich die Jupitergeheimnisse. Und die ganz tief verschleierten, aber ungeheueren Aufschluß gebenden Saturngeheimnisse, diese Geheimnisse, die, wie wir in den nächsten Vorträgen sehen werden, sozusagen das Tiefste des Kosmos verhüllen, die Saturngeheimnisse, sie offenbaren sich, wenn man zurückschaut auf dasjenige, was sich zuträgt vom 56. bis 63. Jahre.

Sie können daraus sehen, meine sehr verehrten Anwesenden, wie der Mensch wirklich eine kleine Welt, ein Mikrokosmos ist. Er hängt zusammen mit demjenigen, was er im gewöhnlichen Bewußtsein der Erde niemals selber gewahr wird; aber er würde nicht das Leben innerlich gestalten, herrichten können, wenn nicht die Mondenkräfte von seiner Geburt bis zum 7. Jahre in ihm wirkten. Wie sie da wirken, das nimmt man weiter wahr. Er würde nicht dasjenige an sich bewirken können, was er zwischen seinem 7. und 14. Jahre erlebt, wenn nicht die Merkurgeheimnisse in ihm leben würden. Er würde nicht dasjenige in sich bewirken können, was er vom 14. bis 21. Jahre bewirkt, wo also zum Beispiel die gewaltigen produktiven Kunstkräfte in den Menschen einziehen, wenn sie karmisch in ihm veranlagt sind, er würde das nicht erleben können, wenn er nicht innerlich verbunden wäre mit der Venussphäre.

Und ohne sein Verbundensein mit der Sonnensphäre würde er kein reifes Erfahrungsverständnis für die Welt entwickeln können zwischen dem 21. und 42.Lebensjahre, wo wir aus der Lehrzeit hinauskommen, wo wir in die Gesellenzeit kommen. In alten Zeiten hat man ja auch so etwas ausgeprägt. Man war ein Lehrling bis zum 21. Jahre, wurde dann ein Geselle, ein Meister erst später. Also alles das, was da innerlich vorgehen muß in dem Menschen zwischen dem 21. und 42. Lebensjahre, das hängt zusammen mit dem, was im Sonnendasein, in der Sonnensphäre lebt. So rührt alles dasjenige, was im verwelkenden Dasein zwischen dem 56. und 63. Lebensjahre im Menschen vorgeht, davon her, daß die Saturnsphäre da ist.

Das Wirken der Hierarchien im irdischen Lebenslauf I

GA 239, Ausg. 1963, 24. 5. 1924, S. 96

... Sehen Sie, meine lieben Freunde, es wird Ihnen etwas die Frage in Ihrer Seele bedeuten: Wie erlebt eigentlich derjenige, der so etwas überhaupt erleben kann in der Anschauung, solche Dinge? – Nun haben Sie gewiß gelesen dasjenige, was ich geschrieben habe an Seelenübungen in dem Buche, das ins Französische übersetzt ist unter dem Titel «L'Initiation», und Sie werden wissen, daß der Mensch durch solche Seelenübung allmählich zu einer solchen Anschauung kommt. Zuerst erlebt man, wenn man das imaginative Bewußtsein erlangt, sein ganzes Leben auf geistige Art bis zur Geburt in einem großen Tableau. Dasjenige, was man nach dem Tode erlebt auf natürliche Weise, erlebt man durch die Initiation in jedem Augenblick des Lebens. Aber dieses Erleben, wenn es dann zur Inspiration kommt, das zeigt dann gewissermaßen etwas, was durchscheint durch dieses Tableau, durch dieses menschliche Leben. Das ist nun das Bedeutsame. Eigentlich kann man über den ganzen Zusammenhang der Geheimnisse, die da zugrunde liegen – und es ist immer so gewesen –, erst reden, wenn man ein gewisses Alter erreicht hat. Man kann in jedem Lebensalter initiiert werden; aber einen vollständigen Zusammenhang über die kosmischen Geheimnisse durch eigene Anschauung bekommt man über diese Dinge in einem bestimmten Lebensalter erst. Das ist so aus folgendem Grunde.

(S. 98–110)

... Das Hineinwachsen in die geistige Welt ist aber auch ein solches, das immer mehr und mehr sich nähert Wesenheiten, die über dem Menschen hinausstehen. In der Mondregion sind wir noch ganz unter Wesenheiten, die mit den Menschen auf der Erde gelebt haben, in der Hauptsache. Aber wir werden in der Mondregion doch schon ansichtig derjenigen Wesenheiten, die uns auf der Erde führen von Erdenleben zu Erdenleben. Da sind die Wesenheiten, die ich bezeichnet habe in meinen Büchern nach einem alten christlichen Gebrauch mit dem Namen der Hierarchie der Angeloi. Indem man zurückblickt in jener Erfahrung, in jener initiierten Erfahrung, von der ich gesprochen habe, in die erste Kinderzeit, sieht man zugleich dasjenige, was durch die Engelwelt am Menschen geschehen ist. Denken Sie einmal, meine lieben Freunde, wie wunderschön gewisse Anschauungen im naiven Gemüt des Menschen leben und sich eigentlich durch die höhere initiierte Weisheit behaupten. Wir reden davon, wie das erste Kindesalter des Menschen durchwoben ist von der Wirksamkeit der Angeloi. Und wir sehen wirklich, wenn wir zurückblicken, um die Mondenregion zu studieren, unsere Kindheit und damit zugleich das Weben der Welt der Angeloi. Da, wo die stärkeren Kräfte einsetzen beim Menschen, wenn der Mensch in die Schulzeit kommt, sehen wir das Wesen der Archangeloi. Und diese Archangeloi werden für uns wichtig, wenn wir das Merkurdasein betrachten. Innerhalb des Merkurdaseins sind wir in der Welt der Archangeloi. Und wenn der Mensch die Geschlechtsreife erlangt hat, geht er durch das Zeitalter von ungefähr dem vierzehnten bis einundzwanzigsten Lebensjahr. Im Rückblick sieht man durchscheinen durch den menschlichen Lebenslauf, durch das Tableau des Lebenslaufes die Venusgeheimnisse. Man lernt zugleich erkennen, welche Wesenheiten mit dem Venusdasein vorzugsweise verbunden sind, die Wesenheiten aus der Hierarchie der Archai, der Urkräfte. Und jetzt lernt man eine wichtige Wahrheit kennen, wiederum etwas, das, wenn man es wirklich kennenlernt, ungeheuer frappiert. Man schaut hin auf die Wesenheiten, die mit dem Venusdasein verbunden sind, die hereinscheinen in das Menschenleben nach der Geschlechtsreife. Und diese Wesenheiten sind dann diejenigen, die als Urkräfte mit der Entstehung der

Welt selber verknüpft sind. Diese Wesenheiten, die als Urkräfte mit der Entstehung des Kosmos selber verknüpft sind, sind in ihrem Abglanz wiederum tätig bei der Entstehung des physischen Menschen in der Generationenfolge. Der große Zusammenhang zwischen dem Kosmos und dem Menschenleben offenbart sich auf diese Weise.

Man blickt dann hinein auch in die Geheimnisse des Sonnenlebens – die Sphäre des Marsdaseins, des Jupiterdaseins, des Saturndaseins. Und wollen wir diese zweite Hälfte des menschlichen Lebens zwischen dem Tod und einer neuen Geburt im Zusammenhang beurteilen, so müssen wir wiederum in rückschauendem Leben auf gewisse, sieben Jahre dauernde Epochen sehen. Aber um das im Zusammenhang zu überblicken, müssen wir, wie ich schon andeutete, über das dreiundsechzigste Jahr gegangen sein. Wenn wir zurückblicken über den Zeitraum vom zweiundvierzigsten bis neunundvierzigsten Lebensjahre, strahlt uns heraus aus diesem Lebensabschnitt dasjenige, was Marsgeheimnisse sind. Aus dem neunundvierzigsten bis sechsunfünfzigsten Lebensjahr strahlen uns entgegen die Jupitergeheimnisse; und aus dem Zeitraum vom sechsundfünfzigsten bis dreiundsechzigsten Lebensjahr strahlen uns entgegen die Saturngeheimnisse. Wir können einfach durch diesen Rückblick mit dem, was uns da entgegenstrahlt, verstehen, was im Mars vorgeht, was im Jupiter vorgeht, was im Saturn vorgeht für die Vorbereitung des Menschen. Denn hier, wo der Mensch eintritt, wenn er durch das Sonnendasein durchgegangen ist, zuerst in das Marsdasein, dann ins Jupiterdasein und später ins Saturndasein, da wirken für den Menschen offenbar die Wesenheiten der höheren Hierarchien, die Throne, die Cherubime, die Seraphime, und zwar so, daß mit der Marssphäre die Throne auftreten, mit der Jupitersphäre die Cherubime, mit der Saturnsphäre die Seraphime . . .

Karmische Forderung und karmische Erfüllung: die Einwirkung der Hierarchien auf den Lebenslauf II

GA 236, Ausg. 1965, 18. 5. 1924, S. 242–259

... Ebenso, wie der Mensch diese äußeren Naturreiche des Raumes in sich trägt, trägt er in sich – nur eben der Zeit nach, nicht dem Raume nach – die Reiche der höheren Hierarchien. Und man kann das ganze Werk des Karma am Menschen nur verstehen, wenn man ins Auge faßt, wie die verschiedenen Reiche der Hierarchien an der Menschenwesenheit im Verlaufe des Erdenlebens wirken ...

... Zunächst fassen wir dasjenige ins Auge, was im Menschen als Schicksal waltet. Das müssen wir eben aus dem Hineinwirken der Reiche der Hierarchien verstehen. Da müssen wir aber nun nicht das, was gleichzeitig im Menschen ist, betrachten – physischer Leib, Ätherleib, Astralleib sind ja gleichzeitig im Menschen –, da müssen wir für die Reiche der Hierarchien, dasjenige betrachten, was im irdischen Leben nacheinander im Menschen ist, und müssen es so betrachten, wie gegenüber einer geistigen Betrachtung eben das Nacheinander aufgefaßt werden kann.

Nun, wir haben ja, ich möchte sagen, durch unsere sämtlichen anthroposophischen Betrachtungen hindurch immer die Gliederung des Menschen nach seinem Lebenslauf betrachtet: von der Geburt bis etwa um das 7. Jahr herum zum Zahnwechsel, vom Zahnwechsel bis zu der Geschlechtsreife, von der Geschlechtsreife bis zum 21. Jahre, wo die Differenzierungen nicht mehr so sichtbar sind, dann vom 21. Jahre bis zum 28. Jahre, vom 28. bis zum 35. Jahre, vom 35. bis zum 42. Jahre, vom 42. bis 49. Jahre, vom 49. bis 56. Jahre und so weiter (siehe Seite 40). Über das, was über das 56. Jahr hinausliegt, werde ich dann das nächste Mal noch zu sprechen haben; ich werde jetzt einmal den menschlichen Lebenslauf bis zum 56. Jahre zu betrachten haben.

Da haben wir deutlich eine Gliederung von drei Lebensabschnitten bis zum 21. Lebensjahre, dann von den zweiten drei Lebensabschnitten, und dann das, was sich weiter daran schließt.

Ich will die letzten Lebensabschnitte noch so bezeichnen (siehe Zeichnung Seite 40).

Der Mensch sagt zu sich ‹Ich›. Aber dieses Ich steht ja in einer Summe von Wirkungen drinnen. Nach außen betrachtet sind es die Wirkungen des Mineralischen, des Pflanzlichen, des Tierischen, nach innen, nach dem Geistig-Seelischen betrachtet, die Wirkungen der dritten Hierarchie – der Angeloi, Archangeloi, Archai –, die Wirkungen der zweiten Hierarchie – Exusiai, Dynamis, Kyriotetes –, die Wirkungen der ersten Hierarchie – Seraphim, Cherubim, Throne.

Doch nicht in gleicher Weise wirken diese Wesenheiten in seinen Lebenslauf hinein. Wir können ja schon sagen: auch die Außenseite des Menschen ist in einer gewissen Weise von verschiedener Wirkung durchsetzt gemäß dem Lebenslaufe. Wenn wir zum Beispiel das Kind betrachten ganz im Anfange seines Erdenlebens, da müssen wir sagen: dasjenige, was wir sonst im Tierreiche finden, das ist da besonders ausgeprägt, ein wachsendes, sprossendes, aufbauendes Leben.

Wenn wir den letzten Abschnitt des Lebens betrachten, wo es schon ins Greisenhafte hineingeht, dann haben wir in dem Sklerotisieren, in dem Brüchigwerden des Organismus ein Mineralisierendes, ein viel stärker Mineralisierendes, weil intimer mineralisierend, als das bei den Tieren vorhanden ist, mit Ausnahme der höheren Tiere, bei denen das auf Bedingungen beruht, die hier nicht weiter zu besprechen sind, sondern bei einer anderen Gelegenheit besprochen werden können. Während beim Tiere eigentlich sofort das Aufhören der Vitalkräfte beginnt, wenn der Aufbau nicht mehr da ist, trägt ja der Mensch gerade wichtige Teile, wichtige Zeiten seiner Entwickelung in die Abbau-Periode hinein, die eigentlich schon in den Dreißigerjahren beginnt. Und es wäre vieles in der Menschheitsentwickelung nicht da, wenn die Menschen sich ebenso wie die Tiere entwickeln würden: daß sie eigentlich nichts in die Greisenhaftigkeit hineintragen. Die Tiere tragen nichts hinein in die Greisenhaftigkeit. Die Menschen aber können in die Greisenhaftigkeit viel hineintragen, und wichtige

Errungenschaften der menschlichen Kulturentwickelung sind eben doch dem zu verdanken, was von den Menschen in die Greisenhaftigkeit, in das Abbau-Leben hineingetragen werden kann.

Das ist also das Mineralisierende. So daß wir sagen können: nach außen hin ist schon, deutlich bemerkbar, im Beginne des Erdenlebens das Tierische vorherrschend, am Ende des Erdenlebens das Mineralische, und zwischendurch das Pflanzliche.

Nun aber, viel deutlicher, viel dezidierter tritt dieser Unterschied beim Menschen auf beim Hereinwirken der höheren Hierarchien. Da kann man sagen, daß das erste Kindesalter ganz besonders starke Hereinwirkungen hat auf das seelisch-geistige Leben von der Seite der dritten Hierarchie, der Angeloi, Archangeloi, Archai. Diese Wirkung der dritten Hierarchie (siehe S. 40), die umfaßt eigentlich die drei ersten Lebensabschnitte.

In den drei ersten Lebensabschnitten haben wir das Hereinwirken von Angeloi, Archangeloi und Archai. Da wirkt beim Kinde und beim jungen Menschen in alledem, was vom Seelisch-Geistigen aus aufbauend wirkt auf seinen Organismus – und das ist ja sehr vieles, das ist ja fast alles – dasjenige, was an Kräften hereinwirken kann aus der Welt der dritten Hierarchie, der Angeloi, Archangeloi, Archai.

Mit dem 14. Lebensjahre beginnt die zweite Hierarchie zu wirken: Exusiai, Dynamis, Kyriotetes. So daß ich also hier (siehe Zeichnung S. 40) wiederum durch drei Abschnitte hindurch, also zwischen dem 14. und 35. Jahre, zu verzeichnen habe: Exusiai, Dynamis, Kyriotetes. Sie sehen, meine lieben Freunde, in dem Zeitabschnitt vom 14. bis zum 21. Jahre wirken zugleich ausschlaggebend auf den Menschen die dritte und die zweite Hierarchie zusammen. Erst mit dem 21. Jahre tritt dasjenige ein, was alleinige Wirkung der zweiten Hierarchie ist.

Da, mit der Geschlechtsreife, greift in den Menschen etwas von Weltenprozessen, von kosmischen Prozessen ein, die bis zu diesem Lebensalter der Geschlechtsreife nicht in dem Menschen sind.

Und Sie brauchen ja nicht zu überlegen, daß, indem er fortpflanzungsfähig wird, der Mensch fähig wird, diejenigen Kräfte aus dem Weltenall aufzunehmen, die bei der Neubildung, bei der physischen Neubildung des Menschen eben mitwirken. Dieser Kräfte aus dem Kosmos entbehrte der Mensch bis zur Geschlechtsreife. Es tritt also da in seinem physischen Organismus jene Veränderung ein, die sozusagen gewaltigere Kräfte in den physischen Organismus hineinsendet, als sie vorher drinnen waren. Das Kind hat diese gewaltigeren, stärkeren Kräfte noch nicht. Es hat noch die schwächeren Kräfte, die nur auf die Seele zunächst wirken im Erdenleben, nicht auf den Körper.

Nun aber mit dem 35. Jahre beginnt eine Zeit für den Menschen, in der er im Grunde genommen innerlich seelisch schwächer wird, als er früher war, gegenüber, man möchte sagen, dem Anstürmen der Abbau-Kräfte seines Organismus. Vor diesem 35. Jahre unterstützt uns als Mensch ja der Organismus ganz wesentlich. Er hat die Tendenz, aufbauend zu sein. Und diese Tendenz, aufbauend zu sein, dauert eigentlich noch bis in die Dreißigerjahre herein. Dann aber beginnt eine sehr starke, überwiegende Abbau-Tendenz. Gegen diese überwiegende Abbau-Tendenz können selbst diejenigen Kräfte nicht aufkommen, die aus dem Wesen der zweiten Hierarchie kommen. Da muß unsere Seele weiterhin aus dem Kosmos heraus so unterstützt werden, daß wir nicht mit 35 Jahren schon sterben im normalen Leben. Denn wenn nur bis zum 21. Jahre die Wesen der dritten Hierarchie, vom 14. bis 35. Jahre die Wesen der zweiten Hierarchie wirken würden, dann würden wir eigentlich zum Sterben reif sein also in der Mitte unseres wirklichen Erdenlebens, wenn nicht noch, ich möchte sagen aus Trägheit, der physische Körper hielte. Das ist deshalb nicht der Fall, weil nun in der Tat, und zwar nicht erst vom 35. Jahre ab, sondern schon vom 28. Jahre ab, wiederum durch drei Epochen, bis zum 49. Lebensjahre, die Wesenheiten der ersten Hierarchie, Seraphim, Cherumbim, Throne, auf den Menschen einwirken.

Wiederum haben Sie einen Zeitraum zwischen dem 28. und 35.

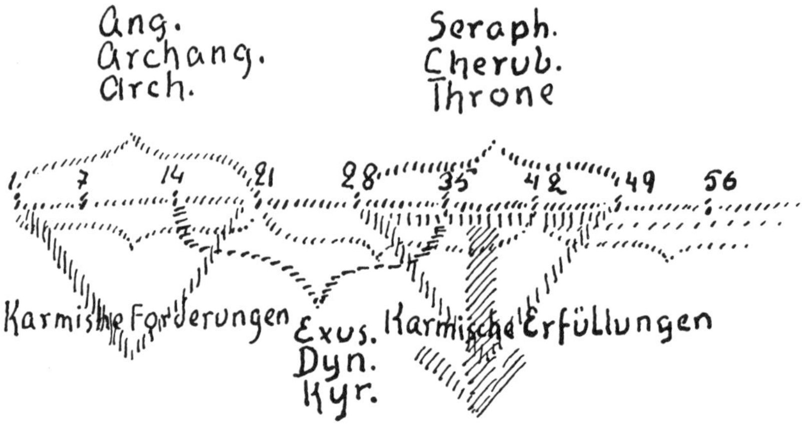

Lebensjahre, wo nun die zweite und die erste Hierarchie zusammenwirken. So daß die eigentliche alleinige Wirksamkeit der zweiten Hierarchie vom 21. bis zum 28. Jahre vorhanden ist.

Wie gesagt, das, was nun darauf folgt, werde ich das nächste Mal betrachten. Sie können ja allerdings sagen: Wenn nun jemand über 49 Jahre alt ist, ist er denn da von allen Hierarchien verlassen? Aber wie gesagt, was da eintritt, das wollen wir schon noch betrachten. Es wird deshalb das, was heute zu sagen ist, nicht bloß anwendbar sein für diejenigen, die unter 49 Jahren sind, sondern auch für die anderen. Zunächst aber haben wir es tatsächlich so mit dem menschlichen Lebenslaufe zu halten, daß in dieser Weise die Hierarchien ihre besondere Kraft und ihre besondere Stärke in seinen Lebenslauf hereinpflanzen ...

... Der Weg von den karmischen Forderungen in die karmischen Erfüllungen hinein hat sich so erwiesen, daß die intelligenten Kräfte bei den Menschen der Gegenwart, die durch ein voriges Erdenleben in den ersten christlichen Jahrhunderten bis zum achten, neunten Jahrhundert herauf zubereitet worden sind, nicht tragfähig genug waren, um in der Zeit, wo nun die Seele schwächer wird, wo der Körper den größeren Widerstand bietet, hinaufzureichen in die erste Hierarchie.

Und da stellte sich mir dieses dar: jene zahlreichen Menschen in der Gegenwart, die so gescheit sind, die vor allen Dingen durch die Schulbildung so gescheit gemacht werden können, die entwikkeln in dieser ersten Lebensepoche die Möglichkeit, mit ihren Gescheitheitskräften bis in die dritte Hierarchie, Angeloi, Archangeloi, Archai hinaufzureichen. Das erfangen sie. Da sind sie vielversprechende Persönlichkeiten.

Indem sie in die zweite Hierarchie eintreten, sind sie mehr dieser Hierarchie hingegeben. Die kommt ja zu den Menschen herunter; fortpflanzungsfähig werden fast alle. Diese kosmische Hierarchie kommt herunter. Da ist sozusagen kein rechter Abgrund zwischen den Menschen und der höheren Hierarchie.

Kommt es aber mit dem 28. Jahre dahin, daß der Mensch nun zu der höheren Hierarchie, zu der ersten Hierarchie Beziehung finden muß, da muß es durch seinen ganzen Menschen bis ins Stoffwechsel-Gliedmaßensystem hinein geschehen. Da braucht er stärkere innere Haltekräfte im Geistigen. Da reicht eben dasjenige nicht aus, was aus früheren Erdenleben aus jenem Zeitalter im Menschen keimend gemacht worden ist, wo nicht mehr gedacht worden ist an das vorirdische Leben.

... Es ist ja wirklich nicht von geringem Interesse, gerade in unserem Zeitalter den zweiten Teil des menschlichen Lebens mit dem ersten zu vergleichen. Nach dieser Richtung müßten eigentlich Menschen, die Sinn für Lebensbeobachtung haben, rechte Lebensbeobachtung anstellen. Denn das tritt hervor, meine lieben Freunde, im gewöhnlichen Leben. Was ich jetzt als Beispiele angeführt habe, das sind Beispiele aus dem gewöhnlichen Leben, Beispiele, die verhundert-, vertausendfacht werden können, die überall sich finden. Aber auch etwas anderes könnte man finden, wo sich dasselbe zeigt, nur, ich möchte sagen, in einem höheren Gebiete des Lebens. Wenn ich, der ich mich immer interessiert habe für die geistigen Entwickelungsgänge der Menschen, auf eine Anzahl von solchen Menschen blicke, die produktiv ins Leben hereingetreten sind, die sogar großen Eindruck auf ihre Mitmenschen, sagen wir, als jugendliche Dichter oder sonst als Künstler gemacht haben, und dann hinschaue auf dieselben, von denen man noch gesagt hat, als sie 24, 25, 26, 27 Jahre alt gewesen sind: ein großartiges, gewaltiges Talent! – – sie wurden älter, alles versiegte, es blieb beim jugendlichen Dichten, beim jugendlichen Künstlertum. Später versiegte alles. Sie waren nichts mehr auf dem Gebiete, auf dem sie einmal bedeutend waren ...

... Angeloi, Archangeloi, Archai sagen uns in unserem Unterbewußtsein gewissermaßen in den ersten drei Lebensepochen: Das alles hast du herübergetragen aus früheren Epochen, aus früherem Erdendasein, das mußt du auf dich nehmen. – In dem unbewußten Teil unseres Schicksal-Erlebens wird uns das gesagt. Und es tönt eigentlich immer in diesen drei Lebensepochen in uns schicksalmäßig herein, namentlich von der Hierarchie der Angeloi: Saturn, Jupiter, Mars haben dies oder jenes über dich verhängt. Wir haben es aus ihren Kräften gelesen.

Dann folgt alles das, was von der zweiten Hierarchie kommt, aus dem Bereich der Sonne. Und endlich folgt dasjenige, was von der ersten Hierarchie in dieser Weise kommt aus dem Bereiche von Venus, Merkur, Mond. Und so wie uns namentlich die Angeloi im Unterbewußten in den ersten drei Epochen unseres Lebens zurufen: Das haben uns Saturn, Jupiter, Mars gesagt, daß dir im Leben das auszutragen vorgesetzt ist –, so finden sich dann von dem 28. Lebensjahr an in unserem Unbewußten die Seraphim, die ja eben auch zum Unbewußten sprechen. Und das alles bleibt dir, weil du es nicht erfüllen kannst, weil du zu uns nicht heraufreichst, das bleibt dir, und du mußt es ins nächste Erdenleben hineintragen; du kannst es nicht ausgleichen, du hast die Stärke nicht dazu.

Unter dem Bewußtsein des Menschen sprechen die karmischen Mächte, die schicksalbildenden Mächte. Sie sprechen aus allen drei höheren Hierarchien. Und wenn wir Empfindung haben für das, was schicksalsmäßig in unser Leben eingreift, dann können wir auch hinter diesem Hinblick auf unser Schicksal in heiliger

Scheu ahnen, wie im Verlaufe unseres Lebens weben an diesem unserem Schicksale die Wesenheiten aller drei Hierarchien. Dann eigentlich betrachten wir unser Leben erst richtig.

Die Einwirkung der abnormen Geister der Form in den Lebenslauf

GA 121 Ausg. 1962, 10. 6. 1910, S. 68/69

. . . Keimzustände durchmachen. In der Tat wird durch diese abnormen Geister der Form die menschliche Entwickelung schon von der Geburt an bis zum zwanzigsten Jahre in die physische Welt hinausgestellt; das ist ungefähr das erste Drittel unseres Erdenlebens. Wir müssen also sagen: Das erste Drittel unseres Erdenlebens wird nicht durch die den Erdenzustand beherrschenden geistigen Wesenheiten, sondern durch andere, abnorme geistige Wesenheiten regiert, und weil diese teilnehmen an der Entwickelung, so haben wir Menschen auch nicht die Gestalt, die wir hätten, wenn wir in dem Zustande geboren würden, den wir um das zwanzigste Jahr herum haben. Das muß der Mensch damit bezahlen, daß er ein Drittel seines Lebens – die Zeit bis zu seinem zwanzigsten Jahre hin – so zubringt, daß er dem großen Einfluß dieser abnormen Wesenheiten hingegeben ist. Sein ganzes Wachstum macht der Mensch eigentlich unter den Einflüssen der abnormen Wesenheiten durch. Er muß es dadurch bezahlen, daß, nachdem das mittlere Drittel abgelaufen ist – das im Grunde nur den normalen Geistern der Form gehört –, die absteigende Bahn, ein Zurückgehen beginnt, und seine Äther- und Astralorganisation zerfallen, so daß das Leben in drei Glieder oder Abteilungen zerfällt: in ein aufsteigendes, ein mittleres und ein absteigendes Drittel. In dem mittleren Teil wird der Mensch während seines Erdenlebens eigentlich erst Mensch, und im letzten Drittel muß er das zurückgeben, was er während des ersten, aufsteigenden Drittels empfangen hat, muß er die entsprechende Abschlagszahlung leisten.

Wäre der Mensch in der Tat ausschließlich den Einflüssen der normalen Geister der Form hingegeben gewesen, dann würde alles das, was heute bis ins zwanzigste Jahr hinein geschieht, ein ganz anderes Antlitz, eine ganz andere Gestalt haben. Es wäre alles ganz anders verlaufen, so daß alles das, was mit des Menschen heutiger Entwickelung zusammenhängt in der ersten der drei Lebensepochen, im Grunde genommen ein Dasein ist, das vieles von den späteren Lebensepochen vorausnimmt. Dadurch ist der Mensch bis zu der zweiten Epoche seines Lebens ein materielleres Wesen geworden, als er sonst geworden wäre. Der Mensch hätte sonst bis zu diesem Momente seines Lebens nur geistige Zustände durchgemacht und würde bis zur jetzigen materiellen Verdichtung erst herabgestiegen sein in dem Zeitpunkte der Entwickelung, den er erst im zwanzigsten oder einundzwanzigsten Lebensjahre durchmacht, wo er sich selber an die Erde gebunden vorfände. Es sagt uns also die Geisteswissenschaft, daß, wenn diese Entwickelung so vorwärts gegangen wäre, der Mensch erst in dem Zustande so recht eigentlich auf die Erde herabgestiegen wäre, den er heute im zwanzigsten oder einundzwanzigsten Lebensjahre erreicht; er würde die vorangehenden Zustände nicht auf der Erde haben durchmachen können. Er hätte sie erhöht über der Erde, im Umkreis der Erde durchmachen müssen. Und jetzt begreifen Sie den ganzen Gang der menschlichen Kindheit und Jugendentwickelung. Wir können sehen, wenn wir diese gerade Linie B–C als Erdenweg bezeichnen, so wären es die Geister der

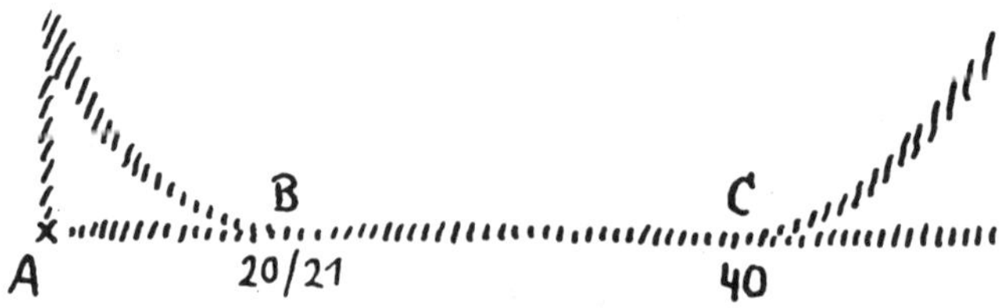

Form, die den Menschen dazu bestimmt hätten, herunterzusteigen erst in diesem Punkte, (20/21 der Zeichnung). Hier würde der Mensch also erst die Erde erreicht haben, und er würde wieder

hinaufsteigen nach dem vierzigsten Jahre und das letzte Drittel seines Lebens in einem vergeistigten Zustande durchmachen. Durch die abnormen Wesenheiten wurde der Mensch gedrängt, schon hier (bei A der Zeichnung) herabzusteigen und das Leben auf der Erde aufzunehmen. Das ist das Geheimnis unseres Daseins. So sehen wir, daß wir durch die uns eigentlich dirigierenden normalen Wesenheiten nur in dem mittleren Drittel unseres Lebens ganz beherrscht sind, während unsere Wachstums- und unsere Niedergangsperiode unter dem Einfluß ganz anderer Wesenheiten stehen, die in irgendeiner Weise auf ihre normale Entwickelung verzichtet haben.

Die Lebensalter als Spiegelung der Erdenentwickelung

GA 96 Ausg. 1974, 4. 3. 1907, S. 242–249

. . . Nun war aber auf dem Saturn nicht so etwas vorhanden wie ein heutiger physischer Menschenleib. Als der Saturn am dichtesten war, war er folgendermaßen: Wenn ich hier spreche, bringe ich die Luft in Schwingungen. Brauchten Sie meine Worte nicht zu hören, könnte ich die Luft in Bewegung bringen, ohne zu sprechen, könnten Sie die Schwingungen meiner Worte sehen – die ganz bestimmten Luftbewegungen –, so würden Sie Abbilder meiner Worte sehen. Wenn Sie dann den Zusammenhang wüßten, dann könnten Sie aus den Schwingungen entnehmen, was ich gesprochen habe. Meine Worte sind der Grund, daß die Luft hier in Bewegung ist. Denken Sie sich nun einmal, Sie könnten die Luftwellen in einem Moment ganz erstarren lassen: dann würden meine Worte herunterfallen. Sie würden auf der Erde etwas wie Austernschalen haben, und Sie könnten in der festgewordenen Luft die Formen meiner Worte sehen. So ungefähr müssen Sie sich den menschlichen Leib, die tierischen Leiber, die Pflanzen und die mineralischen Kristalle auf dem Saturn vorstellen, aus ihrer Erstarrung heraus aufgelöst bis zum luftförmigen Zustand. Denn all dies hat damals auf dem Saturn nur als eine wogende, wallende Luftmaterie gelebt. Was heute ein Kristall ist, ist festgewordene wallende Materie vom Saturn. Ebenso ist es mit den Pflanzen und mit den Tieren, die auf dem Saturn als Schwingungen der leichten, feinen Saturnmaterie existiert haben. Genauso war es, wie wenn von höheren Geistern alle Wesen in die Saturnmaterie hineingesprochen worden wären, wie ich hier die Schwingungen in die Luft hineinspreche. Die schöpferischen Geister des Saturn brachten die Saturnmaterie in innere Schwingungen, welche die Vorboten für die späteren Pflanzen, Tier- und Menschenleiber waren.

Das ist der Anfang unserer Evolution – «Im Anfang war das Wort». Das Wort durchtönte die Saturnmaterie, und alle Wesen waren in Schwingungen in dieser Saturnmaterie. Denken Sie zum Vergleich an die Chladnischen Klangfiguren: Wenn Sie eine Messingplatte, die Sie mit feinem Sand oder Staub bestreut haben, mit einem Violinbogen streichen, so bekommen Sie auf der Platte die verschiedensten Figuren. Das beruht darauf, daß Sie die Platte festgehalten und sie gestrichen haben. Durch das Streichen bekommen Sie einen Ton mit gewissen Schwingungen und Linien. Wo die Platte nicht schwingt, bleibt der Staub liegen, woanders schüttelt sie ihn ab. Hier können Sie gleichsam aus der Klangfärbung die Figuren herauslocken, wie sie einstmals – im Anfang durch das «Wort» – in die Materie hineingesprochen wurden. Materie ist innerlich nach den Gesetzen der Tonschwingungen gestaltet und gegliedert. Nach und nach sind aus diesen Schwingungen heraus jene festen Körper geworden.

Auf der Sonne kam der Ätherleib hinzu und durchgeistigte jetzt einen Teil dieser Formen, die auf dem Saturn sich herausgebildet hatten. Die von ihm durchgeistige Form hob sich hinauf bis zu einer Art von Pflanzendasein. Auf dem Mond kam dazu der Astralleib. Hier hoben sich die Wesen hinauf bis zu einer Art von tierischem Dasein. Auf der Erde kam dazu die Beseelung mit dem Ich. Es konnte aber der Mensch auf der Erde nur dadurch entstehen, daß von dem Vorgänger der Erde das abgeworfen ist, was die heutige physische Mondmaterie geworden ist. Es werden weiter von der Erde gewisse Bestandteile auszusondern sein, damit der

Mensch sich weiterentwickeln kann zum Jupiterdasein, zur Venus und zum Vulkan.

Nun müssen Sie sich darüber klar sein, daß man im Okkultismus die erste und die zweite Hälfte der Erde sorgfältig unterscheidet, weil die Erde in der ersten Hälfte einen Durchgang durch den Mars erlebte. Damals wurde die Möglichkeit aufgenommen, warmes, rotes Blut zu bilden. Der Eisengehalt der Erde rührt von dem Mars her, und die Eingliederung des Eisens in das Blut hängt mit diesem Marsdurchgang zusammen. Die alten griechischen und römischen Eingeweihten, die gewußt haben, daß gerade mit dem roten Blut das Mutartige, das Aggressive den Menschen gegeben worden ist, bezeichneten daher den Mars als den Kriegsgott. Die Namen, welche heute die Astronomen neu entdeckten Gestirnen geben, entspringen der Willkür. Damals betrachtete man den Namen noch als etwas, was aus der Natur der Sache heraus genommen wurde. Die mutartige Natur der Seele hängt so mit den Kräften zusammen, welche die Erde dem Mars verdankt. So gab man dem Mars als dem Mutigen den Namen des Kriegsgottes. Dagegen hängt die zweite Hälfte der Erde immer mehr mit Kräften zusammen, welche die Erde dem Merkur verdanken wird. Der Zusammenhang der Erde mit dem Merkur ist aber mehr geistiger Art . . .

. . . Was ich Ihnen jetzt geschildert habe, hat dieser Menschenleib alles bis zu einem gewissen Grade mitgemacht. Die Nachspuren dessen, was im Saturn als Bewegung war, haben Sie jetzt im physischen Leib als Schwingungsvorgänge. Wenn also in den ersten sieben Jahren der physische Leib sich entwickelt, so ist das eine Art Wiederholung des Saturndaseins, und deshalb nennt man im Okkultismus die Zeit vom ersten bis siebenten Jahre, also bis zum Zahnwechsel, die Zeit des Saturndaseins. Da sind dieselben Kräfte tätig, die dazumal in ihrer ersten Anlage erschienen sind, als der Mensch nur seinem physischen Leib nach auf dem Saturn entwickelt war. Dann wird geboren der Ätherleib und damit die Kräfte, die mit dem Sonnendasein zusammenhängen. Wir nennen die Zeit vom siebenten bis vierzehnten oder sechzehnten Lebensjahr, in der diese Kräfte tätig sind, das Sonnendasein des Menschen. Sie müssen sich klar darüber sein, daß alle die Kräfte, die dazumal im Menschen waren, als die Kräfte des aufblühenden Lebens, also die Sonnenkräfte, herauskommen und sich entwikkeln in der Zeit vom Zahnwechsel bis zur Geschlechtsreife. Das ist aus dem Grunde nicht unwichtig, weil man nur dann anfängt, ein bißchen den Zusammenhang zwischen diesen menschlichen Kräften und den entsprechenden heutigen Formen jener Sterne zu verstehen, wenn man sich erinnert an jene Zeit, wo die Erde selbst ein ähnlicher Stern war. So sind in dem Kinde bis zum siebenten Jahr Kräfte wirksam, die auch mit dem heutigen Saturn verwandt sind. Hier sehen Sie den ersten inneren Keim zu jener ausgebreiteten und gewaltigen Weisheit, die als Astrologie aus den Zeiten der wirklichen großen Eingeweihten überliefert ist und die heute gar nicht mehr verstanden wird. Weil eine innere Verwandtschaft zwischen dem Saturn und den Kinderjahren da ist, verstehen Sie jetzt, wie diese Dinge innerlich zusammenhängen. Ebenso sehen Sie, wie die Kräfte der Sonne selbst herausgezogen sind. Was für den Menschen später wichtig ist, ist abgeschlossen worden mit Mond und Erde: die Formenkräfte sind insbesondere wichtig für die Entwickelung des Menschen vom siebenten Jahr bis zur Geschlechtsreife. Das gibt Ihnen wiederum einen richtigen Blick dafür, wie außerordentlich wichtig es ist, daß die Kinder gerade in dieser Zeit, in bezug auf ihren Ätherleib, zu dem, was man die geistige Sonne nennt, in einem tieferen Verhältnis stehen.

Hier sehen Sie den mehr esoterischen Zusammenhang der Dinge, die ich schon im öffentlichen Vortrag angedeutet habe. Vor allem erinnern Sie sich, daß es in dieser Zeit besonders darauf ankommt, daß man dem Kinde Schönheitssinn beibringt. Bringt man ihm den Schönheitssinn in dieser Zeit nicht bei, dann kann man es später nicht mehr nachholen, weil dann ganz andere Kräfte wirksam sind. Diese Zeit hängt zusammen mit der Empfindung für Licht und Schatten, und Sie können nichts Besseres tun, als wenn Sie dem Kinde Sinn für Licht und Schatten beibringen. Ich kenne einen sehr bedeutenden Kunsthistoriker, der klagte einmal recht bitter: Da soll man den Leuten Kunstgeschichte vorlesen; wenn ich es ihnen begreiflich zu machen versuche und ihnen Bilder aufweise, so haben sie keine Ahnung davon. Die jungen Leute kommen vom Gymnasium her und haben keinen Sinn für Licht und Schatten; nicht einmal begreifen können sie, warum eine Hand verkürzt ist; man könnte gerade im weitesten Sinne an Licht und Schatten anknüpfen, aber die Leute haben sehr wenig Sinn dafür.

Einen Schönheitssinn können die Menschen nur dann entwikkeln, wenn sie das, was die Sonne auf der Erde schön macht, die geistigen Taten der Sonne, verstehen lernen. Das ist sehr wichtig. Die Wesen der Sonne haben ein geistig-göttliches Dasein. Deshalb ist es auch notwendig, daß in dieser Zeit die religiöse Entwickelung einsetzt. Dieses hängt zusammen mit der Entwickelung des Ätherleibes des Menschen. So wie die Sonne in kosmischer Entwickelung die Existenz ihrer Wesen zu Geistern erheben konnte, so ist der Mensch imstande, als Erzieher in dem Kinde zwischen dem Zahnwechsel und der Geschlechtsreife das Empfängliche, das Gefühl für das rein Geistige und für das Religiöse zu erwecken, weil da der Sonnenleib sich frei nach allen Seiten entwickelt.

Vom vierzehnten bis einundzwanzigsten oder dreiundzwanzigsten Jahre haben Sie dann das Mondendasein des Menschen, in dem sein Astralleib vorzugsweise zur Geltung kommt. Das ist die Epoche des Daseins, in welcher leicht die Triebe herauskommen, die im eminentesten Sinne zu bekämpfen sind; wovon alles abzuwerfen ist, was nicht geläutert werden kann. Da kommt heraus, was wirklich manchmal so behandelt werden muß wie die Schlacke des Mondes; es muß wirklich manches herausgeworfen werden, wie es mit dem Mond geschehen ist.

Wir können gerade in diese Zeit noch manchen tiefen Blick hineintun und würden dabei sehen, wie tief der Mensch mit dem ganzen Weltenbau zusammenhängt. Wir würden sehen, wie in der Tat dadurch, daß der Mensch nicht imstande ist, gewisse Kräfte, die eigentlich Mondenkräfte sind, aus sich herauszuwerfen, jene furchtbaren Erkrankungen herauskommen, die man als

Jugendblödsinn, Dementia praecox, bezeichnet. Das ist eine spezifische Erscheinung, die durch ihren eigentümlichen Symptomcharakter verrät, wie sie an dem eben aus dem Ätherleib sich herausgestaltenden Astralleib haftet. Versuchen Sie einmal, einen solchen Menschen zu beobachten, der im geschlechtsreifen Alter in die Dementia praecox hineinsegelt. Da treten eigenartige Symptome auf, die eine merkwürdige Sucht zu Wiederholungen zeigen. Der Astralleib ist mitunter sehr klug, aber die Art und Weise, wie sich der Astralleib zum Ätherleib stellen soll, ist in Unordnung. Fragen Sie einen solchen Menschen zum Beispiel: Wieviel ist fünf mal sechs? – Er antwortet: Dreißig. – Wieviel ist sieben mal acht? – Dreißig. – Wieviel ist sechs mal neun? – Dreißig. – Und so weiter, immer dreißig. Das ist eine Art Überschnappen des Gedächtnisses, und so können Sie sich vorstellen, wie er aus dem Stadium des Ätherleibes nicht herauskommen kann, wie er das Mondenzeitalter für sich nicht herbeiführen kann. Unter solchen Gesichtspunkten kann man tief in den Mikrokosmos hineinleuchten.

Vom einundzwanzigsten bis achtundzwanzigsten oder dreißigsten Jahre haben wir das Marsdasein des Menschen. Gerade in dieser Zeit kommt durch die Blutsphäre der mutartige Charakter des Menschen heraus. Nicht umsonst zieht man gerade in diesen Jahren die Menschen zum Marsdienst heran. Zum Teil geschehen diese Dinge instinktmäßig. Vielfach sind es auch Traditionen dessen, was man früher spirituell gewußt hat.

Dann kommen Vorbereitungen zu zukünftigen Zeitaltern. Wenn die Seele mehr und mehr sich selber überlassen ist, leitet sie im Menschen den Prozeß ein, der sich kosmisch mit der Erde vollziehen wird. Von der Erde wird sich etwas loslösen, damit sie höher steigen kann, zum Jupiter hinauf. Und diesen Prozeß beginnt der Mensch heute schon. Auch da ist er ein Mikrokosmos. Da löst sich etwas Inneres heraus, und es entwickelt sich zu jener Freiheit der Seele, die wir als das Merkurdasein bezeichnen, das im fünfunddreißigsten Lebensjahr zu seiner Höhe kommt. Man spricht von der Lebensmitte, wie man nicht mit Unrecht siebzig das Patriarchenalter genannt hat. So gewinnt der Mensch mit dem fünfunddreißigsten Jahr seine Selbständigkeit. Er tritt in das Alter ein, in dem er nicht nur bloß erfährt, sondern das Erlebte innerlich kräftigt und verfestigt. Durch den fest einsetzenden Willen wird der Leib des Menschen sich selbst überlassen, und das Innere konsolidiert sich. Jetzt wird der Mensch ein Rater für seine Umgebung. Sein Urteil hat nun Wert für die anderen. Früher sollte er auf die Welt hören, nun kann die Welt auf ihn hören. Das ist wichtig, denn in dieser Beziehung wird viel gesündigt. Vor allen Dingen schädigt der Mensch sich selbst, wenn er sich hinstellt und Ratschläge erteilt, bevor er das Reifealter, die Mitte des Lebens, erreicht hat. Fühlt er sich nur als Schüler, der das wiedergibt, was er gehört hat, so wird er sich nicht solche Blöcke in den Weg werfen, wie es geschieht, wenn er allerlei Dinge als seine eigene Lehre darstellt. Dadurch macht er geradezu seine besten Kräfte unwirksam. Wissen kann man sich vorher erwerben, aber Weisheit ist etwas, was innerlich entwickelt werden muß. Wissen ist das, was man erst aufsammeln muß und was dann Weisheit werden kann.

Mit dem neunundvierzigsten Jahr beginnt sodann das Jupiterzeitalter, in welchem die Seele noch freier wird in ihrem Inneren, indem sie den Körper noch weiter sich selbst überläßt und das in sich entwickelt, was die besten Kräfte enthält, um in das Venuszeitalter überzugehen, das im dreiundsechzigsten, vierundsechzigsten Lebensjahre beginnt. Da hat das Innere sich so weit konsolidiert, daß der Mensch in schöner Entwickelung allen äußeren Egoismus abgestreift haben kann. Da hat er nur noch die Liebe zu dem, was da ist in der Welt. Er will nichts mehr für sich haben, er ist jetzt für seine Umgebung da. Das bildet die Menschheit heute erst in ihrer allerersten Anlage heraus, weshalb es heute noch schwer ist, darüber zu sprechen.

Man spricht in der Geisteswissenschaft von einem siebenfach gegliederten Lebenslauf und zeigt auch in dieser Richtung, wie man den Menschen als eine kleine Welt aufzufassen versteht, die auf eine verflossene kosmische Epoche zurückblickt und auf eine zukünftige Entwickelung hinweist. So ist er herausgeboren aus dem Weltenall – nicht nur aus dem Vergangenen, sondern in seiner ganzen Entwickelung ist auch etwas Prophetisches, das auf eine künftige Epoche hinweist. Und was da geschehen soll, das geschieht heute schon im Lebenslauf des Menschen. Daher ist es nicht ganz unsinnig zu sagen, daß der Mensch wahrhaftig sein Selbst kennenlernt, wenn er die Weltevolution kennenlernt. Wenn er den Blick schweifen läßt von Saturn bis Venus, so sieht er in der großen Welt das, was sich in seinem eigenen Dasein abspielt. Das ist der Zusammenhang des Menschen mit dem ganzen Kosmos. Wenn Sie sich den Menschen, so wie er ist, mit allen seinen Organen aufgeteilt denken in den Kosmos, dann bekommen Sie die Vorstellung, die schon eine alte Mythe Mitteleuropas bewahrt. Danach ist das Weltenganze aus einem Urmenschen geschaffen worden, aus dem Riesen Ymir: aus seiner Hirnschale das Himmelsgewölbe, aus seinem Blut die Flüsse, aus seinen Knochen die Berge und so weiter. Ähnliches besagen die Mythen von Osiris und Dionysos. Wenn man also von dem aufgeteilten Urmenschen spricht, meint man nichts anderes, als daß man in dem Menschen den ganzen Kosmos finden kann, und tritt der Mensch hinein in den Kosmos, so findet er in ihm vergrößert sein eigenes Dasein. Wir müssen die eigene Erkenntnis zur Welterkenntnis erweitern, und nicht hineinbrüten in unser Inneres. Wie wir uns ansehen in dem Leib, in dem unsere Seele und unser Geist konzentriert sind, so dürfen wir den großen Leib, der das ausgebreitete Abbild unseres eigenen Leibes ist, als den göttlichen Leib ansehen, als Abbild des Weltengeistes, und wir haben in der Selbsterkenntnis Welterkenntnis, Gotteserkenntnis.

So ist der Mensch aus der Gottheit heraus geboren und kann sich durch seine Erkenntnis der Gottheit allmählich wieder nähern. Eingehen in den Kosmos und aufschließen mit allen menschlichen Seelenkräften das Weltendasein: das ist die Stimmung, die uns aus der Geisteswissenschaft heraus kommen kann. Durch sie lernt der Mensch die Welt als einen großen Körper der Gottheit anzusehen, und er lernt, wie sein Selbst aus diesem

Körper heraus geworden ist. Lernt man das aus der Geisteswissenschaft heraus zuerst empfinden, so verwandelt sich diese Empfindung zuletzt in ein Gefühl der Gottseligkeit. Mit diesem Gefühl, mit diesem Erleben vollendet sich, freilich in sehr weiter Ferne, dasjenige, was der Mensch durch die geisteswissenschaftliche Weltanschauung lernen kann.

II. 2. Kosmischer Lebenslauf.

Oh Sonne, Oh Mond! Sie sind die Tore, die großen Wendemarken zwischen Tod im Irdischen und Geburt im Geistigen und Tod im Geistigen und Geburt im Irdischen.

Erdenleben – kosmischer Aufenthalt, als Ganzheit, wird als großer Ein- und Ausatmungsprozeß betrachtet. Jugendalter, mittleres Alter und Greisenalter auf Erden finden ihre Entsprechung in Seelenmensch, Lebensseele und Seelenselbst in kosmischen Welten.

Der physische Leib wird die Nahrung der Erde, deren Lebensferment, und unsere Erfahrungen während des Erdenlebens im Nachtodlichen die Nahrung des Kosmos, die «Planetenspeise».

Der Todesaugenblick – Schwellenübergang

GA 79, Ausg. 1962, 1. 12. 1921, S. 149–150

Man lernt also den Moment des Todes anschauen, indem man ihn im Kleinen durchschaut in der Arbeit des Denkens im menschlichen Organismus. Und der Mensch kann die ganze Zeit, die er durchmacht nach dem Tode, deshalb auf seinen physischen Leib zurückblicken, weil folgendes da ist. Denken Sie doch nur, wenn im gewöhnlichen Leben irgendein Gedanke in Ihnen aufhellt, aufleuchtet, dann ist immer das zugrunde liegend im physischen Leibe, daß ja, wie in einer Salzlösung, wenn sie gefällt wird, die physische Materie sich abscheidet, in Ihnen physische Materie sich abscheidet. Das Aufleuchten des Gedankens verdanken Sie gewissermaßen dieser Trübe, dieser Abscheidung von physischer, von mineralischer Substanz. Indem Sie den physischen Leib verlassen, summiert sich für den ganzen Leib in einer verhältnismäßig kurzen Zeit dasjenige, was Sie in fortwährendem Gedankenleben haben. Sie haben also das vor sich, daß Sie im Tode wie auf einmal aufleuchten sehen, was durch Ihr ganzes Erdenleben von der Geburt bis zum Tode langsam geglommen, geleuchtet hat.

Und durch diesen mächtigen Eindruck, in dem das Gedankenleben wie ein mächtiger Blitz die Seele überstrahlt, bekommt der Mensch die Erinnerung an sein physisches Erdenleben . . .
. . . Dadurch, daß man diesen mächtigen, einmaligen Gedankeneindruck bekommen hat – für Mathematiker möchte ich sagen: dieses Gedankenintegral, gegenüber den Gedankendifferentialen, von der Geburt bis zum Tode –, dadurch hat man nun, wenn man auch das Physische, das Ätherische abgeworfen hat, in der ganzen Zeit nach dem Tode dieses physische Erdenleben jederzeit wie ein Spiegelndes vor sich, durch das sich alles das zeigt, was man jetzt erlebt, wenn nach und nach heraufkommen die menschlichen Wesen, mit denen man schicksalsmäßig in Liebe oder in Haß verbunden ist, wenn auftauchen jene geistigen Wesen, die in der Geisteswelt vorhanden sind und die nicht auf die Erde heruntersteigen, in deren Gemeinschaft man jetzt auch eintritt . . .

Die Sonne als das Tor der Exkarnation – Der Mond als das Tor der Inkarnation

GA 213, Ausg. 1969, 25. 6. 1922, S. 41/42

Wenn die Sonne auf die Erde ihr Licht sendet, sendet die Erde ihre Seelen in die Weltenweiten hinaus. Sie strahlen hinaus, indem die Menschen sterben, strahlen in die Weiten. Und in den Weiten machen sie Veränderungen durch. Und sie kommen wiederum zurück zu den Menschen, vom Mond her, geistig gestaltet, ergreifen wiederum einen physischen Leib, der ihnen in der physischen Vererbungsströmung zukommt. Und nicht eher werden wir wiederum in ein richtiges Verhältnis zum Weltenall kommen, als bis wir solche Dinge ganz real empfinden können . . .

... Ein Mensch ist gestorben, seine Seele strahlt entgegen der Sonne; und entgegen dem Wege der Sonnenstrahlen strömt sie hinaus in das Weltenall, bis sie ankommt dort, wo der Raum zu Ende ist, wo die drei Dimensionen aufhören, drei Dimensionen zu sein, wo sie übergehen in die Ebene. Da geschehen außer dem Raume und außer der Zeit Vorgänge. Dann kommt nach einiger Zeit von der entgegengesetzten Seite, von derjenigen Richtung, in der das Mondenlicht zu uns dringt, die Seele wiederum zurück, vereinigt sich mit einem physischen Menschenleibe und kommt wiederum auf die Erde.

Wenn der Mensch wiederum lernt, zu sagen: O Sonne, deinem Strahl entgegen gehen die Seelen der Toten; o Mondenschein, mit deinem Wogen ziehen die jungen Seelen ins Erdenleben herein –, wenn die Menschen wiederum lernen, die Naturerscheinungen in dieser Weise konkret durchsetzt mit Geistigem zu empfinden, dann wird wiederum ein Wissen da sein auf der Erde, das zu gleicher Zeit Religion ist, dann wird wiederum eine Erkenntnis da sein, die zu gleicher Zeit Frömmigkeit ist ...

... O Sonne, du scheinst mir das Licht entgegen; auf den Wegen aber, die das Licht sich bahnt von dir, o Sonne, zu mir auf der Erde, auf diesen Wegen, nur in entgegengesetzter Richtung, strömen die menschlichen Seelen, wenn die Menschen gestorben sind, in die Weltenweiten hinaus. O Mondenlicht, du strahlst milde vom Himmel herunter zur Erde; aber auf den Wellen deines milden Lichtes kommen die Seelen herein aus den Weltenweiten, indem sie zum irdischen Dasein schreiten ...

Der kosmische Lebenslauf – Menschenschicksal wird Nahrung des Kosmos

GA 226, Ausg. 1966, 16. 5. 1923, S. 18–23

Wenn nun der Moment kommt, wo der Mensch durch die Pforte des Todes tritt, trennt sich nach und nach – es dauert ja einige Tage –, nachdem der physische Leib abgelegt ist, das, was ich Ätherleib oder Bildekräfteleib in meinen Schriften genannt habe, von dem Ich und von dem astralischen Leibe. Diese Trennung ist so, daß der Mensch fühlt, indem er durch die Pforte des Todes geschritten ist, wie seine Gedanken, die er bisher nur als etwas angesehen hat, was in ihm selber ist, Realitäten sind, Wirklichkeiten, die sich immer mehr ausbreiten. Der Mensch hat das Gefühl zwei, drei, vier Tage nach dem Tode: Du bestehst eigentlich aus Gedanken, aber diese Gedanken gehen auseinander. – Der Mensch wird als Gedankenwesen immer größer und größer, und endlich löst sich das ganze Gedankenwesen des Menschen in den Kosmos auf. Aber in demselben Maße, in dem sich das Gedankenwesen, das heißt der Ätherleib, in den Kosmos auflöst, konzentriert sich jetzt dasjenige, was auf andere Weise erlebt worden ist als durch das gewöhnliche Bewußtsein.

Eigentlich ist alles das, was wir im Wachzustande gedacht haben, was wir im wachen Zustande vorgestellt haben, drei Tage nach dem Tode verflogen. Das ist schon so. Vor dieser Tatsache muß man die Augen nicht zudrücken. Dasjenige, was der Inhalt des bewußten Erdenlebens ist, ist drei Tage nach dem Tode verflogen. Aber gerade, indem sich dasjenige, was uns so wichtig ist, so wesentlich während des Erdenlebens ist, in drei Tagen verflüchtigt, steigt aus dem Inneren eine Erinnerung an etwas auf, was vorher gar nicht da war, nämlich die Erinnerung an all dasjenige, was wir immer in den Nächten schlafend zwischen Einschlafen und Aufwachen rückläufig durchgemacht haben. Das tagwache Leben verfliegt, und in demselben Maße steigt aus unserem Inneren heraus die Summe der Erlebnisse, die wir während der Nacht durchgemacht haben. Es sind ja auch die Tageserlebnisse, aber in umgekehrter Folge und mit dem moralischen Gefühl in jedem einzelnen Detail verwoben.

Nun erinnern Sie sich, wir stehen noch immer mit dem wirklichen Ich, mit dem wirklichen astralischen Leibe im Anfange des Lebens, aber dasjenige, was wir als Spiegelbilder mit dem physischen Leibe bekommen haben, wenn wir noch so alt geworden sind, das fliegt mit dem Ätherleib fort. Dasjenige, was wir während des Erdenlebens gar nicht angeschaut haben, die nächtlichen

Erfahrungen, treten jetzt als ein neuer Inhalt auf. Daher fühlen wir uns nach den drei Tagen, nachdem der Ätherleib fortgegangen ist, erst recht wie am Ende unseres Erdenlebens. Wenn wir also sterben, sagen wir am 16. Mai 1923, so fühlen wir dadurch, daß jetzt wie aus nächtlichem Dunkel all die nächtlichen Erlebnisse aufleben, uns an das Ende unseres Erdenlebens hingetragen, aber zugleich mit der Tendenz zurückzugehen. Und nun durchleben wir die Zeit, die wir immer durchschlafen haben, Nacht für Nacht zurück. Das macht ungefähr ein Drittel des Erdenlebens aus.

Die verschiedenen Religionen schildern es als Fegefeuer oder Kamaloka und so weiter. Wir durchleben unser Erdenleben so, wie wir es unbewußt immer in den Nachtzuständen durchlebt haben, bis wir richtig mit unserem Erleben im Ausgangspunkte des Erdenlebens angekommen sind. Wir müssen wiederum zurückkommen zum Anfange unseres Erdenlebens. Das Rad des Lebens muß sich drehen und muß wiederum zu seinem Ausgangspunkte zurückkommen. So sind die Vorgänge. Drei Tage nach dem Tode haben wir verfliegend die Tageserlebnisse. Ein Drittel unserer irdischen Lebenszeit haben wir rückwärts durchlaufend, eine Zeit, wo wir uns nun eigentlich über unseren Wert als Mensch ganz bewußt klarwerden. Denn dasjenige, was wir unbewußt jede Nacht durchgemacht haben, tritt jetzt bei vollem Bewußtsein auf, nachdem wir den Ätherleib abgelegt haben.

Im gewöhnlichen Leben kann man sich nur vorstellen, daß man Wege macht, die im Raume liegen. Aber der Raum hat keine Bedeutung für das Geistig Seelische, der Raum hat nur eine Bedeutung für das Physisch-Sinnliche. Und wir müssen uns vorstellen, daß wir, wenn wir im geistig-seelischen Zustande sind, auch in der Zeit Wege machen, daß wir also dasjenige, was wir, ich möchte sagen, als Davonläufer aus den Himmeln mit dem physischen Leibe abgegangen sind, nach dem Tode wiederum zurückgehen müssen. Allerdings, wir gehen es dreimal so schnell zurück, weil es sich durch die Erlebnisse ausgleicht, die wir während der nächtlichen Schlafzustände gehabt haben. So sind wir – Jahrzehnte vielleicht nach unserem Tode – wiederum zum

Ausgangspunkte zurückgekommen, aber bereichert jetzt in unserer Seele mit alledem, was wir als Erdenmenschen durchgemacht haben, nicht nur bereichert mit dem, was uns da als eine Erinnerung bleibt. Trotzdem es mit dem Ätherleib fortgegangen ist, bleibt es uns als eine Erinnerung, nicht nur mit dem bereichert, was wir im Erdenbewußtsein durchgemacht haben, sondern auch mit dem bereichert, was wir aus der vollmenschlichen Wesenheit heraus unbewußt während der Schlafzustände über unseren Menschenwert selber urteilen. So ziehen wir, je nachdem wir gelebt haben, nach längerer oder kürzerer Zeit, nach Jahrzehnten etwa in die Geistwelt ein, aus der wir herausgeschritten sind, aber nur mit dem Bewußtsein herausgeschritten sind. Eigentlich sind wir am Ausgangspunkte stehengeblieben und haben gewartet, bis sich uns die Erdenlaufbahn des physischen Leibes als erfüllt erweist und wir wiederum zurückkehren können zu demjenigen, was wir vor der Geburt beziehungsweise vor der Empfängnis waren.

Man muß, wenn man diese Dinge schildert, zuerst, namentlich vor der Öffentlicheit, sie so schildern, daß man nicht gleich die Leute mit diesen ganz anders gearteten Begriffen schockiert. Man kann, ich möchte sagen, bildlich die Sache so schildern, als wenn es eigentlich fortginge nach dem Tode. Aber in Wahrheit ist es ein Zurückgehen, ein Zurückleben nach dem Tode. Es dreht sich in der Tat die Zeit, kommt wiederum zu ihrem Ausgangspunkte zurück. Man könnte sagen: Die göttliche Welt bleibt eigentlich an dem Orte stehen, an dem sie vom Anfange an stand. – Der Mensch macht nur seine Ausläufe, seine Ausgänge aus der Götterwelt. Dann kehrt er wiederum in sie zurück und bringt sich dasjenige, was er sich außerhalb dieser Götterwelt erobert hat, in diese Götterwelt wiederum zurück.

Nun kommt das Leben, das sich dann anschließt. Wenn wir sozusagen wiederum, aber bereichert jetzt um das Erdenleben – nicht nur um das bewußte, sondern auch um das unbewußte Erdenleben – zurückgekommen sind, Kindlein geworden sind, um nun als Kindlein wiederum drinnenzustehen in den Reichen der Himmel, schließt sich dann dasjenige Leben an, das man etwa so schildern könnte, daß man sagt: Der Mensch nimmt jetzt wahr, wie er ist. Geradeso wie er hier zwischen Pflanzen, Steinen, Tieren auf der Erde mit seinem gewöhnlichen Erdenbewußtsein ist, so nimmt der Mensch dann in der Zeit, bei der wir jetzt angekommen sind, wahr. – Ich schildere das nachtodliche Leben. Dann nimmt der Mensch wahr, wie er erstens unter den Menschenseelen ist, die nun nicht auf Erden erleben, sondern den Himmel erleben, die also gestorben oder noch nicht geboren sind, aber er nimmt auch wahr zwischen den höheren Hierarchien Angeloi, Archangeloi, Exusiai und so weiter. Sie kennen die Namen und die Bedeutung der Namen aus meiner «Geheimwissenschaft im Umriß». Der Mensch bekommt Erfahrungen in dieser rein geistigen Welt. Wenn ich diese Erfahrungen charakterisieren soll, so muß ich das so tun: Es ist, als ob der Mensch sein eigenes Wesen in den Kosmos nun hineintrüge. Das, was er während des Tagwachens, während des nächtlichen unbewußten Erdenlebens durchgemacht hat, trägt er in den Kosmos hinein, das braucht der Kosmos ...

... Er achtet gar nicht darauf, daß diese Welt ein gewaltiger Geistorganismus ist, der Nahrung braucht, sonst wären die Sterne längst im Weltenraum nach allen Richtungen zerstreut worden. Die Planeten wären ihre Bahn gegangen. Dieser Riesenorganismus braucht Nahrung, dasjenige, was er immer wiederum und wiederum aufnehmen muß, damit er richtig fortbestehen kann. Und woher kommt diese Nahrung? Hier ergeben sich die großen Fragen des Zusammenhanges zwischen dem Menschen und zwischen dem Weltenall ...

... Das ist die Nahrung des Kosmos, das ist dasjenige, was der Kosmos fortwährend braucht, damit er fortbestehen kann. Was wir Menschen auf Erden in leichten und in harten Schicksalen erleben, das tragen wir einige Zeit nach dem Tode in den Kosmos hinein, und wir fühlen daher als die Ernährung unser menschliches Wesen in den Kosmos aufgehen. Das sind Erfahrungen, die der Mensch zwischen dem Tode und einer neuen Geburt von gewaltiger Größe, von ungeheurer Erhabenheit macht ...

... Dann tritt derjenige Zeitpunkt ein, wo der Mensch sich nicht mehr als eine Einheit erscheint, sondern wo gewissermaßen der Mensch sich als eine Vielheit erscheint, wo der Mensch sich so erscheint, daß die eine Tugend, die eine Eigenschaft gewissermaßen nach dem einen Stern hin sich bewegt, die andere nach dem andern Stern, wo der Mensch sein Wesen in die ganze Welt verteilt wahrnimmt, und wo er zugleich wahrnimmt, wie die Teile seines Wesens miteinander streiten, miteinander harmonisieren oder disharmonisieren. Der Mensch fühlt, wie dasjenige, was er auf der Erde erlebt hat täglich oder nächtlich, sich in den ganzen Kosmos verteilt. Und geradeso wie während der drei Tage nach dem Tode, wo die Gedanken fortgeflogen sind, also alles dasjenige, was unser Tagesleben war, fortgeflogen ist, und wir uns auf dasjenige konzentrieren, was die nächtlichen Erlebnisse waren, und da bis zum Ausgangspunkte unseres Erdenlebens zurückleben, wie wir uns da festhalten mit den nächtlichen Erlebnissen, so halten wir uns, wenn nun die gesamte Menschheitserfahrung in den Kosmos hinausfliegt, fest in demselben, was wir überhaupt als Menschen einer übersinnlichen Weltenordnung sind.

Jetzt taucht unser wahres Ich aus unserem zerspaltenen, ich möchte sagen aus unserem dionysisch-zerspaltenen Menschen auf. Da taucht nach und nach das Bewußtsein auf: Du bist ja Geist. Du hast nur in einem physischen Leib gewohnt, hast nur dasjenige durchgemacht, was der physische Leib über dich gebracht hat, auch in den nächtlichen Erlebnissen. Du bist ja Geist unter Geistern.

Man tritt jetzt ein in ein geistiges Dasein unter geistigen Wesenheiten, während man dasjenige, was man als Erdenmensch war, zerspalten und zerteilt sieht in den ganzen Kosmos. Was wir auf Erden hier durchmachen, wird in den Kosmos hinaus zerteilt, daß es dem Kosmos Nahrung werden kann, daß der Kosmos weiterbestehen kann, daß der Kosmos neue Antriebe zu seinen Sternenbewegungen und Sternenbeständen erhalten kann. Wie wir unserem Leben die Erdennahrung zuführen müssen, damit wir als physische Menschen zwischen der Geburt und dem Tode leben können, so muß der Kosmos von Menschenerfahrungen leben, diese in sich aufnehmen. Und wir gelangen auf diese Weise dazu, uns immer mehr und mehr als kosmischer Mensch zu fühlen, gewissermaßen unser ganzes Menschenwesen in den Kosmos übergehend zu finden, aber in den geistigen Kosmos übergehend zu finden. Und der Zeitpunkt ist angelangt, wo wir den Übergang zwischen dem Tod und einer neuen Geburt suchen müssen, von dem Kosmoswerden des Menschen zum Menschwerden des Kosmos. Wir sind aufgestiegen, indem wir uns immer kosmischer und kosmischer fühlen. Ein Zeitpunkt kommt – ich habe ihn in meinen Mysterien genannt die große Mitternachtsstunde des Daseins –, wo wir fühlen: Wir müssen wieder Mensch werden. Dasjenige, was wir in den Kosmos hinaustragen, muß uns in anderer Gestalt der Kosmos wieder zurückgeben, damit wir wiederum zur Erde zurückkehren können. Von dieser Rückkehr darf ich Ihnen dann morgen sagen . . .

Seelenmensch, Lebensseele und Seelenselbst – Imagination, Inspiration, Intuition nach dem Tode

GA 181, Ausg. 1967, 2. 4. 1918, S. 192/193

. . . Dies macht uns darauf aufmerksam, daß die erste Zeit des Lebens zwischen Tod und neuer Geburt vorzugsweise der Ausbildung des Seelenmenschen gewidmet ist, desjenigen, was als eine imaginative Welt um den Menschen herumschwebt. Die spätere Zeit – aber es ist natürlich von Anfang an da – ist der inspirierenden Kraft der Seele, der Lebensseele gewidmet. Und vor sich, gleichsam als ein Ideal, hat der Tote das, was man nennen kann das Seelenselbst. Es ist auch von Anfang an da, denn das Seelenselbst gibt ihm das Individualbewußtsein. Wie die Vernunft beim Kinde erst ausgebildet werden muß, trotzdem sie von Anfang an da ist, so bildet der Mensch zwischen Tod und neuer Geburt das Seelenselbst erst aus. Und dieser Ausbildung des Seelenselbstes im höchsten Maße ist dann schon jene Zeit gewidmet, in welcher es wieder langsam dem Erdenleben zugeht. Wenn der Mensch in der Zeit zwischen Tod und neuer Geburt geistig blühend vor Jugend wird – muß man sagen –, dann steht sein Seelenselbst in der höchsten Entwickelung. Hier auf der Erde sagt man: Man wird alt –; in der geistigen Welt zwischen Tod und neuer Geburt muß man sagen: Man wird jung. – Hier sagt man: Man ergraut vor Alter –; dort muß man sagen: Man wird blühend vor Jugend. – Diese Dinge waren vor noch gar nicht langer Zeit durchaus bekannt. Ich erinnere nur an Goethes «Faust», wo es heißt: «im Nebelalter jung geworden»; das bedeutet: in der nördlichen Welt geboren. Man sagte früher nicht: Jemand wurde geboren – sondern: Er ist jung geworden, womit man hindeutete auf sein Leben vor der Geburt. Und Goethe hat noch diesen Ausdruck gebraucht: «im Nebelalter jung geworden».

Die letzte Zeit zwischen Tod und neuer Geburt ist also die, in welcher die Seele vorzugsweise den intuitiven Teil ausbildet. In der ersten Zeit nach dem Tode ist ihm lebendig der imaginative Teil der Seele, das ist der Seelenmensch. Dann entwickelt sich nach und nach zur vollen Höhe der inspirierte Teil der Seele, die Lebensseele. Und nachdem entwickelt sich das, was der Seele die volle Individualität gibt, das Seelenselbst, das Intuitive, die Fähigkeit, in anderes aufzugehen, in anderes sich hineinzufinden. In was findet sich da die Seele hinein? Von was wird sie vorzugsweise intuiert?

Die Seele fängt schon zwischen Tod und neuer Geburt in einem bestimmten Punkte des Lebens an, sich verwandt zu fühlen mit der Generationenfolge, die dann zu Vater und Mutter führt. Zu den Ahnen, wie die zueinandergeführt werden in den Ehen, wie sie Kinder haben und so weiter, fühlt sich die Seele nach und nach verwandt. Während man unmittelbar nach dem Tode die Bilder fühlt, das Entrollen der Bilder, und indem man hinuntersieht auf die Erde, werden diese Bilder zusammengefaßt in die mehr großen imaginativen Zusammenhänge. Und indem man sich wieder dem Erdenleben zuwendet, wird man immer intuitiver und intuitiver. Und mehr im großen tritt das Bild, das ich gestern entwickelt habe, vor der Seele auf: die Kugel der Erde – über Asien,

Indien, Ostafrika hinüber bläulich glimmend; auf der anderen Seite – man umkreist ja die Erde –, wo Amerika ist, rötlich glitzernd; dazwischen die grünen und die andern Töne. Und die Erde auch tönt in den mannigfaltigsten Tönen: Melodien, Harmonien, Chören der Sphärenmusik. Und dahinein bewegt sich allmählich, was man als Bilder gehabt hat: die Bilder, die man zuerst gehabt hat, was man von der Generationenfolge hatte. Man lernt allmählich das sechsunddreißigste, fünfunddreißigste Vorfahrenpaar erkennen, dann das vierunddreißigste, dann das dreiunddreißigste, zweiunddreißigste Paar, bis hinunter zu Vater und Mutter. Das lernt man erkennen, einverwoben in die Imaginationen. Und dahinein prägt sich die Intuition, bis man zu Vater und Mutter kommt. Dieses Einprägen ist wirklich ein Aufgehen in dem, was durch die Generationen lebt. Die zweite Hälfte des Lebens zwischen Tod und neuer Geburt ist so, daß der Mensch in dieser Zeit sich intensiv daran gewöhnt, in dem andern zu leben, was da unten ist, schon voraus in diesem andern zu leben, in dem, was dann die nächste und fernere Umgebung wird, nicht in sich, sondern in dem andern zu leben. Man fängt das Leben zwischen Tod und neuer Geburt an, indem man in dem andern lebt; man hört dieses Leben so auf, daß man vorzugsweise in dem andern leben kann. Dann wird man geboren . . .

Der Greis in der geistigen Welt

GA 140, Ausg. 1970, 24. 10. 1912, S. 35/36

. . . In der Mitte des Erdenlebens sind wir ja am meisten in irdische Verhältnisse hinein versponnen; in der Mitte zwischen Tod und neuer Geburt sind wir am meisten in kosmische Verhältnisse hineingesponnen. Je mehr es dem Ende unseres Lebens auf Erden zugeht, desto mehr ziehen wir uns aus den Erdenverhältnissen im physischen Sinne heraus. Je mehr wir die Mitte des Lebens zwischen Tod und neuer Geburt überschreiten, desto mehr ziehen wir uns aus dem Kosmos heraus und neigen uns wieder hin zum Erdenleben.

Das, was ich Ihnen zuletzt als eine Art Analogie gesagt habe, betrachten Sie aber nicht so, als wenn es zugrunde gelegen hätte der geisteswissenschaftlichen Untersuchung. Dem Okkultisten fällt eine solche Analogie erst auf, wenn er die okkulten Untersuchungen gemacht hat und mit den vorhandenen Tatsachen vergleicht. Eine solche Analogie hat auch insofern noch einen Fehler: Sollten wir das Leben in der ersten Periode nach dem Tode das kindliche Leben nennen und die zweite Periode zwischen Tod und neuer Geburt das Greisenleben, so würden wir einen Fehler machen. Im geistigen Dasein zwischen Tod und neuer Geburt sind wir nämlich zuerst Greise und werden dann in der zweiten Hälfte eben Kinder in bezug auf das geistige Leben. Das geistige Leben verfließt umgekehrt. Zuerst tragen wir in uns die Fehler und Gebrechen des physischen Lebens da hinein; dann werden sie während des kosmischen Lebens allmählich herausgeworfen . . .

Das Müdewerden und Abwelken vor der Geburt

GA 79, Ausg. 1962, 29. 11. 1921, S. 111/112

. . . Man lernt das, was der Mensch zurückläßt, wenn er sich als Gefühls-Willenswesen herausbegibt aus seinem physischen und Ätherleib, gewissermaßen als das letzte kennen, zu dem sich der Mensch sehnend aus der geistigen Welt hingeneigt hat, nachdem er gewissermaßen in der geistigen Welt alt geworden und der geistigen Welt abgestorben ist in dem Leben zwischen dem Tode und der neuen Geburt. So wie der Mensch seinen physischen Leib welk werden findet in einem gewissen Alter, wenn er dem Alterstode entgegengeht, so findet der Mensch in der geistigen Welt dasjenige geistig-seelische Wesen, in dem er sich dann befindet, abwelkend.

Dieses Abwelken gibt sich kund in der Sehnsucht nach der physischen Welt, nach leiblich-physischer Verkörperung. Und so ist das, was im physischen Leib des Menschen lebt, was im Ätherleib lebt, gewissermaßen die letzte Phase des Lebens oben in der geistigen Welt . . .

GA 210, Ausg. 1967, 17. 2. 1922, S. 116

... Der Mensch ist also, bevor er zur Erde heruntersteigt, ein Geistig-Seelisches, durchzogen von einem Gefühlselemente, das man nur mit etwas, was der Mensch im Erdenleben als Furcht erfährt, vergleichen kann. Diese Furcht hat ihre gute Berechtigung für die Zeit des Menschenlebens, von der ich eben spreche. Der Mensch hat in dem Leben zwischen dem Tode und einer neuen Geburt alle möglichen Erfahrungen gemacht, die sich eben in diesem kosmischen Verbundensein mit dem All machen lassen. Der Mensch ist gewissermaßen müde geworden dieses kosmischen Lebens am Ende seines Daseins zwischen dem Tod und einer neuen Geburt, wie der Mensch durch das Vertrocknen, durch das Abgelähmtwerden seiner Leibesorganisation am Ende seines Erdenlebens für das irdische Leben müde ist. Der Mensch ist gewissermaßen müde geworden des außerirdischen Lebens. Und dieses Müdewerden drückt sich eben nicht als Müdewerden aus, sondern es drückt sich aus als Furcht vor dem All. Der Mensch flieht gewissermaßen das All. Er empfindet das, was die Grundeigenschaft des Alls ist, als etwas ihm nunmehr Fremdgewordenes, das ihm nichts mehr gibt; er empfindet eine Art von Scheu, die mit Furcht zu vergleichen ist, vor dem Elemente, in dem der Mensch darinnen ist. Er will sich herausziehen aus diesem Allgefühl, und er will sich zusammenziehen in das, was menschliche Leiblichkeit ist.

II. 3. «Ohne menschliche Leichname wäre daher die Erde längst tot.»

Der Mensch als Weltenbürger gibt der Erde die Geistigkeit

GA 191, Ausg. 1972, 5. 10. 1919, S. 61–63

... Denn das, was da der Erde mitgeteilt ist, gleichgültig ob durch das Verbrennen oder durch das Beerdigen, das hat menschliche Form gehabt, menschliche Form auch dadurch gehabt, daß vor der Geburt beziehungsweise vor der Konzeption ein geistig-seelisches Wesen heruntergestiegen ist aus den geistigen Welten, gearbeitet hat bis zum Tode hin in diesem physischen Leibe. Dann teilen Sie diesen physischen Leib der Erde mit. Da arbeitet das, was Menschenform ist, in der Erde weiter, ganz gleichgültig, ob es verbrannt oder beerdigt worden ist, es arbeitet an der Erde mit. Die Erde bekommt fortwährend dasjenige mitgeteilt, was sie nicht haben würde, wenn ihr nicht Menschenleiber nach dem Tode der Menschen mitgeteilt würden. Das ist etwas für die Erde, daß ihr Menschenleiber nach dem Tode mitgeteilt werden. Die Erde hätte sonst nur Substanzen, die irdisch sind, wenn ihr nicht Menschenleiber mitgeteilt würden.

Aber diesen Menschenleib hat bewohnt ein seelisch-geistiges Wesen, das vor der Geburt beziehungsweise vor der Konzeption herabgestiegen ist aus seelisch-geistigen Welten und die Struktur verliehen hat diesem Menschenleibe. Diese Struktur bleibt als ein Wesentliches in jedem Stäubchen, geht in die Erde oder in die Atmosphäre beim Verbrennen, gleichgültig wie, eben über, und die Erde empfängt mit diesem Menschenleib dasjenige, was heruntergestiegen ist aus den geistigen Welten. Das ist nicht ohne Bedeutung. Das ist nicht etwa bloß eine gewöhnliche Wahrheit, sondern das hat sogar eine sehr, sehr große Bedeutung. Denn unsere Erde ist nicht mehr in Entwickelung, und es wäre längst so, daß kein Mensch sie heute mehr, vielleicht auch keine Tiere – die Tiere vielleicht – bewohnen könnten, wenn ihr nicht fortwährend Auffrischungskräfte geistig-seelischer Art durch die Menschenleiber zukämen. Daß die Erde heute noch ein für Menschen bewohnbarer Weltenort ist, das ist dem Umstande verdankt, daß ihr fortwährend Menschenleiber mitgeteilt werden. Diese frischen die Erdenkräfte immer wieder auf. Seit der Mitte der atlantischen Zeit ist die Erde bereits im Verdorren. Sie hat keine Aufgangskräfte mehr; sie hatte sie in der alten polarischen, lemurischen und so weiter Zeit. Aber seit der Mitte der atlantischen Zeit hat die Erde aus sich selbst nur verdorrende Kräfte und wird nur aufgefrischt für weiteres Bestehen dadurch, daß ihr die Formkräfte der Menschenleiber mitgeteilt werden. Die wirken in der Erde weiter. Die nur machen die Erde noch für die Menschen bewohnbar.

Daraus können Sie erkennen, daß der Mensch auf der einen Seite, wie ich Ihnen erzählt habe, die inneren Kräfte des Planeten in sich wirksam hat, die Kräfte der Atmosphäre. Aber er gibt wiederum geistig-seelische Kräfte an die Erde zurück, er versorgt auch die Erde mit geistig-seelischen Kräften. Er trägt, indem er geboren wird, die geistig-seelischen Kräfte aus dem geistigen Weltenall in die Erde herein, braucht sie so lange, als er sie nötig hat, bis zu seinem Tode, übergibt sie dann in Formkräften der Erde und ist so der Mitbauer der zukünftigen Erde . . .

. . . Derjenige Mensch, der sich als Weltenbürger weiß, der sagt sich: Indem ich durch die Geburt ins Dasein trete, trage ich herein in diese Welt ein Seelisch-Geistiges. Damit baue ich an dem künftigen Erdendasein mit, auch noch, nachdem ich mich entfernt habe durch den Tod von dieser Erde. – Der Mensch wird dadurch, daß er Weltenbürger ist, sich erst recht bewußt, wie sein Dasein mit dem irdischen Dasein zusammenhängt, wie er mit der Erde *ein* Wesen ist, aber ein Wesen, das der Erde im Grunde genommen erst ihre Geistigkeit gibt.

. . . längst in ihren Endzustand hineingekommen, wenn ihr nicht fortwährend die Kräfte des menschlichen Leichnams, der mit dem Tode von dem Geistig-Seelischen abgesondert ist, zugeführt würden. Durch diese Kräfte, welche die Erdenentwickelung durch die Zuführung der menschlichen Leichname fortwährend bekommt, beziehungsweise der Kräfte, die in den Leichnamen sind, dadurch wird die Evolution der Erde unterhalten. Dadurch werden Mineralien dazu veranlaßt, ihre Kristallisationskräfte noch heute zu entfalten, die sie längst nicht mehr entfalten würden ohne diese Kräfte; sie wären längst zerbröckelt, hätten sich aufgelöst. Dadurch werden Pflanzen, die längst nicht mehr wachsen würden, veranlaßt, heute noch zu wachsen. Und auch mit Bezug auf die niederen Tierformen ist es so. Der Mensch übergibt der Erde in seinem Leibe das Ferment, gleichsam die Hefe für die Weiterentwickelung.

Daher ist es nicht bedeutungslos, ob der Mensch auf der Erde lebt oder nicht. Es ist einfach nicht wahr, daß die Erdenentwickelung in bezug auf das Mineralreich, Pflanzenreich und Tierreich auch dann vorwärtsgehen würde, wenn der Mensch nicht dabei wäre! Der Naturprozeß ist ein einheitlicher, ein geschlossener, zu dem der Mensch dazugehört. Der Mensch wird nur richtig vorgestellt, wenn er selbst noch mit seinem Tode als drinnenstehend in dem kosmischen Prozeß gedacht wird.

Wenn Sie dies bedenken, dann werden Sie sich kaum mehr wundern, wenn ich auch noch das Folgende sage: Der Mensch bekommt, indem er aus der geistigen Welt heruntersteigt in die physische, die Umkleidung seines physischen Leibes. Aber natürlich ist der physische Leib anders, wenn man ihn als Kind bekommt, als wenn man ihn in irgendeinem Lebensalter durch den Tod ablegt. Da ist etwas geschehen mit dem physischen Leibe. Was da mit ihm geschehen ist, das kann nur dadurch geschehen, daß dieser Leib durchdrungen ist von den geistig-seelischen Kräften des Menschen. Nicht wahr, schließlich essen wir alle dasselbe, was die Tiere auch essen, das heißt, wir verwandeln die äußeren Stoffe so, wie die Tiere sie verwandeln, aber wir verwandeln sie unter der Mittätigkeit von etwas, was die Tiere nicht haben, von etwas, was aus der geistigen Welt heruntersteigt, um sich mit dem physischen Menschenleib zu vereinigen. Wir machen dadurch mit den Stoffen etwas anderes, als die Tiere oder Pflanzen mit ihnen machen. Und die Stoffe, welche im menschlichen Leichnam der Erde übergeben werden, sind verwandelte Stoffe, sind etwas anderes, als was der Mensch empfangen hat, als er geboren worden ist. Daher können wir sagen: Die Stoffe, welche der Mensch empfängt, und auch die Kräfte, welche er mit der Geburt empfängt, die erneuert er während seines Lebens und gibt sie in verwandelter Form an den Erdenprozeß ab. Es sind nicht dieselben Stoffe und Kräfte, die er bei seinem Tode an den Erdenprozeß abgibt, als diejenigen waren, die er bei seiner Geburt empfangen hat. Er übergibt damit also dem Erdenprozeß etwas, was durch ihn fortwährend aus der übersinnlichen Welt in den physisch-sinnlichen Erdenprozeß einfließt. Er trägt bei seiner Geburt aus der übersinnlichen Welt etwas herunter; das bekommt dann, indem er es einverleibt hat den Stoffen und Kräften, die während seines Lebens seinen Leib zusammensetzen, mit seinem Tode die Erde. Dadurch vermittelt der Mensch fortwährend das Heruntersträufeln von Übersinnlichem an Sinnliches, an Physi-

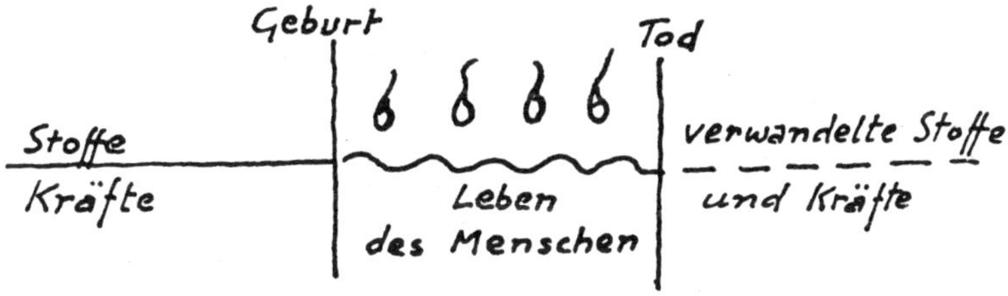

sches. Sie können sich vorstellen, daß gleichsam fortwährend etwas herunterregnet aus dem Übersinnlichen ins Sinnliche, daß aber diese Tropfen ganz unfruchtbar blieben für die Erde, wenn der Mensch sie nicht aufnehmen würde und sie durch sich der Erde vermitteln würde. Diese Tropfen, die der Mensch aufnimmt bei der Geburt, die er abgibt bei seinem Tode, die sind ein fortwährendes Befruchten der Erde durch übersinnliche Kräfte, und durch diese befruchtenden, übersinnlichen Kräfte wird der Evolutionsprozeß der Erde gehalten. Ohne menschliche Leichname wäre daher die Erde längst tot.

III. DAS JÜNGERWERDEN DER MENSCHHEIT

Das «Jüngerwerden der Menschheit» in seinen Stufen verfolgen, heißt den Weg des Menschen in die Freiheit aufzeigen.

Weil der Körper immer dichter und dichter wird, kann das naturhafte «Aufblühen der Seele» nicht mehr erlebt werden.

Die leiblich-seelische Parallelentwicklung geht im Zeitalter der Bewußtseinsseele nur noch bis zum siebenundzwanzigsten Lebensjahr.

Was bedeutet das für die Menschheitsentwicklung? Es bedeutet dies für die jeweils die Menschheitskultur tragenden Völker die Aufgabe, ein geistgetragenes Altern bewußt zu schulen, eine Kultur in Erziehungswesen und Weltanschauung zu entwickeln, die das Freiwerden des Seelischen durch Bewußtseinskräfte wieder erleben läßt.

Wird diese Anstrengung nicht unternommen, dann wird die Menschheit immer unmündiger und kindischer werden. Dies wäre ein Sieg der Widersacher.

Ab dem Zeitalter der Bewußtseinsseele müssen die «Geistgeschenke» bewußt ergriffen werden, sonst werden sie «verschlafen». Der einzelne Mensch kann durch seinen Lebenslauf vom Vatergott über den Sohnesgott zum Heiligen Geist finden.

Die Menschheit muß diesen Weg auch finden.

GA 181, Ausg. 1967, 21. 5. 1918, S. 265

. . . Aber wir wissen, daß die Menschheit im Laufe der Entwickelung immer jünger wird, und heute wird sie nicht älter als siebenundzwanzig Jahre. Dann gibt die leiblich-körperliche Entwickelung nichts mehr her. So muß das, was zur Weiterentwickelung beitragen soll, aus dem Geiste geholt werden. Aber wenn es aus dem Geiste geholt wird, verbindet es sich mit unserer Seele . . .

GA 188, Ausg. 1967, 25. 1. 1919, S. 172

... Während der Einzelmensch von der Kindheit bis zum Greisenalter vorschreitet, schreitet die Menschheit zurück vom Greisenalter in die Kindheit ...

GA 191, Ausg. 1972, 2. 11. 1919, S. 216/217

... Jetzt aber ist der Mensch bereits wiederum im Niedergang. Und während der Mensch im Niedergang ist – ich habe das von verschiedenen Gesichtspunkten her erläutert –, würde er, das bereits wiederum leiblich schwach werdende Wesen, es nicht vertragen, die Welt so wahrzunehnmen, wie sie noch der Grieche wahrgenommen hat ...

GA 217, Ausg. 1964, 12. 10. 1922, S. 138/139

... Im sechsten, siebenten, achten Jahrtausend vor dem Mysterium von Golgatha waren diese Umschwünge für die Menschen so stark bemerkbar, daß sie als seelische Empfindung erlebt wurden, wie heute der Zahnwechsel oder die Geschlechtsreife. Und zwar war es so, daß ungefähr bis zur Mitte des Lebens, bis zum fünfunddreißigsten, sechsunddreißigsten Jahre, diese Umschwünge so empfunden wurden, daß man das Leben bis dahin als aufsteigend betrachtete. Dann aber ging es abwärts. Man empfand sozusagen das Verdorren des Lebens. Aber indem man fühlte: da im Organismus lagern sich mit einer gewissen Trägheit Stoffwechselprodukte ab – indem man fühlte, daß der physische Organismus immer schwerer und unlebendiger wird, wurde man zugleich bis in das höchste Alter hinein gewahr, wie gerade das Seelisch-Geistige aufgeht. Man fühlte, wie beim Verdorren des Leibes die Seele sich befreite. Und man hätte in alten Zeiten nicht mit solcher Inbrunst von gewissen Menschen als von Patriarchen gesprochen – das Wort selber ist ja erst später gekommen –, wenn man nicht äußerlich an den Menschen bemerkt hätte: Der wird zwar physisch alt, aber er verdankt seinem physischen Älterwerden ein Aufleuchten des Geistes. Er ist nicht mehr vom Körper abhängig. Der Körper verdorrt, die Seele wird frei.

GA 180, Ausg. 1966, 11. 1. 1918, S. 210

Das war anders in den ersten 2160 Jahren ungefähr nach der großen atlantischen Katastrophe. Da blieb der Mensch von seinem Physischen zwar abhängig bis in sein hohes Alter hinein, aber er hatte auch die Freude dieser Abhängigkeit. Er hatte die Freude, nicht nur während des Wachsens und im Wachstumzunehmen weiterzuschreiten, sondern er hatte die Freude, auch bei abnehmenden Lebenskräften die Früchte dieser abnehmenden Lebenskräfte im Seelischen als eine Art Aufblühen des Seelischen zu erleben, was man jetzt nicht mehr kann. Ja, es ändern sich eben die äußeren, physisch-kosmischen Bedingungen des menschlichen Daseins in verhältnismäßig gar nicht so langer Zeit.

Das Aufblühen des Seelischen im Alter wird heute als Rudiment erlebt

GA 301, Ausg. 1977, 23. 4. 1920, S. 67–71

... Wenn man über das 35., 40., 45. Jahr hinaus ist und nun wirklich sich über diese Jahre hinaus bewahrt hat die Möglichkeit einiger Selbstbeobachtung, dann zeigen sich im Seelenleben des Menschen, im innersten Erleben des Menschen gewisse Rudimente. So wie sich in bezug auf äußerliche Körperlichkeit im Embryonalleben Rudimente der Stammesentwickelung zeigen, so zeigen sich merkwürdige innere Erlebnisse, die der Mensch hat nach dem 35., 40., 45. Jahre, wenn er zu wirklicher Selbstbeobachtung aufsteigt, zu der man vielleicht eben doch nur dadurch kommt, daß man jene Aktivität des Denkens, wie man sie sich aneignen muß, wenn man Geisteswissenschaft wirklich durchlebt, ausbildet. Da merkt man: im Alter treten innerliche Erlebnisse auf, die nicht ganz herauskommen, die wie Rudimente sich ausnehmen; die Leiblichkeit ist nicht mehr da, die uns die Möglichkeit bietet, das, was im Alter geistig-seelisch auftritt, wirklich herauszubringen; der Leib, die Leiblichkeit versagt. Wir werden, wenn wir uns nur durch unsere Leiblichkeit nicht beirren lassen, im Alter seelisch-geistig reich. Allerdings wenige Menschen merken heute in unserer intellektualistischen Kultur etwas von dem, was da im Alter des Menschen wie rudimentär in der Seele auftritt. Und wissen Sie, warum man es nicht merkt? Man merkt es nicht wegen unserer heute auf Intellektualismus gebauten Erziehung! Die macht uns im hohen Grade abhängig vom Leiblichen. Dabei merken wir nicht, wie, sobald als wir über das 35. Jahr hinauskommen, in unserem Seelenleben Dinge auftreten, die eben einfach durch die heutige Körperlichkeit der Menschheit körperlich sich nicht ausleben können, die aber innerlich erlebt werden können, wenn wir diesen Zeitraum des Menschenlebens nicht eigentlich seelisch verschlafen.

Das ist es, was sich einem so furchtbar auf die Seele legt, daß der größte Teil der heutigen Menschheit jene Alterserlebnisse, die den Menschen in ungeheuere Tiefen hineinführen können, einfach dadurch, daß er älter wird, mit vollem inneren Wachsein älter wird, geradezu verschläft. Heute wird ja ungeheuer viel von der Menschheit verschlafen! Eignet man sich den aktiven Verstand an, eignet man sich vor allen Dingen – wir werden gleich sehen, was eigentlich damit gemeint ist – das aktive Gemütsleben und Willensleben an, dann merkt man diese Rudimente des Seelenlebens im Alter. Und eine wirklich von der Geisteswissenschaft befruchtete Erziehungskunst, die wird es dahin bringen, daß wir tatsächlich diese Alterserlebnisse haben können. Dann wird man auch in der sozialen Lebensordnung wissen: solche Alterserlebnisse gibt es; dann wird man auch in einer anderen Weise dem Alter entgegenleben. Man wird gewissermaßen neugierig sein, was das Alter einem bieten kann. Ganz andere innere Lebenserfahrung wird im Menschen reif.

Aber woher kommt es denn, daß solche Alterserlebnisse, solche rudimentären Erlebnisse auftreten? Um das zu verstehen, muß man aus der Geisteswissenschaft heraus die wirkliche Entwickelung des Menschengeschlechtes ins Auge fassen . . .

. . . es weist uns die wirkliche Betrachtung der Menschenentwikkelung dahin, daß es zunächst eine Periode vorgeschichtlicher

Entwickelung gegeben hat. Wir kommen dabei bis ins 7., 8., 9. Jahrtausend vor der Entstehung des Christentums zurück, wo die Menschen ein Urwissen gehabt haben, das sie sich aber nur aneignen konnten dadurch, daß sie bis in ein höheres Alter herauf leiblich-seelich entwickelungsfähig geblieben sind. Und dann blicken wir auf die erste, im Süden von Asien nach einer großen Weltkatastrophe, welche die Erde betroffen hatte, entstandene Kultur. Nur dadurch kommen wir dieser Urkultur nahe, daß wir auf die Eigentümlichkeit der Menschheit in der damaligen Zeit blicken. Das Parallelgehen der leiblichen Entwickelung mit der Seelenentwickelung bis zum 7. Jahre, dann wiederum bis zur Geschlechtsreife, das hört mit den zwanziger Jahren auf, dann sind wir fertige Menschen für die heutige Zeit. Da dürfen wir nicht mehr glauben, daß wir uns in einer ähnlichen Weise über die Abgründe der Entwickelung hinüberheben, wie wir uns hinüberheben über den Zahnwechsel und über die Geschlechtsreife.

Das war anders in Urzeiten der Menschheit. In der alt-indischen Zeit haben sich die Menschen bis in die fünfziger Jahre hinein physisch-leiblich so entwickelt, wie wir uns nur bis in die zwanziger Jahre hinein entwickeln. Durch diesen Parallelismus der physisch-leiblichen Entwickelung und der geistig-seelischen Entwickelung war das instinktive Urwissen vorhanden, das erlebt wurde von den Patriarchen der damaligen Zeit, von denen, die einfach alt geworden sind, und die noch solche körperliche Umwandlung, wie wir sie nur in der Geschlechtsreife erleben, bis über die fünfziger Jahre hinaus mit dem seelisch-geistigen Entwickeln durchgemacht haben.

Dann kam die Zeit, die ich in meiner «Geheimwissenschaft» die urpersische genannt habe. Da kommen wir in das 4., 5., 6. Jahrtausend der vorchristlichen Zeitrechnung zurück, und da vollzieht sich die leibliche Entwickelung noch bis über die vierziger Jahre hinauf. Und dann kommt die ägyptisch-babylonische Entwickelung, die bis ins 3., 4. Jahrtausend der vorchristlichen Zeitrechnung geht. Da bleibt der Mensch entwickelungsfähig bis in die Mitte des Lebens, bis übers 35. Jahr hinaus. Dann kommt diejenige Entwickelung, von der wir eigentlich historisch allein etwas Erhebliches wissen, es kommt die Entwickelung der griechisch-lateinischen, der griechisch-römischen Zeit, jene Entwikkelung, in der der Mensch immerhin noch bis zum Anfang der Dreißiger in seiner Leiblichkeit voll entwickelbar bleibt. Der Grieche lebte anders, auch noch der alte Römer lebte anders als wir leben. Solche Wahrheiten der weltgeschichtlichen Entwickelung, man will sie heute nur nicht zugeben, weil man auf diese Dinge nicht die Aufmerksamkeit hinwendet. Der Grieche lebte noch so, daß er das Geistig-Seelische zugleich als ein Leibliches spürte. Wenn er den Blick hinauswendete in die Welt, so wußte er: ich schaue die Dinge nicht bloß an; er wußte gleichzeitig um den physischen Vorgang seines Leibes. Das hing davon ab, daß er viel länger entwickelungsfähig blieb, als wir körperlich-physisch entwickelungsfähig sind.

Sehen Sie, all das, was die Menschen einer früheren menschlichen Entwickelungsepoche noch im Leibe erlebt haben, das erleben wir im Alter nur noch geistig-seelisch, wenn wir es nicht verschlafen. Das sind die Rudimente. Während für das Physische im biogenetischen Grundgesetz der Anfang des Lebens als Wiederholung erscheint dessen, was in der Stammesentwickelung durchgemacht wurde, wachsen wir gerade heute hinein in das, was die Urmenschheit durchgemacht hat, indem wir die Rudimente im Alter betrachten. Dasjenige, was wir heute erleben, wenn wir am Ende der vierziger, Anfang der fünfziger Jahre sind, als seelische Rudimente, das kann uns noch eine Vorstellung geben von der ersten indischen Urkultur, die bis ins 7., 8. Jahrtausend der vorchristlichen Zeitrechnung zurückgeht. Das, was wir in den vierziger Jahren innerlich seelisch erleben, gibt uns einen Abglanz dessen, was die urpersische Zeit war im 4., 5. Jahrtausend. Dasjenige, was wir erleben in den letzten dreißiger Jahren ist ein Abglanz – nicht mehr geistig, nur leiblich – von dem, was die alten Ägypter, Babylonier ganz anders lebten und fühlten, weshalb sie auch ein ganz anderes soziales Leben führen konnten. Die Gelehrten beschreiben heute die Griechen so, daß sie ihnen im Grunde ganz fremd gegenüberstehen. Es ist ganz merkwürdig, was man eigentlich alles an Äußerlichkeit heute geleistet hat. Wir haben vor den Kriegsjahren gehört, wie da oder dort in der Welt «olympische Spiele» wiederum gefeiert werden sollen, olympische Spiele, in denen man die Äußerlichkeit nachahmt von etwas, das ganz darauf gebaut war, daß der Mensch über die Dreißiger hinaus noch eine leiblich-physische Entwickelung durchmacht, die er heute eben nicht durchmacht. Aus dem Leiblichen heraus floß dem Menschen ein Geistig-Seelisches bis ins hohe Alter hinauf in den früheren Zeiten.

So daß wir sagen können:

1. Kulturstufe: wirkliche Erlebnisse bis über das 48. Jahr
2. Kulturstufe: wirkliche Erlebnisse bis über das 42. Jahr
3. Kulturstufe: wirkliche Erlebnisse bis über das 35. Jahr
4. Kulturstufe: wirkliche Erlebnisse vom 28. bis zum 35. Jahr.

Die 5. Kulturstufe ist unsere heutige, ist unsere Gegenwart; in der leben wir drinnen seit der Mitte des 15. Jahrhunderts. Da bleiben wir entwickelungsfähig höchstens bis zum 27. oder 28. Jahr.

Allein diese Anschauung erklärt uns, wie die gegenwärtige Menschheit beschaffen ist. Diese gegenwärtige Menschheit ist so beschaffen, daß sie sich anders entwickeln muß als eine frühere Menschheit. Der gegenwärtigen Menschheit erstehen im Geistig-Seelischen keine Anschauungen mehr, wenn sie sich passiv der leiblich-physischen Entwickelung hingibt. Wenn wir von den dreißiger Jahren an nicht veröden wollen, sind wir darauf angewiesen, uns Anschauungen aus anderen Quellen heraus zu schaffen, als diejenigen sind, die wir bloß durch unsere leiblich-physische Entwickelung erhalten. Vorläufig geben sich die Menschen in bezug auf diese Dinge noch furchtbaren Illusionen hin.

In der zweiten Lebenshälfte muß der Geist zerstäuben, wenn er nicht zusammengehalten wird.

Es muß das «Jüngerwerden der Menshcheit» zu einem Weckruf zur Selbsterfassung werden, wenn nicht die Menschheitsentwicklung Schaden leiden soll.

GA 174b, Ausg. 1974, 26. 4. 1918, S. 335 u. 339

... Bedenken Sie nur, was das ist und was es heißt, solches in die Erziehung einzuführen! Aber es ist auch etwas Reales. Es ist ein strömendes Wesen, das da im Menschen zur Geltung kommt, das in alten Zeiten von selbst zur Geltung kam, das in der neueren Zeit gepflegt werden soll. Denn *da* ist es ja, was im Menschen auftritt; dadurch daß wir nicht darauf achtgeben, uns nicht darum kümmern, dadurch ist es ja nicht etwa nicht da. Glauben Sie nicht, daß Sie dem Weiserwerden, dem Empfangen von Geheimnissen, indem Sie älter werden, entgehen, wenn Sie diese Geheimnisse nicht beachten. Der Geist wirkt in Ihnen. Alle werden Sie geist-reich ...

... Was geschieht mit diesem Geiste, mit dem wirklichen Geiste, der in alten Zeiten sich von selbst entwickelt hat? Ja, meine lieben Freunde, dieser Geist muß zerstäuben. Wahrhaftig, er zerstäubt. Er verbreitet sich in der geistigen Atmosphäre, er verbreitet sich in der Menschheitsaura. Und das ist etwas, was unserer heutigen Zeit immer wieder und wiederum gesagt werden muß, woran sie aber natürlich nicht glaubt aus dem einfachen Grunde, weil sie es natürlich als Phantasie ansieht, wenn man ihr sagt: Nun, da ist ein junger Feuilletonschreiber, der sich für sehr gescheit hält. Er weiß nichts von dem Geiste, aber der Geist geht in die Menschheitsaura über, er zerstäubt. Sein Geist ist trotzdem da. – Ganz imprägniert von solchem zerstäubtem Geiste ist heute die Menschheitsaura. Dieser Geist muß wieder zusammengehalten werden von den Menschen, eben durch die Stimmung, von der ich gesprochen habe. Denn wir sind heute schon hart an dem Punkte, wo ein furchtbares Übel entstehen müßte, wenn dieser zerstäubende Geist weiter und immer weiter entwickelt würde. Denn es ist ein bedeutsames Gesetz des geistigen Lebens, daß ein Geist etwas ganz anderes wird, als er ursprünglich ist, wenn er seinen Träger verläßt. Fassen Sie das nur genau auf: Ein Geist, der seinen Träger verläßt, der zerstäubt, der wird etwas ganz anderes, als wenn er von seinem Träger zusammengehalten bleibt. Er wird im wesentlichen verschlechtert, verschlimmert, er wird in ahrimanischer Art umgestaltet.

GA 191, Ausg. 1972, 12. 10. 1919, S. 116/117

. . . Wir haben eine verfallende Organisation, und mit uns ist die Erde in der Dekadenz. Das Physische der Erde ist in der Dekadenz. Ich habe zum ersten Mal auf diese Erscheinung schon vor vielen Jahren bei einem Vortrag in Bonn aufmerksam gemacht, aber diese Dinge werden gewöhnlich nicht mit dem nötigen Gewichte genommen. Wir sind in brüchigen Leibern, aber das Gegenstück dazu müssen wir auch betrachten: Wir sind zwar in brüchigen Leibern, aber gerade aus unseren brüchigen Leibern entwickelt sich um so mehr die Geistigkeit, wenn wir uns ihr nur hingeben.

Bei den alten Leibern war es so, wenn ich schematisch zeichnen darf, daß der Leib (Zeichnung links, weiß) überall durchdrungen

wurde von seiner Geistigkeit (rot), der Leib sog überall die Geistigkeit auf. Heute ist es so, daß unser Leib vielfach brüchig ist. Er ist brüchig, er ist in der Dekadenz, und die Geistigkeit (Zeichnung rechts, rot) spritzt überall heraus, sie wird überall frei vom Leibe. Wenn wir nur eingehen darauf, so können wir innerlich in der Seele überall die Geistigkeit gerade wegen der Brüchigkeit unserer Leiber erfassen.

Aber es ist nötig, daß wir uns nicht auf das Physische verlassen, sondern es ist notwendig, daß wir uns zum Geistigen wenden wegen unserer Brüchigkeit. Alles Physische wird brüchig, alles Physische auf der Erde ist schon im Verfall, und man darf nicht mehr auf die Physis hoffen, sondern man kann nur etwas erwarten von dem, was gerade dadurch – wenn ich mich trivial ausdrücken darf – zum Ausspritzen kommt, weil das Physische in Verfall ist: vom Geistig-Seelischen.

Vom Gesichtspunkt des Erlebens der Trinität ist das «Jüngerwerden der Menschheit» auch im Vortrag vom 5. 6. 1917, GA 176, geschildert. S. 30: «Auf diese unmittelbare Lebenserfahrung hin ist es gebaut, daß in alten religiösen Traditionen die göttliche Trinität auftritt . . .» *In der dritten Kulturepoche lehrte man das Geheimnis der Trinität nur noch in den Mysterien.*
Im Tagesbewußtsein muß heute der Mensch die Trinität erfahren, wenn er nicht veröden will.

GA 176, Ausg. 1964, 5. 6. 1917, S. 34

Die Entwickelung der Menschen in der nachatlantischen Zeit ist so, daß allerdings die Unabhängigkeit des Seelisch-Geistigen von dem Körperlichen immer größer und größer wird; aber auf den früheren Entwickelungsstufen schießt aus dem Körperlichen herauf in das Seelisch-Geistige das Begreifen des Vaters, des Sohnes und des Heiligen Geistes. Das Begreifen des Geistes nimmt zuerst ab, das Begreifen des Sohnes schwindet dann, und jetzt stehen wir auf dem Weg, wo das Begreifen des Vater-Gottes schwinden wird für das äußere normale Leben – das gefühlsmäßige Begreifen!

Denn ich sagte ja: Es ist ein mehr oder weniger deutliches Bewußtsein vorhanden von diesem Zusammenhang des Seelisch-Geistigen mit dem Körperlich-Physischen.

GA 176, Ausg. 1964, 5. 6. 1917, S. 32–33

Dann kam der fünfte nachatlantische Zeitraum. Das allgemeine Menschheitsalter ging bis zum 28. Jahre zurück, und es wird während des fünften Zeitraumes bis zum 21. Jahre zurückgehen ... Es muß also, wie Sie leicht einsehen können, mit dem Fortschreiten des fünften nachatlantischen Zeitraumes das eintreten, daß auch das gesunde Empfinden für das in dem eigenen Wachstum lebende Göttlich-Geistige allmählich zurückgeht ...
... Heute fehlt der Menschheit schon ein Jahr bis zum Lebensalter, das vom 35. bis 28. Jahr dauert und die Lebensmitte darstellt. Und in diesem Fehlen eines Jahres liegt es, daß die Menschheit heute für den Materialismus und den Atheismus natürlich organisiert ist. Der Atheismus wird sich durch die Organisation der Menschen ausbreiten, und wenn das Gegengewicht, das spirituelle Gegengewicht, durch die Entwickelung eines rein seelischen Impulses, die unabhängig vom Leibe vor sich geht, nicht geschaffen wird, wird sich der Atheismus ausbreiten, weil sich der Mensch nicht mehr als Vollmensch gesund erleben kann; es wird ihm etwas entzogen von dem Miterleben des wachsenden, blühenden, gedeihenden Lebens ... Atheismus ist eigentlich für die Geisteswissenschaft eine Krankheit, aber diese Krankheit ist in der Menschheit dem rein natürlichen Dasein nach im Zunehmen begriffen ... Den Christus zu leugnen ... bezeichnete ich als ein Schicksalsunglück ... Und den Geist nicht zu erkennen, bezeichnete ich als eine Seelenblindheit.

IV. LEIBLICHKEITEN

IV. 1. Das Jüngerwerden des Ätherleibes

Eines der großen Geheimnisse des Alterns ist das Jüngerwerden des Ätherleibes.

Es kommt zustande durch die aus der Erde ausströmenden aurischen Äthersubstanzen, die den Ätherleib durchdringen und ihn wieder mit dem Kosmos verbinden.

Ebenso gehören aber zu dem «Pausbäckigwerden» des Ätherleibes die neuen Lebenskeime, das Fazit des Lebens, die Keime zur nächsten Inkarnation.

Der «alte» Ätherleib, der als Träger des Fazits der vorhergehenden, der Schicksalsträger der jetzigen Inkarnation ist, wandelt sich während des Lebenslaufes und reichert sich durch die Zukunftskeime zum «jungen» Ätherleib der zweiten Lebenshälfte an, der nach dem Tode dem Astralleib die Früchte dieses Leben reichen kann.

GA 180, Ausg. 1966, 11. 1. 1918, S. 222/223

... Wir werden älter, aber nur unser physischer Leib wird älter. Denn vom geistigen Gesichtspunkte aus ist es nicht wahr, daß wir älter werden. Es ist eine Maja, es ist eine äußere Täuschung ...

... Aber schon, wenn wir stehenbleiben beim Ätherleib, beim unsichtbaren, übersinnlichen Ätherleib oder Bildekräfteleib, sehen wir: wir tragen ihn in uns zwischen Geburt und Tod gerade so, wie wir unsern physischen Leib aus Fleisch und Blut und Knochen an uns tragen; so tragen wir diesen Bildekräfteleib, diesen Ätherleib in uns, aber es ist ein Unterschied zwischen beiden. Der physische Leib wird immer älter. Der ätherische oder

Bildekräfteleib, der ist alt, wenn wir geboren werden, er ist nämlich, wenn wir seiner wahren Natur nachforschen, da alt und er wird immer jünger und jünger. So daß wir sagen können, das erste Geistige in uns wird – im Gegensatze zu dem Physisch-Leiblichen, das schwach und unkräftig wird – immer kräftiger, immer jünger. Und wahr, wörtlich wahr ist es: Wenn wir anfangen, Runzeln im Gesicht zu kriegen, dann blüht unser Ätherleib auf und wird pausbackig . . .

. . . Ich weiß, daß ich einmal ein ähnliches Thema mit Eduard von Hartmann, dem Philosophen des «Unbewußten», Ende der achtziger Jahre besprochen habe. Wir kamen auf zwei Menschen, die beide Professoren an der Berliner Universität waren, zu sprechen. Der eine war der damals zweiundsiebzig Jahre alte Zeller, ein Schwabe, der eben um seine Pensionierung nachgesucht hatte, und der also meinte: Ich bin so alt geworden, daß ich nicht mehr meine Vorlesungen halten kann –, der alt und gebrechlich war mit seinen zweiundsiebzig Jahren. Und der andere war Michelet; der war dreiundneunzig Jahre alt. Und Michelet, der war eben bei Eduard von Hartmann gewesen und sagte: Ja, ich verstehe den Zeller nicht! Wie ich so alt war wie der Zeller, da war ich überhaupt ein junger Dachs, und jetzt, jetzt fühle ich mich erst so recht befähigt, den Leuten was zu sagen. Ich, ich werde noch jahrelang, viele Jahre noch vortragen! – Aber der Michelet hatte etwas von dem, was man nennen kann: ein Jung-kräftig-Gewordenes . . .

GA 166, Ausg. 1960, 1. 2. 1916, S. 98

. . . Denn der Ätherleib ist in der Tat, wenn wir das Wort «alt» und «jung» anwenden wollen, ein Greis, wenn wir geboren werden, denn da ist er ganz zusammengerunzelt, so klein, daß er nur für uns paßt. Wenn wir nun ein normales Alter erreichen und sterben, dann ist dieser Ätherleib wiederum soweit verjüngt, daß wir ihn der ganzen Welt übergeben können, und daß er außen wieder jung wirken kann. Während der physische Leib altert, «jüngt» der Ätherleib. Der wird immer jünger.

(Siehe auch Max Hoffmeister: «Die übersinnliche Vorbereitung der Inkarnation», Verlag Die Pforte, 1979).

GA 157, Ausg. 1960, 7. 12. 1915, S. 376/377

Unser Ätherleib, wenn wir das Wort überhaupt anwenden wollen, ist durch die Kräfte, durch die er gebildet wird, alt, wenn er zur Geburt oder Empfängnis hingeleitet wird. Er ist alt, indem wir eben erst unser physisches Leben anfangen, da ist er ausgeprägt und ausziseliert, da hat er viele, viele innere Formungen – es sind Bewegungen, aber die sind innere Formungen. Die werden ihm genommen im Verlaufe des Lebens, aber dafür wird die Kraft, zu leben, erhöht, und er ist ein Kind, wenn wir alt sterben. Der Ätherleib macht gerade die umgekehrte Entwickelung durch als der physische Leib. Wenn wir vom physischen Leib sagen «wir altern», müßten wir vom Ätherleibe sagen «wir jüngern», und es ist gut, diesen Ausdruck zu bilden: Wir «jüngern» in bezug auf unseren Ätherleib. Wir «jüngern» wirklich in bezug auf unseren Ätherleib, so daß wir diesen Ätherleib, wenn wir geboren werden, in seiner Kraft gerichtet haben auf all dasjenige, was eingeschlossen ist in der menschlichen Haut, während er, wenn wir in einem gewissen Alter durch die Pforte des Todes gehen, eine Art Verwandtschaft hat mit dem ganzen Kosmos. Er hat die Kräfte wieder zurückbekommen, die ihm genommen waren. In dem Augenblick, wo wir Kind waren, da war sein Zusammenhang mit dem Kosmos unterbrochen, da mußte er alle seine Kräfte in den einzigen Raum hineinsenden, der in der menschlichen Haut eingeschlossen ist, da war er auf einen Punkt der Welt gleichsam zusammengedrängt. Nun wird er wiederum frisch, nun wird er wiederum in den Kosmos immer mehr und mehr hineingestellt in demselben Maße, als der physische Leib altert. Wir können sagen – der Ausdruck ist natürlich sehr übertrieben –: Während wir fahl und runzelig werden, wird der Ätherleib pausbackig und ist wiederum ein Abbild der äußeren Kraft, der äußeren schaffenden, strotzenden Kraft, wie der physische Leib ein Ausdruck ist der äußeren strotzenden, schaffenden Kraft im Anfange der Kindheit. Wir «jüngern» mit Bezug auf den Ätherleib ...

Die von der Erde ausströmenden ätherisch-aurischen Kräfte verjüngen den Ätherleib in der zweiten Lebenshälfte

GA 180, Ausg. 1966, 13. 1. 1918, S. 258–261

... Da strömt fortwährend eine feine Substanz, die man nicht im chemischen Laboratorium erzeugen kann, weil sie nicht zu den chemischen Elementen gehört. Diese feine Substanz strömt fortwährend aus dem weiten Weltenall auf die Erde ein. So daß, wenn man das schematisch zeichnen will, man so sagen kann: Wenn hier die Erde ist im Weltenraume (siehe Zeichnung), so strömt fortwährend von allen Seiten auf die Erde Weltenmaterie ein, eine feine Weltensubstanz (Pfeile einwärts); diese feine Substanz dringt sogar etwas unter die Erde hinein. So daß fortwährend dies da ist: Aus dem ganzen Weltenraume senkt sich Substanz gegen die Erde hinein. Es ist eigentlich nicht physische Substanz, es ist nicht ein chemisches Element, es ist etwas Geistiges, aber es ist wirkliche aurische Substanz, die sich bis unter den Boden der Erde hineinzieht. In dieser Substanz liegen die Kräfte, die wir benützen, wenn wir aus der geistigen Welt heruntergehen auf die Erde, um in einem physischen Menschenleib Platz zu finden.

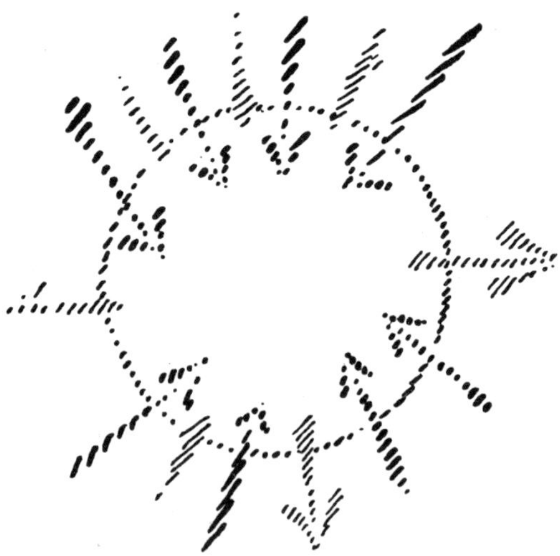

Nun ist es bedeutsam, daß diese Substanz, welche zur Erde strömt und von der Erde wieder fortströmt, daß diese Substanz, wenn sie fortströmt von den Menschen, wenn sie sterben, benützt wird, um wiederum die Kräfte zu finden, in die geitige Welt hineinzukommen. Diese Materie, die ich hier im Zuzuge zur Erde einwärts angedeutet habe, die geht bis zu einer gewissen Tiefe in den Erdboden hinein, strömt dann wiederum fort (siehe Pfeile nach auswärts); so daß man fortwährend wahrnehmen kann eine Art Einatmen von Äther oder aurischer Substanz in die Erde, und wieder ein Ausatmen . . .

. . . Daraus aber ersehen Sie, daß diese Substanzen, von denen ich gesprochen habe, eindringen, sogar eine Weile unter der Erde bleiben. Die Substanz, die dies Jahr einströmt, die strömt erst nach einiger Zeit wiederum zurück. Das hängt nun auch damit zusammen, daß im allgemeinen die ausströmende Substanz träger ist als die einströmende Substanz. Die einströmende Substanz ist lebhafter, strömt rascher ein; die ausströmende Substanz ist träger, strömt langsamer aus.

Man kann, wenn man intim das Menschenleben beobachtet, sehen, wie in der Tat der Mensch, wenn er aus dem Weltenall zur Geburt geht, die Kräfte benützt, die in der einströmenden Substanz sind. Dann verliert er im späteren Lebensalter den Zusammenhang mit dieser einströmenden Substanz. Es ist ja vorzugsweise, wie Sie aus den Betrachtungen ersehen, der Kopf, der mit dieser einströmenden Substanz zu tun hat. Aber der menschliche Kopf ist eine harte Kugel. Er ist ja eine harte Kugel, und er ist dasjenige, das im Umkreis von allen unseren Organen am meisten verknöchert ist. Daher verliert er verhältnismäßig früh – nicht im Kindesalter, aber verhältnismäßig früh – den Zusammenhang mit diesen einströmenden Kräften. Deshalb auch ist seine Bildung, seine Entwickelung früh abgeschlossen.

Der Mensch steht in seinem Kindheitsalter mit diesen einströmenden Kräften auch noch weiter fort in Verbindung, aber dann hören sie auf, auf ihn einen Einfluß zu haben; wenigstens ist es in unserem Zeitenzyklus so. Es war nicht immer so auf der Erde

– davon werde ich gleich nachher reden –, in unserem Zeitenzyklus ist es so. Während aber der Mensch hier auf der Erde lebt, bemächtigt sich sein übriger Organismus, außerhalb des Kopfes, der ausströmenden Substanzen, der Kräfte der ausströmenden Substanzen. Mit denen durchdringt sich der übrige Organismus; und das sind die Kräfte, die den übrigen Organismus, wenn sie beachtet werden, von außen her verjüngen können, wie ich das gestern angedeutet habe. Das sind die verjüngenden Kräfte, die auf den Ätherleib wirken, der nun wirklich, indem wir äußerlich physisch alt werden, wie ich gestern gesagt habe, immer pausbakkiger und pausbackiger wird. Für diejenigen ausländischen Freunde, die das Wort «pausbackig» nicht verstehen, will ich bemerken, daß das die Backen der Kinder sind, die so gerundet sind, wie Sie das so ähnlich bei blasenden Engeln auf Bildern sehen; so haben diese Organe künstlich aufgetriebene Pausbakken. Also der Mensch wird pausbackig als Äthermensch. In diesem Prozesse, den der Ätherleib, der mit dem übrigen Leib zusammenhängt, durchmacht, da wirken die von der Erde ausströmenden Kräfte, und die sind es auch, die wir benützen, wenn wir durch die Pforte des Todes gehen, um wiederum zurückzukehren in den Kosmos, in die geistige Welt hinein . . .

. . . Indem unser Haupt die Ausgestaltung der Kräfte ist, die wir durchleben zwischen dem Tod und einer neuen Geburt, indem wir gewissermaßen unseren Kopf aus den Weltenkräften aufbauen, findet unser Wesen, unser eigenes Wesen, unser seelisch-geistiges Wesen in unserem Haupte verhältnismäßig früh sein Geistgrab. Dadurch haben wir die Kräfte unseres Kopfes, die wir hier auf der Erde haben, daß unser Kopf eigentlich das Grab unseres Seelenlebens ist, wie wir es geführt haben vor der Geburt beziehungsweise vor der Empfängnis. Unser Kopf ist das Grab unseres geistigen Daseins. Aber indem wir heruntergestiegen sind auf die Erde, ist unser übriger Organismus geeignet, uns wieder auferstehen zu machen, indem er die Kräfte, die von der Erde in den Weltenraum hinaus zurückströmen, aufnimmt . . .

Was bedeutet es für die Menschheit, wenn junge Menschen durch einen frühen Tod einen alten Ätherleib in die geistige Welt mitbringen, und was bedeutet umgekehrt für diese der junge Ätherleib eines alten Menschen?

GA 163, Ausg. 1975, 5. 9. 1915, S. 111–121

... Einige sind ja unter Ihnen, die auch das schon in Vorträgen von mir gehört haben, ich will aber heute über diese Sache noch einmal in einem anderen Zusammenhang sprechen. Wir müssen unseren Ätherleib so ausbilden im Verlaufe unseres Erdenlebens, daß wenn wir am Ende unseres Erdenlebens angekommen sind, unser astralischer Leib in diesen Ätherleib so eingebettet ist, daß er sich so drinnen fühlt, wie er beschaffen sein muß, um das nächste Leben in entsprechender Weise anzutreten. Man kann wirklich sagen: Wenn der Mensch alt, grau, runzlig geworden ist, so blüht sein Ätherleib auf, wird frisch; denn sein astralischer Leib muß sich dann gewöhnen, in einem Ätherleib so zu leben, daß da schon das Keimhafte drinnen liegt. Wie nun dieser astralische Leib in dem nächsten Erdenwerden die physische Leiblichkeit des Kindes durchdringt, wie er da drinnen arbeitet, das muß sich in einer gewissen Weise schon durch das Leben mit dem junggewordenen Ätherleib ausdrücken.

Es ist merkwürdig, wie man im Sprachgenius oftmals Geheimnisse bewahrt hat. Ich habe bei anderen Gelegenheiten schon darauf aufmerksam gemacht: Sie werden in Goethes «Faust» ein schönes Wort finden, das gebraucht wird statt geboren werden; im «Faust» heißt es: «Im Nebelalter jung geworden», er sagt nicht: geboren worden, sondern «jung geworden» – Junggewordensein im Gegensatz zum Altgewordensein. Also wenn man geboren wird, wird man «jung».

Dem liegt natürlich die Vorstellung zugrunde, daß die Präexistenz der Seele dem Kindwerden vorangeht. Aber das, was diese Seele an Kräften entwickelt, um nun den kindlichen Leib durcharbeiten zu können, das muß sie sich aneignen, wenn der Ätherleib im letzten, im vorhergehenden Leben beim physischen Altern jung wird ...

... Nun ist ein großer, gewaltiger Unterschied, der Ihnen einleuchten wird, wenn Sie das, was ich eben gesagt habe, voraussetzen, ein gewaltiger Unterschied, ob man uralt stirbt, oder ob man in der Jugend stirbt, vielleicht gar als Kind. Denn stirbt man in der Jugend, dann ist der Ätherleib noch nicht so jung geworden. Wenn man von dem physischen Menschen spricht, kann man sagen: er altert. Wenn man von dem Ätherleib spricht, müßte man eigentlich sagen: er jüngert. Das wäre ein ganz richtiges Wort! Es wäre gut, wenn unsere Sprache bereichert würde durch solche Worte. Er jüngert, der Ätherleib, aber er ist noch nicht so gejüngert, wenn der Mensch im jugendlichen Alter stirbt. Ich habe das früher einmal dadurch anzudeuten versucht, daß ich gesagt habe: Wenn der Mensch im jugendlichen, kindlichen Alter stirbt, so ist sein Ätherleib im Grunde genommen unverbraucht. Er hätte ein ganzes Leben damit ausgereicht mit diesem Ätherleib. Man hätte sechzig, achtzig Jahre alt werden können mit diesem Ätherleib, den man zur Verfügung hat, wenn man nicht jung gestorben wäre. Aber sowenig wie in der äußeren physischen Welt irgendeine Kraft verlorengeht, sowenig geht die Kraft eines solchen Ätherleibes verloren. Die bleibt vorhanden. Nur müssen wir etwas genauer auf das Besondere, Eigentümliche dieser Kraft eingehen.

Wenn der Mensch ein, wie man sagt, normales Alter, also ein Alter von siebzig, achtzig Jahren erreichen kann, ist sein Ätherleib sehr jung geworden. Und in diesem junggewordenen Ätherleib sitzt, ich möchte sagen, das Fazit seines Lebens, das Lebensergebnis darinnen, das drückt sich darinnen aus, und der astralische Leib ergreift dann Besitz davon. Denn das geschieht ja so: Stellen wir uns einmal vor, der Mensch hätte seinen physischen Leib abgelegt, der Ätherleib wäre aus dem physischen Leib herausgetreten. Während der Ätherleib noch im physischen Leib ist, kann er das, was er sich im Leben angeeignet hat an eigentlichen Kräften, nicht entfalten, weil er in den physischen Leib gebannt ist. Denken Sie sich, wir haben uns im Leben, das wir zuletzt auf der Erde gelebt haben, diese oder jene Fähigkeit erworben. Das bedeutet, daß wir uns diese Fähigkeit mit dem physischen Leib, den wir aus der vorhergehenden Inkarnation haben, erworben haben. Aber was wir in der jetzigen Inkarnation dazubekommen, dazu haben wir noch nicht die Organe, die müssen wir erst bilden für die nächste Inkarnation. Aber im Ätherleib, der elastischer, flüssiger ist als der physische Leib, sitzt das drinnen. Nur kann er sich nicht entfalten, solange der Ätherleib im physischen Leib drinnen ist. Ist jetzt der physische Leib abgefallen, dann wird der Ätherleib frei. Und dieser Ätherleib erscheint nun zunächst mit dem ganzen Ergebnis des Lebens, das wir eben durchlebt haben, wenn wir durch den Tod gegangen sind. Daher zeigt er auch das ganze Lebenspanorama, das sich während weniger Tage über das ganze verflossene Leben ausdehnt, damit wir all das, was wir lernen können, uns aneignen können, aus dem Lebenspanorama herausziehen können. Das geschieht eben in diesen paar Tagen, in denen wir dieses Lebenspanorama durchblicken.

Wenn unser astralischer Leib jeden Morgen beim Aufwachen in den physischen und Ätherleib hineingeht, muß er sich anpassen dem, was aus dem physischen und Ätherleib aus der vorigen Inkarnation geworden ist, da trifft er all das, was man geworden ist. Der astralische Leib kommt nie herein in den Ätherleib so, daß er sich bedienen kann desjenigen, was der Ätherleib erst in der jetzigen Inkarnation geworden ist. Aber jetzt, nach dem Tode, ist das der Fall. Er ist so mit dem Ätherleib verbunden, daß der Astralleib spürt, wahrnimmt, empfindet, was man als Fazit, als Resultat von dem eben abgelaufenen Leben hat. Und wenn sich dann der astralische Leib von dem Ätherleib nach einigen Tagen trennt, dann ist im astralischen Leib das ganze Ergebnis des Lebens dadurch drinnen, daß er es aus dem Ätherleib herausgezogen hat, daß er es im Ätherleib ein paar Tage erlebt hat. Dazu braucht er nicht länger als ein paar Tage, um in dem Ätherleib, der frei geworden ist, das ganze Ergebnis, das Fazit des Lebens zu durchleben. Lange braucht er dann, um das, was er jetzt da erlebt hat, so auszugestalten, daß ein neues Erdenleben gezimmert werden kann.

Ja, sehen Sie, um ein neues Erdenleben zu zimmern, dazu gehört sehr viel. Und wenn es der menschlichen Weisheit so unmittelbar überlassen wäre, ein neues Erdenleben durch sich selbst zu zimmern, da käme ganz sicher nichts Ordentliches zustande. Setzen Sie sich einmal in den Fall, Sie sollten aus Ihrem Bewußtsein heraus das ganze physische Instrument des Menschen formen. Da müßten Sie es doch eben kennen, nicht wahr? Aber jeder Blick in die äußere Wissenschaft sagt einem, wieviel der Mensch von der Zusammensetzung seines physischen Leibes kennt! Zwischen Tod und neuer Geburt kann er es soweit, daß er den physischen Leib so formen kann, daß dieser physische Leib wirklich bis in seine feinsten Ziselierungen hinein geeignet ist, das zum Ausdruck zu bringen, was aus dem früheren Erdenleben veranlagt ist.

Wenn jemand Sie fragen sollte: Wie muß ich es machen mit einer bestimmten Gehirnwindung, daß ich ihr da in ihrer Linie diejenige Wendung gebe, die gerade dem entspricht, was ich mir im vorigen Leben angeeignet habe? Ja, wenn Sie die Frage entscheiden sollten, ob ich sie hier ein bißchen drehen oder vielleicht so machen soll (es wird gezeichnet) – Sie würden es nicht entscheiden können, wenn jemand Sie examinieren würde, und nicht sagen können: Drehst du diese Gehirnwindung so herum, dann entspricht das dem Umstande, daß du in der früheren Inkarnation ein Redner warst, und das dann zur Ausarbeitung bringen kannst. Wie sollten Sie das beantworten können mit dem Bewußtsein des physischen Planes? Zwischen dem Tod und einer neuen Geburt muß der Mensch das beantworten, denn er muß sich in dem neuen Ätherleib diese feine Ausziselierung seiner Organe veranlagen. Das muß alles geschehen. – Was dazu notwendig ist, das läßt sich leicht mit einem Worte bezeichnen, aber ich wollte ein Gefühl davon hervorrufen, was dieses Wort umschließt: Weisheit ist dazu notwendig, Weisheit! Und diese Weisheit muß wirklich im Menschen sein.

Wenn Kant auch im Alter schwachsinnig geworden war, seine Seele, das heißt sein astralischer Leib, insofern er in seinem neugewobenen Ätherleib drinnen war, seine Seele war weise, denn die hatte die Weisheit schon in sich, nur konnte es das Ich nicht mit dem Gehirn ins Bewußtsein heraufheben. Seine Seele hatte in sich die Weisheit, die nun herauskommen sollte zwischen dem Tod und einer neuen Geburt, und die weisheitsvoll in die neue Inkarnation des Kant zu späterer Zeit kommen sollte. Kant ist ein alter Mann geworden. Je älter man wird im physischen Leib, desto mehr prägt sich im Menschen dieses Moment der Weisheit aus.

Aber bei denjenigen, die jung sterben, da ist es anders, da hat der Ätherleib nicht so «gejüngert», und die Folge davon ist, daß weniger Weisheit, die auf der Erde erworben ist, in diesem Ätherleib aufgespeichert ist, denn es handelt sich wirklich um die auf der Erde erworbene Weisheit. Dafür ist etwas anderes darin: In dem alten, noch nicht gejüngerten Ätherleib eines Frühverstorbenen, da ist um so mehr Wille darinnen; direktes Willenselement, Liebeselement, schöpferisches Liebeselement ist darinnen. Das ist nämlich der Unterschied zwischen dem Ätherleib eines altgewordenen Menschen, der mehr durchdrungen ist mit dem Weisheitscharakter, und dem Ätherleib eines jung verstorbenen Menschen, der durchdrungen ist mit dem Willenselement. Der Ätherleib eines jung verstorbenen Menschen strömt Liebe aus, warme Liebe, warmes Ätherisches der Liebe. Der Ätherleib des altgewordenen Menschen strömt aus weisheitsvolles Aurisches, Lichtvolles.

Nun können wir uns die Frage, die uns da interessiert, dadurch beantworten, daß wir die Geisteswissenschaft fragen: Was würde eintreten, wenn auf irgendeine Weise alle Menschen achtzig oder neunzig Jahre alt, also ganz alt werden könnten, wenn gar keiner jung stürbe, was würde dann eintreten? – Dann würden alle Ätherleiber, die von ihren Seelen verlassen würden, von liebevoller Weisheit durchsetzt sein. Es würden die Menschen auf der Erde in ihrem historischen Fortgang die Möglichkeit haben, während des physischen Lebens zwischen Geburt und Tod viel zu lernen auf der Erde, denn die physischen Leiber würden weisheitsvoll gestaltet werden. Die Menschen würden gewissermaßen undifferenziert geboren werden, einer wäre wie der andere, aber sie könnten sehr viel lernen auf dem physischen Plan. Ich möchte sagen, sie wären fein-weisheitsvoll gebaut und könnten sehr viel lernen, hier würde ein solches Lernen verbunden sein mit einer außerordentlich labil sich haltenden Konstitution. Die Menschen würden gewissermaßen, weil alles so außerordentlich fein, ich möchte sagen, mechanistisch-weisheitsvoll in ihrem physischen Organismus gebildet wäre, ein labiles Gleichgewicht haben, aus dem sie leicht herauskommen könnten. Es würde einer viel lernen können, aber er würde furchtbar nervös werden, wie man heute im «nervösen Zeitalter» sagt. Es würde eine Menschheit sein, die immerfort zappelt und immerfort aus dem Gleichgewicht kommen würde, eine sehr für das Lernen auf dem physischen Plan begabte, aber recht zappelige Menschheit. Es ist besser, «zappelig» zu sagen als «nervös». Warum soll man die Dinge nicht so nennen, daß man das Richtige dabei fühlt? Denn, sehen Sie, als nervös hat man früher, noch vor ein paar Jahrhunderten, in ganz Europa einen Menschen bezeichnet, der stark, kräftig durchnervt war, der nervig war, der etwas aushalten konnte. Weil diese Menschen nicht mehr so den Ton angeben wie früher, so hat man dieses Wort für das gerade Gegenteil angewendet. Aber ausbleiben würde in der Menschheitsentwicklung, wenn alle Menschen alt werden würden, wenn keiner jung sterben würde, ausbleiben würde die seelische Differenzierung, die wir mitbringen, wenn wir aus der geistigen Welt in eine Inkarnation hereingehen. Das Anlagenhaben, das gewissermaßen mit geistigen Gaben Ausgestattetsein, das würde ganz ausbleiben. Die Menschen würden sozusagen alle ziemlich gleich, undifferenziert in die Welt hereintreten, würden nur verschieden werden dadurch, daß sie auf dem physischen Plan in verschiedene Verhältnisse kommen und Verschiedenes lernen würden; sie würden sich in allen Verhältnissen ziemlich gleich zurechtfinden. Das Karma würde sie in das für sie besonders Geeignete durch die physischen Vererbungsmerkmale hereintragen. Im übrigen würde fehlen in der Welt gerade das, was wir als Veranlagtheit für besonderes Seelisches haben. Das

Innere des Menschen in seiner Differenziertheit würde nicht da sein.

Aber wie alles in der Welt nicht bloß auf einer Seite beruht, sondern, wie ich Ihnen ausgeführt habe, auf Gleichgewicht beruhen muß, so muß das Menschenleben darauf beruhen, daß der Mensch einerseits in seinen physischen Organismus das ergießen kann, was beim Jüngeren des Ätherleibes als Weisheit angehäuft wird für ein weiteres physisches Leben. Ich habe Ihnen an vielen Beispielen schon auseinandergesetzt, wie ganz jung gestorbene Kinder ihren Ätherleib unverwendet lassen. Wir selber leben in der Aura eines Ätherleibes, wie ich ausführte, hier in diesem Bau. Aus jenem Ätherleib heraus kommen diejenigen Impulse, die künstlerisch anregen können im Bau. Ich habe angeführt, wie ein zum Bau gehöriges Kind nach seinem Tode den Ätherleib hinterlassen hat und dieser Ätherleib eine Aura bildet, in die unser Bau eingebettet ist. Und wenn man wahrnehmen kann, was für Impulse kommen können aus diesem Ätherleib, dann hat man Unterstützung für die künstlerischen Impulse, die im Bau auszuleben sind.

So ist es aber mit den Ätherleibern der Jungverstorbenen überhaupt; sie gehen zurück, sie sind noch nicht so gejüngert, daß sie ganz abgeschwächt haben das Element des Willens, sondern Wille, schöpferische Liebekraft geht mit ihnen ein in die geistige Welt. Und es muß nun eine fortwährende Wechselwirkung stattfinden zwischen den ganz gejüngerten Ätherleibern und den noch weniger gejüngerten Ätherleibern. Fortwährend findet eine gegenseitige Unterstützung statt in der geistigen Welt zwischen dem, was von der Erde heraufkommt in Ätherleibern von ganz alten Menschen und diesen Ätherleibern von jungen Menschen oder selbstverständlich auch solchen, die dazwischen liegen. Wenn ganz kleine Kinder sterben, eben wie es im «Faust» heißt: «Mitternachts-Geborne», so sind die Ätherleiber ganz alte, greisenhafte, aber stark von Wille. Solche Ätherleiber werden mit starker Kraft wirken können gerade auf solche Ätherleiber, die nun durch ein langes Leben gegangen sind, die von physisch altgewordenen Menschen herrühren.

Denken Sie sich, was es für eine geniale Idee von Goethe war, den altgewordenen, hundertjährigen Faust, der zum Himmel fährt, umringt sein zu lassen von den Ätherleibern ganz junger Knaben, «Mitternachts-Geborne», andeutend, daß ein solcher Austausch stattfinden muß!

Immerfort findet diese Wechselwirkung statt. So daß wir sagen können: Da in der geistigen Welt haben wir die Ätherleiber der physisch altgewordenen Menschen, in denen geht Verschiedenes vor (siehe Zeichnung, lila); dann haben wir die Ätherleiber physisch jungverstorbener Menschen (rot), in denen geht auch Verschiedenes vor: Da findet eine Wechselwirkung, ein gegenseitiger Austausch statt. Und das, was wir antreffen in dem Leben zwischen dem Tod und einer neuen Geburt, finden wir dadurch, daß Tatsachen hervorgerufen werden in diesem Austausch zwischen den Ätherleibern der Jungverstorbenen und den Ätherleibern der Altverstorbenen. Diese Wechselwirkung brauchen wir. Es könnte gar nicht die Menschheitsentwickelung auf der Erde in der richtigen Weise vor sich gehen, wenn nicht die Wechselwirkung der Ätherleiber Jungverstorbener und Altverstorbener in der geistigen Welt stattfinden würde.

Und die Leiter dieser Betätigung sind in der Region in der Hierarchie der Angeloi zu finden, so daß wir in der geistigen Welt, in die wir unmittelbar eingebettet sind, wirklich ein solches Ineinanderwirken der einen Art von Ätherleibern mit der anderen Art von Ätherleibern anerkennen müssen. Wie wenn zwei Flüsse etwa zusammenfließen würden in einen, so fließen diese Wirkungen zusammen. Aber dann werden sie geordnet, geregelt, in der richtigen Weise geleitet. Und das geschieht von Wesen aus der Hierarchie der Angeloi. Zu den anderen Aufgaben haben diese Wesen auch noch diese Aufgabe. Wenn also ein Mensch mit besonderen Anlagen in die Welt hereinkommen kann, dann rührt das davon her, daß sich zwischen dem Tod und einer neuen Geburt nicht bloß die Möglichkeit, daß Weisheit, materialistische, auf der Erde gesammelte Weisheit in die physischen Leiber hineingeprägt wird, sondern daß dasjenige, was noch nicht für die Erde voll ausgebildet war – von jung Verstorbenen herrührende Ätherleiber –, auch als Wirkungen da sind, als Kräfte da sind, die mit hineinverwoben werden können, da, wo die menschlichen Anlagen gebildet werden.

Sie sehen, wie Geisteswissenschaft, wenn man sich wirklich in ihre Geheimnisse vertieft, ausmünden kann in lebendiges Fühlen und Empfinden. Wenn ein alter Mensch stirbt, so wissen wir durch die Geisteswissenschaft uns zu erheben zu dem Mysterium seines Todes in geistiger Beziehung. Denn wir sagen uns: alt werden die Menschen, damit die Entwickelung der Menschheit, insofern die physischen Leibeswerkzeuge gebraucht werden können, für alle Zukunft in der richtigen Weise vor sich gehe. Was wir an Früchten in der Erdenentwickelung der Menschheit haben, wir ahnen es voraus, wir empfinden es voraus bei jedem Tode eines älteren Menschen. Wenn wir auf uns wirken lassen, das andere, was einen Einblick uns geben kann, wenn wir in die Zukunft blicken, so sagen wir uns: es muß allezeit in der Fortentwickelung der Menschheit besondere Anlagen geben; der eine muß zu dem, der andere zu jenem veranlagt sein; bis hinauf zu der Genialität, bis hinauf zu den genialen Menschen müssen die Veranlagungen da sein. Niemals könnte das sein, wenn nicht auch Menschen jung sterben müßten in der Welt! Und wenn wir aufblicken zu besonders genialen Menschen, so ist die Genialität verdankt der Tatsache, daß Menschen auch jung sterben müssen. So blicken wir zu dem Mysterium des Todes Jungverstorbener, indem wir uns sagen: Weisheitsvoll eingefügt in das ganze

Gewebe ist auch der frühe Tod Jungverstorbener. Denn aus dem frühen Tode Jungverstorbener erstehen die Keime für die seelischen Anlagen, welche die Menschheit in ihrer Fortentwickelung braucht.

Sobald wir uns erheben können von unserem persönlichen Empfinden dem Tode gegenüber zu dem, was die ganze Menschheit braucht, erscheint uns das Weisheitsvolle bei dem Tode junger und bei dem Tode älterer Menschen. Das ist das Bedeutungsvolle, daß wirklich echt und redlich betriebene Geisteswissenschaft uns nicht bloß Theorien gibt, sondern daß die recht verstandenen Theorien immer ausmünden in Empfindungen und Gefühle, durch die wir mehr Harmonie im Leben gewinnen können, als wir ohne die Geisteswissenschaft dem Leben gegenüber haben. Dazu sollen wir Geisteswissenschaft haben, daß dann, wenn Dissonanzen im Leben vorhanden sind, die wir als Dissonanzen nicht mehr ertragen können, wir durch einen tieferen Blick hinter diese Dissonanzen zur Auffassung vom Zusammenklang, vom harmonischen Zusammenklang kommen.

Auch die Opfer, die wir im Leben zu bringen haben, wir lernen sie verstehen durch Geisteswissenschaft. Wir lernen manches, was uns Schmerz macht, verstehen, wenn wir wissen, daß dadurch, daß wir Schmerz erleben müssen, das ganze Weltall in seiner richtigen Weisheit allein bestehen kann. Wir müssen uns nur dazu aufschwingen können, zu empfinden, daß zum Beispiel kein Homer, kein Shakespeare, kein Goethe, Michelangelo, Raffael und wie sie alle heißen, die Hunderte und Hunderte, auf denen die Fortentwicklung der Menschheit beruht, insofern die Fortentwickelung der Menschheit Genialität braucht, daß die alle nicht hätten sein können, wenn nicht der Boden dazu bereitet würde dadurch, daß auch Menschen jung sterben müssen.

Das hat nun nichts mit der einzelnen Individualität zu tun, sondern derjenige, welcher jung stirbt, gibt, indem er seinen Ätherleib hinopfert in seiner Jugend, dem ganzen Kosmos einen fruchtbaren Boden für die Ausreifung der inneren seelischen Anlagen der Menschen.

Wir wachsen zusammen mit dem Weltenall, indem wir nicht als Abstraktion die Geisteswissenschaft nehmen, sondern als ein Suchen von solchen Impulsen, die warm in unsere Seele fließen, indem sie uns mit der Welt versöhnen, die tief unsere Seele ergreifen, indem sie uns zeigen, daß wir Menschen allerdings auch Schmerz ertragen müssen, aber den Schmerz ertragen müssen um der Harmonie des ganzen Weltenalls willen.

Nicht leicht ist es zuweilen, in dieser Weise abzulenken den Blick von dem einzelnen Menschenleben zu dem Leben der ganzen Welt. Aber indem dasjenige, was wir erreichen sollen, schwierig ist, wachsen uns auch die Kräfte, und indem wir durch Schmerzen uns aneignen das Gefühl für die Gesamtheit, wird dieses Gefühl für die Gesamtheit der Weltenordnung um so intensiver, um so intimer unser Innerstes in der Seele ergreifen. Und wir werden uns dadurch bereit machen, Glieder in der Weltenordnung zu sein, welche die Götter gebrauchen können.

IV. 2. Die Leiblichkeiten unter dem Blickwinkel des Alters

Ich, Astral-, Ätherleib, im Verhältnis zum physischen Leib: alt wird nur der physische Leib.

GA 226, Ausg. 1966, 16. 5. 1923, S. 14–16

. . . Also auch im Wachen ist unser Ich und unser astralischer Leib im Momente des Anfanges unseres Erdenlebens. Wir durchleben das Erdenleben eigentlich nur mit dem physischen Leib und auf eine eigentümliche Weise mit dem Ätherleib. Richtig durchleben wir das Erdenleben im Raume und in der gewöhnlichen Zeit nur mit unserem physischen Leibe. Alt wird nur unser physischer Leib, und der Ätherleib verbindet den Anfang mit demjenigen Punkte, in dem wir gerade in irgendeiner Lebensperiode stehen.

Nehmen wir also an, irgend jemand ist geboren worden 1900. Er ist heute dreiundzwanzig Jahre alt. Sein Ich und sein astralischer Leib sind im Grunde genommen in dem Zeitpunkte von 1900 stehengeblieben. Der physische Leib ist dreiundzwanzig

Jahre alt geworden, und der Ätherleib verbindet den Zeitpunkt des Eintrittes ins Erdenleben mit dem Zeitpunkte, in dem der Betreffende gegenwärtig ist, so daß wir, wenn wir den Ätherleib nicht hätten, jeden Morgen wiederum aufwachen würden als ganz kleines Kind, das eben zur Welt kommt. Nur dadurch, daß wir in den Ätherleib hineingehen, bevor wir in den physischen Leib hineingehen, passen wir uns an das Alter des physischen Leibes an. Wir müssen uns jeden Morgen erst an das Alter des physischen Leibes anpassen. Der Ätherleib ist der Vermittler zwischen dem Geistig-Seelischen und dem physischen Leibe, und zwar so, daß er das Band über die Jahre hin bildet. Wenn einer schon sechzig Jahre alt geworden ist oder noch älter, so bildet der ätherische Leib das Band zwischen seinem allerersten Auftreten auf der Erde, bei dem er stehengeblieben ist als Ich und als astralischer Leib, und zwischen dem Alter seines physischen Leibes.

Nun werden Sie sagen: Aber wir haben doch unser Ich. Unser Ich ist mit uns alt geworden. Unser astralicher Leib, unser Denken, Fühlen und Wollen sind auch mit uns alt geworden. Wenn einer sechzig Jahre alt geworden ist, so ist doch sein Ich auch sechzig Jahre alt geworden. – Wenn wir in dem Ich, von dem wir täglich reden, unser wahres, unser wirkliches Ich vor uns hätten, dann wäre der Einwand berechtigt. Aber wir haben in dem Ich, von dem wir täglich reden, gar nicht unser wirkliches Ich vor uns, sondern unser wirkliches Ich steht am Ausgangspunkte unseres Erdenlebens. Unser physischer Leib wird, sagen wir sechzig Jahre alt. Er spiegelt zurück, indem durch den Ähterleib die Spiegelung vermittelt wird, immer von dem betreffenden Zeitpunkt, in dem der physische Leib lebt, den Spiegelpunkt des wahren Ichs. Dieses Spiegelbild des wahren Ichs, das wir in jedem Augenblicke von unserem physischen Leibe zurückbekommen, das in Wahrheit von etwas herrührt, das gar nicht ins Erdendasein mitgegangen ist, sehen wir. Und dieses Spiegelbild nennen wir unser Ich. Dieses Spiegelbild wird natürlich älter, denn es wird dadurch älter, daß der Spiegelapparat, der physische Leib, allmählich nicht mehr so frisch ist, wie er im frühen Kindesalter war, dann zuletzt klapperig wird und so weiter. Aber daß das Ich, das eigentlich nur das Spiegelbild des wahren Ichs ist, sich auch als alt zeigt, kommt nur davon, daß der Spiegelungsapparat nicht mehr so gut ist, wenn wir mit dem physischen Leibe alt geworden sind. Und der Ätherleib ist das, was sich nun von der Gegenwart immer so hindehnt, wie perspektivisch, nach unserem wahren Ich und nach unserem astralischen Leib, die gar nicht in die physische Welt heruntergehen.

Deshalb sehen wir, wie ich das in den öffentlichen Vorträgen jetzt schilderte, dieses ganze Tableau des Ätherleibes oder Zeitleibes. Das ist dasjenige, was sich da ätherisch ausbreitet zwischen unserem gegenwärtigen Augenblick, den nur der physische Leib mitmacht, und unserem Ich, das eigentlich niemals der physischen Erdenwelt vollständig angehört, sondern immer zurückbleibt, wenn wir uns so ausdrücken dürfen, in den Himmelswelten. Es verfließt im Grunde genommen unser Erdenleben so, daß wir mit unserem wahren Ich und mit unserem astralischen Leib bei unserem Erdenanfange stehenbleiben, daß wir eigentlich durch diese beiden Glieder unseres Menschenwesens das Erdenleben initiieren, den Anfang dadurch machen, und daß wir dann durch den Ätherleib immer die Kräftereihe sehen bis zum physischen Leibe, der in der richtigen Weise älter wird. Das ist die richtige, die wahre Vorstellung, welche man haben muß, wenn man in diese Dinge eindringen will.

Nun können Sie sich denken, daß, indem während des Lebens diese Tatsachen vorliegen, die Verhältnisse im Momente des menschlichen Sterbens ganz besondere sein müssen. Den physischen Leib legen wir zunächst mit dem Tode ab. Der physische Leib ist aber derjenige, der uns eigentlich unser Erdenalter gegeben hat. Indem wir diesen physischen Leib ablegen, was bleibt uns denn zunächst? Es bleibt uns zunächst dasjenige, was wir nicht in das Erdenleben hereingetragen haben. Aber erfüllt mit allen Erfahrungen des Erdenlebens haben sich das Ich und der astralische Leib, sie sind gewissermaßen am Ausgangspunkte stehengeblieben. Aber sie haben immer hingesehen auf dasjenige, was ihnen der physische Leib mit Hilfe des Ätherleibes zurückgespiegelt hat. Und so stehen wir, wenn wir durch die Pforte des Todes gehen, am Ausgangspunkte unseres Lebens, aber erfüllt nicht mit demjenigen, was wir in uns getragen haben, als wir hinuntergestiegen sind aus der geistigen Welt, sondern erfüllt mit demjenigen, was uns immer als Spiegel des Erdenlebens während des Erdenlebens zurückgekommen ist. Mit dem sind wir ganz erfüllt. Das gibt einen besonderen Bewußtseinszustand am Ende des Erdenlebens . . .

Das Ich bleibt in der geistigen Welt

GA 165, Ausg. 1968, 19. 12. 1915, S. 16/17

. . . Und das ist das schwer zu fassende Geheimnis, daß das Ich eigentlich in dem Zeitpunkte, bis zu dem wir uns zurückerinnern, stehenbleibt. Es wird nicht mit dem Leibe geändert, es bleibt stehen. Gerade dadurch haben wir es immer vor uns, daß es uns, indem wir hinschauen, unsere Erlebnisse entgegenspiegelt. Das Ich macht unsere Erdenwanderung nicht mit. Erst wenn wir durch die Pforte des Todes gegangen sind, müssen wir den Weg, den wir Kamaloka nennen, wiederum zurück machen bis zu unserer Geburt, um unser Ich wieder anzutreffen, und es dann auf unserer weiteren Wanderung mitzunehmen. Der Körper schiebt sich in den Jahren vor – das Ich bleibt zurück, das Ich bleibt stehen. Schwierig zu begreifen ist es aus dem Grunde, weil man sich nicht vorstellen kann, daß in der Zeit etwas stehenbleibt, während die Zeit weiterrückt. Aber es ist doch so. Das Ich bleibt stehen, und zwar bleibt es aus dem Grunde stehen, weil dieses Ich eigentlich sich nicht verbindet mit dem, was vom Erdendasein an den Menschen herankommt, sondern weil es verbunden bleibt mit denjenigen Kräften, die wir in der geistigen Welt die unsrigen nennen. Das Ich bleibt da, das Ich bleibt im Grunde in der Form, wie es uns verliehen ist, wie wir wissen, von den Geistern der Form. Dieses Ich wird in der geistigen Welt gehalten. Es muß in der geistigen Welt gehalten werden, sonst könnten wir niemals als Menschen während unserer Erdenentwickelung der Erde ursprüngliche Aufgabe und ursprüngliches Ziel wieder erreichen. Was der Mensch hier auf der Erde durch seine Adamsnatur durchgemacht hat, wovon er eine Abprägung in das Grab trägt, wenn er als Adam stirbt, das ist haftend am physischen Leibe, Ätherleib und Astralleib, kommt von diesem. Das Ich wartet, wartet mit alledem, was in ihm ist, die ganze Zeit, die der Mensch auf der Erde durchmacht, sieht nur hin auf die weitere Entwickelung des Menschen – wie der Mensch es sich wieder holt, wenn er durch die Pforte des Todes gegangen ist, indem er den Weg zurück macht. Das heißt, wir bleiben – in einem gewissen Sinne ist das gemeint – mit unserem Ich gewissermaßen in der geistigen Welt zurück. Dessen soll sich die Menschheit bewußt werden.

Wenn wir uns recht verstehen, so schauen wir durch unser ganzes Erdenleben hindurch immer auf unsere Kindheit hin. Da in unserer Kindheit ist zurückgeblieben das, was gerade unser Geistiges ist. Wir schauen immer darauf hin, wenn wir die Sache richtig verstehen. Und dazu sollte die Menschheit erzogen werden, hinzusehen auf das, zu dem der Geist aus den Höhen sagen kann: «Lasset die Kindlein zu mir kommen!» . . .

Leib, Seele und Geist

GA 181, Ausg. 1967, 2. 4. 1918, S. 184

. . . Indem das Kind ganz jung ist, sind Seele und Geist eben noch seelisch und geistig, und indem es heranwächst, verwandeln sich Seele und Geist allmählich ins Materielle, ins Leibliche. Seele und Geist wird nach und nach leiblich; der Mensch wird nach und nach völlig ein Abbild von Seele und Geist. Es ist sehr wichtig, daß man diesen Begriff hat.

Denn wenn man ihn hat, wird man von dem, was da zweibeinig auf dem Erdboden herumläuft, nicht mehr bloß reden, daß es der Mensch sei; sondern man wird sich bewußt werden, daß es das Abbild des Menschen ist, daß der Mensch, wenn er auf übersinnliche Art geboren ist, allmählich mit dem Leibe zusammenwächst und sich im Leibe sein vollständiges Abbild schafft. Geist und Seele verschwinden in den Leib hinein, werden immer mehr weniger und weniger in ihrer Eigenart auftretend. Also gerade die umgekehrte Vorstellung gegenüber der sonst gebräuchlichen muß man sich aneignen. Man muß wissen, warum man eigentlich zum Beispiel zwanzig Jahre alt geworden ist: weil der Geist untergegangen ist in den Leib, weil der Geist sich verwandelt hat in den Leib, weil das, was Leib ist, ein äußeres Abbild des Geistes ist. Dann wird man auch begreifen, daß allmählich, in dem man alt wird, die Rückverwandelung geschieht. Der Körper verkalkt, versalzt; der Geist aber wird wieder geistig-seelischer. Nur hat dann der Mensch nicht die Möglichkeit, ihn festzuhalten, weil er hier der physischen Welt gegenübersteht und sich durch den Leib äußern will. Was da immer selbständiger und selbständiger wird, das tritt erst nach dem Tode vollständig in Erscheinung. Also nicht, daß das Geistig-Seelische gegen das Alter zu abstumpft, im Gegenteil: es wird immer freier und freier ...

Die Seele als Vermittler zwischen Leib und Geist

GA 205, Ausg. 1967, 16. 6. 1921, S. 15–17

... Da muß, da der Geist nur bis zu der Empfängnis oder noch etwas in das Embryonalleben hinein wirkt, also bis zur Geburt wirkt, da muß, da der Geist dann gewissermaßen den Menschen entläßt, eine Vermittlung sein, etwas da sein, was zum Beispiel im zwanzigsten Jahre dasjenige, was vorher noch nicht ganz seinem geistigen Vorbild entsprochen hat, auch jetzt noch so gestaltet, daß es immer mehr seinem geistigen Vorbilde entspricht. Und dasjenige, was da im Physischen nachbildet das geistige Vorbild, das ist das Seelische, das ist die Seele.

Und so finden wir den Menschen hineingestellt in seine ganze Weltumgebung. Wir verfolgen sein geistiges Dasein dann zwischen dem Tod und einer neuen Geburt, sein leibliches Dasein dann zwischen der Geburt und dem Tode, und wir schauen auf sein seelisches Dasein hin als auf dasjenige, was das Vorbild herausgestaltet nach und nach in dem physischen Leibe, in dem leiblichen Abbilde. Dann kommt für den Menschen gewissermaßen der Mittelpunkt seiner Erdenentwickelung um das fünfunddreißigste Jahr herum. Dann tritt der Verfall ein. Dann wird gewissermaßen der Mensch immer verhärteter und verhärteter seiner Leiblichkeit nach. Aber das, was da in ihm sich ausgestaltet, das bereitet sich schon vor, um im Tode wiederum in seinem Geistigen, rein Geistigen aufzugehen, damit der Mensch dann wiederum in der geistigen Form zwischen dem Tod und einer nächsten Geburt sich ausleben kann. Was ist es da wiederum, was das Leibliche immer mehr bereit macht, so daß es im Tode wiederum geistig werden kann? Es ist wiederum das Seelische. Dieses Seelische bereitet uns also zu einem Abbilde unseres Geistes in der ersten Hälfte unseres Lebens vor. Es bereitet uns vor, wieder Geist zu werden in der zweiten Hälfte unseres Lebens. Und so bekommen wir die menschliche Trinität Geist, Seele, Leib. So bekommen wir eine konkrete Vorstellung von dieser Beziehung zwischen Geist, Seele, Leib . . .

. . . Hier in dieser physischen Welt ist der Mensch, sofern er in dieser physischen Welt ist, durchaus ein materielles Wesen, und in der Organisation seiner Materialität drückt sich zu gleicher Zeit aus das getreue Abbild des Geistigen. Allerdings lebt in ihm die Seele, die das Geistige vermittelt, aber zum ganzen Menschen gehört das, was bis zum Embryonalleben hineinlebt, was sich dann verwandelt in dasjenige, in das sich der Mensch nach dem Tode wiederum zurückverwandelt: das Geistige. Geistiges, Seelisches und Leibliches hängen so zusammen.

Fühlendes Wollen des Kindes wird im Alter denkendes Fühlen – Die Metamorphose der Empfindung

GA 293, Ausg. 1973, 28. 8. 1919, S. 106–112

. . . Betrachten Sie nämlich das erst in die Welt gekommene Kind, betrachten Sie es in seinen Formen, in seinen Bewegungen, in seinen Lebensäußerungen, im Schreien, im Lallen und so weiter, dann bekommen Sie ein Bild mehr des Menschenleibes. Aber Sie bekommen dieses Bild des Menschenleibes auch nur vollständig, wenn Sie es beziehen auf das mittlere und auf das greise Lebensalter des Menschen. Im mittleren Lebensalter ist der Mensch mehr seelisch, im Greisenalter ist er am meisten geistig . . .

. . . Betrachten wir dagegen den Menschen in seinen Lebensäußerungen mehr in seinem mittleren Alter, so bekommen wir die Anfangsgründe für das Beobachten des Seelischen. Daher kann auch der Mensch in seinem mittleren Lebensalter, man möchte sagen, das Seelische mehr verleugnen. Er kann seelenlos oder sehr beseelt erscheinen. Denn das Seelische steht in der Freiheit des Menschen, auch in der Erziehung. Daß manche Menschen sehr seelenlos sind in ihrer mittleren Lebenszeit, beweist daher nichts dagegen, daß die mittlere Lebenszeit die eigentlich seelische ist. Wenn man vergleicht die mehr zappelnde, unbewußt sich betätigende Leibesnatur des Kindes mit der beschaulichen, ruhigen Leibesnatur des Alters, so hat man auf der einen Seite einen Leib, der besonders seinen Leib hervorkehrt im Kinde, und einen Leib, der den Leib als solchen zurücktreten läßt, der sich gewissermaßen als Leib selbst verleugnet, im Greisenalter.

Wenn wir diese Betrachtung mehr auf das Seelische anwenden, dann werden wir sagen: Der Mensch trägt in sich denkendes Erkennen, Fühlen und Wollen. Schauen wir das Kind an, dann haben wir in dem Bilde, das uns das Kind seelisch darbietet, eine enge Verknüpfung zwischen Wollen und Fühlen. Man möchte sagen, Wollen und Fühlen sind im Kinde zusammengewachsen. Wenn das Kind zappelt, strampelt, so macht es genau die Bewegungen, die seinem Fühlen in diesem Augenblicke entsprechen; es ist nicht imstande, die Bewegungen etwa von dem Gefühl auseinanderzuhalten.

Anders wird das beim Greise. Bei ihm ist das Entgegengesetzte der Fall: denkendes Erkennen und Fühlen sind zusammengewachsen, und das Wollen tritt in einer gewissen selbständigen Art auf. Es verläuft also der menschliche Lebensgang in der Weise, daß das Fühlen, welches zuerst an das Wollen gebunden ist, sich allmählich im Laufe des Lebens vom Wollen loslöst. Und damit haben wir es gerade vielfach im Erziehen zu tun: mit dem Loslösen des Fühlens vom Wollen. Dann verbindet sich das vom Wollen losgelöste Fühlen mit dem denkenden Erkennen. Damit hat es dann das spätere Leben zu tun. Wir haben das Kind für das spätere Leben nur dann richtig vorbereitet, wenn wir in ihm bewirken, daß das Fühlen sich gut loslösen kann von dem Wollen; dann wird es in einer späteren Lebensära als Mann oder Frau auch das losgelöste Fühlen mit dem denkenden Erkennen verbinden können und wird so dem Leben gewachsen sein. Warum hören wir dem Greise zu, auch wenn er uns von seinen Lebenserfahrungen erzählt? Weil er im Laufe seines Lebens sein persönliches Empfinden verbunden hat mit seinen Begriffen und Ideen. Er erzählt uns nicht Theorien, er erzählt uns das, was er persönlich an Gefühlen hat anknüpfen können an die Ideen und Begriffe. Bei dem Greise, der wirklich sein Fühlen mit dem denkenden Erkennen verbunden hat, klingen daher die Begriffe und Ideen warm, klingen wirklichkeitsgesättigt, konkret, persönlich; während bei dem Menschen, der mehr im Mannes- oder Frauenalter stehengeblieben ist, die Begriffe und Ideen theoretisch, abstrakt, wissenschaftlich klingen. Das gehört einmal zum menschlichen Leben, daß von den menschlichen Seelenfähigkeiten ein gewisser Gang durchgemacht wird, indem sich das fühlende Wollen des Kindes entwickelt zu dem fühlenden Denken des Greises. Dazwischen liegt das menschliche Leben, und wir werden zu diesem menschlichen Leben nur gut erziehen, wenn wir eine solche Sache psychologisch ins Auge zu fassen vermögen ...

... Sie müssen die Willens- und Fühlenssphäre beim Kinde auch in seinen Sinnen aufsuchen. Deshalb betonen wir so stark, daß wir, indem wir das Kind intellektuell erziehen, auch auf den Willen fortwährend wirken müssen; denn in allem, was das Kind anschauen muß, was es wahrnehmen muß, müssen wir auch den Willen und das Fühlen pflegen, sonst widersprechen wir ja eigentlich dem kindlichen Empfinden. Wir können erst zum Greise, erst am Lebensabend des Menschen so zu ihm sprechen, daß wir auch die Empfindungen auffassen als schon metamorphosiert. Beim Greise ist es so, daß auch schon die Empfindung übergegangen ist vom fühlenden Wollen zum fühlenden Denken oder denkenden Fühlen. Bei ihm ist die Empfindung etwas anderes geworden. Da haben die Empfindungen mehr Gedankencharakter und entbehren des unruhigen Willenscharakters, tragen größere Ruhe in sich. Beim Greise können wir erst sagen, die Empfindungen haben sich dem Begriffe, dem Ideencharakter angenähert . . .

Der Kopf- und Herzensmensch – Weisheitswissen wird im Alter umgewandelt durch Herzenswärme

GA 180, Ausg. 1966, 13. 1. 1918, S. 262

Dies ist die wunderbare Polarität, die mit Bezug auf den Menschen im Weltenall herrscht. Wir werden aus dem Geiste physisch, indem wir unser Geistiges in den Kopf hinein begraben; im Haupte ist das Ende unseres geistigen Daseins vor der Geburt. Hier auf der Erde ist es umgekehrt: das Physische lassen wir zurück; das Physische geht allmählich zugrunde während des Lebens, und das Geistige steht auf. So daß wir sagen können: Geburt bedeutet die Auferstehung des Physischen mit der Verwandlung des Geistigen in das Physische; Tod bedeutet die Geburt des Geistigen, indem das Physische ebenso der Erde übergeben wird, wie das Geistige dem Weltenall übergeben wird dadurch, daß wir geboren werden. Dadurch, daß wir geboren werden, übergeben wir unser Geistiges dem Weltenall; dadurch, daß wir sterben, übergeben wir unser Physisches der Erde. Dadurch, daß wir durch die Geburt unser Geistiges dem Weltenall geben, sind wir physische Menschen. Dadurch, daß wir durch den Tod unser Physisches der Erde übergeben, sind wir geistige Menschen in der Zeit zwischen dem Tod und einer neuen Geburt. Das ist die Polarität, der Gegensatz. Und unser Leben hier besteht darinnen, daß wir unseren Geistorganismus ausbilden. Aber wir können ihn für unseren gegenwärtigen Erdenzyklus nur in der richtigen Weise ausbilden, wenn das berücksichtigt wird, was ich gestern auseinandergesetzt habe: wenn man es erreicht, daß die beiden zwiespältigen Glieder der Menschennatur miteinander wirklich in Korrespondenz treten, daß Kopfleben und Herzleben miteinander in Beziehung treten, daß wirklich das kürzere Kopfleben sich einlebt in den ganzen Menschen, so daß der ganze Mensch sich dann verjüngen kann während des Lebens, das er zu durchleben hat, wenn im Grunde genommen sein Kopf längst schon die Beweglichkeit, die innere Entwickelungsfähigkeit verloren hat.

GA 180, Ausg. 1966, 12. 1. 1918, S. 244/245

... Indem ich Herzensmensch werde immer mehr und mehr, indem ich jung bleibe, sehe ich, wenn ich altere, durch das, was mein Herz mir gibt, dasjenige an, sehe ich, was ich als Kind in der Jugend gelernt habe durch den Kopf. Das Herz blickt zum Kopfe auf, und das Herz wird im Kopfe sehen ein Abbild des ganzen Sternenhimmels. Der Kopf aber wird zum Herzen blicken, und wird im Herzen die Geheimnisse des Menschenrätsels finden, wird lernen, das eigentliche Wesen des Menschen im Herzen zu ergründen ...
... Aber indem ich lebe, indem ich dem Tode entgegenlebe, der mich in die geistige Welt hineintragen soll, wird dasjenige, was ich mit dem Kopfe erlerne, dereinst von der aus dem übrigen Organismus aufsteigenden Liebe befruchtet, wird etwas ganz anderes. Es gibt etwas in mir als Menschen, das es nur in mir als Menschen gibt; ich habe etwas zu erwarten. – In diesen Worten liegt viel, und viel bedeutet es, wenn der Mensch so erzogen wird, daß er sagt: Ich habe etwas zu erwarten. Ich werde dreißig, vierzig, fünfzig, sechzig Jahre alt werden, und indem ich von Jahrzehnt zu Jahrzehnt älter werde, kommt durch das Älterwerden etwas vom Geheimnis des Menschen mir entgegen. Ich habe etwas zu erwarten von dem, daß ich lebe ...

S. 237–239

... Das bloße Weisheitswissen wird umgewandelt durch die aus dem Menschen aufsteigende Herzenswärme oder Liebe. Weisheit wird im Menschen von der Liebe befruchtet. – So sagt der Tote.

... Wenn die Menschheit verstehen wird, älter zu werden oder jünger zu werden im Ältersein, wie ich das gestern gemeint habe, dann wird diese, gerade diese Wissenschaft der Gegenwart der reinste Spiritualismus werden, die reinste Beschäftigung für den Geist und sein Dasein werden. Es gibt keine bessere Grundlage als die Naturwissenschaft der Gegenwart, wenn sie sich umwandelt in dasjenige, was dem Kopf des Menschen zufließen kann aus dem übrigen Organismus, aber jetzt aus dem geistigen Teil des übrigen Organismus. Das Wunder wird sich vollziehen, indem die Menschen lernen werden, die Verjüngung ihres Ätherleibes auch zu fühlen, so daß die materialistische Naturwissenschaft der Gegenwart Spiritualismus werden wird ...

... Und was tut man im späteren Leben mit dem, was man gelernt hat, gleichgültig, ob man viel oder wenig gelernt hat? Es ist ja alles so veranlagt, daß man sich nur erinnert an das, was man gelernt hat; es ist so im Menschen vorhanden, daß man sich erinnert daran. Was arbeiten denn die Menschen da? Es ist nicht so der Menschenseele beigebracht, daß es in der Menschenseele arbeitet, daß aus Kopfinhalt Herzensinhalt wird ...

Je tiefer man in die Geheimnisse um die Leiblichkeiten eindringt, um so stärker werden die Fragen nach den sich abspielenden Prozessen im physischen Leib, Ätherleib und Astralleib.

Es werden einige Ausführungen Rudolf Steiners wiedergegeben, wie er in erschütternd realer Weise das Zusammenspiel von Äther- und Astralströmungen, den Zusammenschluß des Kosmischen mit dem Irdischen im Herzen schildert.

Herz und Kopf – Äther und Astralströmungen – Das Ich-Bewußtsein erwacht im Herzen

GA 129, Ausg. 1960, 25. 8. 1911, S. 173

Wenn wir das verstehen wollen, dann müssen wir uns folgendes vorhalten: Als die Saturnentwickelung begonnen hat, besser gesagt, bevor sie noch begonnen hat, da ist die Ätherströmung aller Menschheit und aller Erdenentwickelung, auf die wir hingedeutet haben, noch eine einzige, und eigentlich entsteht in dem Momente, wo die Saturnentwickelung einsetzt, der Zwiespalt, die Zweiheit in den Kräften des Makrokosmos. Auch darauf werden wir noch weisen, warum das entstanden ist; jetzt wollen wir nur die Tatsache anführen. Erst mit dem Momente, da die Saturnentwickelung beginnt, setzt die Zweiheit in allem makrokosmischen Wirken ein. Diese Zweiheit deutet die griechische Mythologie dadurch an, daß sie den alten Saturn oder Kronos, wie ihn die alten Griechen nannten, zugleich zum Gegner seines Vaters, des Uranos, macht, und dadurch ist zugleich angezeigt, daß sie sich bewußt ist, daß ursprünglich eine Einheit aller makrokosmischen Kräfte vorliegt. Als aber der alte Saturn oder Kronos sich zu kristallisieren beginnt, da widersetzt sich sogleich etwas, was in diesen Kronos hineingeheimnist ist, der universellen Entwickelung. Es tritt ein Zwiespalt auf . . .

26. 8. 1911, S. 196/197

. . . Nicht nur eine Ätherströmung geht vom Herzen nach dem Kopfe, sondern in demjenigen, was da als Strömung vom Herzen nach dem Kopfe strömt, da sind auch Strömungen des astralischen Leibes vorhanden. Wenn man also genauer auf diese Strömungen sieht, die vom Herzen nach dem Kopfe gehen, stellt sich heraus, daß in diesen Strömungen vorhanden sind sowohl Ätherteile, Substanzen des Ätherleibes des Menschen, wie auch Substanzen des astralischen Leibes des Menschen. Es strömt also eine Substanz von dem Herzen nach dem Kopfe, in welcher Teile, substantielle Teile sowohl des Ätherleibes wie des astralischen Leibes des Menschen vorhanden sind. Nun ist das Gehirn ein höchst eigentümliches Werkzeug der menschlichen Natur; es hat nämlich durch die Art und Weise, wie es sich seit dem letzten Drittel der atlantischen Zeit gebildet hat, die Eigenschaft angenommen, daß es das, was da heraufgeht als astralische Strömung, aufhält, nicht durch sich durchläßt, während es die Ätherströmung tatsächlich durchläßt. Also wohlgemerkt: Das Gehirn ist als physisches Werkzeug etwas, worin sich zum Teil die Strömung, die vom Herzen nach aufwärtsgeht, staut. Das Gehirn ist durchlässig für die Ätherströmung, aber nicht durchlässig für die astralische Strömung. Die wird aufgehalten in unserem Gehirn, so daß für den hellseherischen Blick in der Region des Kopfes des Menschen das sich so zeigt, daß astralische Strömungen, welche von dem menschlichen Leib aufwärtsgehen, im Gehirn sich ausbreiten, aber von diesem Gehirn aufgehalten werden, nicht oder nur zum geringsten Teil durch dieses Gehirn durchkönnen. Diese astralischen Strömungen aber, die von unten nach oben gehen und vom Gehirn aufgehalten werden, haben eine gewisse Anziehungskraft zu den äußeren astralischen Substantialitäten, die uns in der astralischen Substanz der Erde immer umgeben. Daher ist dieser astralische Leib des Menschen, insofern er die Region in der Nähe des Kopfes betrifft, wie zusammengenäht aus zwei Astralitäten: aus der Astralität, die fortwährend aus dem Kosmos zuströmt, und aus derjenigen, die von unten nach oben im menschlichen Leibe geht und angezogen wird von der äußeren Astralität.

Also das, was wir als astralischen Leib um den Kopf herum finden, ganz in der Nähe unserer Kopfhaut, das hat gleichsam eine Verdickung, etwas wie eine Mütze, wenn ich mich paradox ausdrücken darf, die wir als astralische Substanz fortwährend aufhaben. Wir haben eine solche astralische Kopfbedeckung, die aus der Verdickung entsteht, durch welche die äußere und die innere Astralität hier in der Nähe des Kopfes gleichsam zusammengenäht werden. Durch diese astralische Haube oder Mütze dringen nun die Strahlen des Ätherleibes hindurch, da sie ja nicht aufgehalten werden vom Gehirn, und um so heller und glänzender erscheinen sie für den hellseherischen Blick, je reiner sie sind, das heißt, je weniger sie noch enthalten von den Trieben, Begierden und Leidenschaften, von den Affekten der menschlichen Natur. Dadurch gewinnt das, was wir als die Aura des Menschen bezeichnen, eine Art von Kranz, wenn wir es von vorne anschauen, einen Kranz von Astralität, durch welchen die Strahlen des Ätherleibes des Menschen hindurchstrahlen. Das ist die Kopfaura, welche von den alten noch hellseherisch begabten Menschen bei solchen Persönlichkeiten wahrgenommen wurde, bei denen durch die Reinheit ihres Wesens dieser Ätheraurateil hellstrahlend war: das, was als der Heiligenschein auch auf den Bildern abgebildet wird. Das ist eigentlich gemeint mit dem Heiligenschein, und das wird gesehen . . .

S. 200/201

. . . Im Herzen verschlingen sich in der Tat zwei Elemente, das eine Element, welches aus dem Makrokosmos hereinkommt und welches mit der Ich-Aura zusammengeknüpft wird, die von unten heraufkommt, aber schon beim Herzen sich staut, schon beim Herzen aufgehalten wird. So wie die astralische Aura im Gehirn aufgehalten wird, so wird die Ich-Aura im Herzen aufgehalten und berührt sich dort mit einem äußeren Ich-Auren-Element. Daher kommt das eigentliche Ich-Bewußtsein des Menschen im Grunde genommen den Tatsachen nach nicht im Gehirn zustande.

Was ich Ihnen gesagt habe für den alten atlantischen Menschen, daß sein Ich hineingezogen ist, das haben wir noch genauer vorzustellen als ein Hineinziehen des äußeren makrokosmischen Ich, das seit der alten atlantischen Zeit nun vorgedrungen ist bis zum Herzen, sich da verbunden hat mit einer anderen Ich-Strömung, die von unten heraufströmt und die im Herzen zusammenkommt, so daß wir im Herzen organisiert haben den Ort, wo durch das Werkzeug des Blutes das eigentliche Ich des Menschen, wie es in unserm Bewußtsein auftritt, zustande kommt.

Das alles zeigt Ihnen, wie der Mensch in die große, in die

makrokosmische Welt hineingestellt ist. Das alles sind wir, das alles ist in uns. Das alles geht in uns vor, und von alledem umfaßt das normale Bewußtsein des gegenwärtigen Menschen nur, was eben jeder Mensch kennt, was an der Oberfläche liegt. Wenn Sie sehen, daß das Weltenwunder des Menschen so Ungeheures enthält, so können Sie auch voraussetzen, daß dasjenige, was uns in den drei Reichen der Natur umgibt, die mannigfaltigsten, die kompliziertesten Strömungen enthält, und daß das Wissen, welches wir von dieser Welt für unser Bewußtsein haben, nur ein kleiner, oberflächlicher Ausschnitt ist. Kommt man zu dem Bewußtsein dieser Tatsache, so muß man sich vor die Welt hinstellen und sagen: Mit dem, was unser Seeleninhalt, unser Bewußtsein ist im gewöhnlichen Leben, ist uns nur gegeben, was äußerste Oberfläche der Dinge ist, und durch das normale Bewußtsein kennt man nur den geringsten Teil der menschlichen Wesenheit . . .

Das Karma und die Gesetzmäßigkeiten des Kosmos schließen sich im Herzen zusammen

GA 212, Ausg. 1978, 26. 5. 1922, S. 121–126

Das beginnt, wie gesagt, wenn das Kind sprechen lernt, wenn das Kind in der Sprache Gedanken verkörpern lernt. Mit Bezug auf die Vorstellungen, die das Kind aufnimmt, an die man sich aber später nicht mehr erinnern kann, findet das noch nicht statt; erst von der Zeit an, bis zu der man sich später im gewöhnlichen Bewußtsein zurückerinnert. Dann aber wird sozusagen alles, was der Mensch tut, da aufgeschrieben.

Nun ist das Eigentümliche, daß alles, was da eingeschrieben wird, in einer ähnlichen Weise die Tendenz hat, sich da im Innern zu treffen, wie auch die Strahlungen des Ätherleibes sich im Ätherherzen treffen. Auch alles, was menschliche Taten sind, trifft sich da. Und dieses Sich-Treffen hat eigentlich nun auch eine Art äußerer Veranlassung. Wir müssen einfach dadurch, daß wir Menschen sind, von Kindheit auf in eine gewisse Tätigkeit hineinkommen. Diese Tätigkeit drückt sich so aus, wie ich es eben angedeutet habe, durch den ganzen astralischen Leib hindurch. Aber auf der anderen Seite ist ein fortwährender Widerstand da. Die Wirkungen, die da auf den Organismus ausgeübt werden, können, man möchte sagen, sich nicht immer bis da hinauf entwickeln. Es ist überall Widerstand da; sie werden hinuntergestoßen. Was wir so tun, wenn wir uns an physische Organe halten, das will bis in den Kopf strömen; aber die menschliche Organisation läßt es nicht aufkommen, hält es auf. Und dadurch sammelt sich das auch in einer gewissen Weise hier an und bildet hier auch eine Art astralischen Mittelpunktes. So daß wir – und wiederum in der Zeit der Geschlechtsreife, da ist das sehr deutlich ausgebildet – an derselben Stelle, wo sich dieses Ätherherz, das nun unser eigenes ist, gebildet hat, auch ein astralisches Gebilde haben, das unser gesamtes Tun zentralisiert. Und dadurch, daß das von der Zeit der Geschlechtsreife an so ist, dadurch ist ein Mittelpunktsorgan geschaffen, in dem sich unser gesamtes Tun, unsere gesamte menschliche Tätigkeit zentralisiert. Es ist so, daß in derselben Gegend, wo der Mensch das Herz hat, sich nun weder physisch noch ätherisch, aber *astralisch* seine gesamte Tätigkeit zentralisiert. Und das Wichtige ist, daß in der Zeit, wo die Geschlechtsreife eintritt – es fallen ja die astralischen Ereignisse nicht ganz, sondern nur annähernd mit den physischen Ereignissen zusammen –, dieses Ätherherz so weit vorgebildet ist, daß es die Kräfte aufnehmen kann, die sich hier aus der Tätigkeit der äußeren Welt entwickeln. Man kann also sagen, und man trifft damit durchaus ein wirkliches Ereignis im Innern des Menschen: Von der Geschlechtsreife an schaltet sich auf dem Umwege durch den Astralleib die gesamte menschliche Tätigkeit in das Ätherherz ein, in dasjenige Organ, das aus den Abbildern der Sterne, aus den Abbildern des Kosmos geworden ist. Da schaltet sich das alles ein.

Das ist eine außerordentlich bedeutsame Erscheinung, denn wenn Sie dieses alles betrachten, dann haben Sie den Zusammenschluß dessen, was der Mensch in der Welt tut, mit dem

Kosmischen. Im Herzen haben Sie, insofern die ätherische Welt in Betracht kommt, einen zusammengezogenen Kosmos; aber zugleich auch, insofern die astralische Welt in Betracht kommt, eine Zusammenziehung desjenigen, was der Mensch tut. Hier schließt sich der Kosmos mit seinem Geschehen und das Karma des Menschen zusammen. Es ist eine so innige Korrespondenz des astralischen Leibes und des ätherischen Leibes mit dem ganzen menschlichen Organismus nur in der Gegend des Herzens vorhanden. Da ist es in der Tat so, daß die ganze Welt, von der sich der Mensch durch die Geburt in seinem Ätherleib ein Abbild hereingebracht hat, daß diese ganze Welt, die da wie in einer Essenz darinnen ist, alles das, was der Mensch tut, in sich aufnimmt, sich damit durchdringt. Und nun ist Gelegenheit durch diese Zusammenschlüsse, durch diese Zusammenhaltung, daß während des ganzen menschlichen Lebens fortwährend das menschliche Tun in die Essenz der Abbilder des Kosmos eingeschaltet wird.

Wenn dann der Mensch durch die Pforte des Todes geht, da ist nun in diesem ätherisch-astralischen Gebilde, in dem das Herz, ich möchte sagen, schwimmt, alles das, was der Mensch, wenn er den physischen Leib und jenes Äthergebilde abgelegt hat, in sein weiteres geistig-seelisches Leben mitnimmt. Und indem er jetzt geistig immer größer und größer wird, kann er – weil ja die Substanz des ganzen Kosmos da drinnen ist, es ist nur zusammengezogen im Herzen, im Ätherleib – sein ganzes Karma dem Kosmos übergeben. Dasjenige, was aus dem Kosmos gekommen und zum Äthergebilde geworden ist, was im Herzen sich zusammengezogen hat und Essenz geworden ist, das will wiederum nach dem Kosmos hin. Der Mensch breitet sich im ganzen Kosmos aus und wird dann in die Seelenwelt aufgenommen und macht dasjenige durch, was ich in meiner «Theosophie» als den Durchgang durch die Seelenwelt und dann durch das Geisterland beschrieben habe. Aber es ist tatsächlich so, daß, wenn wir die menschliche Organisation in ihrem Werden betrachten, wir uns sagen können: Es findet in der Gegend des Herzens ein Zusammenschluß des Kosmischen mit dem Irdischen statt, und zwar so, daß das Kosmische in seiner kosmischen Konfiguration in das Ätherische hereingenommen wird und sich da bereitmacht, unsere Taten, alles, was wir tun, aufzunehmen. Und mit dem, was da durch eine innige Durchdringung des Ätherischen mit dem menschlichen Tun sich gebildet hat, gehen wir heraus und treten wiederum ein in ein neues kosmisches Dasein, wenn wir durch die Pforte des Todes gegangen sind.

Damit beschreibt man in der Tat in einer ganz konkreten Gestaltung die Art und Weise, wie der Mensch sich heranlebt an seinen physischen Leib und wie er wiederum sich aus diesem physischen Leib herausziehen kann, weil seine Taten ihm die Kraft geben, zusammenzuhalten, was er aus dem Kosmos nur als eine Essenz herausgebildet hat.

Der physische Leib wird ja innerhalb der physisch-irdischen Welt durch die Vererbungskräfte gebildet, also durch die Kräfte der Embryonalbildung, der Keimesbildung. Mit diesen verbindet sich das, was der Mensch herunterbringt aus der geistigen Welt, nachdem er zunächst seinen Ätherleib herangezogen hat. In dem Astralischen, das er sich als ein wunderbares Gebilde mitgebracht hat, lebt nun aber sein Ich darinnen, das durch viele Erdenleben gegangen ist und überhaupt eine Entwickelung hinter sich hat. Und dieses Ich lebt in einer gewissen Sympathieverbindung – indem ich das Wort gebrauche, bezeichne ich wiederum etwas sehr Wirkliches – mit alledem, was da als Gebilde im astralischen Leibe ist. Und indem diese Gebilde in die Organe des physischen Leibes hineinschlüpfen, so wie ich es beschrieben habe, behält das Ich die Sympathie und entwickelt diese innere Sympathie auch zu den Organen, breitet sich immer mehr und mehr auch in den Organen aus und nimmt Besitz von ihnen. Gewiß, es ist das Ich auch früher schon vom ersten Kindesalter an in einer gewissen Beziehung zu den Organen. Aber da sind eben diese Vererbungsverhältnisse da, von denen ich früher gesprochen habe, da ist die Beziehung des Ichs eine äußerliche. Das Ich schlüpft aber nach und nach schon mit seinem astralischen Leibe in die Organe des physischen Leibes hinein, und indem es da hineinschlüpft, geschieht das Folgende: während vorher das Ich längs des Blutlaufes, ich möchte sagen, äußerlich beim Kinde vorhanden war, verbindet es sich jetzt intensiv innerlich immer mehr und mehr mit dem Blutkreislauf, bis es bei der Geschlechtsreife im vollen Sinne eingetreten ist. Und während Sie hier ein astralisches Gebilde um das ätherische, um das physische Herz herum haben, während Sie hier also ein astralisches Gebilde haben . . ., macht das Ich den anderen Weg durch: es schlüpft, sagen wir, in die Organe der Lunge hinein; mit den Adern, die von der Lunge zum Herzen hingehen, nähert sich das Ich immer mehr dem Herzen. Das Ich folgt immer mehr und mehr, innig verbunden mit dem Blutkreislauf, dem Wege dieses Blutkreislaufes. So daß wiederum auf dem Umwege durch diese mit dem Blutkreislaufe laufenden Ich-Kräfte das Ich eingreift in dasjenige, was aus dem Zusammenschluß des ätherischen und des astralischen Herzens gebildet worden ist, wobei überhaupt ein Ätherisches aus dem Kosmos mit einem Astralischen von uns selbst zusammenwächst. Ich sagte vorhin: Dieser astralische Leib enthält nach und nach außerordentlich viel, weil sich alle die Taten in ihm einschreiben. Aber indem das Ich in einer Sympathiebeziehung zu allem steht, was der astralische Leib macht, schreiben sich auch die Absichten, die Ideen ein, aus denen der Mensch heraus seine Handlungen vollzieht. So daß tatsächlich hier ein voller Zusammenschluß des Karmas mit den Gesetzmäßigkeiten des Kosmos stattfindet.

IV. 3. Erinnerungskraft und Vergessen

Wie viele Sorgen und Ängste sind doch mit dem Bemerken der nachlassenden Gedächtniskräfte verbunden?

Meist wird dieses Nachlassen als persönlicher Makel empfunden, und man versucht ihm krampfhaft entgegenzuwirken.

Dabei macht uns dies Geschehen auf das Freiwerden des Ätherleibes aufmerksam und sollte uns anspornen, die freiwerdenden Kräfte zu einem lebendigen Denken und zur Grundlage einer neuartigen Erfahrung zu nutzen. Wir müssen lernen, die Flüchtigkeit der auftauchenden imaginativen Bilder zu halten. «Die Dinge in der Zeit, die aus dem Untergrund aufsteigen, vor die Seele stellen zu können.» *(GA 63, 24. 4. 1914)*

Es befreit die Seele von dem Sich-Klammern an die physisch-materiellen Gewohnheiten. Es entängstigt sie, weil sie in ihrem Wesensreich leben darf.

Alles was zum Beispiel mit dem Mißtrauen bei Geldangelegenheiten, mit dem Ausüben von Macht durch Geld zusammenhängt, behindert das «Zusammentreten mit den Hierarchien». Viel freier kann der Mensch die Vorboten des Alters empfangen, wenn er die wahren Aufgaben dieser Lebensstufe erkennt und bejaht. Eine Aufgabe sieht Rudolf Steiner in Ältestenkollegien (GA 192, 15. 6. 1919), die beratend den Menschen im mittleren Alter zur Verfügung stehen sollten.

Das Lernen, das «Allzuirdische» loszulassen und immer mehr das Geistige zu ergreifen, würde Heilmittel werden gegen die große Hilflosigkeit dem Altern gegenüber, gegen die Ängste der Vereinsamung, gegen das sich Zurückziehen aus dem sozialen Umfeld, gegen das sich nur mit den eigenen Gebrechen befassen.

Dann könnte man auch das Vergessen als etwas Positives erleben und mit Beglückung die Auferstehung des Vergessenen in neuer Art innerer Erfahrung empfangen.

Bei wahrer Erfassung des Alterungsgeschehens kann das Alter nicht als Geißel und der alte Mensch nicht als «defizitäre» Erscheinung im sozialen Umfeld gesehen werden.

GA 293, Ausg. 1973, 28. 8. 1919, S. 117/118

... Was ist Erinnern? Es ist das Aufwachen eines Vorstellungskomplexes. Und was ist das Vergessen? Das Einschlafen des Vorstellungskomplexes ...
... Vergessen ist nur ein Einschlafen auf einem anderen Gebiete, und auch Erinnern ist nur ein Aufwachen auf einem anderen Gebiete ...

GA 304, Ausg. 1979, 23. 2. 1921, S. 23

... Dasjenige, was die Erinnerung macht aus den sonst vorüberhuschenden Vorstellungen, das ist, daß sie ihnen Dauer verleiht ...

... Der Materialismus sagt uns: Diese Erinnerungskraft des Menschen ist ja an den materiellen Leib gebunden; ist irgend etwas im Nervensystem nicht in der richtigen Weise konstituiert, so geht auch die Erinnerungskraft zurück, auch mit dem Alter geht sie zurück. Überhaupt, die Geisteskräfte hängen von der leiblichen Entwickelung ab. – Das leugnet für das Leben zwischen Geburt und Tod Geisteswissenschaft nicht. Denn derjenige, der gerade seine Erinnerungskraft so entwickelt, wie ich es eben geschildert habe, der weiß durch unmittelbare Anschauung, wie die gewöhnliche Erinnerungskraft, die uns die Bilder unserer Erlebnisse vor die Seele zaubert, allerdings abhängig ist von dem menschlichen Leibe. Aber dasjenige, was er jetzt entwickelt, das wird ganz unabhängig von dem menschlichen Leibe ...

GA 63, Ausg. 1959, 23. 4. 1914, S. 409–411

Wer hätte nicht über ein Nachlassen des Gedächtnisses zu klagen, wenn er in die Jahre kommt! Wer nur ein wenig mit Menschen in Berührung kommt, der weiß, wie sehr Gedächtnis und andere Kräfte, wenn man in die Jahre kommt, nachlassen und wieviel über dieses Nachlassen geklagt wird. Die Kräfte, mit denen wir für unser Gedächtnis ausgerüstet sind aus dem Fond des Menschenlebens heraus, wie wir durch die Geburt ins Dasein treten, diese Kräfte erschöpfen sich. Und man könnte äußerlich noch so gesund leben, sie erschöpften sich doch; und obzwar durch manche äußere Mittel manches gebessert werden könnte, was ungebessert ist, es erschöpften sich doch die Kräfte, die uns angeboren sind.

Das wird man aber finden: wenn man innerlich tätig ergreift, was die Geisteswissenschaft dem Menschen zu geben hat, wenn man sich ganz andere Denkgewohnheiten und Vorstellungsarten als die gewöhnlichen aneignet, wird man bemerken, daß die

Kräfte, die früher die Gedächtniskräfte waren, wenn man in die Jahre kommt, zwar abnehmen, daß sie aber durch etwas ersetzt werden, was ein viel besseres Gedächtnis ist. Es tritt allmählich aus den geistigen Untergründen der Seele das auf, was man nennen kann ein Zurückschauen auf die Ereignisse. Wie wir sonst auf die Dinge im Raume hinschauen, so lernen wir allmählich hinschauen auf die Dinge in der Zeit. Die Kräfte, die das Gedächtnis sonst nicht entwickelt, weil es für gewöhnlich einen Reservefond im unmittelbaren Leiblichen hat, die verborgen bleiben, bis wir in die Jahre kommen, diese verborgen schlummernden Gedächtniskräfte werden hervorgeholt aus der Seele: Anschauungskräfte des Vergangenen. Bei richtigem Einleben in die Geisteswissenschaft anerziehen wir uns im Laufe des Lebens etwas, was unser gewöhnliches, anerzogenes Gedächtnis fortsetzt, wodurch ein Mensch, der wirklich Geisteswissenschaft lebendig ergreift, viel länger ausgestattet bleibt mit der Möglichkeit, Vergangenes zu überschauen, wie auch die Möglichkeit bekommt, sich aus dem Vergangenen Richtkräfte für die Zukunft zu holen, als einer, der sich nicht auf Geisteswissenschaft einlassen will. Wer auf solche Dinge in ihren feineren Unterscheidungen eingeht, wird schon bemerken, wie das Gedächtnis zu etwas anderem wird, aber nicht etwas Treuloseres wird, sondern etwas, was getreuer wirkt als das Gedächtnis, das uns durch die leiblichen Kräfte angeboren ist.

Die Erinnerung im Zusammenhang mit den vier Leiblichkeiten

GA 206, Ausg. 1967, 12. 8. 1921, S. 123

... Ein feineres Beobachten gehört allerdings schon dazu, wenn man gewissermaßen die Zusammengehörigkeit von Ätherleib und Gedächtnis prüfen will. Aber man kann auch da noch sogar, ich möchte sagen, naturwissenschaftlich zurechtkommen, namentlich wenn man pathologische Fälle, Gedächtnisstörungen und dergleichen beobachtet und sieht, wie sie zusammenhängen mit Wachstums-, mit Ernährungsstörungen namentlich. Und die Ernährungskräfte müssen wir ja durchaus in derselben Richtung liegend betrachten wie die Wachstumskräfte oder wie die Reproduktionskräfte. Man kann schon durchaus eine Beobachtungsreihe zusammenstellen, die dieses Gebundensein des Gedächtnisses an den Ätherleib noch ins Auge fassen läßt ...

... Wir dringen gewissermaßen von außen gehend nach innen immer weiter in unser eigenes Wesen hinein, wenn wir ausgehen von Sinneswahrnehmung und Ich, Vorstellungserleben und Astralleib, Erinnerungserleben und Ätherleib, und dann in den physischen Leib hinuntertauchen.

Im physischen Leibe, da haben wir es allerdings zu tun mit etwas, was noch mit der Erinnerung zusammenhängt, aber doch nicht so wie der Ätherleib ...

(S. 131/132)

Ich:	Sinneswahrnehmungen	Wille
Astralleib:	Vorstellungsleben	Instinkt
Ätherleib:	Gedächtnis	Wachstumskraft
Physischer Leib:	Bild	Kraft

... Wir können sagen, wenn wir den physischen Leib betrachten, von innen stellt er sich uns dar als das, was fortwährend sich entgegenstaut den Erlebnissen und Bild wird; von außen angesehen ist er eine Kraftorganisation. Und es ist auch beim physischen Leibe richtig beobachtet, so, daß er tatsächlich besteht in einem Ineinanderwirken von Kräften mit Bildern. Wenn Sie sich nämlich ein gemaltes Bild vorstellen – allerdings müßte man es sich dann räumlich vorstellen, derart, daß es jetzt nicht starres Bild, sondern innerlich bewegtes Bild ist, daß Kraft wirkt in jedem Punkt –, dann bekommen Sie etwa das, was in Wirklichkeit vorgestellt werden muß unter dem physischen Leib.

Wenn Sie sich die Wachstumskräfte vorstellen von der Innenseite und sie durchtränkt denken auf der anderen Seite von dem, was der Erinnerung zugrunde liegt – aber jetzt nicht als sich untereinander kaschierende Vorstellungen, sondern eben als das, was der Erinnerung zugrunde liegt –, also Ätherbewegungen auf der einen Seite, die da heraufwellen, heraufstauen durch die innere

Bearbeitung der aufgenommenen Nahrungsstoffe, die da heraufstauen durch die Bewegungen des Menschen, im Konflikt mit dem, was hinunterwellt aus alldem, was sinnlich wahrgenommen und Vorstellung geworden ist und dann abgeschwungen hat im Ätherleib zur Bewahrung der Erinnerung, wenn Sie sich dieses Ineinanderwirken von oben und unten denken, also desjenigen, was von der Vorstellung hinunterschwingt, und desjenigen, was von unten hinauf, aus dem Ernährungs-, Wachstums- und Eßprozeß heraufkommt, beides ineinanderspielend: dann bekommen Sie ein lebendiges Bild des Ätherleibes. Und wiederum, wenn Sie sich alles das denken, was Sie selbst erleben, wenn Instinkte tätig sind, wobei Sie ja doch gut begreifen können, wie in den Instinkten wirkt Blutzirkulation, Atmung, wie das ganze rhythmische System ja dadrinnen wirkt in den Instinkten, und wie diese Instinkte abhängig sind von unserer Erziehung, von demjenigen, was wir aufgenommen haben: dann haben Sie das lebendige Ineinanderspielen desjenigen, was Astralleib ist. Und wenn Sie sich endlich denken ein Ineinanderspielen der Willensakte – da sei angefacht alles das, was Wollungen bei Ihnen sind – mit dem, was die Sinneswahrnehmungen sind, so haben Sie ein lebendiges Bild desjenigen, was da als Ich ins Bewußtsein sich hereinlebt.

Das Vergessen

GA 107, Ausg. 1959, 2. 11. 1908, S. 81–83

... Wir wollen heute eine derjenigen geisteswissenschaftlichen Betrachtungen anstellen, die uns zeigen, wie das Wissen, das wir durch die anthroposophische Weltanschauung erlangen, geeignet ist, uns Aufschlüsse zu geben über das Leben im weitesten Sinne. Nicht nur das Leben der alltäglichen Wirklichkeit wird uns verständlich durch solches Wissen, wir erhalten auch Aufschlüsse über das Leben in jenem großen, weiten Umfange, den wir dann ins Auge fassen, wenn wir es hinausverfolgen über den Tod bis in die Zeiten hinein, die zwischen dem Tod und einer neuen Geburt für den Menschen verfließen. Gerade aber für das tägliche Leben kann uns die Geisteswissenschaft großen Nutzen bringen, sie kann uns manches Rätsel lösen, sie kann uns zeigen, wie wir sozusagen mit dem Leben fertigwerden können. Denn für den Menschen, der nicht hineinzuschauen vermag in die Untergründe des Daseins, bleibt eben vieles unverständlich von dem, was ihm im Leben täglich, ja stündlich begegnet. Es türmen sich ihm viele Fragen auf, die aus der Sinneserfahrung nicht beantwortet werden können und die, wenn sie unbeantwortet bleiben, störend in das Leben eingreifen, indem sie Unbefriedigung hervorrufen. Unbefriedigtsein im Leben kann aber niemals zur Entwickelung und zum wahren Heile der Menschheit dienen. Wir könnten Hunderte solcher Lebensrätsel hinstellen, die viel tiefer in das Leben hineinleuchten, als man gewöhnlich nur ahnt.

Ein solches Wort, welches viele Rätsel birgt, ist das Wort «Vergessen». Sie alle kennen es als das Wort, welches das Gegenteil von dem anzeigt, was wir das Behalten einer gewissen Vorstellung, eines gewissen Gedankens, eines Eindruckes nennen. Sie alle haben gewiß mit dem, was sich hinter dem Worte Vergessen verbirgt, allerlei trübe Erfahrungen gemacht. Sie alle haben wohl das Quälende durchgemacht, das oftmals dadurch entsteht, daß diese oder jene Vorstellung, dieser oder jener Eindruck, wie wir sagen, aus dem Gedächtnisse entschwunden ist. Vielleicht haben Sie dann auch nachgedacht: Wozu muß so etwas wie das Vergessen zu den Erscheinungen des Lebens gehören?

Nun kann man Aufschluß, und zwar Aufschluß in fruchtbarer Art über eine solche Sache doch nur gewinnen aus den Tatsachen des okkulten Lebens heraus. Sie wissen ja, daß das Gedächtnis, die Erinnerung, etwas zu tun hat mit dem, was wir den menschlichen Ätherleib nennen. So dürfen wir auch voraussetzen, daß sozusagen das Gegenteil des Gedächtnisses, der Erinnerung, das Vergessen, etwas zu tun haben wird mit dem Ätherleib. Die Frage ist vielleicht berechtigt: Hat es einen Sinn im Leben, daß der Mensch die Dinge, die er einmal in seinem Vorstellungsleben gehabt hat, auch vergessen kann? Oder müssen wir uns damit begnügen, was ja hinsichtlich dieser Vorstellung so häufig geschieht, daß sozusagen das Vergessen nur negativ charakterisiert wird, daß man sagt: Es ist eben ein Mangel der menschlichen Seele, daß sie nicht alles in jedem Augenblick gegenwärtig haben kann. Wir werden nur einen Aufschluß gewinnen über das Vergessen, wenn wir uns die Bedeutung seines Gegenteils vor die Seele führen, die Bedeutung und das Wesen des Gedächtnisses.

Wenn wir sagen, daß das Gedächtnis etwas zu tun hat mit dem Ätherleib, so müssen wir uns wohl fragen: Wie kommt es, daß beim Menschen der Ätherleib diese Aufgabe erhält, die Eindrücke und Vorstellungen zu behalten, da doch der Ätherleib schon bei der Pflanze vorhanden ist und da eigentlich eine wesentlich andere Aufgabe hat? Wir haben öfter davon gesprochen, daß ein Pflanzenwesen, das wir vor uns haben, im Gegensatz zu dem bloßen Stein seine ganze Materialität durchdrungen hat von dem Ätherleib. Und der Ätherleib ist in der Pflanze das Prinzip des Lebens im engeren Sinne, dann das Prinzip der Wiederholung. Wenn die Pflanze nur der Tätigkeit des Ätherleibes unterworfen wäre, so würde, von der Wurzel der Pflanze angefangen, immerfort das Prinzip des Blattes sich wiederholen. Daß sich in einem Lebewesen Glieder immer von neuem wiederholen, daran ist der Ätherleib schuld, denn er will immer wieder dasselbe hervorbringen. Deshalb gibt es ja auch so etwas im Leben, was wir Fortpflanzung nennen, die Hervorbringung seinesgleichen. Sie beruht im wesentlichen auf einer Tätigkeit des Ätherleibes . . .

S. 85–89

. . . Woher rührt das? Das hat seinen Grund darin, daß der Ätherleib der Pflanze in jedem Falle eine bestimmte innere Gesetzmäßigkeit hat, die abgeschlossen ist, die sich von Samen zu Samen hindurchentwickelt und die einen bestimmten Kreis hat, über den nicht hinausgegangen werden kann. Anders ist es beim Ätherleib des Menschen. Da ist es so, daß außer demjenigen Teil des Ätherleibes, der verwendet wird auf das Wachstum, auf dieselbe Entwickelung, die der Mensch auch in gewissen Grenzen eingeschlossen hat wie die Pflanze, daß außer diesem Teil sozusagen noch ein anderer Teil im Ätherleibe ist, der frei auftritt, der von vornherein keine Verwendung hat, wenn wir nicht dem Menschen in der Erziehung allerlei beibringen, der menschlichen Seele allerlei einfügen, was dann dieser freie Teil des Ätherleibes verarbeitet. So also ist wirklich ein durch die Natur selbst nicht verbrauchter Teil des Ätherleibes im Menschen vorhanden. Diesen Teil des Ätherleibes bewahrt sich der Mensch; er verwendet ihn nicht zum Wachstum, nicht zu seiner natürlichen organischen Entwickelung, sondern behält ihn als etwas Freies in sich, durch das er die Vorstellungen, die durch die Erziehung in ihn hineinkommen, aufnehmen kann.

Nun aber geschieht ja dieses Aufnehmen von Vorstellungen so, daß der Mensch zunächst die Eindrücke empfängt. Eindrücke muß der Mensch immer empfangen, denn auch die ganze Erziehung beruht auf Eindrücken und auf dem Zusammenwirken zwischen Ätherleib und astralischem Leib. Denn um Eindrücke zu empfangen, dazu gehört der astralische Leib. Daß Sie diesen Eindruck behalten, daß er nicht wieder verschwindet, dazu ist der Ätherleib notwenig. Auch zu der kleinsten, scheinbar unbedeutendsten Erinnerung ist schon die Tätigkeit des Ätherleibes notwendig. Wenn Sie zum Beispiel einen Gegenstand anschauen, so ist dazu der Astralleib nötig. Daß Sie ihn aber behalten, wenn Sie den Kopf wegwenden, dazu brauchen Sie schon den Ätherleib. Zum Anschauen gehört der astralische Leib; um die Vorstellung zu haben, dazu brauchen Sie schon den Ätherleib. Also wenn auch diese Tätigkeit des Ätherleibes für ein solches Behalten der Vorstellungen noch eine sehr geringe ist, wenn sie auch eigentlich erst dann in Betracht kommt, wenn sich bleibende Gewohnheiten, bleibende Neigungen, Temperamentsveränderungen und so weiter ergeben, man braucht hierzu doch schon den Ätherleib. Er muß da sein, schon wenn man eine einfache Vorstellung in der Erinnerung behalten will. Denn alles Behalten von Vorstellungen beruht in gewisser Weise auf Erinnerung.

Nun haben wir also durch die Erziehungseindrücke, durch die

geistige Entwickelung des Menschen seinem freien Äthergliede allerlei eingefügt, und wir können uns nun fragen: Bleibt nun dieses freie Ätherglied ganz ohne Bedeutung für Wachstum und Entwickelung des Menschen? Nein, das ist nicht der Fall. Es beteiligt sich nach und nach, je älter der Mensch wird – nicht so sehr in den Jugendjahren –, dasjenige, was so seinem Ätherleib durch die Eindrücke der Erziehung einverleibt worden ist, an dem ganzen Leben des menschlichen Leibes, auch innerlich. Und Sie können sich am besten eine Vorstellung davon machen, wie sich das beteiligt, wenn Sie sich eine Tatsache mitteilen lassen, die gewöhnlich im Leben nicht in Betracht gezogen wird. Man meint ja, Seelisches hätte für das Leben des Menschen im allgemeinen keine sehr große Bedeutung. Dennoch kann folgendes vorkommen: Denken Sie sich einmal, ein Mensch bekomme eine Krankheit, einfach aus dem Grunde, weil er irgendwelchen ungeeigneten Verhältnissen eines Klimas ausgesetzt war. Nun müssen wir uns einmal hypothetisch vorstellen, daß dieser Mensch unter zweierlei Bedingungen krank sein kann: zum Beispiel so, daß er in dem freien Glied des Ätherleibes nicht viel zu verarbeiten hat. Nehmen wir an, er sei ein indolenter Mensch, auf den die Außenwelt wenig Eindruck machte, der der Erziehung große Schwierigkeiten entgegengesetzt hat, bei dem die Dinge zu dem einen Ohr hinein und aus dem anderen wieder herausgegangen sind. Ein solcher Mensch wird als Mittel des Gesundwerdens etwas nicht haben, was zum Beispiel ein anderer hat, dem ein reger, lebhafter Sinn eigen ist, der viel in der Jugend aufgenommen, der viel verarbeitet hat und daher für sein freies Glied des Ätherleibes sehr gut gesorgt hat. Das wird natürlich für die äußere Medizin erst noch festzustellen sein, warum sich bei dem einen größere Schwierigkeiten dem Heilungsprozeß entgegenstellen als bei dem anderen. Dieses freie Glied des Ätherleibes, das energisch geworden ist durch mannigfaltige Eindrücke, das macht sich eben hier geltend, das beteiligt sich durch seine innerliche Beweglichkeit am Heilungsprozeß. In zahlreichen Fällen verdanken die Menschen ihre schnelle Gesundung oder ihre schmerzlose Gesundung dem

Umstande, daß sie in reger geistiger Beteiligung in der Jugend fleißig die Eindrücke, die sich ihnen darboten, aufgenommen haben. Da sehen Sie die Einflüsse des Geistes auf den Leib! Mit etwas ganz anderem hat man es in der Heilung bei einem Menschen zu tun, der stumpfsinnig durch das Leben geht, als bei einem, der dieses freie Glied des Ätherleibes nicht schwer und lethargisch hat, sondern bei dem es regsam geblieben ist. Sie können sich ja schon äußerlich von dieser Tatsache überzeugen, wenn Sie die Welt mit offenen Augen betrachten, wenn Sie beobachten, wie sich bei Erkrankungen geistig indolente und geistig regsame Menschen verhalten.

So sehen Sie, daß beim Menschen der Ätherleib doch noch etwas ganz anderes ist als bei der bloßen Pflanze. Der Pflanze fehlt dieses freie Glied des Ätherleibes, das den Menschen weiterentwickelt, und daß der Mensch ein solches freies Glied des Ätherleibes hat, darauf beruht im Grunde genommen die ganze Entwickelung des Menschen. Wenn Sie vergleichen die Bohnen von vor tausend Jahren mit den heutigen Bohnen, so werden Sie zwar einen gewissen Unterschied wahrnehmen, doch ist er im wesentlichen sehr klein; die Bohnen sind im wesentlichen in derselben Gestalt geblieben. Aber vergleichen Sie einmal die Menschen Europas im Zeitalter Karls des Großen mit den Menschen von heute: warum haben die Menschen heute ganz andere Vorstellungen und ganz andere Empfindungen? Weil sie immer ein freies Glied des Ätherleibes gehabt haben, wodurch sie etwas aufnehmen und ihre Natur umwandeln konnten. Das alles gilt im allgemeinen. Jetzt müssen wir aber einmal betrachten, wie sich im einzelnen diese ganze Wirkungsweise ausnimmt, die wir da charakterisiert haben.

Setzen wir den Fall, es könnte ein Mensch, wenn er einen Eindruck empfangen hat, diesen Eindruck nicht wieder aus seiner Erinnerung verwischen, sondern es bliebe dieser Eindruck da. Es wäre eine kuriose Sache zunächst, wenn Sie denken müßten, daß alles, was seit Ihrer Jugend auf Sie Eindruck gemacht hat, an jedem Tag des Lebens, von morgens bis abends, immer gegenwärtig wäre. Sie wissen ja, daß das nur eine gewisse Zeit nach dem Tode gegenwärtig ist. Da hat es seinen guten Zweck. Aber im Leben vergißt es der Mensch. Sie alle haben nicht nur Unzähliges vergessen, was Sie in Ihrer Kindheit erlebt haben, sondern auch vieles, was im vorigen Jahr – und auch gewiß einiges von dem, was gestern an Sie herangetreten ist. Eine Vorstellung, die aus dem Gedächtnis entschwunden ist, die Sie «vergessen» haben, ist nun keineswegs etwa aus Ihrer ganzen Wesenheit, aus Ihrem ganzen geistigen Organismus verschwunden. Das ist durchaus nicht der Fall. Wenn Sie gestern eine Rose gesehen und es nun vergessen haben, so ist doch das Bild der Rose noch in Ihnen vorhanden, und ebenso die anderen Eindrücke, die Sie aufgenommen haben, wenn sie auch für Ihr unmittelbares Bewußtsein vergessen sind.

Nun ist ein großer, gewaltiger Unterschied zwischen einer Vorstellung, während wir sie in unserer Erinnerung haben, und derselben Vorstellung, wenn sie aus unserer Erinnerung verschwunden ist. Also wir fassen ins Auge eine Vorstellung, die wir uns durch einen äußeren Eindruck gebildet haben und die jetzt in unserem Bewußtsein lebt. Dann blicken wir seelisch hin, wie sie nach und nach verschwindet, nach und nach vergessen wird. Aber sie ist da, sie bleibt im ganzen geistigen Organismus. Was tut sie da? Womit beschäftigt sich diese sozusagen vergessene Vorstellung? Sie hat ihr ganz bedeutungsvolles Amt. Sie fängt nämlich erst dann an, in der richtigen Weise an diesem Ihnen geschilderten freien Glied des Ätherleibes zu arbeiten und dieses freie Glied des Ätherleibes für den Menschen brauchbar zu machen, wenn sie vergessen ist. Es ist, als wenn sie erst dann verdaut wäre. Solange sie der Mensch verwendet, um durch sie etwas zu wissen, so lange arbeitet sie nicht innerlich an der freien Beweglichkeit, an der Organisation des freien Gliedes des Ätherleibes. In dem Augenblick, wo sie in die Vergessenheit hinuntersinkt, fängt sie an zu arbeiten . . .

V. ALTERUNGSPROZESSE UND IHR SINN

Aufbau und Abbau, Aufzehren, Stoßen, Hämmern: mit diesen Begriffen charakterisiert Rudolf Steiner die Wirkungen von Ich und Astralleib auf den Ätherleib und physischen Leib.

Es entsteht Ich-Bewußtsein durch Zerstörung und Tod. Immer mehr Ich-Bewußtsein durch die Erdenleben erlangen und dadurch mit dem Ich an der Umformung der Leiblichkeiten arbeiten, ist Erdensinn. Auf die Frage nach dem Sinn des Alters kann in heutiger Zeit nur aus der Geisteswissenschaft eine befriedigende Antwort gegeben werden. Immer kräftiger soll das Ich, als das jüngste Glied, sich in die Leiblichkeiten einleben, um die dort veranlagten Keime in Zukunft immer bewußter ergreifen zu können. Kraftvoll wird sich dann auch ein gereiftes Ich in der im nächsten Leben dichter werdenden Leiblichkeit behaupten können.

Zum Sinn des Alters gehört auch das immer tiefere Verstehen, das Herzensverständnis, für die Geschehnisse in der Umwelt, das Ausweiten der Gedanken über die ganze Menschheit und Erde. Wenn karmische Forderung sich in rechter Weise in Erfüllung gewandelt hat, kann Geist selbst, die Sphäre des Heiligen Geistes am alten Menschen erfahren werden.

Weiter gehört zum Sinn des Alters, das Nahrung-Werden für die Erde und den Kosmos. Das Halten von Geistigkeit an der Erde als Schutz gegen die ahrimanischen Widersacherkräfte und nicht zuletzt das Entwickeln der Willensreife, als Frucht für den Aufbau einer nächsten Inkarnation.

Aufbau und Abbau als Wechselspiel der Leiblichkeiten zueinander – Das Entstehen des Ich-Bewußtseins als Sinn des Lebens

GA 271, Ausg. 1961, 15. 2. 1918, S. 55

... In der Natur ist etwas, was fortwährend ein Leben durch das andere zerstört und überwindet. Wer das empfinden kann, der wird auch – um gerade dieses ausgezeichnetste Beispiel zu wählen – wenn er an die menschliche Gestalt, die natürliche menschliche Gestalt herantritt, empfinden können, daß diese menschliche Gestalt in ihren Formen etwas Geheimnisvolles enthält: daß in jedem Augenblick diese Gestalt, die sich im äußeren Leben verwirklicht, durch ein höheres Leben eigentlich getötet wird. Das ist das Geheimnis allen Lebens: Fortwährend und überall wird ein niederes Leben durch ein höheres Leben ertötet. Diese menschliche Gestalt, die durchdrungen ist von der menschlichen Seele, dem menschlichen Leben, sie wird durch die menschliche Seele, durch das menschliche Leben fortwährend getötet, fortwährend überwunden. Und zwar so, daß man sagen kann: Die menschliche Gestalt als solche trägt etwas an sich, was ganz anders wäre, wenn sie ganz sich selbst überlassen wäre, wenn sie ihrem eigenen Leben folgen könnte. Aber diesem ihrem eigenen Leben kann sie nicht folgen, weil ein höheres, ein anderes Leben in ihr ist, das dieses Leben ertötet.

GA 154, Ausg. 1973, 17. 4. 1914, S. 127

... Der Ätherleib hat immer das Bedürfnis, zu sprossen und zu fruchten, aber der Astralleib hat das Bedürfnis, abzuzehren das, was der Ätherleib aufbaut. Er unterdrückt den Ätherleib. Während wir unbewußt im Schlafe sind, strömt ein aus den geistigen Welten das, was Ersatz schaffen kann für das, was abgezehrt wurde, was ertötet worden ist, damit es immer wiederum ausgeglichen werde.

GA 169, Ausg. 1963, 27. 6. 1916, S. 84/85

Anders sind die Dinge für den astralischen Leib und für das Ich. Wir sind ja als Menschen, die wir so herumwandeln in der physischen Welt, nur in unserem Ich zunächst tätig, denn nur das hat sein volles Bewußtsein. Wenn Sie das Auge auf irgendeine farbige Fläche richten, ist das Ich tätig, wenn Sie denken, ist das Ich tätig, wenn Sie fühlen, ist das Ich tätig. Bei allen diesen Tätigkeiten, die Sie verrichten, auch wenn Sie gehen, wenn Sie die Hände bewegen, ist das Ich tätig. Alles, was Sie tun können im wachenden Zustand auf dem physischen Plan, ist Ich-Tätigkeit. Das Ich ist da in Wirksamkeit. Wie äußert sich nun im Verhältnis zu den anderen Gliedern der menschlichen Natur diese Ich-Tätigkeit? Das, was wir so vom Aufwachen bis zum Einschlafen, also bei wachendem Bewußtsein vollbringen, wie äußert sich das? Es äußert sich dies nicht in einem Aufbauen, sondern in einem Abbauen, in einem Verbrauch von Stoffen des physischen und von Bewegungen, Kräften des ätherischen Leibes . . .

. . . Schlafende Tätigkeit bedeutet Aufbau der physischen Materie, namentlich ihrer Konstitution; wachende Tätigkeit, Ichtätigkeit, bedeutet Abbau. Und so haben Sie einen Zyklus . . .

S. 86/87

. . . So wie das Ich und der physische Leib Aufbau und Abbau bringen in ihren Verhältnissen, so ist eine ähnliche Wechselwirkung zwischen dem astralischen Leib und dem ätherischen Leib. Nur daß der Aufbau, insofern er aus dem astralischen Leibe stammt, früher abgeschlossen ist im Leben, und der Abbau früher beginnt. Denn dasjenige, was unser astralischer Leib abbaut in unserem Ätherleib, hängt im wesentlichen zusammen mit unserem Schwächerwerden im Verlauf des Lebens und, wenn wir ganz schwach geworden sind, mit unserem Sterben. Der astralische Leib in bezug auf den Ätherleib hängt im wesentlichen mit dem Tode zusammen. Wir können sterben dadurch, daß unser astralischer Leib nach und nach die Käfte des ätherischen Leibes aufzehrt, und der ätherische Leib wiederum den physischen Leib aufzehrt . . .

. . . Nun beobachten wir: Wenn wir uns zu stark anstrengen in unserer Ich-Tätigkeit, so schadet uns das. Das ist leicht begreiflich aus dem Grunde, weil ja die Ich-Tätigkeit ein Abbauen ist. Bauen wir zu viel ab, so schwächen wir unseren Organismus in einer sehr sichtbaren Weise. Dieses Schwächen des Organismus in der sehr sichtbaren Weise durch die Ich-Tätigkeit ist es ja, was äußerlich sehr leicht auffällt. Aber es kann auch eine Schwächung eintreten des ätherischen Leibes durch den astralischen Leib. Da ja der astralische Leib gewissermaßen der Verzehrer des ätherischen Leibes ist, wie wir gerade gesehen haben, so kann da eine Art Verzehrung über das Maß hinaus eintreten. Die gewöhnlichste Erscheinung dieser Art ist ja dann vorhanden, wenn wir so leben, daß unser astralischer Leib, der Träger der Leidenschaften, der Träger der Affekte, zu stark in Anspruch genommen wird. Sie wissen, das gibt dauernde Schwächungen des Menschen. Diese Schwächungen treten ein eben durch das Verzehren des ätherischen Leibes durch den astralischen Leib . . .

GA 140, Ausg. 1970, 18. 11. 1912, S. 41–43

. . . Sehen Sie, von dem Zeitpunkt an, wo das Ich-Bewußtsein da ist, da stößt sich das Ich an der eigenen inneren Leiblichkeit, da fängt das Ich an, nach innen zu leben; da fängt das Ich an, sich an dem eigenen Leib nach innen zu stoßen. Sie brauchen ja nur daran zu denken, wenn Sie sich das vorstellen wollen, daß das Kind an jedem Morgen aufwacht. Das ist ein Hineingehen des Ich und des astralischen Leibes in den physischen und den Ätherleib, da stößt sich das Ich an dem physischen und dem Ätherleib. Ja, denken Sie, wenn Sie schon mit der Hand in das Wasser greifen und das Wasser durchmessen, so haben Sie überall einen Widerstand, wo Sie sich mit dem Wasser berühren. So ist es, wenn das Ich heruntertaucht am Morgen und sich von seinem Innenleben umspült findet. Aber während des ganzen Lebens ist dieses Ich eingesenkt in diesen physischen und Ätherleib und stößt sich an allen Seiten an diesen Leibern. Wenn Sie mit der Hand im Wasser herumplätschern, werden Sie die Hand von allen Seiten gewahr; so ist es, wenn das Ich heruntertaucht in den Ätherleib und den physischen Leib und sich stößt auf allen Seiten innerhalb dieser Leiblichkeit. Und dies geschieht das ganze Leben hindurch. Das ganze Leben hindurch muß der Mensch mit jedem neuen Aufwachen am Morgen untertauchen in seinen physischen Leib und seinen Ätherleib, und dadurch, daß er so untertaucht, geschehen fortwährend Zusammenstöße von dem physischen Leib und dem Ätherleib auf der einen Seite und dem astralischen Leib und dem Ich auf der anderen Seite. Was ist die Folge davon? Die Folge davon ist, daß diejenigen Wesenhaftigkeiten, die da zusammenstoßen, abgenutzt werden. Es geht dem Ich und dem astralischen Leib auf der einen Seite und dem ätherischen und dem physischen Leib auf der anderen Seite genauso, wie wenn Sie fortwährend zwei Körper aufeinanderschlagen. Sie nützen sich ab; und dieses Abnützen, das ist das allmähliche Älterwerden, Abgebrauchtwerden, das beim Menschen im Verlaufe des Lebens eintritt, und das ist auch der Grund, warum wir überhaupt physisch sterben. Denken Sie einmal: wir hätten keinen physischen, keinen Ätherleib, dann könnten wir auch unser Ich-Bewußtsein nicht aufrechterhalten. Wir würden zwar in die Lage kommen, das Ich-Bewußtsein zu entwickeln, aber wir könnten es nicht aufrechterhalten. Denn wir müssen uns immer nach innen stoßen, wenn es aufrechterhalten werden soll in unserem Bewußtsein. Daraus folgt nichts Geringeres als die außerordentlich bedeutsame Tatsache, daß wir von der Zerstörung unserer Wesenheit die Entwickelung unseres Ich haben. Könnten wir nicht zusammenstoßen mit den Gliedern unserer Wesenheit, so könnten wir kein Ich-Bewußtsein haben. Ja, wenn der Mensch fragt, wozu ist Zerstörung da, Altern da, Tod da, da muß man ihm antworten: Zerstörung, Altern, Tod ist dazu da, daß der Mensch, indem er zerstört, sich entwickelt, nämlich das Ich-Bewußtsein immer weiter entwickelt. Könnten wir nicht sterben – das ist der radikale Ausdruck dafür –, so könnten wir nicht wahrhaft Menschen sein. Wenn wir aber diese

Tatsache in ihrer vollen Bedeutung auf unsere Seele wirken lassen, dann kann uns folgender Gedanke kommen, den uns der Okkultismus beantworten kann, nämlich der Gedanke: Als Menschen brauchen wir doch, wenn wir leben wollen, immer physischen Leib, Ätherleib, astralischen Leib und Ich. So wie wir im gegenwärtigen menschlichen Leben sind, müssen wir sagen, wir brauchen diese vier Glieder; damit wir aber das Ich-Bewußtsein erlangen können, müssen wir sie zerstören. Wir müssen sie immer wieder bekommen, damit wir sie immer wieder zerstören. Darauf beruht die Notwendigkeit der wiederholten Erdenleben, um die Möglichkeit zu haben, immer aufs neue die menschlichen Leiber zu zerstören und uns dadurch gerade als bewußte Menschheitswesen weiter zu entwickeln ...

GA 236, Ausg. 1965, 4. 6. 1924, S. 318

... Nun, warum das so ist, das finden wir gerade heraus, wenn wir darauf hinsehen, daß dieses Ich des Menschen, so wie es sich auf der Erde – also in dem Kosmos, der eigentlich eine dreigliedrige Welt ist, eine physische, eine ätherische, eine astralische –, so wie es sich da äußert, ja immer die Wiederholung früherer Erdenleben ist. Und es ist immer wieder im Leben zwischen dem Tode und einer neuen Geburt drinnen.
... Und in der Tat, man kommt aus dem Raume heraus, man kommt in den reinen Zeitenfluß, wenn man das Ich in den aufeinanderfolgenden Erdenleben betrachtet.

S. 319

... Dann werden Sie ja im Grunde ein anderes Wort finden für etwas, was da ist, wenn Sie sagen: um in die Zeit als Wirklichkeit hineinzukommen, muß man aus dem Raume heraus, alles Räumliche wegschaffen. Das aber heißt: sterben!

Ich-Bewußtsein entwickeln heißt Sterbekräfte in den Organismus tragen – Der Alterstod als hypertrophierter physischer Prozeß

GA 140, Ausg. 1970, 21. 1. 1913, S. 154

... Doch unser waches Leben ist wie das Hinsterben der Pflanze zur Winterszeit. Jeden Tag bringen wir Absterbekräfte in unseren Organismus hinein; die summieren sich, und weil das so ist, sterben wir. Der Grund des Todes liegt im Bewußtsein. Wir können daraus entnehmen, wie das bewußte, vom Ich durchzogene Tagesleben der Aufzehrer ist vom physischen und Ätherleib. Wir sterben, weil wir bewußt leben ...

GA 313, Ausg. 1963, 12. 4. 1921, S. 39–42

... Also dasjenige, was da vom Menschenhaupte eingeleitet wird und von da aus durch den ganzen Organismus strahlt, das ist der rein physische Prozeß, der im Moment, wo der Tod eintritt, sich in den ganzen Organismus ergießt. Dieser Moment, der ist im menschlichen Haupte, wenigstens von ihm zentralisierend ausgehend, immer vorhanden. Er wird nur paralysiert durch den Vitalisierungsprozeß vom anderen Organismus aus. Der Mensch trägt tatsächlich die Kräfte, die ihn auch zum Sterben bringen, fortwährend in sich, und er wäre kein Ich, wenn er nicht die Kräfte des Sterbens in sich tragen würde. Der Mensch könnte sich nur wünschen, als physisch auf der Erde herumgehender Mensch, als physischer Mensch unsterblich zu sein, wenn er verzichten würde darauf, ein Ich-Bewußtsein zu haben ...
... Aber sagen muß man, daß demjenigen, was im Menschen als physischer Prozeß wirkt, was ihn als physischer Prozeß durchsetzt, daß dem entgegengearbeitet wird solange wie möglich von dem Ich, das aber an diese Gegebenheit, an diese reaktive Wirkung gebunden ist. Es wird dem solange entgegengearbeitet, als dieser physische Prozeß nicht zu stark wird. Dieser physische Prozeß ist dasjenige, was das Sterben immer im menschlichen Organismus hat, was im Sterben zuletzt auch liegt. Wenn nämlich der physische Prozeß gewissermaßen hypertrophiert, so daß er

von dem Ich nicht mehr beherrscht werden kann, dann muß sich das Ich von dem physischen Leib trennen, was natürlich auch dadurch eintreten kann, daß eine übermäßige physische Wirkung an irgendeiner Stelle des Körpers auftaucht und die anderen im früheren Lebensalter mit sich reißt.

So daß man sagen kann: Dasjenige, was menschliches Ich ist, hängt innig zusammen mit demjenigen, was der Tod ist:

Ich = Tod

... Das Aufhören des Lebens ist nicht der Tod, sondern für den Menschen ist Tod das, was ich eben hier auseinandergesetzt habe ...

... Nun, da muß ich allerdings zunächst sagen, ganz konkret angesehen tritt der Tod des Menschen dann ein, wenn seine ganze innere Organisation so ins Physische übergegangen ist, daß kein Ernährungsprozeß, kein durchgreifender Ernährungsprozeß mehr eingeleitet werden kann. Das ist der Alterstod. Der Alterstod ist eigentlich das Unfähigwerden, die Stoffe im Organismus aufzunehmen. Im Grunde genommen ist diese Erscheinung, die deshalb so wenig beobachtet werden kann, weil gewöhnlich durch andere Ursachen der Mensch früher stirbt, als der eigentliche Marasmus in seiner Vollblüte oder eigentlich Unblüte eintritt, noch nicht ganz beobachtet. Aber es ist tatsächlich ein Versagen der Ernährung. Der Körper kann nicht mehr die Ernährung voll durchführen; er ist dazu zu physisch geworden ...

GA 353, Ausg. 1968, 8. 5. 1924, S. 182

Denken Sie sich, irgend jemand stirbt. Nun, könnten Sie zwei Monate vorher sein Blut untersuchen, dann würde sich Ihnen zeigen, daß er schon auf dem Wege ist, leblos zu werden ...

Geistig gesehen ist der Greis ein ausgehöhltes Wesen, das fortwährend saugt.

GA 316, Ausg. 1980, 25. 4. 24. S. 213/214

... Nun können Sie noch weitergehen. Sie können jetzt versuchen, sich vorzustellen einen Greis, einen sklerotisierten Greis. Greise sind bis zu einem gewissen Grade sklerotisch. Und bekommen Sie dabei die Empfindung, daß Sie diesen sklerotischen Greis auch abtasten, so empfangen Sie in dem geistigen Tasten durch die Sklerose den Eindruck, daß der Greis eigentlich hohl ist. Also nicht den Eindruck bekommen Sie, als ob ein sklerotisierter Greis, wenn Sie ihn geistig abtasten, dichter wäre, härter wäre, sondern im Gegenteil, daß er gar nicht härter ist, daß er eigentlich saugt. Sie bekommen im geistigen Tasten das Gefühl, wie wenn Sie im Physischen mit eingespeicheltem Finger am Meerschaum eine Zeitlang sich bewegen. Sie wissen ja, daß wenn man an Ton oder Meerschaum entlangfährt mit dem angenetzten Finger, man das Gefühl hat: es saugt. Dieses Gefühl des Saugens haben Sie dem sklerotisierten Greis gegenüber. Sie müssen dieses Tastgefühl, dieses Erlebnisgefühl, entwickeln dem Anschauen gegenüber. Das ist nicht nur beim Auge, beim Anschauen der Fall, sondern bei jedem Sinn kann das auftreten, auch beim Lebenssinn. Sie haben nun die Altersdichte, die saugend ist, wenn Sie dies auffassen ...

... jetzt, wenn es Ihnen vorkommt, daß der Greis ein ausgehöhltes Wesen wäre, das fortwährend saugt ...

Mineralisierungs- und Vitalisierungsprozesse – Sterbekräfte und Wachstumswucherung: die Grundkräfte der ersten und zweiten Lebenshälfte

GA 206, Ausg. 1967, 14. 8. 1921, S. 158/159

... Aber man kann ebenso wahrnehmen, wenn man nur unbefangen genug ist, sich solche innere Selbstschau anzueignen, wie ein inneres Ermüden, ein Sich-Absenken von Materie im Inneren stattfindet, indem die Gedanken entwickelt werden, indem man gerade immer bewußter und bewußter in seinem Vorstellungsleben lebt.

Das Vorstellungsleben ist gegensätzlich zum Willen. Der Wille ist aber gebunden – was man durch solche Erwägungen erfahren kann, wie ich sie Ihnen vorgeführt habe – an die Wachstumswucherung. Nun kann man erwägen: Also wird das Vorstellungsleben an das Gegenteil der Wachstumswucherung gebunden sein, an das Absterben. Und in der Tat, dasjenige, was da in uns sich abspielt und was bei der imaginativen Erkenntnis gewissermaßen nach innen wahrnehmend geschaut wird, das ist das Herausfallen des Materiellen als organische Materie aus dem Wachstumswucherungsprozeß.

Seelisch:	Vorstellungsleben	Wille
Leiblich:	Absterben	Wachstumswucherung

Es ist schon so, daß wir in uns den Wachstumswucherungsprozeß, also den Stoffwechselprozeß haben, und fortwährend fällt sterbende Materie heraus. Wir werden fortwährend, indem wir denken, mit solcher sterbender Materie angefüllt. Dieses Sterben der Materie nehmen wir eben wahr, wenn wir zur Imagination aufsteigen. Und unser Denken, unser Vorstellen ist an diese sterbende Materie gebunden.

Wir tragen in der Tat fortwährend in uns Geburt und Tod. Und was im Beginn des Lebens als Geburt steht, wo zunächst noch am regsten sind die Wachstumskräfte, wo das Bewußtsein noch ganz zurückgetreten ist, das lebt fortwährend mit uns bis zum Tode und ist im Grunde genommen der Träger unseres Willens, unseres unbewußten Willens, der nur bewußt wird dadurch, daß das Gedankenlicht hineingeworfen wird. Aber durchdrungen ist dasjenige, was da wuchert, von fortwährenden Auflöseprozessen, von einem fortwährenden, kontinuierlichen Sich-Vollziehen desjenigen, was dann in eines zusammengedrängt ist im Momente des Todes, von einem Absterbeprozeß. Und wie der Wachstumswucherungsprozeß das Willenselement nach außen hin offenbart, so der innerliche Absterbeprozeß das Gedanken-, das Vorstellungselement. Wir kommen zum Schluß dazu, wenn wir diese Erkenntnis in uns pflegen, zu wissen, daß wir eigentlich fortwährend geboren werden und fortwährend sterben, und daß das einmalige Geborenwerden im Beginn eines irdischen Lebens nichts anderes ist als eine Summierung desjenigen, was unser ganzes Leben bis zum Tode hin im kleinen durchzieht . . .

GA 209, Ausg. 1968, 23. 12. 1921, S. 124/125

. . . Der organische Prozeß, der in uns vorgeht, verläuft ja so, daß unser Organismus sich Stoffe aneignet und auch Stoffe abscheidet. Aber nicht allein diejenigen Stoffe, welche sich aus dem organischen Prozesse unseres Leibes heraussondern, werden durch die Abscheidungsorgane nach außen gestoßen, sondern es lagern sich fortwährend in uns selber solche Stoffe ab. Die bleiben gewissermaßen längs unserer Nervenbahn und an sonstigen Orten unseres Organismus liegen; die werden ausgestoßen aus dem Lebensprozeß. Wir haben es fortwährend in unserem Lebensprozeß damit zu tun, daß sich Lebloses aussondert. Wer im Genauen verfolgen kann den menschlichen Lebensprozeß, der wird wahrnehmen können, daß sich überall im Organismus unorganische Stoffe ablagern. Die groben Massen werden ausgeschieden; aber in feiner Weise lagern sich überall Stoffe ab. So daß wir sagen können:

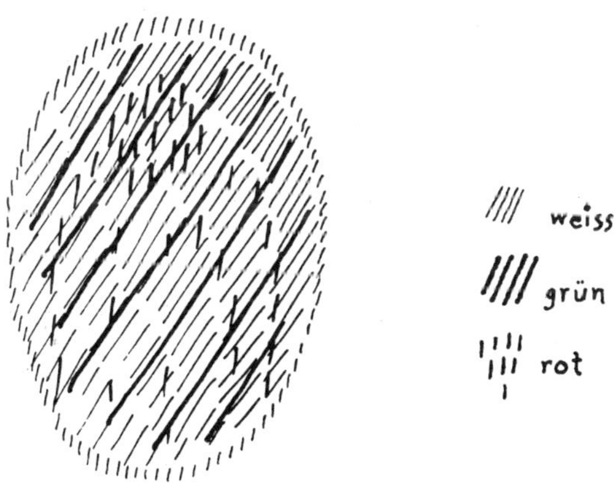

Der menschliche Organismus lebt so, daß er zunächst den organischen Prozeß in sich trägt, den ich Ihnen hier mit weißer Kreide schematisch darstellen will. Aber innerhalb dieses organischen Prozesses sehen wir überall unorganische, leblose Stoffe, die nicht ausgeschieden werden, sondern sich überall ablagern, die ich hier mit roter Kreide schematisch einzeichnen will. Ich zeichnete oben die roten Punkte besonders dicht, weil hauptsächlich diese sich nicht ausscheidenden leblosen Stoffe in dem Kopforgan des Menschen sich absondern, wo sie liegen bleiben. Nun ist der ganze menschliche Organismus von dem Ich durchdrungen.

... Durch das Mineralisieren wird das Ich in den Leib hineingetrieben. Durch das Vitalisieren wird das Ich aus Teilen des Leibes herausgetrieben. Es ist dann gerade so außerhalb dieser Teile, wie es im Schlafe ganz außerhalb des physischen Leibes ist. Und wir können daher sagen: bei einer Willensbetätigung sind immer Teile des Ich außerhalb derjenigen Orte des physischen Leibes, denen sie eigentlich zugeteilt sind. Und wo sind dann diese Teile des Ich, die außerhalb der ihnen entsprechenden Teile des physischen Leibes sind? Nun, sie sind eben außerhalb, im übrigen Raume. Sie sind eingegliedert in die Kräfte, welche diesen Raum durchweben. Wir sind, indem wir unseren Willen betätigen, mit einem Teil unseres Ich außerhalb unser. Wir gliedern uns Kräfte ein, die durch die Welt gelegt sind. Wenn ich einen Arm bewege, so bewege ich ihn nicht durch etwas, was im Inneren des Organismus entspringt, sondern durch eine Kraft, die außerhalb meines Armes ist, und in die das Ich hineinkommt dadurch, daß es aus gewissen Orten meines Armes herausgetrieben wird. Im Wollen komme ich außerhalb meines Leibes, und durch Kräfte, die außerhalb meiner liegen, bewege ich mich. Man hebt das Bein nicht durch Kräfte, die im Inneren sind, sondern man hebt das Bein durch Kräfte, die tatsächlich von außerhalb wirken; ebenso den Arm. Während man also im Denken nach innen getrieben wird durch das Verhältnis des Ich zu dem mineralisierten Teil des menschlichen Organismus, wird man im Wollen geradeso wie im Schlafe nach außen getrieben. Und niemand versteht das Wollen, der nicht den Menschen als kosmisches Wesen auffaßt, der nicht hinausgeht aus den Grenzen des menschlichen Leibes, der nicht weiß, daß der Mensch im Wollen sich außerhalb seines Leibes liegende Kräfte eingliedert. Wir versenken uns in die Welt, wir geben uns an die Welt hin, indem wir wollen. So daß wir sagen können: Die materielle Begleiterscheinung des Denkens ist ein mineralischer Prozeß in uns, ein Zeichnen des Ich in mineralisierte Teile des menschlichen Organismus. Das Wollen in uns stellt dar ein Vitalisieren, ein Herausbreiten des Ich, ein Eingliedern des Ich in die geistige Außenwelt, und ein Wirken auf den Leib vom Ich aus, aus der geistigen Außenwelt herein.

Wollen wir schematisch das Verhältnis des Denkens zum Wollen zeichnen, so müssen wir das in der folgenden Weise tun. Sie

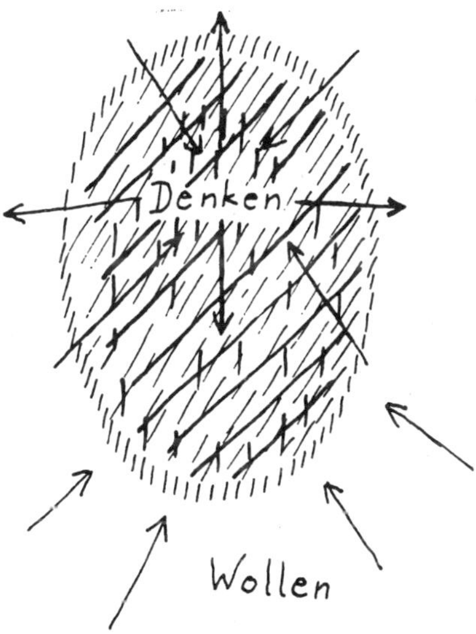

sehen, man kann durchaus den Weg machen von der Innenschau des Seelenlebens zu dem physischen Korrelat dieses Seelenlebens, ohne daß man dadurch versucht wird, in einseitiger Weise in den Materialismus zu verfallen. Man lernt erkennen dasjenige, was sich materiell abspielt im Denken und im Wollen. Aber man verliert niemals das Ich, indem man erkennt, wie das Ich innerlich aktiv wird mit dem Unorganischen im Denken, und auf der andern Seite erkennt, wie das Ich in den Geist hineingetrieben wird durch das organische Vitalisieren im Leib. Indem das Ich aus dem Leibe herausgetrieben wird, wird es mit den Kräften des Kosmos zusammengebracht, und von dem geistigen Teil des Kosmos aus, also von außerhalb herein, entfaltet das Ich das Wollen.

Dadurch ist auf der einen Seite der Materialismus gerechtfertigt, und auf der andern Seite zugleich überwunden. Dilettantisch bleibt es immer, wenn man den Materialismus bloß bekämpft. Denn dasjenige, was er im positiven Sinne zu sagen hat, das ist ein durchaus Berechtigtes. Falsch ist an ihm nur, wenn er einseitig sich zu dem ganzen Um und Auf der Weltanschauung des Menschen machen will.

Die Leiblichkeiten zehren sich auf, wenn das Maß an Energie verbraucht ist.

GA 55, Ausg. 1959, 13. 12. 1906, S. 109–111

... Da ist der Astralleib, die Umhüllung des Ich frei, und das Ich arbeitet nun am Astralleib.

Der europäische Kulturmensch folgt nicht bloß seinen Trieben und Begierden; er hat sie geläutert und umgewandelt in moralische Empfindungen und ethische Ideale. Vergleichen wir nun einen Wilden mit einem europäischen Durchschnittsmenschen oder gar mit einem Schiller oder Franz von Assisi, so können wir sagen, daß diese ihre Triebe vom Ich aus umgestaltet, geläutert haben. So können wir uns sagen, daß dieser Astralleib stets zwei Teile enthält: einen, der aus der ursprünglichen Anlage herrührt, und einen, den das Ich selbst geboren hat. Nun verstehen wir die Arbeit des Ich nur dann, wenn wir uns klarmachen, daß der Mensch einer Wiederverkörperung – wiederholten Erdenleben – unterliegt; daß der Mensch, wenn er geboren wird, gleichsam in vier voneinander geteilten Leibern sich die Früchte und Ergebnisse früherer Erdenleben mitbringt, die als ein Maß für die Energie und Kraft seines Lebens da sind. Der eine Mensch wird geboren, weil er es früher dazu gebracht hat, mit viel Lebensenergie, mit starken Kräften seinen Astralleib umzugestalten. Der andere wird darin bald erlahmen. Wenn man hellsehend untersuchen kann, wie das Ich beginnt, an dem Astralleibe frei zu arbeiten, die Begierden, Triebe und Leidenschaften vom Ich aus zu beherrschen, dann könnte man, wenn man das Maß von Energie, das das Ich sich mitgebracht hat, anzugeben vermag, sagen: dieses Maß ist so groß, daß das Ich so und so lange an seiner Umgestaltung an sich arbeiten wird und nicht mehr. Und nach der Zeit der Geschlechtsreife gibt es für jeden Menschen ein solches Maß, durch das man messen kann und angeben könnte, bis wann er alles aus seinem Astralkörper herausgearbeitet hat nach den ihm in diesem Leben zugeteilten Pfunden. Was der Mensch so in seinem Gemüt an Lebenskräften umzugestalten und zu läutern vermag, erhält sich selbst. Solange dieses Maß ausreicht, lebt er auf Kosten des sich selbst erhaltenden Astralleibes. Ist er erschöpft, findet er keinen Mut mehr, neue Triebe umzugestalten, kurz, keine Energie, an sich zu arbeiten, dann reißt der Lebensfaden ab, – und er muß nach einem Maße, das jedem Menschen zuerteilt ist, einmal abreißen. Dann ist die Zeit gekommen, wo der Astralleib seine Kräfte von dem Prinzip des menschlichen Lebens nehmen muß, das ihm zunächst liegt, vom Ätherleib. Und jetzt kommt die Zeit, wo der Astralleib auf Kosten der im Ätherleib aufgespeicherten Kraft lebt; der Ausdruck dafür ist für den Menschen da, wenn sein Gedächtnis, seine produktive Einbildungskraft allmählich schwindet.

Wir haben öfter hier gehört, daß der Ätherleib der Träger der produktiven Phantasie und des Gedächtnisses ist, dessen, was man Lebenshoffnung und Lebensmut nennt. Diese Gefühle, wenn sie zu seinem bleibenden Element werden, haften an dem Ätherleib. Sie werden jetzt von dem Astralleib herausgesogen; und nachdem der Astralleib so auf Kosten des Ätherleibes gelebt und alles, was dieser herzugeben hatte, ausgesogen hat, beginnt die Zeit, wo die schöpferischen Kräfte des physischen Leibes vom Astralleib aufgezehrt werden. Und sind diese herausgezehrt, dann schwindet die Lebenskraft des physischen Leibes, der Körper verhärtet sich, der Puls wird langsamer. Da zehrt der Astralleib zuletzt auch noch am physischen Leibe und nimmt ihm die Kraft weg. Und hat er die aufgezehrt, dann ist keine Möglichkeit mehr, daß aus dem physischen Prinzip heraus der physische Leib erhalten werden kann.

Soll der Astralleib es dahin bringen, daß er frei werden und zu dem Leben und der Arbeit des Ich geboren werden soll, dann ist es notwendig, daß in der zweiten Hälfte des Lebens der freigewordene Astralleib, wenn das Maß der Arbeit erschöpft ist, seine Hüllen geradeso wie sie gebildet worden sind, selber wieder aufzehrt. So ist das individuelle Leben vom Ich heraus geschaffen.

Zum Gleichnis diene Folgendes: Denken Sie sich ein Stück Holz, das Sie anzünden. Wäre es nicht so, wie es ist, so würden Sie es nicht anzünden können. Die Flamme quillt aus dem Holz hervor, aber sie zehrt es zu gleicher Zeit auf. Das ist das Wesen der Flamme, daß sie aus dem Holz heraus frei wird und den eigenen Mutterboden aufzehrt. So wird der Astralleib dreifach herausgeboren, so zehrt er, wie die Flamme das Holz, seine eigene Grundlage auf; und darin besteht die Möglichkeit, daß das individuelle Leben da sein kann, weil es seine Grundlage wieder aufzehrt. Der Tod ist ihm die Wurzel des Lebens, und es könnte gar kein bewußt individuelles Leben geben, wenn es nicht den Tod gäbe. Wir verstehen und begreifen den Tod allein, indem wir seinen Ursprung zu erkennen suchen, und daher begreifen wir das Leben, indem wir sein Verhältnis zum Tod erkennen.

Noch einmal schildert Rudolf Steiner hier eindrücklich den Alterungsprozeß

GA 239, Ausg. 1963, 14. 6. 1924, S. 246/247

... Beim Kinde ist der astralische Leib so, daß er stark wirken, kräftig wirken kann auf den ganzen physischen und ätherischen

Organismus; er kann beim Kinde gewissermaßen einhämmern auf Muskeln und Knochen. Das kann er im Alter nicht mehr; da wird der Astralleib auch verhältnismäßig schwach. Das Ich wird stärker, aber es zieht sich in den schwächeren Astralleib zurück und wirkt so auch schwächer; doch liegt dies namentlich am Astralleib, der im Alter nicht mehr richtig geeignet ist, einzuhämmern auf Muskeln und Knochen . . .

Das Müdewerden als Erfahrung

Das Nachlassen des Gedächtnisses, das Müdewerden sind zwei typische Alterserscheinungen.

Dieses Müdewerden sollte nicht nur als erhöhtes Schlafbedürfnis, sondern auch als ein Gefühl des Schwachwerdens im Körperlichen verstanden werden. Bewußtseinskräfte für die Gesetze des Kosmos, nach denen unser Körper aufgebaut ist, werden hier wachgerufen.

Man erspürt durch die Knochen, die Organe, durch die erschwerten Bewegungsabläufe die Weisheit der geistigen Welt.

Statistisch weist man heute im Schnitt für jeden alten Menschen sieben bis acht Krankheiten nach und über dreißig Medikamente. Dies ist die Antwort der heutigen Zeit auf das Gebrechlichwerden.

Das Pflegen des Gemeinschaftslebens, die Verlebendigung durch Eurythmie, Sprachgestaltung, Musik, Malen, das gemeinsame Arbeiten an geistigen Inhalten muß die Antwort aus der Anthroposophie, der Geisteswissenschaft, sein.

GA 168, Ausg. 1968, 22. 2. 1916, S. 81/82

. . . Warum lassen uns denn die Götter müde werden, warum werden wir denn müde? – Daß wir hier müde werden, daß wir abgenützt werden, gibt uns eben etwas, bedeutet für unser Gesamtleben eigentlich viel, recht, recht viel. Nur müssen wir den Begriff des Müdewerdens im umfassenderen Sinne, als man eben gewöhnlich glaubt, fassen. Wir müssen ihn recht sehr vor unsere Seele stellen, diesen Begriff des Müdewerdens.

Sie werden am besten einen Begriff bekommen von diesem Müdewerden, wenn Sie sich die Sache so vorstellen. Wenn ich jetzt einen von Ihnen fragen würde: Weißt du etwas von dem Inneren deines Kopfes? – so wird mir wahrscheinlich nur derjenige antworten, der von Kopfschmerz geplagt ist, daß er jetzt in diesem Augenblicke etwas weiß von dem Inneren seines Kopfes. Nur der fühlt das Innere seines Kopfes; der andere lebt, ohne daß er es fühlt. Wir fühlen unsere Organe nur dann, wenn sie nicht ganz in Ordnung sind; dann wissen wir im Fühlen etwas von unseren Organen. Wir sind im Leben so eingerichtet, daß wir von unserem physischen Leib eigentlich nur insofern wissen, als er nicht ganz in Ordnung ist. Wir haben eigentlich nur ein allgemeines Gefühl unseres physischen Leibes. Das wird stärker, wenn etwas nicht in Ordnung ist. Aber wir wissen doch recht wenig innerlich, wenn wir ein bloßes Gefühl haben. Wer im Leben jemals starke Kopfschmerzen gehabt hat, der weiß von dem Inneren seines Kopfes – innerlich; nicht so wie der Anatom, der nur die Gefäße kennt. Aber während wir im Leben immer müder und müder werden, tritt immer mehr und mehr doch dieses Gefühl unseres Inneren, Räumlich-Inneren, im Leibe auf.

Bedenken Sie nur: Je mehr wir uns im Leben ermüden, desto mehr treten für uns auf die Gebresten des Lebens, Gebresten des Alters zum Beispiel. Unser Leben besteht darin, daß wir allmählich dieses unser Physisches erspüren, empfinden lernen. Indem es uns, ich möchte sagen, verhärtet, sich in uns so hineinschiebt, lernen wir es spüren. Für uns ist das, ich möchte sagen, ein – weil es so allmählich kommt – geringes Empfinden. Der Mensch würde ja erst sehen können, wie stark das ist, wenn er – verzeihen Sie den trivialen Ausdruck, aber er wird Ihnen das geben, was ich meine –, wenn er zum Beispiel sich in einem Moment fühlen könnte pumperlgesund, wie ein strotzend gesundes Kind, und dann gleich danach, damit er vergleichen kann, so wie man sich fühlt, wenn die Glieder brüchig geworden sind, mit achtzig, fünfundachtzig Jahren. Dann würde er es schon mehr fühlen. Nur weil es so langsam kommt, merkt man nicht, wie man sich da fühlend hineinspinnt in das Erleben des Physischen, in das Müdewerden. Dieses Müdewerden ist ein wirklicher Vorgang, der zuerst zwar gar nicht da ist, denn das Kind strotzt von Leben, dann aber wird die Lebenskraft immerzu übertönt vom Müdewerden, dann ringt sich dieses Müdewerden heraus. Wir können müde werden; während wir so müde werden, wenn das auch, sagen wir, hier nur ein leises Gefühl ist von unserem Inneren, entsteht wirklich etwas innerlich in uns. Unser Leben hier in der physischen Welt bietet uns ja nur die Außenseite von tiefen, von bedeutsamen, von erhabenen Geheimnissen.

Daß wir so leise im Leben uns begleitet fühlen vom Müdewerden und damit das Innere unseres Leibes erspüren, das ist die Außenseite von etwas, was gewoben wird in uns, wunderbar gewoben wird aus reiner Weisheit, ein ganzes Gewebe von reiner Weisheit. Indem wir so müde werden im dahingehenden Leben, uns erspüren lernen innerlich, wird uns einverwoben ein feines Wissen von dem Wunderbau unserer Organe, unserer inneren Organe. Am Herzen lernen wir müde werden; aber dieses Müdewerden bedeutet, daß uns einverwoben wird ein Wissen, wie ein Herz aufgebaut wird aus dem Weltenall heraus. An dem Magen werden wir müde, den ermüden wir meistens dadurch, daß wir ihn verderben mit Essen; aber trotzdem wird uns einverwoben während der Ermüdung des Magens alle Weisheit, ein Weisheitsbild aus dem Kosmos heraus, wie der Magen aufgebaut wird. Wie unser innerer Organismus erhaben, wundersam aufgebaut ist, dieses gewaltige Kunstwerk, das entsteht im Bilde. Und das wird erst jetzt lebendig, wenn wir das Äußere, an die Erde Gebundene des astralischen Leibes abgelegt haben. Und das ist es, was uns als Lebensgeist erfüllt, was jetzt in uns lebt. Die Weisheit von uns selbst, von unserem Wunderbau des Inneren lebt jetzt in uns.

«So ist der Tod der große Stärker des Willenslebens für das geistige Leben.»

GA 61, Ausg. 1962, 29. 2. 1912, S. 401–413

... Es soll gleich darauf hingewiesen werden, daß der Mensch von jenem Momente seiner Kindheit ab, bis zu dem er sich dann später bewußt zurückerinnert, durch sein ganzes Leben eine Art Reifungsprozeß durchmacht. Immer reifer und reifer wird der Mensch durch das, was er an Lebenserfahrung aufnehmen kann. Dieser Reifungsprozeß vollzieht sich in einer eigentümlichen Weise. Wir erinnern uns – und dadurch besteht überhaupt nur die Möglichkeit, von einem Ich in uns zu sprechen – bis zu einem gewissen Punkte der Jugend, was wir alles erlebt haben, aber wir erinnern uns nur an das Vorstellungsmäßige, an das Gedankenartige. Das ist etwas sehr Merkwürdiges, aber jeder kann es an sich erforschen. Wenn Sie sich an ein schmerz- oder lustvolles Ereignis erinnern, das Sie vor vielleicht dreißig Jahren hatten, so werden Sie sich sagen: Ich kann alle Einzelheiten ganz gut verfolgen, was ich an Vorstellungen erlebt habe, so daß ich sie in der Vorstellung nachkonstruieren kann, aber nicht wird so lebendig, wie es sonst bei Gedankenartigem der Fall ist, der Schmerz oder die Lust vor der Seele stehen können, welche damals mit dem betreffenden Ereignis verbunden waren. Die sind verblaßt, haben sich von dem Vorstellen getrennt und sind in ein unbestimmtes Dunkel hinuntergegangen. – Man möchte sagen: Die Vorstellungen können wir immer wieder aus den tiefen Schächten unseres Seelenwesens heraufholen, aber unten lassen müssen wir – auf die Ausnahmen hierbei kommt es nicht an – unsere Erinnerungen mit Bezug auf das, was wir an Gefühlen, an Affekten, an Leidenschaften erlebt haben. Was wir gefühlsmäßig erlebt haben, bleibt unten, löst sich los von den bloßen Vorstellungen. – Geht es verloren? Geht es in ein Nichts über? Das ist nicht der Fall. Es kann so für den scheinen, der das Menschenleben nicht wirklich gewissenhaft und eingehend betrachtet. Aber ein gewissenhafter und allseitiger Beobachter findet das folgende: Wenn wir ein Menschendasein in einer bestimmten Lebensstunde prüfen, zum Beispiel im vierzigsten Jahre, so finden wir es in einer gewissen Verfassung, Seelenverfassung, aber auch leiblicher Gesundheits- oder Krankheitsverfassung. Der Mensch stellt sich uns dar entweder trübsinnig-melancholisch, leicht niedergedrückt oder heiter oder irgendwie von phlegmatischem oder sonstigem Temperament, leicht zugreifend gegenüber den Tatsachen der Welt, leicht aufnehmend, was Lust und Freude ihm geben kann und so weiter. Man sollte nicht das, was Seelenverfassung ist, immer von dem Leiblichen abtrennen, denn wie die Funktionen des Leiblichen wirken, davon hängt auch die Seelenstimmung ab, mit der sich ein Mensch darstellt. Wenn man so die Seelenstimmung und die Gesamtverfassung eines Menschen in irgendeinem Lebensalter prüft, so wird man bald darauf kommen, wohin die Gefühlserlebnisse gegangen sind, die von den Vorstellungen sich abgetrennt haben und die wir später nur noch vorstellungsmäßig erinnern. Man wird finden, was als Gemütsstimmungen sich losgetrennt hat, das hat sich mit unserer tieferen Organisation verbunden, es kann nicht in unserem Innenleben erinnert werden, aber es drückt sich im Innenleben aus bis in Gesundheit und Krankheit hinein. Wo sind die Gemütsstimmungen geblieben, da wir uns ihrer nicht erinnern? Unten sind sie im leiblich-seelischen Leben und konstituieren eine bestimmte Verfassung im Gesamtleben des Menschen. So zeigt sich uns, wie wir zum Gesamtverlauf unseres bewußten Lebens das Gedächtnis brauchen, und wie das Gedächtnis immer im Schlafe in ein unbestimmtes Dunkel taucht, so tauchen unsere Gemütserlebnisse hinunter in das Dunkel unseres Eigenwesens und arbeiten an unserer Gesamtverfassung . . .

. . . Wie der Mensch in bezug auf die Willensimpulsivität bestimmt ist, das hängt von dem ab, was ihm sein Leben als Erfahrungen gebracht hat. Wenn wir im Leben von irgendeinem Punkte aus einen Rückblick tun, so finden wir darin einen fortlaufenden Gang, wie sich Seelenereignis an Seelenereignis schließt. Aber wir finden, wie das, was wir erfahren haben, im wesentlichen so in unseren Willen einfließt, daß wir sagen können: Wir sind eigentlich, wenn wir uns so anschauen, reicher geworden an Vorstellungen, reifer aber in bezug auf unsere Willensimpulsivität. – Allerdings machen wir eine besondere Reife in bezug auf unseren Willen durch. Das erfährt jeder, der einen solchen Rückblick in sein Leben in irgendeiner Weise macht. Wir tun irgend etwas im Leben. *Wie* wir etwas hätten tun müssen, das erfahren wir eigentlich erst, wenn wir es getan haben. Und jeder weiß, wie wenig er Gelegenheit hat, später wieder in dieselbe Situation zu kommen, das, was er als Lebensreife sich angeeignet hat, was er gewonnen hat vielleicht durch Irrtum und Schädigungen, die er erfahren hat, in einem späteren Falle anwenden zu können. Aber eines weiß er, daß alles, was er erlebt, sich in der Gesamtheit seiner Willensverfassung in dem zusammenfügt, was wir die Weisheit seines Wollens nennen können, und daß dies die Reife bildet, die wir allmählich erlangen. Unser Willensleben ist es, was immer reifer und reifer wird. Unsere ganzen Gefühle, Vorstellungen und so weiter schließen sich darin zusammen, unseren Willen immer reifer und reifer zu machen, auch in bezug auf äußere Verrichtungen. Denn daß wir durch die Lebenserfahrungen reifer im Denken werden, ist nur ein Reiferwerden in dem Willen, der sich in dem Aneinanderfügen von Gedanken an Gedanken ausspricht. So sehen wir, wie gleichsam unser gesamtes Seelenleben, indem wir es rückblickend überschauen, uns auf den Mittelpunkt unseres Wesens hinführt, der hinter dem Willensimpuls steht und in welchem sich dieses Immer-reifer-Werden ausdrückt. Wenn wir dies ins Auge fassen, so haben wir das dritte Element der menschlichen Entwickelung, dasjenige, wovon wir uns sagen können: Wir erziehen es uns heran in unserem Leben im physischen Leibe. Wir wachsen gerade in diesem Elemente heran und wachsen in diesem Elemente über das hinaus, was wir waren, als wir durch die Geburt in dieses Dasein hereingetreten sind. – Indem uns in diesem Dasein ein physischer Leib umkleidet, und der physische Leib das Werkzeug ist, dessen wir uns für unsere Seele bedienen müssen, indem sie den Verstand braucht, das Gehirn braucht, eignet sich unser Seelenwesen Lebensreife,

Lebenserfahrung an, welche sich in der Gesamtverfassung des Willens, in der Willensreife gleichsam kristallisiert.

Aber wir sind in der Regel in diesem Leben nicht imstande, das auch auszuwirken, auszuführen, was jetzt in unseren Willensimpulsen lebt. Das ist es, was dem Menschen die Frage vorlegt: Was ist es mit diesen Willensimpulsen, die wir als unser intimstes Seelengut ausbilden, die wir uns vielleicht gerade durch unsere Unvollkommenheit angeeignet haben, und die wir doch niemals zum Ausdruck bringen können? – Was wir an Inhalt unserer Gemütserlebnisse hinunterschicken in die Tiefen unseres Wesens, so haben wir an zweiter Stelle unserer Betrachtung gesehen, das führt zu unserer gesamten Leibes- und Seelenverfassung, zu dem, wie wir gestimmt sind, was das Leben an uns gemacht hat in bezug auf Gesundheit und Krankheit, ob wir mehr melancholisch sind oder Heiterkeit ausdrücken und dergleichen. Was wir aber in bezug auf unsere Willensverfassung aus uns gemacht haben, das ist unser innerstes Wesen. Das sind wir geworden. Durch das sind wir aber auch über das hinausgewachsen, was wir gewesen sind. Und wir merken es, wenn es in der zweiten Hälfte unseres Lebens bergab geht, wie unser Leib versagt, um das auszuleben, was wir durch unsere Willensimpulsivität geworden sind. Kurz, wir sehen, wie wir dadurch, daß wir erkennend, fühlend und wollend im Leben drinnenstehen, durchaus etwas werden, was mit dem, was wir schon sind, im Widerspruche steht, was sich stößt an dem, was wir schon sind. Wir fühlen innerlich seelisch, durch unsere Lebensreife, wie wir zusammenstoßen mit dem, was wir durch unsere Elemente, durch unsere körperlichen Anlagen, durch unser Seelisches geworden sind.

Wir fühlen innerlich den Zusammenstoß zwischen der Gesamtheit der Willensverfassung und Lebensreife mit der Gesamtverfassung unserer Organisation, fühlen aber im Grunde genommen diesen Zusammenstoß auch bei jedem einzelnen Willensimpuls, der zur Handlung führt. Das ist es ja, daß wir unsere Gedanken bis zu einem gewissen Grade durchsichtig haben, unsere Gefühle auch noch; wie aber der Wille zur Tat und Handlung wird, das ist für das Äußere undurchdringlich. Der Wille stößt sozusagen mit dem äußeren Leben zusammen und wird sich nur bewußt, indem er mit diesem äußeren Leben zusammenstößt. Und hier können wir, was sich schon im Seelenleben zeigt, in dem Gesamtleben verfolgen, auch in der körperlichen Organisation: Was der Mensch geworden ist, was ihm die Anlagen für seine Fähigkeiten gegeben hat, das muß der Wille, der da erst wird in diesem Leben, zerbrechen, zerstören können, denn dieser Wille würde sich sonst nie zur Geltung bringen können.

Wie der Mensch überhaupt nur durch den Zusammenstoß mit der Realität sich bewußt werden kann, so kann er sich als fortschreitenden Prozeß nur erleben, indem durch den Willen das gesamte physische Leben in ihm ebenso zerstört wird, wie durch das Vorstellungsleben das Gehirn zerstört wird. Aber während das Letztere durch den Schlaf wieder ausgeglichen werden kann, kann ein Neuwerden des Willens nicht wieder ausgebessert werden, sondern es muß in der Tat durch die Impulsivität des Willens ein fortlaufender Zerstörungsprozeß in jedem Leben eintreten. Da sehen wir, daß der Mensch seinen Organismus zerstören muß und sehen so für den Menschen erst die Notwendigkeit des wirklichen Todes. Wie wir für das Vorstellungsleben die Notwendigkeit des Schlafes einsehen, so sehen wir jetzt für das Willensleben die Notwendigkeit des Todes ein. Denn nur dadurch, daß der Mensch seine physische Organisation seinem Willen entgegenstehend hat, erkennt sich der Wille in sich selber, verstärkt sich in sich selber und geht dann durch die Pforte des Todes in ein Leben in der geistigen Welt, wo er sich die Kräfte aneignet, um in einer zukünftigen Verkörperung dasjenige aufzubauen, was er in dieser Leiblichkeit nicht mehr erreicht hat. Wofür ihm nur das Bewußtsein aufgehen konnte, das reif war für das Nächste, was die Anlagen geliefert hat für etwas Weiteres, was sich aber nicht in diesem Leben auslebte, das wird sich in einem kommenden Erdenleben ausleben, wo der Mensch sich auch sein neues Schicksal, sein neues Erdenleben in entsprechender Weise zimmern wird.

Während wir also bei der Pflanzenwelt mit Bezug auf den Tod nur von einem Aufwachen und Einschlafen der ganzen Erdennatur sprechen konnten, während wir in der Tierwelt den Tod nur vergleichen konnten mit dem Auf- und Abfluten und Besiegen unseres niederen Instinktlebens, haben wir erst mit dem menschlichen Tode dasjenige, was uns durch das Zerstören dieses einen Lebens auf die immer wiederkehrenden Leben hinweist.

Dadurch, daß wir nur durch die Zerstörung dieses einen Lebens das gewinnen können, was im neuen Erdenleben auftritt und dadurch erst zur wirklichen Vervollkommnung des gesamten Menschenlebens führt, ist auch das gegeben, daß der Wille des Menschen, um sich in der Gesamtverfassung seiner selbst bewußt zu werden, das Hinsterben des physischen Leibes braucht, und daß im Grunde genommen für den richtigen Willensimpuls das Erlebnis nur dann da ist, das er braucht, wenn wir durch die Pforte des Todes gehen, wenn er das allmähliche Siechwerden und Hinsterben der äußeren Organisation miterlebt. Denn an dem Widerstande, den er an der äußeren Organisation verspürt, wächst der Wille, wird immer stärker und stärker und bereitet sich vor, das zu werden, was für die Ewigkeit lebt. Daher ist es – abgesehen von alledem, was Sie in der Geisteswissenschaft ausgeführt finden über einen nicht-natürlichen Tod – erklärlich, daß ein Tod, der durch einen äußeren Unglücksfall oder durch Selbstmord oder dergleichen herbeigeführt worden ist, unter allen Umständen etwas anderes ist als ein natürlicher Tod, der da die Gewähr bietet für das Aufgehen eines neuen Lebens. Der unnatürliche Tod in irgendeiner Form kann zwar im Gesamtschicksal des Menschen durchaus auch etwas sein, was einen Fortschritt bedeutet. Aber was der Wille in seiner Gesamtverfassung erst hätte erleben müssen in dem Siege über die Leiblichkeit, das bleibt in einer gewissen Weise als innere Kraft bestehen und muß einen anderen Weg gehen, wenn der Mensch auf eine unnatürliche Art durch die Pforte des Todes geht, als wenn er sein Leben auf natürliche Weise auslebt.

So sehen wir, daß wir von Tod erst wirklich dann reden können, wenn wir von dem reden, was wir das Ausbilden eines neuen Willensartigen für ein neues Leben nennen können, und daß wir daher bei den anderen Wesenheiten nicht von einem wahren Tode reden können. Beim Menschen aber müssen wir so sprechen, daß nicht nur das Goethe-Wort wahr ist: «Die Natur hat den Tod erfunden, um viel Leben zu haben», sondern wir müssen so sprechen, daß wir sagen: Wenn es den Tod nicht gäbe, so müßte man wünschen, daß er da wäre, denn er gibt die Möglichkeit, daß an dem Widerstande und an dem Hinwelken der äußeren Organisation der Wille immer mehr wächst und wächst für das neue Leben. Und das gibt die Möglichkeit für ein Aufsteigen der Entwickelung durch die verschiedenen Verkörperungen hindurch, so daß sich das Leben immer höher und höher gestaltet, wenn es auch die nächsten Leben nicht unmittelbar tun, wenn auch Rückschritte stattfinden. Im Gesamtverlauf aber wird man doch ein Aufsteigen durch die wiederholten Erdenleben erkennen.

So ist der Tod der große Stärker des Willenslebens für das geistige Leben . . .

«Dieses in unserem Ich gestaltete zweite Ich»

GA 62, Ausg. 1960, 5. 12. 1912, S. 168/169

. . . so können wir das, was da das Ich durchmacht, eine Involution, eine Einwickelung, eine innere Gestaltung der Erlebnisse nennen. Und es ist selbstverständlich, daß die innere Spannkraft, welche das Ich, das herangewachsen ist, als zweites Ich in sich trägt, am größten ist, wenn wir am Ende unseres physischen Lebens sind, wenn wir also durch die Pforte des Todes schreiten.

Wenn wir das einmal prüfen und uns genauer ansehen, was sich so als ein zweites Ich ausgestaltet hat, dann müssen wir allerdings sagen: Der Mensch ist nicht immer geneigt, sich dieses genauer anzusehen. Das Leben nimmt ihn in Anspruch, und er lenkt nicht die genügende Aufmerksamkeit auf das zweite Wesen, das er da ausgestaltet. Wenn er aber die genügende Aufmerksamkeit darauf verwendet, dann wird er finden, daß dieses zweite Wesen ganz bestimmte Eigenschaften hat, vor allem einen bedeutsamen Drang in sich trägt, selbständig und frei zu sein gegenüber dem, was wir im weiteren Leben aufnehmen können. Im weiteren Leben leben wir in einem gewissen Sprachzusammenhange. Dadurch haben unsere Begriffe immer eine bestimmte Färbung von diesem Sprachzusammenhange. Was wir aber im Inneren entwickelt haben, das strebt darnach, sich von dem freizumachen, was nur ein bestimmter Sprachzusammenhang geben kann, und eine Lebensanschauung auszugestalten, die frei und unabhängig von einem jeglichen Sprachzusammenhange ist. Hinauswachsen wollen wir über das, was ein bestimmter Sprachzusammenhang geben kann, und damit wachsen wir auch über das hinaus, worin wir von Jugend an heranwuchsen. Da müssen wir uns von Jugend an zum Beispiel schon eine gewisse Gestaltung des Ohres entwikkeln. Von dem, was wir uns in unserem Ich heranentwickeln, merken wir, daß es etwas ist, was immer freier und freier werden will von der äußeren Körperlichkeit. Einen neuen Menschenkeim bilden wir heran, der unabhängig ist gegenüber dem, der sich aus unserer äußeren Körperlichkeit gestaltet hat, wenn der Mensch erwachsen ist.

Das ist es, worauf die Geisteswissenschaft die Seele hinlenken will: daß sich aus dem menschlichen Ich im Laufe des Lebens ein zweites Ich ausgestaltet, dessen Wesen gerade darin besteht, daß es sich um so voller, um so intensiver fühlt, je unabhängiger es sich fühlen kann von dem, was seit der Jugend herangewachsen ist. Und wenn man dieses in unserem Ich gestaltete zweite Ich genauer ins Auge faßt, dann wird man sehen, daß es so in sich kräftebegabt ist, daß wir etwa sein ganzes Wesen damit charakterisieren können, daß wir sagen: Dieses Ich trägt die Kräfte in sich, um einen neuen, einen anderen Menschen zu gestalten als den, durch welchen es selbst herangebildet ist . . .
. . . So reift in uns heran ein geistig-seelischer Kern. Wie der Keim der Pflanze immer mehr und mehr heranwächst, wenn die Blätter verwelken und die äußere physische Gestalt der Pflanze dem Tode entgegengeht, so reift der geistig-seelische Kern im

Menschen heran, indem das Äußere immer mehr und mehr abstirbt, indem die Hüllen der Organe nach und nach welk werden und dem Tode entgegengehen ...

(Siehe dazu auch GA 61, Vortrag vom 26. 10. 1911.)

VI. VERÖDENDE UND LEBENTRAGENDE KRÄFTE

In der Dreigliederungszeit forderte Rudolf Steiner mit Intensität und Nachdruck ein lebendiges Denken als Heiler für das Soziale.

Er hat es nicht nur gefordert, sondern in vielen Vorträgen den Weg zur Erlangung dieses neuen Denkens gewiesen.

Die Schaffung eines Michaelfestes, die soziale Neuordnung der Völker, das Verständnis für die notwendigen Impulse der Menschheit, sie können erst aus einem durchchristeten Denken geboren werden, aus einem Erstarken der Seelenkräfte durch die Meditation, aus einem Wiedereinleben in die geistige Welt aus Freiheit heraus.

Immer wieder hat Rudolf Steiner darauf hingewiesen, sich solche Gedanken gerade mit Beginn des Alterns, in der Lebensmitte, vor die Seele zu stellen gegen die verdorrende Intellektualität, die uns zu «Philistern und trockenen Professorenmännchen» macht.

Erschüttern sollte uns auch der Hinweis, daß die Jugend heute bereits viel «älter» ist, als ein Greis in früheren Zeit je werden konnte.

GA 203, Ausg. 1978, 1. 4. 1921, S. 314–316

. . . Denn die einzige Möglichkeit, dasjenige, was Verstandeswelt ist, den luziferischen Geistern zu entreißen, ist, es mit dem Gemüte zu durchdringen, es zur persönlichen Angelegenheit zu machen. Und was in unserer Zeit geschieht, was seit langem geschieht und was anders werden muß, das ist eben, daß wir das irdische Dasein auf dem Umwege durch die kalte, nüchterne Verstandestrockenheit zur Beute werden lassen der luziferischen Welt. Dadurch wird die Erde aufgehalten in ihrer Entwicklung, dadurch wird die Erde zurückgehalten auf einem früheren Standpunkte. Sie kommt nicht zu ihrem Ende. Und wenn die Menschen lange, lange fortbetreiben das Unpersönliche der sogenannten Wissenschaft, dann wird die Folge diese sein, daß die Menschen ihre Seelenhaftigkeit überhaupt verlieren. *Diese unpersönliche Wissenschaft ist die Mörderin des menschlichen Seelenhaften und Geisteshaften;* sie vertrocknet den Menschen, sie dörrt ihn aus. Sie macht zuletzt aus der Erde dasjenige, was man nennen kann einen toten Planeten mit automatenhaften Menschen darauf, die ihr Geistig-Seelisches auf diesem Wege verlieren. Auch da muß man sagen: Die Dinge müssen schon ernst betrachtet werden. Es darf nicht zugeschaut werden diesem kosmischen Mord durch den abstrakten Betrieb, den unpersönlichen Betrieb des Wissens auf der Erde. Das ist das eine.

Das andere ist das menschliche Begehrensvermögen. Das ist dasjenige, was mit dem Willensmäßigen im Menschen zusammenhängt. Was mit dem Willensmäßigen im Menschen zusammenhängt, kann wiederum zwei Wege gehen. Der eine Weg ist der, daß dieses Willensmäßige sich möglichst unter Gebote oder Staatsgesetze und dergleichen unterordnet und sich fügt dem, was die allgemeinere Gesetzmäßigkeit ist, so daß die allgemeine Gesetzmäßigkeit da ist und daneben nur das rein instinktmäßige Begehren der Menschen.

Der andere Weg ist, daß sich dasjenige, was im Menschen als Begehrensvermögen sich spiegelt, was als Willensfähigkeit vorhanden ist, daß sich das allmählich heraufhebt zum reinen Denken, in Freiheit sich auslebt individuell, so daß es sich ins soziale Leben in Liebe ergießt. Es ist diejenige Art des Auslebens des Willens und des Begehrungsvermögens, wie ich sie geschildert habe in der «Philosophie der Freiheit». Da habe ich gezeigt, wie dasjenige, was allgemeine menschliche Gesetzmäßigkeit ist, hervorgehen muß aus jeder menschlichen Individualität, und daß, wenn dasjenige, was aus der menschlichen Individualität hervorgeht, sich erhebt bis zum reinen Denken, daß dann durch das Zusammenstimmen dessen, was die Menschen tun, die soziale Ordnung entsteht. Die Menschen fürchten sich vor aller sozialen

Ordnung, welche konstituiert wird dadurch, daß aus dem Individuellen heraus ein jeder Mensch sich die Richtung gibt. Sie möchten organisieren, was die Menschen wollen sollen. Sie möchten «kategorische Imperative» an die Stelle der aus jedem Menschen heraus wirkenden Liebe setzen. Dadurch aber, daß solche abstrakten Gebote bestehen – seien sie nun Gebote nach dem Muster des Dekalog, seien sie Gesetze irgendwelcher Einheitsstaaten –, dadurch, daß solche Gebote bestehen, machen sich aus dem Individuellen des Menschen heraus nur geltend die instinktmäßigen Begierden, jene Begierden, die wir besonders heute aufleben sehen und die im Grunde genommen das einzige soziale Ingredienz der gegenwärtigen Zeit geworden sind. Wiederum ist das, was im Menschen dadurch geschieht, daß er seinen Willen nicht bis zum Individuellen gestaltet, ihn nicht erhebt zum reinen Denken, wiederum ist das nicht bloß etwas, was den Menschen allein angeht, sondern den ganzen Planeten und damit den Kosmos. Und auf das, was da geschieht, indem sich nicht der menschliche Wille individuell gestalten kann, auf das warten gierig die ahrimanischen Geister. Das eignen sie sich an, diese ahrimanischen Geister, und sie verwenden alles, was an nicht zur Liebe entfalteten Begierden im Menschen lebt, willensmäßig lebt, sie verwenden es so, daß sie es übertragen auf individuelle dämonische Wesenheiten. So wie mehr allgemeine Wesenheit entsteht durch dasjenige, was die über der Menschheit schwebende Verstandestätigkeit ist, so entstehen ganz individuell gestaltete dämonische Wesenheiten aus dem nicht in Liebe umgesetzten Begehrungsvermögen der einzelnen Individualitäten. Und es müßte, wenn nicht eine individuelle Gestaltung des freiheitlichen Zusammenlebens in der sozialen Ordnung angestrebt würde, sich die Erde erfüllen mit denjenigen Wesenheiten, die dann individuell wären, aber die ein ahrimanisch-geisterhaftes Dasein führen und die der Erde nehmen würden die Möglichkeit, sich in die nächste planetarische Metamorphose, in die Jupiter-Metamorphose hinein zu verwandeln ...

GA 222, Ausg. 1976, 23. 3. 1923, S. 118–121

... Der Mensch war zuerst in seinem Bewußtsein göttliche Imagination, dann göttlicher Gedanke, dann Errechnungsresultat und dann Erdenmensch. Der Grieche fühlte sich durchaus als Erdenmensch und lebend im Blute. Wir also müssen lernen, uns als unabhängig von demjenigen zu fühlen, was überirdisch ist, unabhängig aber auch von dem, was bloß in unserem Blute liegt. Dazu ist es gekommen dadurch, daß wir eben zwischen dem einundzwanzigsten und achtundzwanzigsten Jahr anders leben, als früher gelebt worden ist: daß wir nicht mehr aufwachen zu dem gestern charakterisierten zweiten Erlebnis, daß wir nicht mehr lebendige Gedanken als die Resultate des vom Überirdischen beeinflußten Bewußtseins haben, sondern daß wir Gedanken haben, die ganz frei geworden sind von innerer Lebendigkeit, die deshalb auch tot sind. Es ist schon die Erde mit ihren Innenkräften, die unsere Gedanken, indem wir Erdenmenschen werden, ertötet ...

... Das ist so seit dem Beginn des fünften nachatlantischen Zeitraumes. Intellektualistischer Mensch sein, heißt: eine Seele haben mit in der Erde begrabenen Gedanken, das heißt, mit Gedanken, denen die Erdenkräfte die Himmelsimpulse nehmen.

Das ist eigentlich das Charakteristische für unser gegenwärtiges Menschsein, daß wir mit der Erde in unserem innersten Seelenwesen gerade durch unser Denken zusammenwachsen. Dadurch aber haben wir andererseits auch erst jetzt, in der fünften nachatlantischen Kulturperiode, die Möglichkeit, dem Kosmos die Gedanken zurückzusenden, die wir auf die gestern am Schlusse erwähnte Weise in uns lebendig machen durch unser Erdenleben ...

... So daß alles, was an lebendigen Gedanken in dem Menschen entsteht, dasjenige ist, was die Götter zurückglänzen sehen von dem sich entwickelnden Menschen. Der Mensch wird aufgerufen zum Mitschöpfer am Weltenall, indem ihm zugemutet wird, daß er seine Gedanken belebt. Denn diese Gedanken spiegeln sich an der Erde und gehen wiederum in das Weltenall hinaus, müssen den Weg wiederum nehmen in das Weltenall hinaus.

Daher ist es ja so, wenn wir den ganzen Sinn der Menschen- und Weltenentwickelung in uns aufnehmen, daß wir schon fühlen: In einer Art kommen wir wiederum zu den Epochen zurück, die durchgemacht worden sind. In der ägyptisch-chaldäischen Zeit hat man gerechnet, wie es mit dem Menschen ist auf der Erde; man hat immerhin durch die Rechnung den Menschen in Zusammenhang gebracht mit der umliegenden Sternenwelt. Heute machen wir es historisch, indem wir vom Menschen ausgehen, und der Mensch uns der Ausgangspunkt wird für eine Betrachtung, wie Sie sie angestellt finden in meiner «Geheimwissenschaft», wo wir tatsächlich die belebten menschlichen Gedanken wiederum hinaussenden und achtgeben, wie sie werden, wenn wir sie in der kosmischen Umgebung als von uns wegeilend verfolgen, wenn wir lernen, mit den lebendigen Gedanken in den kosmischen Weiten zu leben.

Das sind Zusammenhänge, die da zeigen, welche tiefe Bedeutung es hat, daß der Mensch zu toten Gedanken gekommen ist, daß er sozusagen in die Gefahr gekommen ist, ganz mit der Erde sich zu verbinden ...

GA 192, Ausg. 1964, 29. 6. 1919, S. 231

... Der Mensch war lange entwickelungsfähig, dadurch konnte er die ausgebildeten Kräfte seines Alters dazu verwenden, sehend in Weltengebiete einzudringen, in die er heute gar nicht eindringen kann, wenn er in der gewöhnlichen Erziehungsmethode, in dem gewöhnlichen äußeren Leben verbleiben will, weil er nur bis zum siebenundzwanzigsten Jahr entwickelungsfähig ist, und dann dasjenige, was sich in ihm entwickelt hat, versulzen, verknöchern läßt. So daß eigentlich die Menschen in ihrer inneren Seele früher greisenhaft werden und fortvegetieren. Dasjenige, was da dem Menschen durch natürliche Kräfte genommen ist, deutlich genommen ist seit der Mitte des fünfzehnten Jahrhunderts, das muß er durch bewußtes Arbeiten an seiner Seele ersetzt bekommen.

Und wenn er es nicht ersetzt bekommt, kann der Mensch nur einem Zustand entgegeneilen, der immer wieder und wiederum sein späteres Leben verknöchert, vermechanisiert und so weiter. Das sind innere Gesetze der Entwickelung genau ebenso, wie die Entwickelungsgesetze in der äußeren Natur sind, nur scheut sich heute der Mensch, wirklich ein so starkes Denken und Erkennen zu entwickeln, daß er bis zu diesen inneren Gesetzen der Menschheitsentwickelung eindringt. Aber er muß eindringen, wenn nicht gewisse Dinge eintreten sollen in der Entwickelung der Menschheit, die sonst ganz gewiß eintreten werden ...

GA 275, Ausg. 1966, 2. 1. 1915, S. 127

... Zweifellos hat unsere Menschheit in unserer Epoche im ganzen etwas, was man nennen kann: sie ist alt geworden, sie hat nicht mehr im ganzen jene Jugendlichkeit, die sie in den mythischen Zeiten hatte. Die Geisteswissenschaft muß wieder ein Verjüngungstrank werden für die Menschen, so daß sie sich fühlen können ihr ganzes Leben hinduch als Schüler des Daseins ...

GA 193, Ausg. 1977, 4. 11. 1919, S. 200

... Wenn der Mensch ein gewisses Alter im physischen Leben erlangt hat, dann verfällt sein physischer Leib, und er klagt nicht, wenn er vernünftig ist, daß dieser physische Leib verfällt, sondern er weiß, daß er mit seiner Seele einem Leben entgegengeht, das nicht parallel etwa ist dem Verfall dieses physischen Leibes. In der Menschheit lebt etwas, was nicht zusammenhängt mit dem Verfall der physischen Erde, der schon eingetreten ist, sondern was gerade immer geistiger und geistiger wird dadurch, daß die Erde physisch in ihre Dekadenz kommt. Lernen wir es unbefangen sagen: Jawohl, die Erde ist in der Dekadenz, auch das Menschenleben in bezug auf seine physische Erscheinung. Aber fassen wir gerade dadurch die Kraft, dasjenige in unsere Zivilisation hereinzubekommen, was als Unsterbliches der ganzen Erdenentwickelung aus der Menschheit heraus weiterleben muß, wenn die Erde ihrem Untergange entgegengeht ...

GA 272, Ausg. 1967, 9. 9. 1916, S. 264

... Die noch nicht ganz vollendete, aber jetzt hereinbrechende Rückschau müssen wir uns vorstellen, jene Rückschau, die noch voll von der Sorge durchsetzt ist, durch welche Früchte aus dem erlebten Erdentag in die geistige Welt hineingetragen werden können. Und immer so: hinüber-herüber. Geistiges Erleben, aber weil er noch am Leibe haftet, auch physisches Erleben, so finden wir Faust. Die Sorge hält ihn noch am physischen Leibe. Bewußt soll er hineingehen in die geistige Welt, bewußt gemacht gerade von der lastenden Sorge. Daher wächst er auch so hinein in die geistige Welt, daß er, indem er schon die geistige Welt in seiner Seele trägt, noch immer glaubt, der physischen Welt befehlen zu können ...

GA 205, Ausg. 1967, 15. 7. 1921, S. 192/193

... Das normale Menschenwesen, das über die fünfziger Jahre alt wird, das hat eigentlich im Grunde genommen die wirklichen Gedankenkräfte, die aus dem früheren Leben mitgebracht werden, schon verloren und sich eben die Richtungskräfte des Willens bewahrt, die dann durch den Tod hinübergetragen werden in das Leben, das wir betreten, wenn wir durch des Todes Pforte gehen.

Man kann ja annehmen, daß jetzt in einem der Gedanke sitzt: Ja, wenn man also über fünfzig Jahre alt geworden ist, dann hat man sein Denken verloren! – In einem gewissen Sinne ist das sogar für die meisten Menschen, die sich heute für nichts Geistiges interessieren, durchaus der Fall. Ich möchte nur einmal, daß Sie wirklich darauf ausgehen, zu registrieren, wieviel ursprüngliche, originelle Gedankenkräfte durch diejenigen Menschen heute hervorgebracht werden, die über fünfzig Jahre alt geworden sind! Es sind in der Regel die automatisch sich fortbewegenden Gedanken der früheren Jahre, die sich im Leibe abgedrückt haben, und der Leib bewegt sich dann automatisch fort. Er ist ja ein Bild des Gedankenlebens, und der Mensch, der rollt so nach dem Gesetz der Trägheit, nicht wahr, in dem alten Gedankentrott weiter fort.

Man kann sich heute kaum vor diesem Fortlaufen im alten Gedankentrott anders bewahren, als daß man auch während des Lebens solche Gedanken aufnimmt, welche geistiger Natur sind, welche ähnlich sind den Gedankenkräften, in die wir versetzt waren vor unserer Geburt. So daß in der Tat immer mehr die Zeit heranrückt, wo die alten Leute bloße Automaten sein werden, wenn sie sich nicht bequemen, Gedankenkräfte aus der übersinnlichen Welt aufzunehmen. Natürlich, automatisch kann der Mensch sich weiter denkend betätigen, es kann so ausschauen, als ob er dächte. Aber es ist nur ein automatisches Fortbewegen der Organe, in die sich die Gedanken hineingelegt haben, hineinverwoben haben, wenn nicht der Mensch erfaßt wird von jenem jugendlichen Element, das da kommt, wenn wir Gedanken aus der Geisteswissenschaft aufnehmen. Dieses Aufnehmen von Gedanken aus der Geisteswissenschaft ist eben durchaus nicht irgendein Theoretisieren, sondern es greift schon ganz tief im menschlichen Leben ein . . .

GA 217, Ausg. 1964, 12. 10. 1922, S. 140/141

. . . Der Mensch muß durch seine eigene innere Anstrengung dahin kommen, das Geistige zu finden, während dieses früher, von Jahr zu Jahr, je älter man wurde, naturgemäß hervorsproß.
. . . Denn was man intellektualistisch kann im sechzigsten Lebensjahre, das kann man auch schon im neunzehnten. Der Intellektualismus ist eben eine Etappe, die einmal während der Bewußtseinsseelenzeit erreicht wird, aber keinen Fortschritt mehr erfährt im Sinne einer Vertiefung, sondern nur im Sinne der Übung. Der junge Mensch kann wohl sagen: Ich bin noch nicht so gescheit wie du, du kannst mich noch übertölpeln, – aber er wird nicht glauben, daß der andere auf dem Gebiete des Intellektualismus mehr vermag als er.

GA 196, Ausg. 1966, 16. 1. 1920, S. 70

. . . Wir werden nicht in dieser Weise alt. Wir trotten noch fort, wenn wir nicht uns geistig innerlich beleben, aber alt werden wir nicht. Denn alt werden hieß in alten Zeitaltern, zu gleicher Zeit durch dasjenige, was der Mensch leiblich-physisch heranentwikkelte, weiser werden. Die heutigen Menschen werden, indem sie alt werden, bloß alt, werden nicht weiser, sie werden Mumien. Sie werden weiser nur dann, wenn sie die Mumien mit irgend etwas innerlich ausfüllen. Die Ägypter mumifizierten ihre Toten. Die Gegenwartsmenschen haben gar nicht nötig, Mumien erst zu werden, denn sie wandeln schon als Mumien herum und sind nur dann keine Mumien, wenn erfaßt wird in lebendiger, unmittelbarer Gegenwart das Geistige; dann wird die Mumie belebt. Das aber ist für die Menschheit der Gegenwart notwendig, daß die Mumien belebt werden. Sonst haben wir weiter jene Weltenvereinigungen, in denen allerlei Töne aus mumifizierten Menschen kommen. Man nennt diese Vereinigungen «Parteien». Aber das, was von den mumifizierten Menschen gekommen ist, das wurde allmählich zu rein ahrimanischen Stimmen, und die haben die Katastrophe der letzten Jahre herbeigeführt. Das ist die Kehrseite der Sache, das ist das ganz Ernste der Sache. Wenn der Mensch von der Gegenwart an nicht anfängt, seine Mumie mit geistigem Inhalt zu erfüllen, so erfüllt sie sich durch die Einflüsterungen des Ahriman. Dann gehen die Menschenmumien herum, aber aus ihnen sprechen die ahrimanischen Dämonen. Die können nur verhindert werden, die Erde zu bevölkern, wenn die Menschen sich dazu entschließen, ihren lebendigen Zusammenhang mit der Geisteswelt zu suchen. Ja, die Sache hat ihre sehr, sehr ernste Seite. Geisteswissenschaft heute zu treiben, ist zu gleicher Zeit ein Austreiben des ahrimanischen Geistes aus der Menschheit, ist ein Verhindern dessen, daß die Menschheit von Ahrimanisch-Geistigem besessen werde.

GA 130, Ausg. 1962, 29. 1. 1912, S. 242–243

. . . Wenn du nur willst, wenn du nur deine starken innern Kräfte anwendest, dann kannst du deinen Charakter umgestalten. Man muß fühlen, empfinden lernen, daß in uns selber und in allem anderen ein Unsterbliches waltet. Der Anthroposoph wird dadurch ein Anthroposoph, daß er sein ganzes Leben lang aufnahmefähig bleibt, auch mit grauen Haaren. Und dieses Bewußtsein, daß man immer und immer fortschreiten kann, das wird unser ganzes jetziges Geistesleben umgestalten.

Durch den Materialismus werden die Menschen vorzeitig alt. Vor dreißig Jahren zum Beispiel, ja da haben die Kinder anders ausgeschaut als heute. Heute sieht man schon zehn-, zwölfjährige alte Leute, Kinder, die geradezu einen greisenhaften Eindruck machen, gibt es heute. Die Menschen sind so altklug geworden . . .

. . . Das ist ungeheuer wichtig, daß wir immer lernen können, immer jung bleiben können, unabhängig von unserem physischen Leibe. Und das ist die ungeheuer wichtige Aufgabe der anthroposophisch orientierten Theosophie: der Welt die Verjüngung zu bringen, die sie braucht. Wir müssen hinauskommen über das Banal-Sinnliche. Seelisches und Geistiges in der Praxis anzuerkennen, das muß das Ziel unseres Zweiglebens sein. Die Erkenntnis muß uns immer mehr durchdringen, daß wir von der Seele aus Herrscher werden können über das Äußere . . .

GA 224, Ausg. 1966, 28. 4. 1923, S. 119

. . . Um was es sich aber handelt, das ist, daß wir in würdiger Weise in die Nähe dieser drei Hierarchien kommen gerade im schlafenden Zustand; daß wir in würdiger Weise in die Nähe der Angeloi, Archangeloi und Archai kommen. Hier ist der Punkt, wo man insbesondere reden müßte zu den Menschen der Gegenwart, denn es hängt da sehr viel davon ab, wie das Denken während des Wachens sich gestaltet, wie wir in die Nähe der Angeloi kommen. Es hängt ab von der Art, wie der Mensch seine Sprachkräfte in würdiger Weise gebraucht, ob er in würdiger Weise in die Nähe der Archangeloi kommt. Von der Art, wie er in richtiger Weise seine Bewegungsfähigkeit und seinen moralischen Sinn gebraucht, hängt ab, ob er in würdiger Weise in die Nähe der Archai kommt . . .

GA 219, Ausg. 1966, 31. 12. 1922, S. 190–195

... Wir sehen gewissermaßen im Menschen nebeneinander Vergangenheit und Zukunft. Wenn wir in die Natur hineinschauen, insofern sie mineralisch und vegetabilisch ist, sehen wir bloße Vergangenheit. Dasjenige, was im Menschen schon in der Gegenwart als Zukunft wirkt, das gibt ihm gerade das Wesen der Freiheit. Dieses Wesen der Freiheit ist in der äußeren Natur nicht vorhanden. Wäre die äußere Natur dazu verurteilt, so zu bleiben, wie sie durch ihr mineralisches und pflanzliches Reich ist, so wäre sie auch dazu verurteilt, zu sterben, so wie der bloß physische und ätherische Organismus des Menschen stirbt im Weltenall. Der physische und der ätherische Organismus sterben, der Mensch stirbt nicht, weil die astralische Wesenheit und die Ich-Wesenheit in ihm nicht den Tod, sondern das Werden, das Entstehen in sich tragen.

Soll daher die äußere Natur nicht ersterben, dann muß ihr das gegeben werden, was der Mensch durch seinen astralischen und durch seinen Ich-Leib hat. Das heißt, da er durch seinen astralischen Leib und durch seinen Ich-Leib selbstbewußte Vorstellungen hat, so muß der Mensch, wenn er der sonst ersterbenden Erde die Zukunft sichern will, dasselbe in sie hineinstellen, was in ihm übersinnlich-unsichtbar ist. So wie er erwarten muß von dem, was in ihm übersinnlich und unsichtbar ist, die Wiederverkörperung in einem nächsten Erdendasein, dieses nicht erwarten kann von seinem absterbenden physischen und ätherischen Leibe, so kann auch nicht von dem, was mineralische und pflanzliche Erdkugel ist und als solche uns umgibt, eine Zukunft der Erde entstehen. Einzig und allein, wenn wir in diese Erde hineinzustellen vermögen etwas, was sie nicht hat, kann eine Zukunfterde entstehen. Aber das, was nicht von selbst auf der Erde vorhanden ist, das sind in erster Linie die wirksamen Gedanken des Menschen, die in seinem selbständigen, vom Gleichgewichtszustande in ihm unabhängigen Naturorganismus weben und leben. Verwirklicht er diese selbständigen Gedanken, dann gibt er der Erde Zukunft.

Aber dazu muß er sie erst selber haben, diese selbständigen Gedanken, denn alle Gedanken, die wir uns machen über das, was ersterbend in der gewöhnlichen Naturerkenntnis ist, sind Spiegelgedanken, sind keine Wirklichkeiten. Die Gedanken, die wir aufnehmen aus der Geistesforschung, werden belebt in Imagination, Inspiration, Intuition. Nehmen wir sie auf, dann sind sie selbständig im Erdenleben existierende Gebilde.

Von diesen schöpferischen Gedanken konnte ich einstmals in meinem kleinen Büchelchen über die Erkenntnistheorie der Goetheschen Weltanschauung sagen: Dieses Denken stellt dar die geistige Form des Kommunizierens der Menschheit. – Denn indem der Mensch sich überläßt seinen Spiegelgedanken über die äußere Natur, wiederholt er nur die Vergangenheit, lebt er in Leichnamen des Göttlichen. Indem er seine Gedanken selber belebt, verbindet er sich durch seine eigene Wesenheit, kommunizierend, die Kommunion empfangend, mit dem die Welt durchdringenden, ihre Zukunft sichernden Göttlich-Geistigen.

So ist spirituelle Erkenntnis eine wirkliche Kommunion, der Beginn eines der Menschheit der Gegenwart gemäßen kosmischen Kultus, der dann wachsen kann dadurch, daß der Mensch nun gewahr wird, wie er seinen physisch-mineralischen und seinen vegetabilischen Organismus mit seinem astralischen und Ich-Organismus durchzieht, wie er dadurch, daß er in sich selber den Geist lebendig macht, nun auch in das, was sonst als Totes, als Ersterbendes ihn umgibt, den Geist hineinbannt.

Da erlebt es dann der Mensch, daß, wenn er auf seinen in festem Zustand wirkenden Organismus hinsieht, er sich in diesem verbunden fühlt mit der Sternenwelt, insofern sie ruhendes Wesen ist. Insofern die Sternenwelt ruhendes Wesen ist, zum Beispiel sich in den Bildern des Tierkreises ruhig im Weltenraum zur Erde verhält, insofern ist der Mensch zusammenhängend mit seinem physischen Organismus mit diesen Formgebilden des Weltenraumes. Aber indem er in sie, in diese Formgebilde, einströmen läßt sein Geistig-Seelisches, wandelt er selber die Welt.

Ebenso ist der Mensch durchzogen von seinem Säftestrom. Im

Säftestrom lebt schon der ätherische Organismus. Dasjenige, was das Blut in uns kreisen läßt, was die andern Säfte in uns in Bewegung bringt, ist der ätherische Organismus. Mit diesem ätherischen Organismus steht der Mensch nun in Verbindung, ich möchte sagen, mit den Sternentaten, mit der Bewegung der Planeten. Geradeso wie die ruhenden Bilder des Fixsternhimmels auf die in sich fixe Form des menschlichen Organismus wirken oder mit ihr in Beziehung stehen, so mit dem Säftestrom die Planetenbewegungen des Planetensystems, zu dem wir gehören.

Aber so, wie es im unmittelbaren Anblicke ist, ist das eine tote Welt. Der Mensch wandelt sie von seinem eigenen Geistigen aus, wenn er von seinem Geistigen der Welt mitteilt, indem er die Gedanken belebt zur Imagination, Inspiration, Intuition, indem er die geistige Kommunion der Menschheit vollführt.

Davon muß der Mensch zuerst ein Bewußtsein haben. Dieses Bewußtsein muß immer lebendiger und immer reger erhalten werden, dann findet der Mensch immer mehr und mehr den Weg zu dieser geistigen Kommunion.

VII. DAS LEBEN MIT DEN VERSTORBENEN

«Kinder verlieren wir nicht und ältere Leute verlieren uns nicht.»

Der Mensch kann im Irdischen durch die immer dichter werdende Leiblichkeit nicht alle Impulse für seine Entwicklung ausleben und versucht sie nach seinem Tode, aus dem nachtodlichen Bereich in das Erdenleben einfließen zu lassen. Dies wird natürliche Erfahrung für viele alternde, also in der Exkarnationsphase befindliche Menschen.

Die Verstorbenen prägen aktiv die Erdenentwicklung. Wir sollten ihre Sprache verstehen lernen.

Die Menschheit hat unbewußt die Schwelle überschritten, sie muß diese Tatsache in das Bewußtsein heben.

Die jung verstorbenen Kinder bleiben bei uns; die altverstorbenen Menschen verlieren uns nicht.

GA 182, Ausg. 1969, 10. 2. 1918, S. 52–53

... Ob junge Kinder dahinsterben, die uns gerne gehabt haben, oder ob uns als jüngeren Leuten ältere dahinsterben, ist ein großer Unterschied. Wenn man nach den Erfahrungen mit der geistigen Welt diesen Unterschied charakterisieren will, so könnte man es etwa in der folgenden Weise tun. Wenn junge Kinder dahinsterben, so ist das Geheimnis des Zusammenseins mit den Kindern, die gestorben sind, dadurch auszusprechen, daß man sagt: Geistig betrachtet verliert man eigentlich diese Kinder nicht. Sie bleiben geistig da. Kinder, die früh im Leben sterben, sind eigentlich wirklich in hohem Grade immer geistig unmittelbar da. – Wir werden gleich näher auf die Sache noch eingehen. Ich möchte als

Meditationssatz vor Ihre Seele hinstellen, den man weiter durchdenken kann, daß Kinder, wenn sie uns hinsterben, für uns nicht verloren sind; wir verlieren sie nicht, sie bleiben geistig immer da. Und bei älteren Leuten, die hinsterben, kann man das Umgekehrte sagen. Da kann man sagen: Sie verlieren uns nicht. Kinder verlieren wir nicht und ältere Leute verlieren uns nicht. Ältere Leute, wenn sie hinsterben, haben nämlich eine große Anziehungskraft zu der geistigen Welt, aber sie haben dadurch auch die Macht, so hineinzuwirken in die physische Welt, daß sie an uns leichter herankommen. Sie entfernen sich zwar viel mehr als die Kinder, die bei uns bleiben, von der physischen Welt, aber sie sind mit höheren Wahrnehmungsfähigkeiten ausgestattet als die Leute, die jünger sterben. Sie behalten uns. Wenn man mit verschiedenen Seelen in der geistigen Welt bekannt wird, ob sie jung oder alt gestorben sind: die älter Gestorbenen, die leben dadurch, daß sie die Kraft haben, in Erdenseelen leichter einzudringen, die verlieren die Erdenseelen nicht; und die Kinder, die verlieren wir nicht, die bleiben mehr oder weniger in der Sphäre des Erdenmenschen ...

... Aber man unterscheidet mit Bezug auf den Schmerz nicht danach, ob man diesen Schmerz über den Hingang jung Verstorbener oder den Hingang älterer Menschen hat. Und dennoch, geistig angesehen ist da ein großer, großer Unterschied. Man kann sagen: Derjenige, der hier als Hinterbliebener ist, hat mit Bezug auf Kinder, die ihm hinweggestorben sind, seien es seine eigenen oder solche, die er sonst geliebt hat, er hat, wenn ich es technisch sozusagen ausdrücken darf, einen gewissen Mitgefühlsschmerz. – Kinder bleiben eigentlich bei uns, und dadurch, daß wir mit ihnen verbunden waren, bleiben sie uns so nahe, übertragen sie ihren Schmerz auf unsere Seelen, und wir fühlen ihren Schmerz, daß sie noch gerne da wären. Dadurch wird ihnen der Schmerz leichter, daß wir ihn mittragen. Eigentlich fühlt das Kind in uns. Es ist gut, wenn es mit uns fühlen kann; dadurch wird ihm sein Schmerz erleichtert. Dagegen kann man den Schmerz, den wir empfinden, wenn ältere Menschen dahinsterben, seien es die Eltern oder auch

Freunde, einen egoistischen Schmerz nennen. Der älter Gestorbene, der verliert uns nicht, er hat daher auch nicht das Gefühl, das der jung Verstorbene hat. Er behält uns, er verliert uns nicht. Wir hier im Leibe, wir haben das Gefühl, daß wir ihn verloren haben; daher geht der Schmerz nur uns an. Es ist ein egoistischer Schmerz. Wir fühlen nicht sein Gefühl wie bei den Kindern, sondern fühlen den Schmerz für uns.

GA 181, Ausg. 1967, 5. 2. 1918, S. 61–65

...Man sagt: Ein Kind, einen jugendlichen Menschen hat man in Wirklichkeit gar nicht verloren; sie bleiben eigentlich da. – Und sie bleiben vor allem aus dem Grunde da, weil sie nach dem Tode ein lebendiges Bedürfnis darnach zeigen, in unser Aufwachen hineinzuwirken, in unser Aufwachen hinein Botschaften zu senden. Es ist schon sehr merkwürdig, aber es ist so, daß mit alledem, was mit dem Aufwachen zusammenhängt, das jugendlich verstorbene Menschenkind außerordentlich viel zu tun hat. Dem hellsichtigen Bewußtsein wird es ganz besonders interessant, wie es eigentlich jugendlich früh verstorbenen Seelen zu danken ist, wenn die Menschen im äußeren physischen Leben eine gewisse Frömmigkeit, eine gewisse Neigung zur Frommheit empfinden. Denn das sagen ihnen die früh verstorbenen Seelen. Ungeheuer viel wird mit Bezug auf Frömmigkeit gewirkt durch die Botschaften der früh verstorbenen Seelen.

...

...Es ist nur vergleichweise gesprochen, wenn ich mich vergleichsweise ausdrücken darf. Die älter verstorbenen Seelen ziehen uns mehr zu sich hin, während die jugendlich Verstorbenen sich mehr zu uns hinziehen. Daher haben wir selbst im Momente des Einschlafens viel an die älteren verstorbenen Seelen zu sagen, und wir können ein Band zur geistigen Welt besonders dadurch weben, daß wir uns geeignet machen, uns an die älteren verstorbenen Seelen im Momente des Einschlafens zu richten. Mit Bezug auf diese Dinge kann der Mensch wirklich einiges tun.

...

Vom Umgang mit den Verstorbenen

GA 181, Ausg. 1967, 5. 2. 1918, S. 64/65

...er verliert uns nicht, wenn wir versuchen, uns geeignet zu machen, um mit ihm zusammenzukommen. Daher können wir dem älteren Toten gegenüber das Andenken mehr individuell gestalten, mehr in Gedanken tragen, können in Gedanken vereint bleiben mit dem, was wir in Gedanken mit ihm gepflogen haben, wenn wir versuchen, nicht als ein unbequemer Genosse uns zu benehmen...

...Unsere Zeit muß übergehen in eine spirituellere Zeit. Sie muß wissen, was aus dem Reiche der Toten kommt, muß wissen, daß wir hier von den Toten so umgeben sind, wie von der Luft. Es wird in Zukunft einfach eine reale Empfindung sein: Wenn jemand älter hinweggestorben ist, darfst du ihm nicht zum Alp werden; du wirst ihm aber zum Alp, wenn du Gedanken in dir trägst, die er nicht in sich aufnehmen kann. Bedenken Sie, wie sich das Leben bereichern kann, wenn wir dies in uns aufnehmen...

...Es ist zum Beispiel nicht gleichgültig für das Leben, ob einem jugendlichen Menschen oder einem älteren eine richtige Totenfeier gehalten wird. Denn diese Dinge, ob eine richtige oder eine falsche Totenfeier einem Verstorbenen gehalten wird, das heißt eine Feier, die nicht aus dem Bewußtsein heraus kommt, was ein jugendlich verstorbener Mensch ist und was ein älter verstorbener – diese Tatsache, ob eine Totenfeier richtig oder unrichtig gemacht wird, ist für das Zusammenleben der Menschen viel wichtiger als ein Gemeinderatsbeschluß oder ein Parlamentsbeschluß, so sonderbar es klingt...

GA 181, 5. 3. 1918, S. 69/70

Wenn wir nach den Gründen fragen, warum der Mensch heute das Verhältnis seiner Seele zur geistigen Welt, das selbstverständlich in derselben Stärke vorhanden ist wie nur je, wenn auch in anderer Art, sich nicht zum Bewußtsein bringen kann, so rührt das davon her, daß wir bereits die Mitte der Erdenentwickelung überschritten haben, uns gewissermaßen in der absteigenden Entwickelungsströmung des Erdendaseins befinden...

...Es geht so weit, daß der Mensch in der Gegenwart im allgemeinen nicht in der Lage ist, alles das wirklich durchzudenken, durchzuempfinden, durchzufühlen, was in ihm eigentlich gedacht, empfunden, gefühlt werden könnte. Der Mensch ist heute zu viel intensiveren Gedanken, zu viel intensiveren Gefühlen und Empfindungen veranlagt, als er sie haben kann durch die, ich möchte sagen, grobe Stofflichkeit seines Organismus. Das hat eine gewisse Folge, die Folge nämlich, daß wir in der gegenwärtigen Zeit der Menschheitsentwickelung nicht in der Lage sind, mit der völligen Ausbildung unserer Anlagen in unserem Erdenleben fertig zu werden. Darauf hat im Grunde genommen wenig Einfluß, ob wir in jungen Jahren sterben oder als alte Leute. Für jung und alt Sterbende gilt es, daß der Mensch heute, vermöge der Grobstofflichkeit seines Organismus, nicht voll ausleben kann, was er ausleben würde, wenn er eben feiner, intimer in bezug auf seinen Leib organisiert wäre. Und so bleibt – ob wir, wie gesagt, jung oder alt durch des Todes Pforte gehen – während unserer Erdenorganisation ein gewisser Rest unverarbeiteter Gedanken, unverarbeiteter Empfindungen und Gefühle, die wir aus dem angegebenen Grunde eben wirklich nicht verarbeiten können. Wir sterben heute alle gewissermaßen so, daß wir Gedanken, Gefühle und Empfindungen unverarbeitet lassen. Diese Gedanken, Gefühle und Empfindungen – und immer wieder muß ich betonen, ob wir jung oder alt sterben, es kommt auf dasselbe hinaus – sind unverarbeitet da, und wir haben, wenn wir durch die Pforte des Todes gegangen sind, eigentlich alle noch den Drang, weiter im Irdischen zu denken, weiter im Irdischen zu fühlen, weiter im Irdischen zu empfinden...

GA 154, Ausg. 1973, 26. 5. 1914, S. 115

...In dem geschilderten Fall ergab sich auf diesem Wege, daß das fremde Fühlen und Wollen, das befruchtend in die eigene Gedankenwelt einfloß, herrührte von einer Persönlichkeit, die mir gut bekannt war, und die vor etwas mehr als einem Jahr aus unserem Freundeskreis durch den Tod abgegangen ist. Und ich lernte erkennen, daß diese Persönlichkeit, die in verhältnismäßig jugendlichem Alter, in der Blüte der mittleren Lebensjahre verstorben ist, unverbrauchte Lebenskraft mit hinübergenommen hat in die geistigen Welten; und aus der Intensität der unverbrauchten Lebenskräfte rührte das Fühlen und Wollen her, das zusammensein konnte mit dem eigenen Fühlen und Wollen. Wir stellen uns vor, daß ein Mensch bis zu einem gewissen hohen Alter leben kann; er verbraucht bis zu diesem hohen Alter seine Lebenskraft. Stirbt er in verhältnismäßig jugendlichem Alter, so bleibt ihm die Kraft, die er hätte haben können, um ein höheres Lebensalter zu erreichen, gewissermaßen unverbraucht, und er kann sie von der geistigen Welt aus anwenden. In dem geschilderten Fall war es die durch einen frühen Tod unverbrauchte Lebenskraft, die durch das Verhältnis, in dem der Lebende zu dem Toten stand, die Möglichkeit herbeiführen konnte, daß der Lebende in die Lage kam, ein Problem zu lösen, zu dem er brauchte die Kraft des Toten, die Verbindung mit diesem Wesen, das ein Mensch war bis vor einem Jahr und dann durch den Tod in die geistige Welt eingegangen ist...

GA 182, Ausg. 1969, 30. 6. 1918, S. 105

...Es ist eigentlich schon seit der Mitte der atlantischen Zeit der Mensch im Niedergang in bezug auf seinen Leib, und in unserem Zeitalter wird es besonders stark, daß der Leib nicht mehr das widerspiegeln kann, was der Mensch eigentlich dem Geiste nach ist. So kommt es geradezu ungemein häufig in unserem Zeitalter vor, daß wir, wenn wir sterben – ich möchte es so nennen –, noch nicht fertig sind mit unserer Entwickelung. Wenn man das nur richtig begreifen würde! Wir entwickeln uns das ganze Leben hindurch, aber bewußt kann uns diese Entwickelung nur werden dem Teile nach, den der Körper widerspiegelt. Wir sind zuweilen als Menschen, wenn wir sterben, schon so weise – nur ist unser im

Niedergang begriffener Leib nicht fähig, diese Dinge für uns selber herauszubringen – daß wir noch sehr wichtige Dienste der Erde leisten könnten, nicht bloß dem geistigen Gebiete, sondern der Erde durch unsere Erkenntnisse große Dienste leisten könnten, wenn man sie anwenden könnte. Diese Dienste könnten dann angewendet werden, wenn die Menschen, so wie ich es angedeutet habe, Verhältnisse zu den Toten herstellen würden. Die Toten wollen noch hereinwirken in das physische Leben, aber sie können es nur auf dem Umwege durch Menschenseelen, wenn Menschenseelen sich in der entsprechenden Weise ihnen hingeben.

Ich habe wohl schon einmal hier erwähnt, daß ich gerade über diesen Punkt auch wirklich das persönlich Naheliegende aussprechen kann: Ich habe nie geglaubt, daß ich nur literar-historisch oder historisch dasjenige auf Weltanschauungsgebieten verarbeite, was an *Goethe* anknüpft, sondern ich war immer der Meinung, daß ich nicht nur mit dem Goethe vom Jahre 1832 es zu tun habe, sondern mit dem Goethe vom Ende des 19., Anfang des 20. Jahrhunderts: mit dem lebendigen Goethe. Mit dem Goethe, der 1832 vieles hinausgetragen hat aus der physischen Welt, was aber noch hereinwirken kann, wenn man es nur auffassen will. Daher ist das, was ich geschrieben habe, nicht bloß literar-historische Forschung gewesen, sondern Mitteilung dessen, was er mir gesagt hat. Unsere sogenannte Zeitkultur, unsere Zeitbildung wirkt aber radikal dem entgegen, was ich jetzt eben ausgeführt habe.

... Denken Sie nur einmal, wie geändert würde unser soziales Zusammenleben durch moralische Impulse, wenn wir wiederum wüßten: Das ganze Leben läßt den Menschen in Entwickelung sein – wie sich die Jungen zu den Alten verhalten würden, wenn dies tief eingewurzelt wäre in den Menschenseelen! Denken Sie, was es für ein anderes Bewußtsein gibt, wenn man sich immer wieder und wiederum sagt: Jetzt bin ich eben ein junger Dachs von dreißig, fünfunddreißig Jahren, aber ich werde auch einmal älter werden, und das Älterwerden bedeutet für mich eine Hoffnung, eine Erwartung: es wird etwas herankommen, wenn ich älter werde, was nicht herankommen kann, solange ich jung bin. –

Denken Sie, mit wieviel Lebensfreudigkeit und Lebenskraft der Mensch lebt, wenn er dieses Bewußtsein durch sein ganzes Leben bis zum Tode hat und noch vor dem Tode sich sagt: Ja, ich kann gar nicht so weit kommen, alles das, was mir das Leben bietet, hineinzuspiegeln in mein Bewußtsein, ich werde etwas durch den Tod tragen; dann werden die Menschen kommen, die glauben an die Toten und lassen die Toten Mitberater sein...

Das Leben mit den Verstorbenen

GA 174a, Ausg. 1971, 14. 2. 1918, S. 213–216

...Und der Verkehr des Menschen mit den Toten ist da, und er ist insbesondere rege im Moment des Einschlafens und des Aufwachens. Im Grunde genommen stellt jeder Mensch im Momente des Einschlafens unzählige Fragen und gibt unzählige Mitteilungen an geliebte Tote und empfängt Kundschaften und Antworten im Momente des Aufwachens von den Toten. Man kann aber in einer gewissen Weise, ich möchte sagen, kultivieren diesen Verkehr mit den Toten. Mancherlei Arten, den Verkehr mit den Toten zu kultivieren, haben wir ja öfter besprochen, aber wir wollen noch das Folgende heute sagen...

...Derjenige, welcher sich nicht einzig und allein in sinnlich-egoistischer Weise in das Leben hineinstellt, wird ja schon aus einem gesunden Empfinden heraus das Bedürfnis haben, den Verkehr nicht zu unterbrechen, den das Karma ihm gebracht hat mit gewissen Persönlichkeiten, die nun durch die Pforte des Todes vor kurzer oder vor längerer Zeit gegangen sind, und er wird wohl seine Gedanken öfter verbinden mit solchen hingegangenen Persönlichkeiten. Es kann durchaus sein, daß solche Gedanken, die wir anknüpfen an die Vorstellung dahingegangener Persönlichkeiten, einen richtigen Verkehr mit den Toten ergeben, auch wenn wir sie nicht kennen, auch wenn wir nicht achten können auf das, was im Momente des Einschlafens vor sich geht. Aber gewisse Gedanken sind günstiger für einen solchen Verkehr, andere Gedanken sind ungünstiger. Abstrakte Gedanken, Gedanken, die wir in einer gewissen Gleichgültigkeit, vielleicht gar nur aus Pflichtgefühl hegen, die sind wenig geeignet, im Momente des Einschlafens zu dem Toten hinüberzugehen. Dagegen Gedanken, Vorstellungen, welche hervorgehen aus dem Erfühlen eines besonderen Interesses, das uns vereinigt hat im Leben mit dem Toten, diese Gedanken sind geeignet, zum Toten hinüberzugehen. Erinnern wir uns an den Toten so, daß wir nicht bloß mit abstrakten Gedanken, mit kalten Vorstellungen an ihn denken, sondern einen Moment in unsere Seele rufen, wo wir an seiner Seite warm geworden sind, wo uns das, was er sagte, nicht nur Mitteilung war, sondern etwas Liebes war, erinnern wir uns eben derjenigen Momente, die wir mit dem Toten verbracht haben in einer Gefühlsgemeinschaft, in einer Gemeinschaft auch der Willensimpulse, erinnern wir uns solcher Momente, wo wir mit dem Toten zusammen dies oder jenes unternommen, beschlossen haben, was uns beiden wert ist, was uns beide geführt hat zu einer gemeinsamen Handlung, kurz, an irgend etwas, was die Herzen zusammenklingen ließ, machen wir dieses Zusammenklingen der Herzen lebendig, dann färbt das den Gedanken an den Toten so, daß der Gedanke zu ihm hinüberströmt im Momente des nächsten Einschlafens. Ob man diesen Gedanken um neun Uhr, um zwölf Uhr, um zwei Uhr hat, der ganze Tag kann uns irgendwelche Zeit geben, um diesen Gedanken zu haben, er bleibt und geht im Momente des Einschlafens zum Toten.

Im Momente des Aufwachens können wir von dem Toten wieder Antwort, Mitteilung, Botschaften bekommen. Das braucht nicht gerade im Moment des Aufwachens, wenn man nicht darauf achten kann, an unsere Seele heranzutreten, sondern es kann im Laufe des Tages irgendwie aus unserer Seele heraufkommen in Form irgendeines Einfalles, wie wir glauben, wenn wir überhaupt an solche Dinge glauben. Aber auch da wiederum ist einiges günstiger, einiges ungünstiger. Unter gewissen Verhältnissen finden die Toten eher den Zugang zu unserer Seele, um uns dieses oder jenes in unsere Seele hereinzusprechen, so daß es in unserer Seele selbst spricht; in anderen Fällen sind die Verhältnisse für so etwas ungünstiger. Günstiger sind insbesondere die Verhältnisse, wenn wir eine gute, treffsichere Vorstellung von dem Wesen der Toten uns angeeignet haben, wenn wir so starkes Interesse an dem Wesen der Toten haben, daß uns dieses Wesen vor dem geistigen Auge wirklich gestanden hat. Sie werden sich fragen: Warum sagt er denn das eigentlich? Wenn einem jemand nahegestanden hat, so hat man doch eine Vorstellung von seinem Wesen! – Das glaube ich gar nicht, meine lieben Freunde, insbesondere nicht in unserer Zeit. In unserer Zeit gehen die Menschen aneinander vorüber und kennen einander sehr, sehr wenig. Das entfremdet einen vielleicht gar nicht für hier, für die physische Welt; das entfremdet einen aber gar sehr für die Welt, die der Tote durchlebt. Sehen Sie, für hier, für die physische Welt, sind zahlreiche unbewußte oder unterbewußte Kräfte und Impulse, welche die Menschen einander nahebringen, auch wenn sie sich nicht kennenlernen wollen. Es soll ja vorkommen im Leben, wie vielleicht manche von Ihnen schon gelesen haben, daß man schon Jahrzehnte verheiratet sein kann und sich sehr wenig wirklich kennenlernt. Aber da gibt es eben andere Impulse, die nicht auf der gegenseitigen Erkenntnis beruhen, welche die Menschen zusammenführen. Das Leben ist ja überall durchsetzt von unterbewußten und unbewußten Impulsen. Aber wie gesagt, diese unterbewußten Impulse, sie binden uns hier, sie binden uns nicht mit den Wesen zusammen, die durch den Tod uns vorangegangen sind. Da ist es schon notwendig, daß wir wirklich etwas in die Seele aufnehmen, wodurch das Wesen des anderen lebendig in uns lebt. Und je lebendiger es in uns lebt, desto leichter hat es zu unserer Seele den Zugang, desto leichter kann es sich mit uns verständigen.

Das ist es, was ich Ihnen charakterisieren möchte über den fortdauernden, immer und immer vorkommenden Verkehr der sogenannten Lebenden mit den sogenannten Toten.

Jeder von uns verkehrt fortwährend mit den sogenannten Toten, und daß es nicht gewußt wird, kommt nur daher, weil man nicht in genügender Weise beachten kann den Moment des Einschlafens, den Moment des Aufwachens. Ich sagte dieses, um

Ihnen konkreter dieses Zusammensein mit der übersinnlichen Welt, in der die Toten sind, zu gestalten...

VIII. JUGENDEINDRÜCKE WERDEN ALTERSFRUCHT

Negative und positive Jugendeindrücke bestimmen mit das Altersleben

GA 84, Ausg. 1961, 29. 9. 1923, S. 258–260

...Aber es ist eine Wahrheit, daß dasjenige, was unter Umständen an einem Menschen sich offenbart, sagen wir, im zartesten Kindesalter, in einer besonderen Gestalt erst im höchsten Alter, nachdem es lange im Inneren des Menschen verborgen geblieben ist, sich entweder als gesundend oder krankmachend offenbart. Wir haben als Erzieher nicht nur das unmittelbare kindliche Alter in der Hand, wir haben als Erzieher das ganze menschliche Erdenleben in der Hand...

...Es wirkt das, was sich die Seele da im Kindesalter angeeignet hat, hinunter in die Tiefen der Seele, äußert sich erst im hohen Alter und wird dann zu etwas wie Segen ausstrahlender Kraft.

GA 304a, Ausg. 1979, 19. 11. 1923, S. 124

...Und derjenige, der als Erzieher oder Unterrichter nur im Auge hat das Kind in seiner gegenwärtigen leiblichen und geistigen Konstitution, der sich seine Erziehungskunst nur bildet nach dieser gegenwärtigen Organisation des Kindes, der vermag dann nicht in sachkundiger Weise so zu wirken, daß das, was er veranlagt, in gesunder, den Menschen tüchtig machender, den Menschen in sich harmonisch machender Weise im späteren Alter zum Ausdruck kommt...

GA 218, Ausg. 1976, 19. 11. 1922, S. 230

...Denn das, was sich da nicht nur seinem Geist und seiner Seele, sondern auch seinem Leibe einpflanzt, wie sich innerlich die

Organe verstärken, das bleibt als eine Konstitution das ganze Leben hindurch. Wie ich mich neben einem Kinde von vier Jahren benehme, daran hat das Kind bis in sein sechzigstes Jahr hinauf in seinem Leben zu tragen; so daß es mein Verhalten neben ihm im spätesten Lebensalter als sein Schicksal empfindet...

GA 304a, Ausg. 1979, 14. 11. 1923, S. 117

...dann treten für den Menschen – zum Beispiel für etwas, was man mit acht oder neun Jahren auf die Autorität des geliebten Lehrers oder der Lehrerin hin aufgenommen hat – im späteren Leben, vielleicht im fünfundvierzigsten oder fünfzigsten Jahre diejenigen Augenblicke ein, wo dann aus einem gereiften Leben heraus das wieder auftaucht, was man damals in der Jugend aufgenommen hatte. Es hat durch Jahrzehnte unten in der Seele geschlummert, jetzt taucht es wieder herauf, und man tritt ihm mit der gereiften Erfahrung gegenüber. Und das bedeutet dann etwas ungeheuer Fruchtendes: es ist die Erregung von inneren Lebenskräften...

GA 218, Ausg. 1976, 19. 11. 1922, S. 226

...Aber so ist es auch mit dem ätherischen Zeitorganismus, der ganz besonders regsam ist im frühesten Kindesalter des Menschen, der aber in Beweglichkeit ist durch das ganze Leben hindurch, und in dem die Kräfte sind, die zum Beispiel in der folgenden Art wirken: Man nehme an, jemand hat als fünfunddreißigjähriger Mensch die Möglichkeit, einer neuen Lebenssituation entgegenzutreten; wenn er nun dieser Lebenssituation gewachsen ist, so daß er in die Lage kommt, das Richtige zu tun in dieser Lebenssituation, so kann er sich bewußt werden, daß er einmal vielleicht als zwölfjähriges, als achtjähriges Kind, das Wichtigste von dem gelernt hat, was ihm die Möglichkeit bietet, jetzt sich schnell in diese Situation hineinzufinden. Und eine gewisse Freude strahlt aus im fünfunddreißigsten Jahre von dem, was im achten oder im zwölften Jahre durch den Erzieher, durch den Lehrer an das Kind herangetreten ist, weil das, was im achten oder zehnten Jahre im menschlichen Ätherleib vor sich geht durch den Erzieher, durch den Unterricht, geradeso wirkt wie ein Organ, das weit vom Kopfe abliegt, auf die Gesundung des Kopfes wirkt, wenn wir es heilen. So wirkt das im sechsten oder zwölften Jahre Erlebte im fünfunddreißigsten Jahre und später nach und erzeugt eine freudige Stimmung oder eine Depression. Die ganze Lebensverfassung des Menschen noch im spätesten Erwachsenenzustande ist abhängig von dem, was der Erzieher in dem Ätherleibe des Menschen ausbildet, wie das eine Organ des menschlichen Raumesleibes abhängig ist von dem anderen...

GA 304a, Ausg. 1979, 29.8.1924, S. 152

...So hängen die einzelnen Lebensalter des Menschen zusammen. Wer das Kind erziehen will, erzieht zu gleicher Zeit den Greis, das heißt, er macht dem Greis moralisch dies oder jenes möglich...

GA 304a, Ausg. 1979, 26.3.1923, S. 47

...Bildlich darf man durchaus sagen: die Hände, die beten gelernt haben als Kind, die haben in einem späteren Lebensalter die Gabe, sich auszustrecken zum Segnen. Das ist symbolisch bildlich gesprochen, aber es entspricht das der Tatsache, wie die im kindlichen Lebensalter gelegten Keime in das ganze spätere Leben hineinwirken...

GA 307, Ausg. 1973, 17.8.1923, S. 233

...Das kann man aber nur erreichen, wenn man nicht in einem zu frühen Alter mit einem Ideeninhalt des Religiösen und Moralischen kommt, sondern wenn man in dem entsprechenden Alter eben nur auf Empfindung und Gefühl wirkt. Kommt man mit dem Ideeninhalt vor dem zwölften, vor dem vierzehnten Lebensjahre, dann erzieht man Skeptiker, dann erzieht man solche Menschen, die später, statt der gesunden Einsicht gegenüber den anerzogenen Dogmen, Skepsis, zunächst die Skepsis des Gedankens – die macht noch das allerwenigste –, dann aber die Skepsis des

Gefühles entwickeln, dadurch wird man ein schlecht fühlender Mensch. Und zuletzt die Skepsis des Willens, dadurch irrt man wirklich moralisch ab...

GA 307, Ausg. 1973, 13. 8. 1923, S. 166

...Das Schlimmste, was wir dem Kinde beibringen können, sind Definitionen, sind scharf konturierte Begriffe, denn die wachsen nicht; der Mensch aber wächst mit seinem organischen Wesen. Das Kind muß bewegliche Begriffe haben, die, wenn das Kind reifer und reifer wird, ihre Form fortwährend ändern. Wir dürfen uns nicht, wenn wir vierzig Jahre alt geworden sind, bei irgendeinem Begriff, der auftaucht, an das erinnern müssen, was wir mit zehn Jahren gelernt haben, sondern der Begriff muß sich in uns verändert haben, so wie unsere Glieder, unser ganzer Organismus sich organisch auch verändert haben...

GA 182, Ausg. 1969, 29. 4. 1918, S. 72–74

...Die Menschen berücksichtigen heute gar nicht, wie es eigentlich in früheren Zeiten war. Geschichte ist ja wirklich eine Art Fable convenue, aber das soll uns heute nicht beschäftigen. Man war in früheren Zeiten anders erzogen. Man nahm bei der früheren Erziehung doch viel mehr Rücksicht auf das Leben des Gemütes. Dieses rein intellektuelle Leben, das ist eigentlich erst in den letzten vier bis fünf Jahrhunderten heraufgekommen. Dabei wird nicht berücksichtigt, daß der Mensch ein mehrteiliges Wesen ist. Der Intellekt ist sehr bildungsfähig beim Menschen; er kann sich sehr entwickeln, aber er ist leider nicht das ganze Menschenleben hindurch entwickelungsfähig, und insbesondere in unserem heutigen Zeitenzyklus nicht. Er ist an das Haupt des Menschen gebunden, und das Haupt bleibt nur entwickelungsfähig höchstens bis zum achtundzwanzigsten Lebensjahr. Der Mensch hat nötig, dreimal so lange sein Leben auf der Erde zu fristen, als sein Haupt entwickelungsfähig ist. Gewiß, wir sind in unserer Jugend intellektuell entwickelungsfähig, aber wir bleiben es nur bis ungefähr zum achtundzwanzigsten Jahr. Unser übriger Organismus bleibt das ganze übrige Leben hindurch entwickelungsfähig; er verlangt auch das ganze Leben hindurch von uns etwas. Das, was man heute den Menschen gibt, ist nur Kopfwissen, ist kein Herzenswissen. Ich nenne Herzenswissen dasjenige, was zum ganzen Organismus spricht, Kopfwissen dasjenige, was nur intellektuell ist und nur zum Kopfe spricht. Nun muß der Kopf mit dem Herzen in einer fortwährenden Wechselbeziehung auch moralisch, auch seelisch stehen. Das kann heute nicht stattfinden, weil wir unseren Kindern so wenig für das Herz, sozusagen für den ganzen übrigen Organismus geben, und nur etwas für den Kopf geben. Der Mensch wird fünfunddreißig Jahre alt. Jetzt hat er höchstens ein Kopfwissen; wenn es hoch kommt, hat er die Erinnerung an das Kopfwissen, das er aufnimmt. Er erinnert sich rein intellektuell an das, was er sich angeeignet hat. Aber fragen Sie, ob der heutige Unterricht in der Lage ist, das zu erreichen, daß man sich später im Leben nicht nur gedächtnismäßig an das erinnert, was man gelernt hat, sondern daß man sich mit dem Gefühl liebevoll zurückversetzt in dasjenige, was man in der Jugend aufgenommen hat; daß man wirklich noch etwas hat von dem, was einem da beigebracht worden ist, so daß man es neu auffrischen kann. Das muß aber das Ideal werden der Geisteswissenschaft in der Erziehung, daß man sich nicht nur zurückerinnert. Nun, heute tut man nicht einmal das. Man hat sein Examen gemacht und vergißt dann, was man geochst hat. Aber nehmen wir den Fall, die Leute erinnern sich zurück: Ist denn das, was die Menschen durch die Schule gehabt haben, ein Paradies, in das man sich gern zurückversetzt? Versetzen Sie sich so zurück, daß Sie sagen: Indem ich zurückdenke, strahlt mir der Lebensmorgen herein, und indem ich jetzt älter geworden bin, verwandelt sich das durch das Altwerden in mir in ein Neues; es ist mir eben so angeeignet worden, daß ich es umwandeln kann, ich erinnere mich nicht nur daran, ich wandele es um, es wird mir neu...

...Lebensvoll wird der Seeleninhalt der Menschen werden, wenn die geisteswissenschaftlichen Grundsätze unsere ganze Erziehung, unsere ganze Geisteskultur erneuern. Und immer seltener und seltener werden dann die Wirkungen des frühen Alterns in der Menschheit werden. Wer die Menschheitsentwickelung verfolgt, der weiß: So alt sind vor dem 15. Jahrhundert die jüngsten Leute nicht gewesen, wie heute die jüngsten Leute schon alt sind. Die Greisenhaftigkeit nimmt in verheerendem Maße zu ...

GA 226, Ausg. 1966, 20. 5. 1923, S. 95

... Wir müssen in diesem anders gewordenen Zeitalter der Menschheitsentwickelung dasjenige, was in alten Zeiten die Menschen von dem Leibe hatten, von der stärker gewordenen Seele haben. Unser Leib wird alt. Wir bleiben mit ihm verbunden. Wir lassen den Geist nicht aus ihm herauskommen, weil wir diesen Leib frühzeitig in Anspruch nehmen.

Würden wir das nicht tun, würden wir nicht freie Menschen geworden sein. Wir müssen das als unser rechtmäßiges Erdenschicksal hinnehmen. Aber wir müssen uns auch klar sein, unsere Seele muß darum um so stärker werden. Dasjenige, was uns gewissermaßen an geistiger Stärke, die dem schwachgewordenen Leibe in alten Zeiten entsprochen hat, nicht mehr zufließt, das müssen wir durch die eigene Verstärkung unserer Seele erwerben ...

IX. JUGENDEINDRÜCKE WERDEN MÖGLICHKEITEN ZU TYPISCHEN ALTERSERKRANKUNGEN

Im Alter von der Geburt bis zum einundzwanzigsten Lebensjahr greifen besonders die äußeren Eindrücke in die Strömungen des ätherischen Zeitenleibes ein. Sie bilden dadurch Anlagen für Gesundheit und Krankheit in der zweiten Lebenshälfte und im hohen Alter.

Insofern ist es auch berechtigt zu sagen, daß der Mensch ein Produkt der Umwelt ist. Aber es wäre fatalistisch, alles Geschehen im Leben dadurch erklären zu wollen. Aus dem Freiheitsaspekt ergibt sich die Möglichkeit des Anlegens von neuem Schicksal durch die Bewältigung des alten.

Waren die Einflüsse hemmender, krankmachender Art, so kann bei Beschreiten eines inneren Schulungsweges noch in diesem Leben manches ausgeglichen werden. Vieles bleibt aber irreparabel und wird zum Leiden, das im Alter getragen werden muß.

Durch die natürliche Brüchigkeit der physischen Leiblichkeit im Organischen ist oft nicht mehr zu helfen. Doch gerade von den Nahestehenden, vom Pflegenden, vom Therapeuten oder dem Arzt, d. h. von den betreuenden Personen, kann durch das Wissen um die Entwicklungsgesetzmäßigkeiten einem Hineintragen von Folgen negativer Einflüsse in eine nächste Inkarnation entgegengewirkt werden.

Gerade deshalb darf beim Mittragen, beim Heilen, das Wissen um die Ursachen des Leidens, der Blick auf das wahre Ich des Menschen, niemals die betreuenden Personen verlassen.

Als ein neuer Beruf darf hier die therapeutische Betreuung angesprochen werden. Sie will nicht nur Beschäftigungstherapie sein, «Ergotherapie», die sich als staatlich anerkanntes Berufsbild aus der Alten- und Behindertenarbeit entwickelt hat.

Die therapeutische Betreuung ist einer der «neuen» Berufe aus der Geisteswissenschaft Rudolf Steiners. Er ist geeignet für Menschen in der zweiten Lebenshälfte, die mindestens einen pädagogischen oder künstlerischen Beruf ausgeübt haben und mit der Geisteswissenschaft vertraut sind.

Die therapeutische Betreuung versucht durch das Erahnen des höheren Wesens des Menschen auf die Lebensverkrampfungen harmonisierend einzuwirken, um Krankheitsanlagen im nächsten Leben verhindern zu helfen. Sie wirkt seelsorgerisch-geragogisch.

So gesellt sich heute aus der Sorge um die Würde und Entwicklung des Menschen für das Alter der Geragoge zu dem Pädagogen in der Jugend.

Der Ernst und die tiefen Worte, mit denen Rudolf Steiner die Pädagogen – besonders bei der Eröffnung der Waldorfschule auf ihre Aufgabe hingewiesen hat – gilt auch für den Geragogen.

Jedes Lebensalter muß im Verhältnis zu den anderen besonders behandelt werden.

GA 303, Ausg. 1969, 28. 12. 1921, S. 116

...Dadurch, daß man sich eine solche Menschenerkenntnis aneignet, kommt man auch darauf, wie nicht nur die menschliche Natur sich in verschiedener Weise in verschiedenen menschlichen Individuen ausspricht, sondern wie sich die menschliche Natur in ganz anderer Weise in der Kindheit, im reifen Alter, im Greisenalter ausspricht. Die drei Glieder der Menschennatur wirken eben ganz verschieden ineinander, und sie müssen aufeinander abgestimmt werden...

GA 312, Ausg. 1961, 7. 4. 1920, S. 344/345

...Darinnen liegt ein wichtiger, ein außerordentlich wichtiger Fingerzeig auf den menschlichen Lebenslauf überhaupt. Es ist schon so, daß das kindliche Leben, ganz besonders das Fötalleben eine Art von überwiegendem Salzprozeß darstellt, das mittlere Leben, aber mehr nach der Kindheit zu gelegen, eine Art Merkurialprozeß, und das ältere Leben in dieser Beziehung, die ich jetzt charakterisiert habe, eine Art von Sulphurprozeß darstellt, respektive es ist so, daß man zu achten hat im kindlichen Alter am meisten auf den Salzprozeß, im mittleren Alter am meisten auf den Merkurialprozeß und im späteren Alter am meisten auf die sulphurigen oder phosphorigen Prozesse und diese geregelt werden müssen...

GA 310, Ausg. 1965, 19. 7. 1924, S. 50

... Wer mit den Anforderungen, von denen ich gesprochen habe, den ganzen Lebenslauf des Menschen von der Geburt bis zum Tode betrachtet, der sieht, daß ein Kind, demgegenüber man sich so benommen hat, wenn man es auch solche, nur für das Alter angemessene Dinge nachahmen ließ – *nämlich für das Alter des Vorbildes angemessen, ohne Rücksicht auf das Kind* –, dann später vom 50. Jahre an in die Sklerose verfällt. Man muß das in seinem ganzen Zusammenhange einsehen können. Krankheiten, die im Alter auftreten, sind oft nur die Folge von Erziehungsfehlern, die im allerkindlichsten Alter gemacht werden...

Falsche Beanspruchung von Gedächtnis und Denken in der Kindheit

GA 306, Ausg. 1956, 15. 4. 1923, S. 28/29

... Schauen wir einmal einen Menschen an, der, sagen wir, in einem bestimmten Lebensalter *Diabetes* bekommt oder *Rheumatismus.*

Die Menschen beachten ja immer nur die Gegenwart: man denkt also über ein Heilmittel nach für diese Krankheiten. Das ist ja ganz richtig, es soll nichts dagegen gesagt werden, daß man darüber nachdenkt, wie man da heilen kann. Sehr schön. Aber wer nun den ganzen menschlichen Lebenslauf überblickt, der findet, daß manche Diabetes davon herkommt, daß das Gedächtnis in unrichtiger Weise zwischen dem Zahnwechsel und der Geschlechtsreife entweder belastet worden ist oder sonst in unrichtiger Weise behandelt worden ist. *Die Gesundheit der älteren Menschen auf Erden ist abhängig von der Art und Weise, wie man sich verhält im kindlichen Lebensalter zur Seele.* Wie du das

Gedächtnis ausbildest, so wirkst du nach einer gewissen Periode auf den Stoffwechsel. Läßt du zwischen dem 7. und 14. Jahre Gedächtnisreste, die nicht verarbeitet werden von der Seele des Kindes, so läßt der Körper dieses Menschen, zwischen dem 35. und 45. Jahre ungefähr, Körperreste, die sich einlagern, und die Rheumatismus oder Diabetes bewirken.

...Man kann schon sagen: die Lehrer sollten auch von *Medizin* wissen. Es ist kein richtiges Verhältnis, wenn auf der einen Seite der Lehrer steht, und wenn er für alles das, was die kindliche Gesundheit erfordert, sich an den Schularzt wenden muß...

GA 230, Ausg. 1978, 10.11.1923, S. 182/183

...Sehen Sie, daher braucht der Mensch im Laufe seines Lebens die verschiedensten Substanzen, um, je nachdem er nach seinem Lebensalter organisiert ist, das Leblose umwandeln zu können in Wärmeätherisches. Das Kind könnte überhaupt noch nicht Lebloses in Wärmeätherisches umwandeln; es hat noch nicht Kraft genug in seinem Organismus. Es muß die noch der menschlichen Organisation selbst so nahestehende Milch aufnehmen, um diese nun bis zum Wärmeätherischen zu bringen und seine Kräfte dazu verwenden zu können, das wirklich ausgebreitete Plastizieren, das notwendig ist während des kindlichen Alters in bezug auf die Körpergestaltung, ausführen zu können. Man sieht erst hinein in die menschliche Natur, wenn man weiß, daß alles, was von außen aufgenommen wird, gründlich umgearbeitet werden muß. Nehmen Sie daher einen äußeren Stoff und wollen Sie ihn auf seinen Wert für das Menschenleben prüfen, so können Sie das zunächst mit der gewöhnlichen Chemie gar nicht tun, weil Sie wissen müssen, wieviel Kraft der menschliche Organismus aufwenden muß, um einen äußerlich mineralischen Stoff bis zu der Flüchtigkeit des Wärmeäthers zu bringen. Kann er das nicht, dann lagert sich dieser äußere mineralische Stoff in ihm ab, wird schwerer Erdenstoff, bevor er in Wärme übergegangen ist, und durchsetzt, als dem menschlichen Organismus fremd gebliebener unorganischer Stoff, die menschlichen Gewebe.

Ein solches kann zum Beispiel eintreten, wenn der Mensch nicht imstande ist, dasjenige, was mineralisiert – es ist ja ursprünglich organisch –, aber mineralisiert als Zucker in ihm auftritt, bis zu der Flüchtigkeit des Wärmeätherischen zu bringen. Dann setzt es sich vor jenem Zustande ab im Organismus, zu dem es kommen muß, wenn der ganze Organismus beteiligt sein soll an alldem, was da in ihm ist, und es entsteht die so schlimme Zuckerruhr, Diabetes mellitus. Man muß also bei jedem Stoff ins Auge fassen, inwiefern der menschliche Organismus imstande sein kann, das Unlebendige, das entweder der Stoff schon bildet, wenn wir zum Beispiel Kochsalz essen, oder das es wird, wie beim Zucker, bis zur Wärmematerie hinzubringen, wo dann der Organismus, der auf der Erde eingewurzelt ist, seinen Anschluß findet an den geistigen Kosmos.

Jede solche Ablagerung im Menschen, die dann unverarbeitet bleibt wie diejenige, die bei Diabetes eintritt, bedeutet, daß der Mensch in sich nicht für die in ihm vorhandenen Stoffe den Anschluß an das Geistige des Kosmos findet...

GA 304a, Ausg. 1979, 19. 11. 1923, S. 134/135

...Man schaue sich den an, der etwas auswendig lernen soll, was er da alles macht mit seinem physischen Organismus, um diesem physischen Organismus die Sache einzuverleiben. Was dann aber im physischen Organismus sitzt, das kann noch nicht erinnert werden; da muß das, was in den Wachstumskräften, in den Kräften der Ernährung zugrunde liegt, zunächst umgesetzt werden in seelische Kräfte, und in den seelischen Kräften bewirkt es die Erinnerung. Wenn ich dem Kinde zuviel zumute für die Erinnerung, dann entziehe ich ihm zuviel Lebenskräfte, vitale Kräfte, und die Folge davon ist, daß ich sehen kann, wenn ich den ganzen Zusammenhang durchschaue: das Kind wird blaß, das Kind bekommt etwas, was aus entzogenen organischen Kräften herkommt, es wird ängstlich. Nun muß man ein Auge haben für dieses Blaßwerden, für dieses Ängstlichwerden. Denn wenn man fortwährend in der wüstesten Weise darauf loszielt, dem Kinde zuviel Gedächtnisstoff zuzumuten, dann bleibt es im Wachstum zurück. Dieses Zurückbleiben im Wachstum hat man verursacht durch falsche geistige Zumutung, durch einen falschen Gedächtnisstoff. Und was man da anrichtet im Organismus, das drückt sich im spätesten Alter noch aus in den mannigfaltigsten Stoffwechselkrankheiten, indem besonders eine Abladung von Harnsäure oder dergleichen im Organismus stattfindet.

Da haben Sie dasjenige, was außerordentlich wichtig ist: Man muß die geistige Führung des Kindes so leiten, daß sie in den Organismus in der richtigen Weise hineinwirkt, daß man zum Beispiel nicht so durch das Überladen mit Gedächtnisstoff bei dem Kinde wirkt, daß im späteren Alter Stoffwechselkrankheiten hervorkommen. Und wenn die Leute den Zusammenhang zwischen Gicht und Rheumatismus im späteren Alter und zwischen dem falschen Unterricht in bezug auf die Zumutung mit zu vielem Gedächtnisstoff kennen würden, dann würden sie erst auf einem wirklichkeitsgemäßen Boden in bezug auf die Erziehungskunst stehen...

GA 347, Ausg. 1976, 9. 9. 1922, S. 67

...Aber nehmen wir ein anderes Beispiel. Nehmen Sie an, ich habe ein Kind in der Schule, und ich füttere es fortwährend mit allem möglichen Zeug, lasse es lernen, daß sein Gedächtnis überlastet wird, daß das Kind gar nicht recht zu sich kommt. Ja, da strengt man den Geist an in Wirklichkeit. Aber es ist nicht wahr, daß man bloß den Geist anstrengt, denn der Geist arbeitet fortwährend an dem Körper. Und wenn ich das Kind falsch unterrichte und falsch erziehe, auch nur – sagen wir – dem Gedächtnis nach, dann verhärte ich bei ihm ganz bestimmte Organe, weil dasjenige, was im Gehirn verwendet wird, in andere Organe zurückgeht. Und wenn das Kind gar zu stark dem Gehirn nach belastet wird, so wird seine Lunge krank. Das heißt, Sie können nicht nur durch körperliche Einflüsse das Kind krank machen, sondern durch die Art, wie Sie unterrichten und erziehen, das Kind gesund oder krank machen...

GA 306, Ausg. 1940, IV. Vortrag, April 1923, S. 109

... Lernt das Kind zu früh lesen, dann führt man es zu früh in die Abstraktheit hinein. Und Sie würden unzählige spätere Sklerotiker beglücken für ihr Leben, wenn Sie ihnen nicht zu früh das Lesen beibrächten als Kinder. Denn diese Verhärtung des ganzen Organismus – ich nenne es populär so –, die in der mannigfaltigsten Form der Sklerose später auftritt, die kann man zurückverfolgen zu einer falschen Art, das Lesen beizubringen. Natürlich kommen diese Dinge auch noch von vielen anderen Sachen, aber darum handelt es sich, daß es diese Dinge durchaus gibt, daß ein naturgemäßer Unterricht vom Seelisch-Geistigen aus überall hygienisch auf den Leib wirkt. Erfassen Sie, wie Sie den Unterricht und die Erziehung gestalten sollen, so erfassen Sie zu gleicher Zeit, wie Sie dem Kinde die beste Gesundheit fürs Leben geben.

Und Sie können ganz sicher sein: würden gesündere Methoden im heutigen Schulwesen herrschen, dann würde gar mancher vom männlichen Geschlecht nicht so früh mit einem Glatzkopf herumgehen, wie das sehr häufig der Fall ist! ...

GA 307, Ausg. 1973, 11. 8. 1923, S. 124

... Wenn wir das Kind zu viel denken lassen, dann versetzen wir in den Organismus die Anlage zu einer frühen Sklerose, zu einer frühen Arterienverkalkung. Das festigende Element, das ist dasjenige, was durch das zwangsmäßige Denken vollführt wird, besonders in Anspruch genommen wird. Hier handelt es sich darum, daß man durch echte Menschenbeobachtung auch einen Takt, einen Instinkt dafür bekommt, wieviel man dem Kinde zumuten darf.

Nun gibt es aber einen sehr wichtigen prinzipiellen Regulator in dieser Beziehung. Lasse ich das Kind denken, lehre ich das Kind zum Beispiel schreiben rein denkerisch, indem ich mir sage: die Buchstaben sind da, das Kind muß diese Buchstaben lernen, dann beschäftige ich dieses Kind intellektualistisch, dann züchte ich in ihm die Sklerose, wenigstens die Neigung dazu; denn es gibt keine innere Beziehung des Menschen zu diesen jetzt entwickelten Buchstaben. Die sind kleine Dämonen für die menschliche Natur. Man muß erst die Brücke, den Übergang dazu finden.

Diese Brücke, diesen Übergang findet man, wenn man das Kind zunächst sich künstlerisch betätigend, mit künstlerischem Sinn malen, zeichnen läßt, was aus seiner innersten Natur an Linien, an Farben förmlich von selbst von dem Kinde aufs Papier geht...

GA 304a, Ausg. 1979, 19. 11. 1923, S. 136

...Bei zu geringem Gedächtnisstoff fängt schon der Magen an, nicht genug Säure abzusondern, oder die Säuren, die er absondert, sind nicht hinlänglich, um in der richtigen Weise die Verdauung zu befördern. Das geht über in den gesamten Organismus; er wird weniger resorptionsfähig, als er sein soll. Und man kann es erleben, wie ein solcher Organismus eines Menschen später, nach Jahren, wenn er so etwas durchgemacht hat in der Schule, immer hungrig ist, und trotzdem nicht ordentlich innerlich arbeitet. Der Mensch neigt dann leicht dazu, ganz besondere Formen von Lungenkrankheiten und dergleichen zu bekommen...

GA 304a, Ausg. 1979, 29. 8. 1924, S. 151

...Dieses Kind, das du so erziehst, daß du ihm zuwenig Gedächtnismaterial gibst, das bereitest du dazu vor, daß es ungefähr im fünfundvierzigsten Jahr an einer Fettschicht, die über dem Herzen liegt, ungeheuer schwierige Krankheitszustände durchmacht...

GA 315, Ausg. 1966, 12. 4. 1921, S. 14

...Umgekehrt ist es so, daß dasjenige, was wir in der Ruhe des Hauptes, in der Statik des Hauptes entwickeln, zurückwirkt auf die Dynamik des rhythmischen Menschen, und zwar im wesentlichen zunächst verlangsamend. Es ist in der Tat so, daß unnatürliche Anstrengung des Seelisch-Geistigen durch das Haupt verlangsamend wirkt auf die Zirkulation. Und eine weitere Folge davon ist, daß chaotisches Denken, schlampiges Denken die Rhythmie in Arrhythmie verwandelt, den natürlichen Rhythmus, der sich im rhythmischen System des Menschen abspielen soll, in Arrhythmisches verwandelt, sogar dann, wenn es ausartet in Antirhythmisches. Und wenn man den Menschen verstehen will, muß man den Zusammenhang beobachten zwischen dem Zirkulations- und Atmungssystem und dem schlampigen, chaotischen Denken und auch dem logischen Denken. Denn das logische Denken als solches hat in sich die Tendenz, den Rhythmus zu verlangsamen, träge zu machen. Das logische Denken hat den Eigensinn, aus dem Rhythmus herauszufallen. Daher wird dasjenige Seelenleben, das wiederum in den Rhythmus hineinfallen will, über die bloße Logik hinausstreben und wird versuchen, Sätze, Verse so zu gestalten, daß sie nicht im Sinne der Syntax, sondern im Sinne des Rhythmus ablaufen. Indem man von der Prosa, die die Feindin des Rhythmus ist, wenn sie nicht gerade rhythmische Prosa ist, in der Poesie wiederum zurückstrebt zum Rhythmus, versucht man wiederum menschlicher zu werden...

Die Wirkung der Temperamente

GA 309, Ausg. 1981, 13.4.1924, S. 16–18

Nehmen wir zunächst an, die Lehrerbildungsstätte hätte nicht dafür gesorgt, solche Temperamente abzuschleifen und in richtiger Weise in die Schule hineinzustellen, sondern solche Temperamente wirkten sich aus, sie schössen in die Zügel mit einem gewissen Radikalismus. Nehmen wir das cholerische Temperament: ein Kind im Lebensalter bis zum Zahnwechsel ist ausgesetzt dem cholerischen Temperament. Wenn der Lehrende, der Erziehende sich ganz gehen läßt in diesem seinem cholerischen Temperament, dann wird fortdauernd auf das Kind ein seelischer Eindruck ausgeübt, welcher dahin geht, daß dieses Kind in bezug auf sein Zirkulationssystem, in bezug auf alles das, was innerlicher Rhythmus ist, starke Eindrücke erhält. Diese Eindrücke, die gehen zunächst nicht sehr tief, aber sie sind eben auch erst ein

Keim; und dieser Keim wächst und wächst, wie alle Keime wachsen. Es kann zuweilen so im 40., 50. Lebensjahr in Zirkulationsstörungen des rhythmischen Systems die Wirkung ungezügelten cholerischen Temperamentes beim Erziehenden auftreten. Wir erziehen eben das Kind nicht bloß für das kindliche Alter; wir erziehen es für das ganze Erdendasein und, wie wir später sehen werden, auch noch für die Zeit darüber hinaus.

Oder nehmen wir an, der Melancholiker läßt seinem Temperament die Zügel schießen; er habe nicht mit der Seminarbildung aufgenommen den Impuls, es zu harmonisieren, es in der richtigen Weise an das Kind herantreten zu lassen; er gibt sich seiner Melancholie hin in dem Verkehr mit dem Kind. Dadurch, daß er eine solche Melancholie in sich lebt, fühlt und denkt, dadurch entzieht er fortwährend dem Kinde dasjenige, was eigentlich vom Lehrer auf das Kind überströmen sollte: Wärme. Der Erziehung fehlt häufig jene Wärme, die zunächst als Seelenwärme wirkt, die aber beim Kinde heruntergeht vorzugsweise in das Verdauungssystem und Keimanlagen darin hervorruft, die in späterem Lebensalter auftreten in allerlei Störungen, krankhaften Störungen des Blutes oder wenigstens in krankhaften Anlagen des Blutes und so weiter.

Nehmen wir den Phlegmatiker, dem alles gleichgültig ist, was er mit dem Kinde tut. Ein ganz besonderes Verhältnis spinnt sich an zwischen ihm und dem Kinde. Es ist etwas nicht Kaltes, aber furchtbar Wässeriges im seelischen Sinne zwischen einem solchen Erzieher und dem Kinde. Es wird nichts so stark entwickelt, daß ein richtiges Hin- und Herströmen des Seelischen zwischen dem Erziehenden und dem Kinde da ist; das Kind wird nicht genügend innerlich regsam gemacht. Verfolgt man ein Menschenkind, das unter dem Einfluß des Phlegmas, eines phlegmatischen Temperamentes sich entwickeln mußte bis in ein höheres Lebensalter, so merkt man oftmals, wie Anlage zur Gehirnschwäche, Blutleere im Gehirn, Stumpfheit der Gehirntätigkeit im späteren Lebensalter auftritt.

Sehen wir, wie ein Sanguiniker, der seinem Sanguinismus die

Zügel schießen läßt, auf das Kind wirkt. Er ist jedem Eindrucke hingegeben, aber die Eindrücke gehen schnell vorüber. Er lebt auf besondere Art auch in sich, aber mit sich in den äußeren Dingen. Das Kind kann nicht mitgehen; die Reize, die gerade dadurch, daß der Lehrer von Eindruck zu Eindruck eilt, auf das Kind ausgeübt werden, sie greifen nicht an, denn das Kind braucht liebevolles Gehaltenwerden bei einem Eindruck, wenn es wirklich innerlich regsam genug gemacht werden soll. Verfolgen wir ein Kind, das unter übertrieben sich gehenlassendem Sanguinismus aufwächst, so zeigt es sich im späteren Alter, daß der erwachsene Mensch, der sich aus dem Kinde entwickelt hat, Mangel an Vitalkraft hat, zu wenig Lebenskraft zeigt, wenig Gehalt zeigt und dergleichen.

So daß man eigentlich, wenn man dafür den Blick hat – und Erziehen beruht auf Intimität des seelischen Blickes –, an dem Typus, den ein Mensch angenommen hat, noch im 40., 50. Lebensjahr sagen kann: auf diesen Menschen hat ein melancholisches, phlegmatisches, cholerisches oder sanguinisches Lehrertemperament eingewirkt...

GA 308, Ausg. 1974, 8. 4. 1924, S. 15

...So, wie der Same, der im Herbst in die Erde hineinversenkt wird, im Frühling in der Pflanze zum Vorschein kommt, so kommt das, was in das Kind im achten, neunten Jahre hineinversetzt wird, im fünfundvierzigsten, fünfzigsten Lebensjahre heraus. Und wir sehen die Folgen des cholerischen Temperamentes des Lehrers, der sich gehen läßt, in den Stoffwechselkrankheiten nicht nur des erwachsenen, sondern des alt gewordenen Menschen zutage treten...

GA 304a, Ausg. 1979, 30. 8. 1924, S. 170/171

...Und derjenige, der das wirklich durchschauen kann, der kann selbst später, wenn er dem Menschen begegnet und seine Physiognomie, seinen ganzen Habitus sieht, sieht, wie er auftreten, gehen oder nicht gehen kann, er kann ablesen davon, ob Jähzorn

oder ob Sanftmut, Besonnenheit in der Umgebung des Kindes war und bis in das Blut, in die Blutzirkulation, bis in die Muskeleigenheit hinein gestaltend auf das Kind gewirkt hat...
..., so würde man oftmals erkennen, daß die Starkrankheit beim Menschen oft zurückführt zu jenen inneren Schocks, zu denen das Kind geführt worden ist durch den jähzornigen Vater. Es ist bei diesen Dingen so, daß bis in die Gefäße hinein dasjenige geht, was in der moralischen, religiösen Umgebung wirkt und Gesundheits- oder Krankheitsanlage wird. Das tritt oftmals im späteren Leben zutage. Der Arzt diagnostiziert nach dem heute im Leben eigentümlichen Standpunkt. In Wahrheit werden wir darauf zurückgeführt, daß zum Beispiel die Gicht, der Rheumatismus im fünfzigsten, sechzigsten Jahr davon herrührt, daß in der Umgebung des Kindes Nachlässigkeit, Ungeordnetheit, Disharmonie geherrscht haben, was das Kind aufgenommen hat. Es ist ganz in das Organische hineingegangen...

GA 308, Ausg. 1974, 8. 4. 1924, S. 16/17

...Der Lehrer ist ein Phlegmatiker, läßt sich gehen. Er fängt nicht auf dasjenige, was aus dem Kinde herausströmt. Es begegnet das, was aus dem Kinde heraus will, nicht äußeren Eindrücken und Einflüssen. Es ist, wie wenn man in verdünnter Luft atmen soll, wenn ich einen physischen Vergleich gebrauchen soll. Die Seele des Kindes fühlt seelisch Atemnot, wenn der Lehrer phlegmatisch ist. Und wenn wir nachschauen im Leben, warum gewisse Menschen an Nervosität, an Neurasthenie und dergleichen leiden, dann finden wir wiederum, wenn wir zurückgehen in dem menschlichen Lebenslauf bis zum kindlichen Lebensalter, wie das nicht der Selbsterziehung unterworfene Phlegma eines Lehrers, der Wichtiges hätte tun sollen an dem Kinde, solchen Krankheitsneigungen zugrunde liegt...

Die Ernährung

GA 347, Ausg. 1976, 9. 9. 1922, S. 68/69

Wenn man einem fünfzigjährigen Menschen die Leber herausschneidet und findet, die Leber ist verhärtet, dann ist in den meisten Fällen – nicht in allen, aber in den meisten Fällen – die Schuld daran, daß der Mensch als ganz kleines Kind, als Säugling, mit einer falschen Milch ernährt worden ist. Dasjenige, was oftmals erst im fünfzigsten Jahre auftritt als eine Krankheit, das hat seine Ursache in der ganz frühen Kindheit. Denn warum? . . .

S. 76–78

Woran stirbt denn eigentlich der Mensch in Wirklichkeit? Natürlich, wenn irgendein Organ zugrunde geht, dann kann der Geist nicht mehr arbeiten, wie man nicht mehr an einer Maschine arbeiten kann, die nicht mehr in Ordnung ist. Aber abgesehen davon wird sein Gehirn immer steifer und steifer, und er kann sein Gehirn nicht mehr ordentlich herstellen. Bei Tag wird ja das Gehirn fortwährend ruiniert, weil ja der Körper nicht dasjenige ist, was das Gehirn wieder herstellt, sondern es ist das Geistig-Seelische. Aber das ist, wenn man es so ausdrücken darf, wie ein Gift; das Geistig-Seelische ruiniert das Gehirn im Wachen. Daher müssen wir schlafen, daß das Gehirn wieder hergestellt werden kann. Wenn das Gehirn denken könnte, dann würde ja das Gehirn nicht abgetötet werden, sondern immer stärker und stärker werden. Der Arm wird, wenn wir arbeiten, immer stärker und stärker. Aber das Gehirn wird immer schwächer und schwächer beim Denken. Das Gehirn ist nicht ein solches Organ, das durch sein Leben denkt, sondern dadurch, daß es abstirbt, denkt es, und dadurch wird der Körper für den Menschen einmal unbrauchbar. Der Geist ist da, aber der Körper wird einmal unbrauchbar.

Das zeigt sich auch, wenn Sie sich wiederum erinnern, was ich gesagt habe: Die Leber ist wie ein Sinnesorgan, wie eine Art Auge da drinnen. Ja, meine Herren, das ist eine Leberkrankheit, wenn bei einem fünfzig Jahre alten Menschen die Leber so versteift und so verhärtet ist, wie ich es vorhin angenommen habe. Aber etwas verhärtet ist die Leber im späteren Alter immer. Beim kleinen Kind ist sie frisch und weich. Da sind diese rotbraunen Gewebe-Inselchen – die Leber besteht ja daraus, daß da solche Gewebe-Inselchen sind – so verbunden, durch ein solches Netz wiederum. Das ist das Lebergewebe.

Nun, diese Leber ist ganz weich und elastisch im Kindheitsalter. Aber sie wird immer steifer und härter, je älter man wird. Denken Sie, dieselbe Geschichte tritt beim Auge auf. Wenn man älter wird, dann wird das Innere des Auges immer steifer und steifer. Wenn es krankhaft sich versteift, dann kommt der Star. Wenn die Leber krankhaft sich versteift, dann kommt die innere Leberverhärtung mit Leberabszessen und so weiter.

Aber auch im gesunden Zustande wird die Leber ebenso abgebraucht als Sinnesorgan, wie abgebraucht wird das Auge. Und die Leber nimmt immer weniger wahr, wie da drinnen die Nahrungsmittel nützlich oder schädlich sind, weil sie abgebraucht worden ist. Wenn also einer alt geworden ist, dann dient ihm die Leber nicht mehr so gut, diese Dinge, die in den Magen kommen, zu beurteilen, ob sie nützlich oder schädlich sind. Da wird nicht mehr so gut abgehalten. Die Leber bewirkt, wenn sie gesund ist, daß die nützlichen Stoffe im Körper verbreitet, die schädlichen abgehalten werden. Wenn aber die Leber schadhaft geworden ist, dann werden auch die schädlichen Stoffe in die Darmdrüsen, in die Lymphe kommen und gehen dann im Körper herum und erzeugen allerlei Krankheiten. Und das macht es, daß derjenige, der alt geworden ist als Mensch, seinen Körper innerlich nicht mehr so wahrnehmen kann wie er ihn früher durch die Leber wahrnehmen konnte. Er ist, ich möchte sagen, für seinen eigenen Körper innerlich blind geworden. Wenn man äußerlich blind ist, kann einen ein anderer führen, kann einem helfen. Wenn man aber innerlich blind wird, dann gehen die Vorgänge nicht mehr ordentlich vor sich, dann kommt sehr bald der Darmkrebs, oder Magen- oder Pförtnerkrebs, oder irgend etwas, wo die Leber nicht in Ordnung ist. Dann ist der Körper nicht mehr zu gebrauchen. Dann können aber auch die neuen Stoffe, die fortwährend abgestoßen werden müssen, nicht mehr ordentlich in den Körper eingefügt werden. Die Seele kann nicht mehr so mitmachen mit dem menschlichen Körper, und die Zeit ist da, wo der Körper ganz weggeworfen werden muß...

GA 347, Ausg. 1976, 13. 9. 1922, S. 84–86

...Bei dieser ganzen Verdauungstätigkeit, bei der also abgetötet und wieder belebt wird, bei der das Abgetötete im neuen Leben innerlich aufsteigt und ins Blut hineingeht, schaut die Leber zu, so wie den äußeren Dingen das Auge zuschaut. Und wie im späteren Alter das Auge vom Star befallen werden kann, das heißt dasjenige undurchsichtig wird, was früher durchsichtig war, wie sich das verhärtet, so kann auch die Leber sich verhärten. Und die Leberverhärtung ist eigentlich in der Leber dasselbe, was die Starkrankheit im Auge ist. Der Star kann auch in der Leber sich bilden. Dann entsteht eben am Ende des Lebens eine Leberkrankheit. Mit fünfundvierzig, fünfzig Jahren, auch später, entsteht eine Leberkrankheit. Das heißt, die Leber schaut nicht mehr das Innere des Menschen an. Es ist wirklich so: Mit dem Auge schauen Sie die Außenwelt an, mit dem Ohre hören Sie das, was in der Außenwelt klingt, und mit der Leber schauen Sie zuerst die eigene Verdauung an und dasjenige, was sich an die Verdauung anschließt. Die Leber ist ein inneres Sinnesorgan. Und nur wer die Leber als ein inneres Sinnesorgan erkennt, der versteht dasjenige, was im Menschen vor sich geht. So daß man also die Leber mit dem Auge vergleichen kann. Gewissermaßen hat der Mensch innen in seinem Bauch einen Kopf. Nur schaut der Kopf nicht nach außen hin, sondern der schaut nach innen. Und deshalb ist es, daß der Mensch mit einer Tätigkeit, die er sich nicht zum Bewußtsein bringt, im Innern arbeitet.

Aber das Kind fühlt diese Tätigkeit. Im Kind ist das ganz anders. Das Kind guckt noch wenig nach der Außenwelt, und wenn es nach der Außenwelt guckt, kennt es sich nicht aus. Aber um so mehr guckt es nach innen im Fühlen. Das Kind fühlt ganz genau, wenn in der Milch etwas ist, was nicht hineingehört, was herausgeworfen werden muß in die Gedärme, damit es abgeführt wird. Und wenn etwas in der Milch nicht in Ordnung ist, so nimmt die Leber die Krankheitsanlage für das ganze spätere Leben in sich auf.

Nun, sehen Sie, Sie können sich ja denken, daß zum Auge, wenn es nach außen hin guckt, ein Gehirn gehört. Mit dem bloßen Anschauen der Außenwelt wäre uns als Menschen nicht gedient. Wir würden die Außenwelt anglotzen, rundherum anglotzen, aber wir würden nichts denken können über die Außenwelt. Es wäre geradeso wie ein Panorama, und wir säßen mit einem leeren Kopf davor. Wir denken mit unserem Gehirn, und denken über dasjenige, was draußen in der Welt ist, mit unserem Gehirn.

Ja, aber, meine Herren, wenn die Leber eine Art inneres Auge ist, das die ganze Darmtätigkeit abtastet, dann muß die Leber ja auch eine Art Gehirn haben, so wie das Auge das Gehirn zur Verfügung hat. Sehen Sie, die Leber kann zwar das alles anschauen, was im Magen vor sich geht, wie im Magen der ganze Speisebrei durchmischt wird mit Pepsin. Die Leber kann dann, wenn der Speisebrei durch den sogenannten Magenpförtner in den Darm eintritt, sehen, wie im Darm der Speisebrei weiterrückt, wie er in diesem Speisebrei aber immer mehr die brauchbaren Teile absondert durch die Wände des Darmes, wie dann die brauchbaren Teile in die Lymphgefäße übergehen und von diesen Gefäßen dann ins Blut eindringen. Aber von da ab kann die Leber nichts mehr tun. Geradesowenig wie das Auge denken kann, so wenig kann die Leber die weitere Tätigkeit tun. Da muß zu der Leber ein anderes Organ kommen, wie zum Auge das Gehirn kommen muß.

Und geradeso wie Sie in sich die Leber haben, die fortwährend Ihre Verdauungstätigkeit anguckt, so haben Sie in sich auch eine Denktätigkeit, von der Sie im gewöhnlichen Leben gar nichts wissen. Diese Denktätigkeit – das heißt, Sie wissen von der Denktätigkeit nur nichts, von dem Organ wissen Sie schon –, diese Denktätigkeit, die geradeso hinzugefügt wird der Wahrnehmungstätigkeit, der Auffassungstätigkeit der Leber, wie durch das Gehirn der Wahrnehmungstätigkeit des Auges das Denken hinzugefügt wird, die haben Sie nämlich, so sonderbar es Ihnen scheint, durch die Niere, das Nierensystem.

Das Nierensystem, das sonst für das gewöhnliche Bewußtsein nur das Urinwasser absondert, ist gar kein so unedles Organ, wie man es immer anschaut, sondern die Niere, die sonst eben nur das Wasser absondert, die ist dasjenige, was zur Leber gehört, und was eine innere Tätigkeit ausübt, ein inneres Denken...

GA 352, Ausg. 1967, 23. 1. 1924, S. 52/53

Wenn einer als Kind oder als ganz junger Mensch zuviel Kartoffeln ißt, dann wird sein Mittelhirn außerordentlich schwach. Aber im Mittelhirn sind die Quellen der wichtigsten Sinnesorgane. Im Mittelhirn ist der Vierhügelkörper, sind die Sehhügel und so weiter, und es wird sogar das Sehen geschwächt durch den übermäßigen Kartoffelgenuß, weil das gerade im Mittelhirn seine Quellen hat. Und manche Krankheiten der Augen im Alter gehen davon aus, daß der Mensch gerade als Kind zuviel mit Kartoffeln aufgezogen worden ist. Der Mensch wird dann sehschwach, augenschwach. Es ist ja wirklich so, daß die Menschen in Europa früher viel weniger im Alter augenschwach geworden sind als jetzt. Und das rührt wiederum davon her, daß außer dem, was sonst auf die Augen wirkt – aber das wirkt nicht einmal so stark, weil es nicht innerlich wirkt, elektrisches Licht usw. –, eben der übertriebene Kartoffelgenuß sehr schädlich auf die Augen, auf das Sehvermögen, und sogar auf das Geschmacksvermögen wirkt. Da kommt nämlich das Folgende heraus. Nehmen Sie an, der Mensch ißt schon in der Kindheit zuviel Kartoffeln. Bei einem solchen Menschen werden Sie im späteren Lebensalter sehr häufig das auftreten sehen, daß er nie weiß, wann er genug hat, weil sein Geschmack verdorben ist durch den Kartoffelgenuß, währenddem ein Mensch, der nicht zuviel Kartoffeln gegessen hat, richtig durch seinen Instinkt weiß, wann er genug hat. Also der Instinkt, der mehr ans Mittelhirn gebunden ist, wird eben verdorben durch den übermäßigen Kartoffelgenuß. Das ist dasjenige, was besonders stark in der neueren Zeit hervorgetreten ist...

Verjüngungskur

GA 313, Ausg. 1963, 12. 4. 1921, S. 39/40

...daß es aber doch sehr fruchtbar sein wird, wenn recht viele Dissertationen auch darüber geschrieben werden, was Verjüngungskuren, die also dem entgegenarbeiten, auf die geistig-seelische Verfassung eines Menschen für einen Einfluß haben; wobei natürlich nichts gesagt werden soll gegen solche Verjüngungskuren, denn der Mensch mag es ja noch immer als seiner Sehnsucht genügend entgegenkommend betrachten, wenn er sein späteres Alter um ein paar Jahre hinaus verlängern kann, wenn das auch auf Kosten desjenigen geschieht, daß er sich ein bißchen Schwachsinn dafür eintauscht...

GA 348, Ausg. 1976, 3. 12. 1922, S. 79

...Die Schlaffheit, das Schlaffwerden des Körpers, das drückt sich darinnen aus, daß der Körper seine Abgänge nicht mehr halten kann; er kann sie nicht mehr bei sich halten.
...Der Körper kann, wenn er schlaff wird, diese Abgänge nicht mehr halten. Und wird nun der Organismus überhaupt alt, so rinnt zu viel von diesem Hormon in den Samenkanal hinein, und zu wenig geht in den Körper zurück, so daß der Körper die Altersgifte dann in sich hat, und dieses Hormon, das von der Pubertätsdrüse kommt, wirkt zu wenig als Gegengift. Dadurch wird die Ratte und der Organismus überhaupt alt. Alt wird er durch die Gifte, die er in sich selber erzeugt. Diese Gifte dringen in den ganzen Körper ein...

S. 80

Kurz, das Ganze beruht darauf, daß man den Saft, den Hormonsaft wieder in den Körper zurückbringt. Sie sehen da die Verwandtschaft mit der Schilddrüse, bei der es sich auch darum handelt, daß man auf irgendeine Weise das Hormon in die Blutzirkulation hineinbringt. Hier handelt es sich auch darum, daß man das Hormon der Pubertätsdrüse dadurch in die Blutzirkulation hineinbringt, daß man im Alter, wenn der Mensch schwach geworden ist, das eben einfach abdrosselt. Die Sache ist also naturwissenschaftlich absolut in Ordnung...

S. 81

...Lange wird ja die Geschichte selbstverständlich nicht dauern, denn der menschliche Körper hat ja doch nur ein begrenztes Alter. Es ist auch durchaus heute noch nicht ausgemacht, ob man dadurch etwa die Lebensdauer verlängert. Man kann die Jugend etwas zurückgeben, aber nicht die Lebensdauer verlängern. Aber auch das ist wahrscheinlich, daß man dadurch die Lebensdauer wird verlängern können.

Krankheiterzeugend in der Jugend – Heilmittel im Alter

GA 312, Ausg. 1961, 27. 3. 1920, S. 140/141

...Der Grundsatz ist in einer gewissen Beziehung richtig: Ähnliches soll durch Ähnliches geheilt werden. – Aber es kann sich darum handeln, daß der hauptsächlichste Symptomenkomplex, den man als das Ähnliche bezeichnet zu dem, was der Symptomenkomplex der Heilung ist, den man aufsucht, in einem anderen Lebensalter liegt als der andere, daß zum Beispiel vor den Zwanzigerjahren ein Symptomenkomplex da ist, der meinetwillen durch den Einfluß äußerer Mittel hervorgerufen werden kann, und daß dann diese Mittel, die vor den Zwanzigerjahren den Krankheitsprozeß hervorrufen, in einer gewissen Weise zum Heilmittel werden nach den Zwanzigerjahren. Das ist also das, was bei diesem so oftmals betonten Satze: Ähnliches kann durch Ähnliches geheilt werden, berücksichtigt werden muß.

Dann ist aber vor allen Dingen, wenn man den Gesamtzustand des Menschen, ob gesund oder krank, ins Auge fassen will, wichtig, daß der Mensch gewissermaßen in zwei einander polarisch entgegengesetzten Lebensaltern lebt, daß er in der Jugend anderen Einflüssen ausgesetzt ist, daß er in der Jugend mehr ausgesetzt ist den obersonnigen Einflüssen, dem Saturn-, Jupiter-, Marseinfluß, daß er im späteren Alter mehr ausgesetzt ist den untersonnigen Einflüssen, dem Venus-, Merkur-, Mondeneinfluß, wenn ich sie bezeichnen soll nach dem, was wir gestern gesagt haben. Der Mondeneinfluß tritt ja aber verhältnismäßig am frühesten und am deutlichsten auf.

Das weist uns wieder darauf hin, daß wir das Räumliche bei der Betrachtung des Menschen mit dem Zeitlichen stets verbinden müssen. Erst dann, wenn man dieses tut, kommt man dazu, gewisse Erscheinungen, die im Leben des Menschen auftreten, im richtigen Lichte zu sehen. Und wir werden bei den Einzelheiten auch ein wenig immer berühren, wie man eigentlich vorzugehen hat, um die Verhältnisse zur Menschenerkenntnis in dem richtigen Lichte zu sehen...

X. DISHARMONIEN IM GEFÜGE DER LEIBLICHKEITEN

Als normal gilt der Mensch, der den von der Gesellschaft gemäß seines Alters erwarteten Normen und Werten entspricht. Der durch die Zivilisation einer Bevölkerung gegebene Rahmen bestimmt wer oder was normal oder unnormal ist.

Rudolf Steiner formuliert demgegenüber in GA 174, 14. 1. 1917 «... Nicht im normalen Zustand sein, heißt, nicht voll in sich aufnehmen wollen, was geistig in sie (Organe) hineinpaßt, was geistig zu ihnen gehört ...». Er wendet den Blick auf die Entsprechung zwischen Form und Inhalt. Sie müssen im normalen Zustand einander entsprechen, sonst tritt ein unnormaler Zustand auf.

Die überstarken Mineralisierungsprozesse in der zweiten Lebenshälfte, das «Aufzehren» der Leiblichkeiten, wenn die Lebenspfunde verbraucht sind, aber auch die aus der ersten Lebenshälfte im seelischen Bereich eingeprägten Mängel können deformierend auf den alten physischen Leib wirken. Ebenso wirken System- oder Organerkrankungen, die aus den vorherigen Inkarnationen veranlagt worden sind. Es wirken aus den vorigen Inkarnationen ungute Lebensgewohnheiten, die dem Karmagesetz entsprechend schwache Leiblichkeiten zur Folge haben.

Hier können nur einige der von Rudolf Steiner angegebenen Ursachen für einen unnormalen Zustand, d. h. Disharmonie im leiblichen Gefüge, als Denkanstöße erwähnt werden.

Die Auswirkungen dieser Disharmonien können zu Dementia, dem Altersschwachsinn, Wahnideen, Zwangsvorstellungen, dem Ausbrechen von latent vorhandenen «Geisteskrankheiten», aber auch schon zu querulatorischem Verhalten jeder Art führen.

Es öffnet sich der Alterskunde ein weites Feld für geisteswissenschaftliche Forschungstätigkeit. Fragen über Fragen treten auf, die nicht durch vorschnelle Urteile beantwortet werden dürfen.

Wie besonnen und zurückhaltend die Urteile über die Verhaltensweisen sein sollten, zeigt am besten als Beispiel wie Rudolf Steiner über Ph. E. Kant urteilt. Äußerlich trat Kant mit allen Merkmalen der typischen Altersdemenz auf. Rudolf Steiner schildert jedoch, wie die «gloriose Lebensfrucht» die physische Leiblichkeit zerbrechen mußte.

Wir müssen zwischen den Erscheinungen der natürlichen Exkarnationsprozesse, die nicht als pathologisch angesehen werden dürfen – wie man ja die Erscheinungen der Inkarnationsprozesse auch nicht als pathologisch bezeichnet – und dem Auftreten von echten pathologischen Erscheinungen unterscheiden lernen.

Bei den entsprechenden Krankheitsdispositionen können natürliche Exkarnationsprozesse zu pathologischen Erscheinungen führen.

Das Wirken des Doppelgängers, das Ausleben von parasitären Wesenheiten, die Möglichkeit der Inkorporation von Wesen können in diesem Zusammenhang nur erwähnt werden.

Rudolf Steiner hat uns durch seine Forschungen ein weites Feld erschlossen, das uns ermöglicht, in aller Behutsamkeit und in strengster Gedankenklarheit die Urteilsschritte zu wagen, um die Ursachen der Alterserscheinungen zu ergründen.

Die Urteile sollten im Sinne der mehrfachen Umschmelzung immer offenbleiben dürfen.

Die den alten Menschen umgebende Menschengemeinschaft sollte liebevoll den Blick auf den ganzen Lebensweg des Menschen mit seinen geistig-seelisch-leiblichen Geschehnissen, aus denen die Früchte für die neue Inkarnation reifen, gerichtet halten.

Altersschwachsinn, Dementia als pathologische Erscheinung

GA 55, Ausg. 1959, 31. 1. 1907, S. 144/145

... Er hat im linken Auge einen partiellen Star, so daß er etwas unregelmäßig sieht. Wenn er nun im Dunkel in einer ganz bestimmten Richtung schaut, so sieht er Gespenster ganz besonderer Art. Einmal ward er davon so erschreckt, daß er zur Waffe griff. Das ist so zu erklären: Ein gesunder Mensch ist sich der inneren

Bestandteile seines Auges nicht bewußt. Wer aber Unregelmäßigkeiten im Auge hat, der wird sich deren in der Weise bewußt, daß sie ihm außen im Spiegelbilde erst entgegentreten. Das wollen wir nun auf die ganze menschliche Wesenheit ausdehnen. Wir werden uns ja unseres Innern überhaupt nicht bewußt, sondern nur dessen, was uns von außen übermittelt wird. Wenn Harmonie herrscht zwischen oben und unten, so ist man sich der inneren Vorgänge überhaupt nicht bewußt. Hat einer zum Beispiel ein schwerfälliges Gehirn, das der Astralleib nicht gebrauchen kann, so drückt sich diese Störung, die der Astralleib erleidet, ebenso nach außenhin aus, wie die Störung im Auge es tat. Da wird der Astralleib sich seiner selbst bewußt, weil er gestört ist; da sieht er sich nach außen projiziert, Hoffnungen, Wünsche, Begierden treten ihm in Gestalten von außen entgegen. Wahnsinn, Querulantenwahnsinn, Hysterie gehören hierher, alles das, wo der Mensch seine Gefühle nicht in Einklang bringen kann mit der Außenwelt. Aber auch der Ätherleib kann an inneren Abnormitäten leiden. Er ist der Träger der bildlichen Vorstellungen. Wenn der Ätherleib sich seiner selbst unbewußt ist, so treten die Bilder der Außenwelt ihm wahr entgegen. Spiegeln sich aber bei Störungen des Ätherleibes die Bilder nach außen, so werden es Wahnideen, Paranoia. Wenn der physische Leib, der den Einklang mit der physischen Umgebung bringen soll, selbst erkrankt, wenn der physische Leib sich seiner selbst bewußt wird, so tritt Idiotie auf. Wenn der physische Leib zu schwer ist, so daß der Astralleib ihn nicht beherrschen kann, daß er nicht heraus kann, so tritt das ein, was man Dementia nennt. Wenn die physischen Organe aber zu beweglich sind, so daß sie die seelische Tätigkeit nicht deutlich ausdrücken, so entsteht Paralyse. Doch es gibt hier eine unendliche Fülle von solchen Fällen, die ganz verschiedenen Ursprung haben können, namentlich die Wahnvorstellungen. Sie können entspringen einmal aus der Projektion des Astralleibes oder aus der Erkrankung des Astralleibes. Dann werden die Affekte so stark, daß es zu Tobsuchtsanfällen kommt. Diese drücken sich im Ätherleib ab und daraus entstehen Wahnideen. Diese Wahnvorstellungen sind wie die Narbe zu der Wunde im Astralleib. Sie sind viel schwerer heilbar als die Tobsucht. Pupillenstarre ist manchmal eine Vorbereitung zum Wahnsinn.

Wir wollen uns nun daran erinnern, daß der Mensch mehr als einmal geboren wird. Zuerst physisch. Dann zur Zeit des Zahnwechsels wird der Ätherleib geboren und zur Zeit der Geschlechtsreife der Astralleib. Es kann nun vorkommen, daß erst bei der Geburt des Astralleibes der Mißklang zwischen oben und unten bemerkbar wird. Vorher bewahrte die umschließende Astralhülle den Einklang. Nach der astralen Geburt ist dann der Astralleib sich selbst überlassen, und nun tritt der Mißklang zwischen ihm und dem physischen Leibe hervor. Diese Art von Irrsinn äußert sich in der Weise, daß das junge Wesen oft auf ganz verschiedene Fragen ein und dieselbe Antwort gibt; auch leidet es unter Zwangsvorstellungen. Man nennt diese Erkrankungen Jugendblödsinn. Doch tritt dies nicht plötzlich auf, sondern bereitet sich langsam vor, vom elften, zwölften Jahre an. Depressionszustände, Ermüdbarkeit, Nicht-Auskommen mit der Umgebung, Kopfschmerzen, Verdauungs- und Schlafstörungen sind Vorboten...

Der Altersschwachsinn als Folge des natürlichen Exkarnationsprozesses

GA 181, Ausg. 1967, 2. 4. 1918, S. 184/185

...Indem das Kind ganz jung ist, sind Seele und Geist eben noch seelisch und geistig, und indem es heranwächst, verwandeln sich Seele und Geist allmählich ins Materielle, ins Leibliche. Seele und Geist wird nach und nach leiblich; der Mensch wird nach und nach völlig ein Abbild von Seele und Geist. Es ist sehr wichtig, daß man diesen Begriff hat...

...Wenn man Ernst macht damit, daß man in der äußeren physischen Wirklichkeit der großen Täuschung gegenübersteht, so wird man doch auch damit Ernst machen können, daß der äußere physische Mensch, wenn er siebzig Jahre alt ist und schwach ausschaut, seinen Geist schon woanders hat als auf dem physischen Plan...

... So ist Kant, als er ein alter Mann und schwachsinnig war, für die geistige Welt nicht schwachsinnig, sondern glorios geworden.

GA 350, Ausg. 1962, 28. 6. 1923, S. 149–152

... Aber das genügt noch nicht. Ich will Ihnen noch etwas anderes sagen. Sie wissen ja: Der Mensch entwickelt sich, und man beachtet gewöhnlich diese Entwickelung im Leben des Menschen nicht; aber wenn der Mensch noch ganz jung ist, beachtet man es. Man weiß ganz gut: Ein einjähriges Kind kann noch nicht schreiben und rechnen und lesen, ein achtjähriges Kind kann es vielleicht. Da sieht man die Entwickelung. Aber im späteren Leben, wenn wir einmal «gemachte Menschen» sind, da sind wir ja überhaupt so hochnäsig, daß wir es nicht mehr zugeben, daß wir uns entwickeln. Aber wir entwickeln uns eigentlich durch das ganze Leben, und es ist sehr eigentümlich, wie wir uns entwickeln. Unsere Entwickelung, die geht nämlich so: Nehmen Sie an, wir haben den Menschen – ich will ihn ganz schematisch zeichnen –: Wenn das Kind ganz

jung ist, dann geht alle Entwickelung vom Kopfe aus. Wenn man dann den Zahnwechsel durchgemacht hat, also etwas älter geworden ist, dann geht alle Entwickelung von der Brust aus. Deshalb muß man so achtgeben, wie die Kinder vom siebten bis vierzehnten Jahre atmen; daß sie genügend atmen und so weiter. Also das ist das Alter von dem größeren Kind – heute müßte man ja schon anders sagen, heute lassen sich die Kinder das nicht mehr gern gefallen; vom vierzehnten Jahr an muß man heute schon «junge Damen» und «junge Herren» sagen! – Und erst, wenn der Mensch geschlechtsreif geworden ist, geht vom ganzen Menschen, von den Gliedmaßen die Entwickelung aus. So daß wir sagen können: Wenn der Mensch geschlechtsreif geworden ist, so ist erst der Mensch selber in voller Entwickelung. – Das bleibt jetzt. Da entwickeln wir uns noch durch die zwanziger, dreißiger Jahre hindurch. Aber wenn man älter wird – einige von Ihnen können das ja schon an sich selbst sehen –, dann geht manches ja wiederum zurück. Das braucht ja nun nicht der Fall zu sein, wenn man ein geistiges Leben aufgenommen hat, aber so im normalen menschlichen Leben geht schon die Sache zurück, wenn man älter geworden ist. Das ist gerade die Aufgabe der Anthroposophie, dafür zu sorgen, daß die Menschen in der Zukunft mit dem Alter nicht mehr zurückgehen. Aber das muß natürlich auch langsam und allmählich geschehen.

Nun ist es ja so, daß es Menschen gibt, bei denen die geistigen Kräfte, wie man sagt, ganz furchtbar zurückgehen. Nun kann der Geist aber nicht zurückgehen, sondern es ist wieder nur der Körper, der zurückgeht. Es ist nun interessant, daß gerade sehr geistreiche Menschen oftmals im Alter furchtbar zurückgehen. So zum Beispiel werden Sie schon gehört haben, daß die Menschen ja den Kant zu den besonders großen Weisen rechnen. Kant war aber in seinem Alter blödsinnig. Also sein Körper ist so zurückgegangen, daß er seinen weisen Geist nicht mehr benützen konnte. Und so ist es bei vielen. Gerade sehr gescheite Leute sind ja im Alter richtig blödsinnig geworden. Das ist natürlich wieder nur ein starker, intensiver Ausdruck für das, was bei jedem Menschen eintritt. Allmählich kann man ja im Alter den physischen Körper nicht mehr gebrauchen. Man kann ihn ja dann schon aus dem Grunde nicht gebrauchen, weil sich ungeheuer viel Kalk einlagert, namentlich in die Adern. Und je mehr sich Kalk in die Adern einlagert, desto weniger kann man den physischen Körper gebrauchen. Aber in demselben Maße, in dem, sagen wir zum Beispiel bis zum vierzigsten Jahre vom Kopfe herunter die Entwickelung in den ganzen Körper hineingeht, in demselben Maße geht es wiederum zurück. Kommt man von den vierziger in die fünfziger Jahre hinauf, so muß man wiederum die Brust mehr gebrauchen, und im Alter muß man wieder mehr den Kopf gebrauchen. Wenn man also ganz alt geworden ist, muß man wieder mehr den Kopf gebrauchen. Aber jetzt müßte man im Alter wiederum den feineren Kopf, den Ätherkopf da oben, gebrauchen. Aber das lernen die Leute in der lateinischen Erziehung nicht. Und gerade diejenigen, die in den letzten Jahrzehnten materialistische lateinische Erziehung genossen haben, die sind am meisten diesem Altersblödsinn ausgesetzt gewesen.

Man muß im Alter wiederum auf die Kindheitsstufe zurück. Es gibt ja Leute, bei denen das sehr stark eintritt. Sie werden, wie man sagt, geistig immer schwächer und schwächer. Der Geist bleibt aber ganz erhalten, der Körper wird nur immer schwächer und schwächer. Solche Leute können zuletzt das nicht mehr, was sie zu allererst fertig gebracht haben. Solche Dinge kommen durchaus vor. Sagen wir, ein Mensch ist alt geworden. Das, was er zuletzt getrieben hat, das kann er gar nicht mehr. Er kann nur noch dasjenige, was er als größeres Kind getrieben hat. Zuletzt kann er auch das nicht mehr, sondern kann nur noch spielen und versteht auch nur noch diejenigen Begriffe, die er während des Spielens aufgenommen hat. Es hat sogar Leute gegeben, die konnten im höchsten Alter nur noch dasjenige verstehen, was ihnen die Eltern oder die Amme in den allerersten Kindheitsjahren gesagt haben. Der Ausdruck: Im Alter wird man kindisch – der hat nämlich eine sehr gute Begründung. Man gelangt wirklich wiederum in die Kindheit zurück.

Aber das ist, sobald man Geistesleben in sich hat, kein Unglück, sondern es ist eigentlich ein Glück; denn wenn man noch Kind ist, da kann man nämlich den Ätherleib noch benützen. Wenn das Kind herumtobt und schreit und alles mögliche macht, so macht das ja nicht der physische Leib – höchstens, wenn es Bauchweh hat, aber dann muß auch erst der Bauchschmerz übertragen werden auf den Ätherleib und astralischen Leib, damit das Kind sich infolge des Bauchwehs bewegt –, aber das, was da tobt, das ist eben nicht der physische Leib. Nun ist man alt und kommt wieder auf die Kindheitsstufe zurück; da hat man sich allmählich angewöhnt, nicht mehr zu toben, und benützt denselben Ätherleib, den man als Kind zum Toben benützt hat, dann im Alter zu etwas Gescheiterem. Also das kann ein Glück werden, daß man wiederum so zurückkommt...

Altersschwachsinn als ein Zeichen für das Herauswachsen aus den Erdenkräften

GA 348, Ausg. 1976, 24. 10. 1922, S. 51

...Sehen Sie, wenn das Kind nicht ein wenig Kalksand im Kopfe hat, der von der Zirbeldrüse ausgestreut wird, verteilt wird, wenn es nicht ein wenig Kalksand im Kopfe hat, dann bleibt es dumm, dann kann die Seele nicht eingreifen, denn die bildet in den Kalk hinein. Wenn aber später (im Alter) zu viel Kalk abgelagert wird, dann kommt eben die Verkalkung, und dann kann wiederum die Seele nicht eingreifen, weil das zu stark ist. Dann kommt die Lähmung, der Gehirnschlag, oder so etwas, oder man wird eben ergriffen von Altersschwachsinn, weil man das Gehirn nicht mehr ergreifen kann, nicht mehr verwenden kann. Aber wenn im übrigen Körper eine Verkalkung eintritt, ist es ebenso. Man wird wieder herausgenommen aus den Kräften der Erde. Man kann also sehen, wie der Mensch hineinwächst in die Kräfte der Erde bis zu seiner Geschlechtsreife, und wie er dann wieder herauswächst aus der Erde, wie die abgelagerten Schichten immer dicker und dicker werden und dadurch die Seele nicht mehr eingreifen kann...

Die Ursachen für Querulantentum sind oft pathologische Prozesse im Organbereich

GA 312, Ausg. 1961, 2. 4. 1920, S. 257/258

... Denn auch der Ausdruck Gehirnkrankheit ist eigentlich ein nicht ganz richtiger. Wenn der Ausdruck Geisteskrankheit ganz falsch ist, so ist der Ausdruck Gehirnkrankheit eigentlich halb falsch, denn auch dasjenige, was an Entartungen im Gehirn auftritt, ist eigentlich immer sekundär. Das Primäre liegt bei den Krankheiten niemals in dem, was sich in dem oberen Menschlichen, sondern immer in dem unteren Menschlichen abspielt. Das Primäre liegt eigentlich immer in den Organen, zu denen die vier Organsysteme gehören, dem Leber-, Nieren-, Herz- und Lungensystem. Und wichtiger als alles andere ist bei jemandem, der zu denjenigen Formen des Wahnsinns neigt, wo das Interesse am äußeren Leben abstirbt und der Mensch innerlich brütend wird und Wahnvorstellungen nachgeht, daß man eine Vorstellung von der Beschaffenheit seines Lungenprozesses bekommt. Das ist außerordentlich wichtig.

... Ebenso ist es wichtig, daß man bei Leuten, bei denen dasjenige auftritt, was man Eigensinn, Dickköpfigkeit, Rechthaberei nennen könnte, also alles dasjenige, was eine gewisse Unbeweglichkeit des Begriffssystems darstellt, ein starres Stehenbleibenwollen beim Begriffssystem, daß man durch das sich dazu führen läßt, nachzusehen, wie es mit dem Leberprozeß des betreffenden Menschen steht. Denn bei einem solchen Menschen ist immer der innere organische Chemismus dasjenige, was nicht ordentlich wirkt. Selbst dasjenige, was man gewohnt worden ist als Gehirnerweichung etwa zu bezeichnen im trivialen Leben, das sind alles sekundäre Dinge.

Das Primäre liegt gerade bei den sogenannten geistigen Erkrankungen in den Organsystemen, wenn es auch manchmal schwieriger zu beobachten ist. Und weil es in den Organsystemen liegt, deshalb ist es manchmal so trostlos, zu sehen, wie man gerade durch geistige Behandlung diesen Dingen am allerwenigsten beikommt, wie man tatsächlich viel eher bei wirklichen organischen Erkrankungen durch geistige Behandlung etwas ausrichten kann als gerade bei sogenannten Geisteskrankheiten. Man wird sich geradezu angewöhnen müssen, Geisteskrankheiten mit Heilmitteln zu behandeln. Das ist das Wesentliche, und das ist dasjenige, was eben das zweite Gebiet ist, wo die äußere medizinische Richtung sich den Weg wird suchen lassen müssen, um zur Geisteswissenschaft hin zu kommen.

Abhängigkeiten können zu Altersschwachsinn führen

GA 312, Ausg. 1961, 6. 4. 1920, S. 326

... Ich kann zum Beispiel notwendig erachten für mich – nach dem, was ich vorhin gesagt habe, ist es ja wichtig, so etwas zu berücksichtigen – gewisse Nahrungsmittel zu vermeiden, anderen mich mehr zuzuwenden. Ich kann notwendig erachten für mich eine gewisse Diät. Die kann sehr gut sein für mich. Aber es ist ein ganz beträchtlicher Unterschied, ob ich durch eigenes Ausprobieren zu dieser Diät komme dadurch, daß ich selber auf das oder jenes komme, oder indem ich sie mir einfach vom Arzte vorschreiben lasse. Bitte, nehmen Sie mir nicht übel, daß ich das so ganz trocken sage. Nicht wahr, es schaut vor der materialistischen Gesinnung so aus, als ob es denselben Dienst tut, wenn die für mich gute Diät von mir selber instinktiv gefunden ist, ich sie mir erarbeitet habe, vielleicht unter der Anleitung des Arztes erarbeitet habe, selber dabei Initiative entwickelt habe, oder ob ich sie mir einfach vom Arzte verschreiben lasse. Das letzte Ende, möchte ich sagen, dieser Wirkungen zeigt sich darinnen, daß mir ja die vom Arzte vorgeschriebene, befolgte Diät zunächst nützen wird, aber sie hat leider das Schädliche, daß sie mich im Alter leichter zur Vertrottelung führt, als ich sonst käme, daß sie zum Altersschwachsinn führt, während das aktive Mitarbeiten bei der Diät mich bis ins Alter hinein – natürlich kommen andere Faktoren, durch die das bedingt ist, hinzu – leichter geistig beweglich erhält. Und dieses Spielen von Aktivität und Inaktivität, das wird ganz besonders beeinträchtigt bei allen Suggestionskuren, wo ich mich ganz in die Abhängigkeit nicht nur dahin ergebe, daß ich mich meines Urteils begebe, das tue, was der andere vorschreibt, sondern sogar die Anleitung meines Willens in die Beurteilung des anderen gebe...

Die Depression und ihre leibliche Grundlage

GA 312, Ausg. 1961, 9. 4. 1920, S. 377/378

... Nun aber kommt es zur gewöhnlichen physischen chronischen Erkrankung, wenn der ganze Vorgang so im Organ gehalten werden kann, daß astralischer Leib und Ätherleib richtig ihren Anteil nehmen an der Organwirkung und so viel als nötig ist in die Organwirkung hineinsenden. Ist der Kranke so konstituiert, daß er ertragen kann ein unordentliches Hereinwirken des astralischen Leibes auf dem Umweg durch den Ätherleib in sein Organ, ist der Kranke also so geartet, daß er den abnormen Zusammenhang seines astralischen Leibes mit seiner Leber über einen gewissen kritischen Punkt hinwegbringt, so daß gewissermaßen die Leber nicht merkt, daß der astralische Leib nicht ordentlich in sie hineinwirkt, dann, ich möchte sagen, erholt sich die Leber, aber sie gewöhnt sich an das unordentliche Hineinwirken des astralischen Leibes. Das braucht eben nur lange genug fortzuschreiten und es macht den umgekehrten Weg in das Seelische hinein. Das, was die Leber aufnehmen sollte ins Physische, schiebt sie in das Seelische hinein, und wir haben die Depression, so daß also in einer gewissen Weise dadurch, daß der Mensch chronische Krankheiten über einen gewissen Punkt hin bis zu der abnormen Beziehung zum astralischen Leib hin übersteht, die Anlage gegeben wird zur sogenannten geistigen Erkrankung...

Auslassung und Wiederholung von Gedanken

GA 312, Ausg. 1961, 2. 4. 1920, S. 260

... Es kann einer gescheite Gedanken äußern und die Disposition zur sogenannten Geisteskrankheit in sich haben, auch ihr verfallen, was dann daran zu bemerken ist, viel eher als an etwas anderem, daß er an Auslassungen von Gedanken leidet oder daß er an öfteren Wiederholungen von Gedanken leidet. Derjenige, der an öfteren Wiederholungen leidet, trägt immer eine Anlage in sich, die im Grunde mit einem nicht ordentlichen Lungenbildungsprozeß zusammenhängt. Derjenige, der an Auslassungen von Gedanken leidet, trägt immer die Zusammenhänge mit einem nicht richtig funktionierenden Leberprozeß in sich. Die anderen Dinge stehen in der Mitte drinnen.

GA 312, Ausg. 1961, 9. 4. 1920, S. 376

... Wir müssen uns nun klar sein, daß gerade Geisteswissenschaft darauf hinweisen muß... wie organische Erkrankungen schon sehr stark zusammenhängen mit seelisch-geistigen Wirkungen...

Unregelmäßigkeiten im «Wassermenschen» können sich noch spät in «Geisteskrankheiten» äußern

GA 348, Ausg. 1976, 27. 12. 1922, S. 168/169

... So daß man sagen kann: Die sogenannten physischen Krankheiten, wenn sie von innen kommen, beruhen darauf, daß irgendwie im Menschen bewirkt wird, daß sich unrichtige Stoffe in seinem Wassermenschen auflösen. Aber die sogenannten Geisteskrankheiten sind ja in Wirklichkeit gar keine Geisteskrankheiten, denn der Geist wird nicht krank. Sogenannte Geisteskrankheiten beruhen darauf, daß das Wasser unrichtig verdunstet in den Sauerstoff hinein und dadurch das Nervensystem stört, wenn irgendein Organ so leise nur krank ist, so wenig nur krank ist, daß Sie es äußerlich nicht wahrnehmen können. So sehen Sie, daß man gerade da darauf kommt, daß der Mensch eigentlich fortwährend darauf angewiesen ist, die Stoffe richtig zu verarbeiten, damit sich nicht in seinem Wasser Unrichtiges auflöst, und damit nicht sein Wasser in der unrichtigen Weise zum Verdunsten kommt...

... Und so kann man sagen: Im Hunger ist eigentlich die Anlage zu der physischen Krankheit, und im Durst ist die Anlage zur sogenannten geistigen Erkrankung. Wir könnten eigentlich sagen: Wenn der Mensch sich nicht richtig ernährt, so bildet er dadurch die Grundlage für die physischen Erkrankungen. Wenn der Mensch nicht richtig seinen Durst löscht, und das ist unter Umständen viel schwerer bemerkbar, namentlich, wenn es in der Kindheit auftritt, wo man nicht recht das Durstlöschen und das Hungerlöschen unterscheiden kann, weil beides versorgt wird durch die Milch, also eigentlich durch eine Flüssigkeit, ein Wässeriges – wenn also durch die Muttermilch oder Ammenmilch etwas Verderbliches hineinkommt, so kann das noch spät den Wassermenschen veranlassen, nicht richtig zu verdunsten, und kann sich in irgendeiner Geisteskrankheit äußern...

Beispiele für Lockerungen der Leiblichkeiten vor dem Tod oder im pathologischen Sinn

1. Der Ätherleib lockert sich und stärkt

GA 352, Ausg. 1967, 20. 2. 1924, S. 128–135

...sie schrieben, sagen wir: Lehfeld (scharf, deutlich), und dann schrieben sie: Lehfeld (zitterig). Dann aber, die letzten Tage vor ihrem Tode, stellte sich heraus, daß sie wieder in eine gewisse scharfe Schrift hineinkamen; sie konnten plötzlich wiederum gut schreiben. Ich habe viele Menschen kennengelernt, die ihre früheren scharfen Schriftzüge vor dem Tode wiederum bekommen hatten. Ebenso ist in zahlreichen Fällen beobachtet worden – ich teile Ihnen da nicht gerade eine eigene Beobachtung auf diesem Gebiete mit, aber gut beglaubigte Beobachtungen, die gemacht worden sind –, daß Menschen, die als Kind irgendeine Sprache gelernt haben – als Kind sind sie vielleicht in irgendeinem fremden Land gewesen, haben eine Sprache gelernt und haben sie wieder vergessen; das kommt ja vor; nehmen wir an, sie hätten so als vierzig-, fünfzigjähriger Mann durchaus keine Möglichkeit gehabt, in dieser Sprache sich mit irgend jemand anderem zu verständigen –, plötzlich ein paar Tage vor ihrem Tode anfangen, in dieser

Sprache wiederum ganz verständlich zu reden. Es kam wiederum heraus! Das sind doch sehr bedeutsame Erscheinungen. Was geht denn da eigentlich vor? Dieses geht vor, daß der Mensch, wenn er stirbt, seinen physischen Leib, also das eine Glied seines Wesens, für die Erde zurückläßt. Das nächste Glied seines Wesens, den Ätherleib, von dem habe ich Ihnen gesagt, daß er ein paar Tage nach dem Tode sich allmählich im Weltenäther auflöst. Und dann bleiben vom Menschen noch zurück, um durch die geistige Welt zu gehen, der astralische Leib und das eigentliche Ich. Die gehen dann durch die geistige Welt.

Da findet ja eine vollständige Trennung der einzelnen Glieder des Menschen statt. Und derjenige, der dafür ein Auge hat, kann schon beobachten an jemandem, dessen Tod nahe ist, wie sich die verschiedenen Glieder, physischer Leib, Ätherleib, astralischer Leib voneinander lösen. Nun, was ist das, wenn einer seine Schrift ändert ein paar Tage vor seinem Tode? Ja, mit dem physischen Leib schreiben wir nicht! Womit schreiben wir denn eigentlich? Wir schreiben mit dem Ich! Wir bedienen uns des physischen Leibes nur als Werkzeug des Ich, wenn wir schreiben. Und unser Ich wird ja nicht alt! Mit Ihrem Ich sind Sie heute noch so jung wie Sie geboren worden sind. Das Ich wird ja nicht alt. Der astralische Leib wird auch nicht in demselben Maße alt wie der physische Leib. Aber der physische Leib ist es, dessen man sich bedienen muß als Werkzeug, wenn man schreiben will. Also der physische Leib, der muß mit seiner Hand die Feder ergreifen. Nun wird der Mensch, indem er alt wird, immer schwächer und schwächer, und er kann nicht mehr recht an seinen physischen Leib heran. Aber nicht nur das, sondern im physischen Leib selber lagert sich allerlei ab. Und die Folge davon ist, daß der Mensch seine Finger nicht mehr recht gebrauchen kann. Er wird ungeschickt, zittert, statt daß er feste Striche macht, wenn er schreibt. Ist nun der Mensch dem Tode nahe, dann lockert sich schon der Ätherleib vom physischen Leib heraus. Da geschieht eine Lockerung. Das kann zuweilen ein paar Tage vor dem Tode geschehen; manchmal geschieht es im letzten Augenblick. Man darf nicht sagen, daß man etwa einen Menschen, dem man tagelang vor seinem Tode ansieht, er könnte auch sterben, nicht mehr versuchen sollte, zu heilen; es kann wiederum das, was sich gelockert hat, zusammengefügt werden. Man muß immer, solange ein Mensch lebt, unter allen Umständen versuchen ihn zu heilen. Aber die Sache ist doch so, daß bei vielen Menschen tagelang vor dem Tode sich der Ätherleib lockert.

Nun, wenn sich der Ätherleib lockert, dann wird der Mensch stärker. Daß der Mensch stärker wird, wenn sich sein Ätherleib lockert, das können Sie auch noch aus etwas anderem sehen. Es gibt eine Sorte von Verrückten, die entwickeln eine ungeheure Stärke, eine ganz außerordentliche Stärke. Sie könnten oftmals erstaunt sein über das, was ein solcher Verrückter an Stärke leisten kann. Nicht nur, daß die Prügel, die er verabreicht, furchtbar viel stärker sind als diejenigen von andern, sondern Möbelstücke, bei denen es keinem Menschen einfällt, daß er sie heben kann, die hebt zuweilen ein Verrückter mit Leichtigkeit. Also Sie sehen, da tritt etwas Merkwürdiges ein, was einen solchen Menschen von einem normalen Menschen unterscheidet. Was tritt beim Verrückten ein? Nun, beim Verrückten ist der Ätherleib immer etwas locker; oder der Astralleib ist gelockert. Nun ist der Mensch durch den physischen Leib nicht gerade stark, sondern schwach. Er muß den physischen Leib bedienen durch den Äther- oder Astralleib. Man sagt ganz richtig im Volksmund: «Es ist eine Schraube bei ihm los» – es ist etwas gelockert. Das Volk spricht zuweilen sehr richtig, weil ein Instinkt des Übersinnlichen beim Volke vorhanden ist, und in solchen alten Volksaussprüchen sollte man nicht etwas Verächtliches sehen, sondern etwas, was durchaus stimmt. Wenn nun der Verrückte seinen Äther- oder Astralleib gelockert hat und dadurch stark wird, so ist er eben als Verrückter in der Lage, in der einer ist, dessen Ätherleib sich schon gelockert hat, weil er in ein paar Tagen stirbt. Und wenn er im Ätherleib stärker wird, kann er wieder besser schreiben. Wenn er im astralischen Leib stärker wird – da ist ja alles drinnen, was man vergessen hat –, da zieht er dann aus dem astralischen Leib heraus, was er vergessen hat und kann wiederum die früher gehandhabte Sprache sprechen.

Aber nun nehmen Sie Ihren Fall. Sehen Sie, ich habe ja den Mann nicht gekannt und weiß daher nicht, wie er gelebt hat. Vielleicht haben Sie ihn gekannt? Sie können ja dann auf gewisse Fragen antworten. Haben Sie ihn gut gekannt? – Nun, sehen Sie, bei einem solchen Menschen kommt es sehr stark in Betracht, ob er vielleicht eine Frau oder jemand anderes in der Umgebung gehabt hat, vielleicht könnten Sie es selber gewesen sein, der ihm fortwährend vorgeredet hat, wie schädlich es ist, so viel Alkohol zu trinken? (Das wird bestätigt.) Nun, da haben wir gleich irgend etwas, was uns auf die Spur führen wird! Er hat in seiner Umgebung Leute gehabt, die ihn immer ermahnt haben, er solle nicht so viel trinken, weil das nicht das Richtige ist und er sich damit schadet. Bei dem Mann ist das, wie man sagt, bei dem einen Ohr rein-, bei dem andern Ohr rausgegangen. Wiederum eine volkstümliche Redensart, die gar nicht so unbegründet ist. Es ist schon so, daß der Mensch für gewisse Dinge so gestimmt ist, daß sie bei dem einen Ohr rein-, bei dem andern Ohr rausgehen. Warum? Nun, weil der astralische Leib die Dinge überhört! Das Ohr ist ja nur das Werkzeug des Hörens. Der astralische Leib überhört es.

Nun kommt es aber doch vor, daß der astralische Leib die Sache hört, aber der physische Leib nicht mittut, weil der betreffende Mensch zu schwach ist. Nun denken Sie jetzt, der Mann hat meinetwillen von Herrn Erbstmehl selber gehört: Du bist ein ganz verrückter Kerl – ich sage es jetzt ganz radikal, nicht wahr – weil du dich alle Augenblicke besäufst! Das geht nicht, das ist menschenunwürdig! – und so weiter, und der Mann hat das alles heruntergeschluckt. Das ist so geschehen, das geschieht ja schon einmal im Leben, daß die Leute die Sache herunterschlucken und dann wieder weitermachen. Aber sein astralischer Leib hat etwas davon behalten. Vielleicht haben Sie es so stark gesagt, und so oft, daß der astralische Leib und der Ätherleib gar nicht wegkommen konnten, ohne das zu behalten. Solange die im physischen Leib drinnen ganz ohne Hindernis steckten, solange haben sie nichts gehört. In dem

Augenblicke, wo der physische Leib so wurde, daß der Ätherleib und der astralische Leib gelockert wurden, ja, da plötzlich kam durch den Ätherleib und den Astralleib der Gedanke in den Menschen hinein: Der Herr Erbstmehl könnte doch recht gehabt haben! Vielleicht ist das ganz verrückt, daß ich das ganze Leben hindurch so viel getrunken habe. Jetzt will ich einmal – nun, das können Sie sich ja denken, wenn die Dinge gelockert sind – Buße tun! – Da sagt dann der astralische Leib und der Ätherleib: Aha, jetzt trinkt er keinen Alkohol, jetzt trinkt er Schokolade und Zuckerwasser! – Vielleicht hätte er auch Limonade getrunken, wenn welche da gewesen wäre.

3. *Der Astralleib gräbt sich zu tief in den physischen Leib*

Dadurch, daß so etwas auftreten kann, wird also gerade für den, der die Dinge verständig ansieht, der Beweis geliefert, daß da im Menschen allerlei sitzen kann, was nicht herauskommt. Den gegenteiligen Fall habe ich Ihnen auch einmal erzählt. Der gegenteilige Fall war, wo die Geschichte nicht im astralischen Leib und Ätherleib drinnen blieb, sondern zu stark in den physischen Leib hineinging, wo man gewissermaßen viel zu viel auf die Sache hinhörte. Der gegenteilige Fall ist der: Einem ehemaligen Bekannten von mir – er war ein sehr gelehrter Herr – passierte es eines Tages, daß ihn das Bewußtsein und das Gedächtnis verließen. Er wußte nicht mehr, wer er einmal war, was er getan hat; von seiner ganzen Gelehrsamkeit wußte er nichts mehr. Alles hatte er vergessen. Er wußte nicht einmal, daß er er selbst ist, daß er er ist. Aber trotzdem, sein Verstand war klar. Der Verstand wirkte ganz klar. Er ging zum Bahnhof, löste sich ein Eisenbahnbillet und fuhr weit. Geld hat er sich auch mitgenommen, das, was er noch gehabt hat. Er konnte weit fahren. Als er angekommen war an der Station, wohin das Billet gelautet hatte, kaufte er sich ein neues. Und das tat er mehrmals, wußte gar nichts von dem, was er tat. Der Verstand ist aber so abgesondert vom eigentlichen Menschen, daß alles ganz verständig geschah, wie die Tiere verständig handeln – wie ich Ihnen oftmals an manchem guten Beispiel gezeigt habe –, ohne daß sie ein Ich haben. – Nun, da fand er sich einmal wiederum zurecht, das Gedächtnis kam wiederum. Er wuße, wer er ist. Seine Gelehrsamkeit rückte auch wiederum im Kopfe herauf; aber er befand sich in Berlin in einem Obdachlosenasyl! Da ist er zuletzt gelandet. Abgereist ist er von Stuttgart. Man konnte nachher konstatieren, daß er dort abgereist ist. In bewußtlosem Zustande ist er in Budapest und so weiter gewesen. Den Weg von Berlin nach Stuttgart hat er wiederum machen können. Dann hat ihn jemand von seiner Familie abgeholt, die furchtbar in Ängsten war. Er hat das wieder machen können. Er hat dann allerdings durch Selbstmord geendet. Das eine Mal kam es durch Bewußtlosigkeit heraus, das andere Mal durch Selbstmord.

Aber was geht denn da vor in einem solchen Fall? Ja, sehen Sie, diesen Mann, von dem ich Ihnen jetzt erzählt habe, den habe ich tatsächlich so vor mir, daß ich ihn eigentlich jederzeit malen könnte. Der Mann hatte Augen, von denen man glauben konnte, sie wollten immer mehr tiefer in den Kopf hinein. Er hatte hier vorne so etwas, wie wenn die Nase sich eingegraben hätte – das alles natürlich sehr leise angedeutet – in den physischen Leib. Er sprach mit einem in einer ganz merkwürdigen Weise. Er sprach mit einem so, daß er ganz anders überzeugt war von seinen Worten als ein anderer Mensch. Man hatte das Gefühl, der schmeckt seine eigenen Worte immer auf der Zunge und verschluckt sie, so gern hat er sie. Es gefällt ihm so, wenn er etwas spricht, er schluckt das alles in sich hinein. Und wenn man ihm irgendwie widersprach, da wurde er recht böse. Aber er zeigte äußerlich nicht viel von diesem Bösewerden, sondern sein Gesicht verzerrte sich. Wenn irgendwo auf der Straße ein Wagen knatterte, dann fuhr er furchtbar zusammen; wenn Sie ihm irgendeine Neuigkeit erzählten, dann fuhr er ebenso zusammen, ob sie nun freudig oder traurig war.

Sehen Sie, dieser Mensch hatte zu viel zugehört, und alles drückte sich gleich in seinem physischen Leibe aus. Und dadurch hatte er die Gewohnheit, daß der astralische Leib immer ganz tief in den physischen Leib sich eingrub; er behielt nichts für sich, wie Ihr Alkoholiker, sondern alles grub sich in den physischen Leib ein, bis der physische Leib soweit war, daß er auch sein eigenes Ich eine Zeitlang verrückte.

Da haben Sie den entgegengesetzten Fall. Bei diesem Alkoholiker blieben die Ermahnungen im astralischen Leib sitzen und kamen hervor, als der sich lockerte. Bei jenem anderen, von dem ich Ihnen erzählt habe, setzte sich der astralische Leib so tief in den physischen Leib hinein, daß der physische Leib dann auch für sich fortging.

Sie sehen also, es sind im Menschen überall die Anzeichen dafür vorhanden, daß diese höheren Glieder, diese übersinnlichen Glieder mit seinem physischen Leib und mit seinem Ätherleib in einer innigen Verbindung stehen. Dieses alles zeigt Ihnen aber, daß man das Leben ja nur wirklich kennenlernen kann, wenn man auf solche Lebenszusammenhänge hinschaut, die einem direkt verraten: Da ist ein physischer Leib im Menschen, da ist ein Ätherleib im Menschen, da ist ein astralischer Leib, da ist ein Ich.

4. Der Ätherleib lockert sich vom physischen Leib

Sie können da, was bei dem Fall war, wo der Betreffende plötzlich ganz andere Appetite, möchte man sagen, bekommt unter dem moralischen Druck dessen, was er im Leben im astralischen Leib gelassen hat, Sie können da auch sehen, wie noch andere Erscheinungen eintreten können. Da gibt es zum Beispiel folgendes. Ich will Ihnen jetzt eine interessante Geschichte erzählen. Da gab es einmal eine Frau, die handelte mit Gemüsen und ähnlichen Dingen. Es ist noch die Zeit, die schon weit hinter uns liegt, gewesen. Die Frau ging mit ihrem Gemüsekorb von Haus zu Haus. Nun, sie war immer so, daß man sie eben nahm als Frau, die nun so ist, wie eine Gemüsehändlerin eben das Leben auffaßt. Sie lachte, wenn irgend jemand etwas Witziges sagte; sie war sonst gleichgültig im Leben. Sie trug ihr Gemüse in die Häuser, nahm ihr Geld entgegen und verbrachte so das Leben. Da kam sie einmal in eine Wohnung und wollte Gemüse verkaufen. Es war sonst niemand da als der Herr des Hauses, der ihr aufmachte. Und dieser Herr des Hauses, der hatte einen ganz besonderen Blick. Der schaute die

Leute nämlich so streng an und hatte schon öfter bemerkt gehabt, wenn er die Leute mit seinem besonderen Blick anschaut, dann werden die Leute über etwas gesprächig, über das sie sonst schweigen. Nun stellte sich das Folgende heraus; das ist eine sehr gut beglaubigte Sache. Diese Gemüsefrau kam zu dem Mann; der schaute sie an. Sie erschrak. Er sagte gar nichts, schaute sie nur an. Er sah, daß sie erschrak, redete kein Wort, sondern schaute sie nur weiter an. Nun erschrak sie nicht nur, sondern sagte: «Schauen Sie mich nicht so an! Schauen Sie mich bitte nicht so an, ich will Ihnen alles sagen!» Er sagte nichts, schaute sie aber weiter an. Da sagte die Frau: «Ja, aber ich hab's ja nur aus Angst getan.» Er sagte wieder nichts, schaute sie nur weiter an. «Schauen Sie mich nicht so an, ich hätte es ja wirklich nicht getan, wenn ich's nicht aus Angst getan hätte!» – Er sagte wieder nichts, schaute sie nur weiter an. «Ja, ich will Ihnen auch alles sagen, aber schauen Sie mich nicht so an!» Er schaute sie an. «Ich will Ihnen alles sagen! Ja, sehen Sie, ich hätte es ja nimmermehr ermordet, wenn ich es nicht aus Angst getan hätte!» Weiteres Anschauen. «Ja, ich habe mich so vor den Leuten gefürchtet, das Kind hätte etwas Schlimmes von mir gesagt, und da habe ich es aus Angst getan. Ich war ja gar nicht ordentlich bei Bewußtsein!» Und sehen Sie, diese Frau hat ihm einen Kindsmord, den sie begangen hat, von A bis Z erzählt! Was ist denn da vorgegangen?

Die Sache ist so: Dieser Mann hatte einen gewissen scharfen Blick. Wenn der Mensch seine gewöhnlichen Augen hat, nun ja, da redet er mit den anderen, er stört sie nicht besonders. Wenn einer einen Blick hat, den er leicht fixieren kann, der dann durchdringend wird, dann magnetisiert, könnte man sagen, dieser Blick den Ätherleib des Menschen. Und im Ätherleib sitzt das Gewissen. Wenn der Ätherleib einfach richtig eingeschaltet ist in den physischen Leib, nun ja, nicht wahr, da wird der Mensch, wenn sich so etwas regt, das gleich hinunterstoßen. Wenn aber der Ätherleib magnetisiert wird durch solch einen Blick, dann lockert sich dieser Ätherleib. Und wenn der Mensch nun etwas auf dem Gewissen hat, dann lockert sich das mit und geht herauf und beunruhigt den astralischen Leib und das Ich. Und die Folge davon ist, daß durch diese mit dem Ätherleib geschehene Lockerung des Gewissens der Mensch Geständnisse ablegt, die er sonst nicht ablegen würde.

Das sind die Dinge, die wiederum zeigen, wie der Ätherleib, wenn er künstlich herausgelockt wird aus dem physischen Leib, selbständig wirkt, und wie eigentlich der physische Leib vieles verbirgt im Menschen, was der Mensch in sich trägt. Und das kommt dann, wenn sich der Ätherleib lockert, unter Umständen – nicht immer, aber unter Umständen – vor dem Tode heraus.

Entfesselung der Leiblichkeiten

1. Entfesselung des Ich

GA 174, Ausg. 1966, 14. 1. 1917, S. 128/135

... Wie ist denn dieses Ich gewissermaßen in den Unterleibsorganen des Menschen verankert? Es ist so, daß, wenn der Mensch im normal-gesunden Zustande lebt, dieses Ich wie gefesselt ist im Sonnengeflechte und allem, was damit zusammenhängt. Es ist gebunden durch dieses Sonnengeflecht. Was heißt das? Dieses menschliche Ich, das dem Menschen im Verlaufe der Erdenevolution als eine Gabe der Geister der Form zugekommen ist, war ja, wie wir wissen, der luziferischen Versuchung ausgesetzt. So wie der Mensch dieses Ich hat, würde es eigentlich, da es infiziert ist von luziferischen Kräften, der Träger böser Kräfte sein. Das muß unbedingt wahrheitsgemäß erkannt werden. Nicht durch seine Natur ist das Ich der Träger böser Kräfte; aber dadurch, daß das Ich durch die luziferische Verführung mit luziferischen Kräften infiziert ist, ist es an sich der Träger von wirklich bösen Kräften, von Kräften, welche durch die luziferische Infektion geneigt sind, dasjenige, was das Gedankenleben des Ich bedeutet, ins Böse zu verzerren. Der Mensch kann, seit er ein Ich erhalten hat, denken. Wenn es keine luziferische Versuchung gegeben hätte, würde er über alle Dinge gut denken. Da es aber die luziferische Versuchung gegeben hat, denkt das Ich nicht gut, sondern luziferisch infiziert, so wie es nun einmal in der Erdenevolution ist: tückisch, heimtükkisch. Es denkt so, daß es überall sich selbst ins Licht und alles andere in den Schatten stellen möchte. Es ist infiziert mit allen möglichen Egoismen. So ist das Ich nun einmal, da es luziferisch infiziert ist. Was nun als Gangliensystem, als Sonnengeflecht im Menschen lebt, ist schon von der Mondenentwickelung herübergekommen und stellt gewissermaßen das Haus für das Ich dar; da paßt das Ich in einer gewissen Weise hinein. Es kann daher darin gebunden, gefesselt werden. Und so liegt folgende Tatsache vor: Das Ich hat durch seine luziferische Infektion fortwährend die Tendenz, sich tückisch, lügenhaft zu gebärden, sich selbst ins Licht, das andere in den Schatten zu stellen; aber es wird gefesselt durch das Nervensystem des Unterleibes. Da muß es parieren. Durch das Nervensystem des Unterleibes zwingen die regelrecht fortschreitenden Mächte, die durch Saturn-, Sonnen- und Mondenentwickelung heraufgekommen sind, das Ich, nicht ein Dämon im bösen Sinne des Wortes zu sein. So daß wir also unser Ich so in uns tragen, daß es gefesselt ist an die Unterleibsorgane.

Nun denken Sie einmal, daß die Unterleibsorgane in irgendeiner Weise ungesund wären, daß sie nicht im normalen Zustande wären. Nicht im normalen Zustande sein, heißt, nicht voll in sich aufnehmen wollen dasjenige, was geistig in sie hineinpaßt, was geistig zu ihnen gehört. Das Ich kann in einer gewissen Weise frei werden in seiner Tätigkeit, wenn die Unterleibsorgane nicht ganz gesund sind. Dann kann, wenn dieses Freiwerden durch eine besondere physische Übertätigkeit herbeigeführt wird, die menschliche Natur sich so äußern, daß das Ich gewissermaßen losgelassen wird auf die äußere Welt, während es sonst gefesselt ist. Und wir haben, wenn das Ich sich dann frei benimmt, einen Fall, wo der Mensch psychisch krank auftritt, indem er die Eigenschaften des luziferisch infizierten Ich entfaltet: dann kommen sie heraus, die Eigenschaften des Ich, von denen ich gesprochen habe. Man braucht wahrhaftig deshalb nicht Materialist zu werden, weil man die Gebundenheit des Geistigen, also hier des Ich, an die physischen Organe in dem Leben zwischen Geburt und Tod – aber in einem höheren

Sinne, als der Materialist es sich vorstellt – voll einsieht, und wenn man auch einsieht, daß gewissermaßen der Teufel los werden kann, seiner Fesseln ledig werden kann. Da haben wir den einen Fall von psychischer Ungesundheit...

...Es ist also wichtig zu wissen: Es besteht eine gewisse Verwandtschaft zwischen dem Somnambulismus, der nur eben, ich möchte sagen, in einer milden Form die gewöhnliche Tätigkeit der wachend an das Gangliensystem gebundenen Prozesse ausschaltet, und gewissen Formen des Wahnsinnes, der hervorgerufen wird, wenn die Ausschaltung durch Deformierung, durch Erkrankung gewisser Organe des Unterleibes stattfindet. Es ist also immer eine solche krankhafte Anwandlung damit verbunden, daß das Ich gewissermaßen frei wird, sich sozusagen seiner Fesseln ledig fühlt und sich verbunden fühlt nun nicht mit seinem Leibe, sondern mit den geistigen Kräften seiner Umgebung, wie es auch im Wahnsinn der Fall ist. Deshalb aber treten bei gewissen Formen des Wahnsinns gerade die Eigenschaften der Tücke, der Lügenhaftigkeit, der Verschmitztheit, der Listigkeit auf, alles, was von luziferischen Infektionen kommt – das Bedürfnis, sich selbst ins Licht und alles andere in den Schatten zu stellen und dergleichen...

2. *Die Entfesselung des Astralleibes*

...Da haben Sie einen andern Gefesselten, der seine luziferischen Eigenschaften, die ein wenig gemischt sind mit ahrimanischen Eigenschaften, schon während der alten Mondenzeit erhalten hat. Sie sind daher schwächer als die luziferischen Eigenschaften des Ich, aber auch im astralischen Leib sind luziferische Eigenschaften enthalten. Wenn Sie den Prozeß, durch den sich diese luziferische Infektion in den astralischen Leib hineingeschlichen hat, vor ihre Seele rücken wollen, dann müssen Sie studieren, was in meiner «Geheimwissenschaft im Umriß» geschildert ist als Abtrennen des Mondes von der ganzen Evolution. Während der Mondenentwikkelung ist diese Infektion hineingekommen. Da haben Sie noch einen Grund, durch welchen der Mensch zu somnambulen Eigenschaften kommt, zu höheren somnambulen Eigenschaften, die vorzugsweise an die Brustorgane gebunden sind, und die schon Höheres vermitteln als die Unterleibsorgane; aber Sie haben zu gleicher Zeit die Möglichkeit, einzusehen, daß wenn da etwas nicht in Ordnung ist, so daß der astralische Leib nicht gefesselt gehalten werden kann, wiederum etwas eintritt, was als psychische Erkrankung, als psychische Störung anzusehen ist. Es kann also sowohl das Ich entfesselt werden und zu Wahnsinnserscheinungen führen wie auch der astralische Leib, was ebenfalls Wahnsinnserscheinungen hervorruft.

Wenn das Ich entfesselt wird, so entwickelt es, wie ich Ihnen gesagt habe, Eigenschaften wie Heimtücke, Verschmitztheit, Listigkeit, Übervorteilung, Sich-ins-Licht-Stellen, Alles-andere-in-den-Schatten-Stellen und so weiter. Wenn der astralische Leib entfesselt wird, so entwickelt er Ideenflüchtigkeit, diskontinuierliche Logik, manieartige Zustände oder aber Weltflüchtigkeit, Melancholie, Hypochondrie.

3. Die Entfesselung des Ätherleibes

In unserer menschlichen Natur muß vieles gefesselt sein. Wir sind schon in einer gewissen Weise des Teufels, und nur dadurch, daß wir durch die Anordnungen der regulär durch Saturn-, Sonnen- und Mondenentwickelung sich fortentfaltenden göttlich-geistigen Mächte die Teufel in uns gefesselt haben, nur dadurch sind wir halbwegs anständige Menschen, wozu wir infolge der verschiedenen Versuchungen gar nicht einmal eine so große Anlage haben. Und gewisse Verstimmungen, gewisse Stimmungen auch des seelischen Lebens hängen damit zusammen, daß der Mensch auf das kommt, was an Dämonischem in ihm lebt. All dies Dämonische beruht darauf, daß das, was in ihm gefesselt ist, entfesselt werden kann. Wir werden bei einer andern Gelegenheit noch darüber zu sprechen haben, wodurch dieses, was während des Lebens zwischen Geburt und Tod eigentlich durch unsere physische Natur gefesselt ist, dann zwischen dem Tod und einer neuen Geburt gefesselt ist. Denn Sie können ja wohl einsehen, daß wir der Weltenordnung sehr dankbar sein dürfen, hier zwischen Geburt und Tod unseren physischen Organismus zu besitzen; denn sonst hätten wir diesen für unsere höheren Glieder notwendigen Kerker nicht. – Wenn dann die höheren Glieder nach Ablegen des physischen Leibes losgelassen sind, so treten andere Verhältnisse ein, die wir bei andern Gelegenheiten besprechen werden. Ungefesselt sind sie dann auch nicht.

Nun, ebenso wie der astralische Leib auf diese Weise durch das Rückenmarksystem und alle Prozesse im organischen Leben, die damit zusammenhängen, gefesselt ist, so ist der ätherische Leib durch das Gehirnsystem mit allem, was dazu gehört, gefesselt. Der ätherische Leib hat seinen Angriffspunkt also durch das Gehirnsystem. Und auch da könnte wiederum ähnliches gesagt werden. In unserem Haupte ist der Kerker für unseren ätherischen Leib. Wahnsinns- oder somnambule Zustände treten ein, wenn der Körper nicht ganz in Ordnung ist und der ätherische Leib entfesselt wird. Der ätherische Leib hat nun vorzugsweise die Neigung, wenn er sich selbst überlassen, also nicht in den Kerker des Hauptes eingeschlossen ist, sich zu vervielfältigen, dadurch sich selbst fremd zu werden, gewissermaßen überzugehen in die Welt, in anderes sich hineinzuleben. Damit sind jene Zustände gekennzeichnet, die eintreten, wenn der Kerkermeister den ätherischen Leib losläßt.

Sie haben also damit die dreifache Möglichkeit psychischer Erkrankung, die dreifache Möglichkeit auch, loszukommen vom physischen Leibe. Diese dreifache Möglichkeit muß durchaus zu Rate gezogen werden – aber dann in einer ganz andern Weise –, wenn der Mensch durch die Initiation von seinem physischen Leibe frei werden soll. Das, wovon wir gesprochen haben, ist ein krankhaftes Freiwerden in der Weise, daß die Organe des physischen Leibes nicht gesund bleiben und dadurch der physische Leib nicht imstande ist, die höheren Glieder zu halten. Der Gehirnsomnambulismus würde nur ein Einschläfern der Gehirntätigkeit zur Voraussetzung haben; dadurch wird der Ätherleib frei und es entstehen somnambule Zustände. Bei Defekten des Gehirns aber kann der Kerker den Gefesselten, das heißt den Ätherleib, nicht mehr halten, dann geht dieser auf eigene Abenteuer aus und versucht im Aufgehen in der Welt sein ungeordnetes, wirres Leben auszuleben und auszugestalten. Sie sehen klar, daß die psychische Erkrankung im wesentlichen doch ihre Grundlage hat in einer Art Freiwerden von denjenigen physischen Grundlagen, zu denen die betreffenden höheren Glieder des Menschen in dem Leben zwischen Geburt und Tod gehören.

Der Ätherleib hat, wenn er befreit wird, vorzugsweise ahrimanische Eigenschaften. Es werden sich in diesem Falle Neid, Mißgunst, Geiz und dergleichen mehr in krankhafter Weise gesteigert ausleben; aber das alles im Zusammenhange mit einer Art Sich-Ausleben in der Umgebung, mit einem Aufgehen in der Umgebung. Dieses ist nun aber durchaus so zu verstehen, daß zwar das Ich mehr oder weniger seinen alleinigen Anziehungspunkt hat im Gangliensystem und dem, was damit zusammenhängt, der astralische Leib im Rückenmarksystem, aber mit dem Gangliensystem zusammen, der Ätherleib im Gehirnsystem, aber mit dem Rückenmarksystem und dem Gangliensystem zusammen. Insofern hat zum Beispiel das Gangliensystem, weil es ja alles Unterbewußt-Organische versorgt, auch mit dem Gehirn zu tun. Wenn das Gangliensystem einen Krankheitsprozeß bewirkt, der sich im Gehirn auslebt, dann kann allerdings auch gerade der Ätherleib frei werden.

Der Doppelgänger

GA 93a, Ausg. 1972, 27. 9. 1905, S. 27–29

Bevor der Mensch als Schüler zu dem Punkte geführt wird, daß er willkürlich an seinem Ätherkörper arbeiten kann, muß er wenigstens teilweise in die Lage kommen, das Karma zu beurteilen, Selbsterkenntnis zu erlangen. Darum darf Meditation nicht ohne fortwährende Selbsterkenntnis, Selbstschau vorgenommen werden. Dadurch wird erreicht, daß der Mensch im rechten Augenblick den Hüter der Schwelle sieht: das Karma, das er noch abzutragen hat. Wenn man diese Stufe in normalem Zustande erreicht, bedeutet das nichts anderes als die Erkenntnis des noch vorhandenen Karmas. Fange ich an, in den Ätherkörper hineinzuarbeiten, muß ich mir vorsetzen, das Karma, das noch da ist, auszugleichen. Es kann vorkommen, daß der Hüter der Schwelle auf abnorme Weise auftritt. Das geschieht, wenn der Mensch eine so starke Anziehung hat zu dem einen Leben zwischen Geburt und Tod, daß er wegen des geringen Maßes an innerer Tätigkeit nicht lange genug im Devachan bleiben kann. Wenn der Mensch sich zu sehr gewöhnt hat, nach außen zu schauen, hat er im Inneren nichts zu sehen. Er kommt dann bald ins physische Leben zurück. Seine Begierden bleiben dann vorhanden, das kurze Devachan ist bald vorüber; und wenn er zurückkehrt, ist das Gebilde seiner früheren Begierden noch im Kamaloka vorhanden; er trifft es dann noch an. Er verkörpert sich. Da mischt sich zu seinem neuen Astralkörper der alte hinzu; das ist das vorhergehende Karma, der Hüter der Schwelle. Er hat dann sein früheres Karma fortwährend vor sich, dies wird eine eigentümliche Art von Doppelgänger.

Viele von den Päpsten der berüchtigten Päpstezeit, wie zum Beispiel Alexander VI., haben solche Doppelgänger in der nächsten Inkarnation gehabt. Es gibt Menschen, und zwar jetzt gar nicht selten, die ihre frühere niedere Natur fortwährend neben sich haben. Das ist eine spezifische Art von Wahnsinn. Das wird immer stärker und heftiger werden, weil das Leben im Materiellen sich immer mehr ausbreitet. Viele Menschen, die jetzt ganz im materiellen Leben aufgehen, werden in der nächsten Inkarnation die abnorme Form des Hüters der Schwelle neben sich haben. Würde nicht der spirituelle Einfluß jetzt sehr stark ausgeübt, so würde eine Art epidemischen Sehens des Hüters der Schwelle eintreten als Folge der materialistischen Kultur. Ein Vorbote ist die Nervosität unseres Jahrhunderts. Sie ist eine Art Aufgehen in der Peripherie. Alle Nervösen von heute werden gehetzt sein durch den Hüter der Schwelle in der nächsten Inkarnation. Sie werden gehetzt werden in eine zu frühe Inkarnation, eine Art kosmischer Frühgeburt. Was wir mit der Theosophie anzustreben haben, ist eine genügend lange Devachanzeit, um solche zu frühe Inkarnationen zu vermeiden.

GA 147, Ausg. 1969, 30. 8. 1913, S. 118/120

... Und da macht sich durch Ahrimans Tätigkeit, die unberechtigt ist, die dadurch entsteht, daß Ahriman seine Grenze überschreitet, dann die Tendenz geltend, daß solche Teile der menschlichen ätherischen Wesenheit und auch der menschlichen astralischen Wesenheit, welche die Neigung haben, sich von dem übrigen Seelenleben loszutrennen und selbständig zu werden, von Ahriman sich formen lassen, so daß er ihnen die menschliche Gestalt gibt. Im Grunde genommen steht es mit allen möglichen Gedanken, die in uns selber sitzen, so, daß sie die menschliche Gestalt annehmen können. Wenn der Mensch diesen Gedanken als Gedankenlebewesen gegenübertritt, wenn dann Ahriman die Gelegenheit hat, einen solchen Teil der menschlichen Seele zu verselbständigen, ihm die menschliche Form zu geben, und man lebt sich in die elementarische Welt hinein, dann steht man diesem verselbständigten Teil seiner Wesenheit als seinem Doppelgänger gegenüber. Es ist immer ein Teil der menschlichen Seele, dem Ahriman die Form der menschlichen Gestalt gibt. Man muß sich nur klarmachen, daß, wenn man die elementarische Welt betritt, wenn man außerhalb seines physischen Leibes ist, sich in den ganzen Verhältnissen so manches ändert. Wenn man in seinem physischen Leibe darinnensteckt, so kann man sich nicht gegenübertreten; wenn man aber in seinem ätherischen Leibe die elementarische Welt betritt, so kann man in ihm stecken und ihn dennoch von außen sehen, wie man den Doppelgänger sieht. Dies ist mit dem Doppelgänger gemeint. Er ist im Grunde genommen, wenn man substantiell spricht, ein großer Teil des ätherischen Leibes selber. Während man einen Teil desselben zurückbehält, sondert sich ein Teil ab, wird objektiv. Man schaut ihn an, es ist ein Teil der eigenen Wesenheit, dem Ahriman die Gestalt gegeben hat, die man selber hat. Denn Ahriman versucht alles sozusagen hereinzudrängen in die Gesetze der physischen Welt. In der physischen Welt herrschen die Geister der Form, und sie teilen diese Herrschaft mit Ahriman, so daß Ahriman das durchaus ausführen kann mit einem Teil der menschlichen Wesenheit, was man bezeichnen kann als das Gestalten eines Teiles der menschlichen Wesenheit zum Doppelgänger.

Es ist verhältnismäßig eine elementarische Erscheinung, diese Begegnung mit dem Doppelgänger, und sie kann auftreten durch besondere unterbewußte Eindrücke und Impulse der menschlichen Seele, auch wenn der Mensch nicht hellsichtig ist. Es kann das Folgende vorkommen: Irgendein Mensch kann ein Intrigant sein, kann mancherlei Menschen durch seine Intrigen Böses zugefügt haben. Er kann wieder einmal ausgegangen sein und irgendeine Intrige eingefädelt haben. Er kommt zurück in seine Wohnung, tritt vielleicht in sein Schreibzimmer ein, auf seinem Schreibtisch liegen vielleicht Papiere, auf denen Dinge stehen, mit denen er die Intrigen eingefädelt hat, und es kann ihm passieren, trotzdem er in seinem Oberbewußtsein zynisch geartet sein kann, daß doch sein Unterbewußtsein erfaßt wird von jenen Impulsen des Intrigierens. Er tritt ein in sein Schreibzimmer, schaut zu seinem Schreibtisch hin und siehe da: er sitzt da selber. Das ist eine unangenehme Begegnung, wenn man durch seine eigene Türe ins Zimmer tritt und sich selbst am Schreibtisch sitzen sieht...

... Wir wissen, daß dieser Doppelgänger von Johannes Thomasius erlebt wird, und es hängt mit der eigentümlichen Entwickelung des Johannes Thomasius zusammen, daß er an den Stellen, wo es gezeigt wird, die Begegnung mit dem Doppelgänger hat, weil durch die eigentümlichen Erlebnisse, die er gehabt hat, Ahriman einen Teil seiner Seele formgemäß so gestalten kann, daß dieser Teil der Seele substantiell als Teil des ätherischen Leibes mit selbstsüchtigen Seelenelementen erfüllt ist...

Wesenheiten durchziehen den Menschen – Parasitäres Leben im Menschen

GA 102, Ausg. 1974, 6. 1. 1908, S. 22/23

... Aber es gibt Wesenheiten, Menschen und höhere Tiere, die Lymphe haben: da, in dieser Lymphe haben diese Wesenheiten ihre physischen Offenbarungen. So pulsiert in unserem Leibe nicht bloß ein materieller Stoff, sondern in jedem solchen Kreislauf bewegen sich, und zwar in ganzen Scharen, solche Wesenheiten, die durch den Menschen rotieren, sich durch ihn hindurchbewegen und in der Lymphe ihren Körper haben, während der eigentliche Mensch, der Ich-Mensch, zunächst im Blute bloß seinen Körper hat. Und ob einen Menschen mehr Mondwesen dieser Art durchkreisen oder mehr Marswesen dieser Art, das gibt seiner Lymphe den besonderen Charakter. Durchkreisen den Leib in einem Menschen mehr Mondwesen, so neigt er mehr zur Bosheit, zum Zorn, zum Ingrimm, durchkreisen ihn mehr Marswesen, so ist er ein Mensch, der mehr zur Sanftmut, zum Wohlwollen, zur Milde neigt. So sehen Sie, wie der Mensch nicht bloß von Säften, sondern auch von Geistern durchzogen ist, und wie man den Menschen nur versteht, wenn man weiß, daß er nicht bloß von Säften, sondern auch von Geistern durchzogen ist.

Wenn Sie nun hellseherisch das erforschen, was man Chylus nennt, was also der äußere Ausdruck zunächst des menschlichen Ätherleibes ist, so haben Sie auch da wiederum ähnliche Wesenheiten verankert und eingegliedert. Das, was da eingegliedert ist, sind zunächst jene Wesenheiten, die wir vorhin charakterisiert haben auf der einen Seite als die guten, auf der anderen Seite als die schlimmen Venuswesenheiten, jene Wesenheiten, die ihre Heimat auf der Venus haben und die sich in unserer devachanischen Welt finden. Dort sind sie für das hellseherische Vermögen Persönlichkeiten, und ihre Äußerung, ihre Offenbarung hier im physischen Leben haben sie in dem menschlichen Speisesaft, in dem Chylus, so sonderbar das auch aussieht. In diesem den menschlichen Leib durchziehenden Speisesaft leben diese Wesenheiten, die ihre eigentliche Heimat auf dem Devachanplan haben und die, insofern sie einen physischen Leib annehmen, auf der Venus ihr physisches Leben haben. Und da die Venus in ihren Kräften in einer gewissen Weise zusammenhängt mit unserer ganzen Erdvegetation und mit allem, was sonst auf unserer Erde lebt, so werden Sie einsehen, welcher Zusammenhang besteht zwischen dem, wovon sich der Mensch ernährt, und dem, was aus dem Menschen durch diese Nahrung wird. Das ist eben ganz und gar nicht gleichgültig. In allen Pflanzen, und natürlich auch in den Tieren, leben die Einflüsse der Venuswesenheiten, auf der einen Seite die der guten, sanften, milden, auf der anderen Seite die jener wilden Venuswesenheiten, die Ihnen geschildert worden sind als raubgierige und miteinander im Kampf befindliche Wesenheiten. Je nachdem die einen oder die anderen Wesenheiten auf unsere Tiere oder Pflanzen wirken, sind das Fleisch oder die Pflanzen so, daß, wenn sie sich in Speisesäfte verwandeln, sie dem Menschen Tugenden oder Laster in seinen Leib hineinbauen...

S. 15–19

...Diese Wesenheiten sind, man könnte sagen, nur die schlimme Kehrseite von anderen Wesenheiten, die wir ebenfalls in der astralen Welt finden: von gutartigen Wesen, die, verglichen mit der gegenwärtigen, auch sanftesten Menschennatur, noch viel, viel sanfter sind, sehr sanft auch in bezug auf die Sprache. Das sind Wesenheiten, deren Sprache nicht von jener Sprödigkeit ist wie die menschliche Sprache, bei der erst lange überlegt werden muß, wenn der Mensch sich äußern soll, wenn er seine Gedanken und Vorstellungen in Worte kleiden soll. Man könnte sagen, diesen Wesenheiten fließen die Gedanken von den Lippen, nicht bloß der Ausdruck der Gedanken in Worten, sondern die Gedanken selbst fließen ihnen in einer sanften Sprache von den Lippen. Diese

Wesenheiten finden Sie auch innerhalb unserer astralischen Welt; ihren eigentlichen Schauplatz haben sie wiederum auf einem anderen Planeten. Wie die erstgenannten Wesenheiten auf dem Mond, so haben diese zweiten auf dem Mars ihre Heimat; den bewohnen sie, und da sind sie sogar die hauptsächlichste Bevölkerung, so wie gewisse Menschenrassen die hauptsächlichste Bevölkerung auf unserer Erde sind.

Wenn wir dann weiter aufsteigen nach dem Devachanplan, finden wir gewisse Wesenheiten, die in ihrer Eigenart auch sanfter, friedlicher Natur sind, und die in einer gewissen Beziehung außerordentlich klug sind. Solche Wesenheiten, die wir auf dem Devachanplan finden, haben ihre eigentliche Heimat – wie die anderen Wesenheiten auf Mond und Mars – auf dem Planeten Venus. Auch auf der Venus finden wir noch eine zweite Art von Wesenheiten, die – im Gegensatz zu den sanften, lieblichen – eine wilde, rasende Varietät darstellen, deren hauptsächlichste Beschäftigung im gegenseitigen Krieg und Raub besteht.

Dann finden wir auf den höheren Partien des Devachanplans gewisse Wesenheiten von zweierlei Art, die sehr schwer zu beschreiben sind. Wir können sie nur vergleichsweise beschreiben, indem wir sagen, daß sie unendlich erfinderisch sind, in jedem Augenblick des Lebens etwas ausfindig machen, denn es wäre falsch, wenn man sagen würde: sie denken es aus. Bei ihnen ist diese erfinderische Gabe etwa so vorhanden, wie wenn man eine Sache anschauen würde und einem in demselben Augenblick – schon beim Anschauen – der Einfall käme, wie man das anders gestalten könnte. Sogleich erfolgt da bei ihnen die Erfindung. Diesen Wesenheiten, die ihre Heimat auf dem Saturn haben, stehen andere gegenüber, die wiederum wie ihre Kehrseite sich ausnehmen: wilde, schaurige Wesenheiten, die alles, was etwa im Menschen an wilder sinnlicher Gier und Begierde lebt, in einem weitaus höheren, furchtbareren Grade besitzen.

Diese eben genannten Wesenheiten sind nun keineswegs ohne Beziehung zu unserem Leben, sondern sie erstrecken ihre Taten, ihre Wirkungen und Offenbarungen durchaus in unser Leben hinein, und namentlich ist ihre Wirkung für den hellseherisch begabten Menschen dann zu verspüren, wenn gewisse Verhältnisse auf der Erde eintreten. So sind zum Beispiel jene Wesenheiten, die ihre Heimat auf dem Mond haben – natürlich als astrale Wesenheiten –, auf der Erde unter den mannigfaltigsten Verhältnissen vorhanden, beispielsweise wenn irgendwo ein Mensch von Wahnideen befallen ist, wenn irgendwo Irrsinnige sind. Namentlich in der Nähe von Irrenhäusern halten sich solche Wesenheiten als astralische Wesenheiten mit ganz besonderer Vorliebe auf. Auch finden sie sich fast immer in der Nähe von Medien und Somnambulen, die zum Teil ganz umschwirrt sind von solchen Wesenheiten, und ein großer Teil von den Einflüssen, die auf solche Menschen ausgeübt werden, rüht von der Anwesenheit solcher Geschöpfe her. Wo dagegen Liebe und Wohltätigkeit waltet, wo humanitäres Wesen entfaltet wird, da finden Sie die vorhin charakterisierten sanften, milden Marswesenheiten als astralische Geschöpfe anwesend, und diese Wesenheiten wirken in den Kräften, die sich da entfalten. Das ist für sie ihre Nahrung, die Atmosphäre, in der sie leben können und von der aus sie wiederum ihren Einfluß auf den Menschen ausüben.

Da, wo menschliche Erfindungen gemacht werden, wo Ingenieure arbeiten, in den technischen Werkstätten, da ist die Atmosphäre geschaffen für jene Art von erfinderischen Saturnwesenheiten, die beschrieben wurden, während dort, wo irgendwelche Akte sich entfalten, die mit Geistesgegenwart etwas zu tun haben, Wesenheiten anwesend sind, die auf der Venus ihren Sitz haben.

So sehen Sie, wie der Mensch in den verschiedensten Lebenslagen fortwährend umgeben und umschwirrt ist von solchen elementarischen Wesenheiten, wie man sie auch nennt. Er ist wirklich niemals allein, sondern was er auch tut und was er unternimmt, ist zu gleicher Zeit Gelegenheit für die Entfaltung einer Anzahl Wesenheiten. Die feineren und gröberen Taten der Menschen, die ideellsten und idealsten Taten und die wüstesten Taten, sie alle sind Gelegenheitsursachen für die Anwesenheit solcher Geschöpfe, die eingreifen in die Kräfte der Menschen und sich da betätigen und die man kennen muß, wenn man das Leben wahrhaftig durchschauen will. Wer diese Dinge nicht durchschaut, geht ja durchaus blind durch das Leben. Es ist nicht etwa bloß eine Theorie oder eine theoretische Forderung, um die es sich da handelt, sondern es handelt sich hier darum, daß alle diese Dinge unmittelbar praktisch werden. Denn erst dann wird der Mensch nach und nach in der Zukunft der Erdenentwickelung lernen, sich in der richtigen Weise zu verhalten und zu benehmen, wenn er immer mehr und mehr erkennt, welche Geschöpfe durch diese oder jene Taten und Umstände herbeigerufen werden. Alles, was der Mensch tut, ist wie ein Ruf an unbekannte Wesenheiten. Nicht nur an Irre oder an Medien können sich die Mondwesenheiten, unter denen recht böswillige Racker sind, heranwagen, sondern zum Beispiel auch an junge Kinder, wenn sie in so unsinniger Weise überfüttert werden, daß bei ihnen die Freßgier erregt wird; dann können sie sich an sie heranmachen und ihre Entwickelung verderben. Da sehen Sie, wie notwendig es ist zu wissen, was der Mensch eigentlich durch sein ganzes Gebaren und durch sein ganzes Gehabe in der Welt um sich herum wachruft.

Nun sind diese Wesenheiten auch sonst durchaus nicht ohne Beziehung zum Menschen. Sie haben vielmehr eine tiefe Beziehung zu unserem unmittelbaren menschlichen Bau. Von dem, was sich im menschlichen Leibe findet, gehört eigentlich nur eines dem Menschen an oder kann ihm immer mehr angehören: das ist sein Blut. Des Menschen Blutsaft ist das, was unmittelbar der Ausdruck seines Ich ist. Wenn aber der Mensch nicht immer mehr und mehr darauf schaut, sein Ich durch einen starken und kräftigen Willen, durch seine starke und kräftige Seele innerlich zu festigen, wenn ihm sozusagen sein Ich abhanden kommt, dann können sich auch in seinem Blut andere Wesenheiten verankern, und das ist dann sehr schlimm und böse für den Menschen. Dagegen sind in anderen Teilen des menschlichen Organismus heute noch viele andere Wesenheiten verankert, sind in ihm enthalten, und wir wollen einmal sehen, was da eigentlich alles seine Fühlhörner in diesen menschlichen Leib hineinerstreckt, was da im menschlichen Leibe sich alles verankert. Da müssen wir ein wenig eingehen auf diesen menschlichen physischen Leib.

Sie wissen, daß das Blut, das durch die Adern rinnt und sich im Menschenleib ausbreitet, der Ausdruck des menschlichen Ich ist und daß es immer stärker und stärker der Ausdruck des Ich wird, wenn das Ich selbst immer stärker und kräftiger in sich seinen Mittelpunkt, sein inneres Kraftzentrum findet. In bezug auf andere Teile, auf andere Einschlüsse des Organismus wird das Ich des Menschen erst in einer viel künftigeren Zeit die Herrschaft erhalten. Heute sind in diesen Ingredienzien des menschlichen Leibes noch viele andere Wesenheiten enthalten. Wir wollen die drei Säftestufen Chylus, Lymphe und Blut jetzt einmal zum Zwecke unserer Betrachtung näher ins Auge fassen.

XI. DAS RICHTIGE ALTERN. DIE AUFGABE DES ALTERS AN DER JUGEND.

«Wer immer strebend sich bemüht...», diese Worte von Goethe gelten auch für das richtige Altern: Man ist auf dem Wege, auf dem ganz individuellen Wege mit allen Rückschlägen und Höhepunkten. Es ist der Weg zu dem «guten Willen», der aus Freiheit das Notwendige tut. Es ist der «gute Wille», der das Gesetz der Liebe erfüllt, wie Rudolf Steiner es in den «Leitsätzen» formulierte.

Im Alter kommt es darauf an, wieder zu dem Gespräch mit den Hierarchien zu kommen, um sich dadurch in richtiger Weise in das soziale Umfeld stellen zu können, sich nicht im Egoismus, der Selbstpflege auszugliedern, sondern aus Lebensreife die Brücke zu bauen von dieser zu jener Welt.

Das ist die Aufgabe des alten Menschen gerade im Gemeinwesen.

Wenn sein Platz in der Gesellschaft nicht besetzt ist, müssen der soziale Organismus und die Kultur schwere Schäden erleiden.

«Wir müssen so erziehen, daß der Mensch versteht, alt zu werden»

GA 306, Ausg. 1956, 22. 4. 1923, S. 164–166

...Und das ist, was dann auch dazu führt, daß man sieht: mit diesen Kindern, die man so erzieht, läßt man etwas heranwachsen, was nicht nur für das kindliche Alter da ist, sondern was immer weiter mitwirkt. Denn sehen Sie, wenn Sie alt werden, was müssen Sie denn tun? Wer das Menschenwesen nicht kennt, der kann gar nicht in der richtigen Weise ermessen, was das eigentlich heißt, daß ich als Kind in dem Zeitalter, wo sie sich einzig und allein dem Menschen einprägen, gewisse Impulse erlangt habe. Damals konnte ich diese Impulse nur in den weichen, fügsamen, schmiegsamen, plastisch-musikalisch zugänglichen kindlichen Organismus tauchen, den hatte ich noch. Im späteren Leben habe ich einen härter gewordenen, nicht körperlich meinetwegen, aber seelisch-leiblich ins Sklerotische hineingehenden Körper. Ja, dasjenige, was an mir erzogen worden ist, das wird ja gar nicht alt! Es ist nicht wahr, daß das alt wird. Man ist, wenn man noch so alt geworden ist, innerlich mit genau demselben kindlichen Wesen ausgestattet, mit dem man ausgestattet war, sagen wir, zwischen dem 10. und 15. Lebensjahr. Das trägt man immer in sich. Aber das muß so biegsam und schmiegsam sein, daß es nun auch dieses alte Gehirn, auf dem schon ein kahler Schädel ist, benützt, wie es dazumal das weiche Gehirn benützt hat. Und wenn nicht so erzogen wird, dann entsteht eben jener ungeheure Gegensatz, der heute zwischen Alter und Jugend zu bemerken ist, und den man als so unüberbrückbar vielfach ansieht. Man sagt da manchmal das Entgegengesetzte für das, was ist. Denn vielfach sagen die Leute: Ja, heute versteht die Jugend das Alter nicht, weil das Alter nicht versteht, jung zu sein mit der Jugend. – Das ist aber nämlich gar nicht wahr. Nichts davon ist wahr. Sondern die Jugend erwartet vom Alter, daß das Alter nun in der richtigen Weise die altgewordene Körperlichkeit benutzt. Da sieht die Jugend im Alter etwas ganz anderes, als was sie selber hat: dann auch stellt sich die selbstverständliche Verehrung des Alters ein. Die Jugend sieht, daß sie vom Alter etwas bekommen hat, was sie von sich nicht bekommen kann, wenn das Alter den Glatzkopf ebenso richtig zu behandeln weiß, wie das Kind mit dem vollbewachsenen Wuschelkopf lebt. Das muß durchaus da sein. Wir müssen so erziehen, daß der Mensch versteht, alt zu werden.

Daran krankt die heutige Menschheit, daß diejenigen, die kindlich und jugendlich heranwachsen, in den alten Leuten nicht etwa richtig alt gewordene Menschen erkennen, sondern Kindsköpfe sind heute für die Jugend die alten Leute geblieben, die gerade so sind, wie sie selber ist! Weil durch die mangelhafte Erziehung die Menschen heute den altgewordenen Körper nicht benützen können, bleiben sie Kindsköpfe. Der Ausdruck «Kindsköpfe» ist sogar außerordentlich genial gewählt: man ergreift im Laufe des Lebens nicht seinen ganzen Organismus, sondern man arbeitet nur mit dem Kopfe, mit dem das Kind oder der jugendliche Mensch arbeiten soll. Da sagt die Jugend: Was brauche ich von denen zu lernen! Die sind nicht weiter wie wir, die sind ebensolche Kindsköpfe. – Darum handelt es sich nicht, daß das Alter heute zu wenig jugendlich ist, sondern das Alter ist viel zu kindlich geblieben: das ist, was heute die Schwierigkeiten macht. Also man bezeichnet vielfach mit dem allerbesten Willen das, was ist, durch das Entgegengesetzte...

Die Sprache sollte wieder aus den Sphären der Hierarchien strömen und die Gedanken aus dem Herzen kommen.

GA 304a, Ausg. 1979, 26. 3. 1923, S. 51/52

...Denn letzten Grundes will die Jugend nicht auf sich selbst gestellt sein, sie will neben das Alter hingestellt sein. Aber sie soll neben das Alter so hingestellt sein, daß dasjenige, was vom Alter kommt, ihr etwas ist, was ihr erstens fremd erscheint, was sie in sich selber nicht finden kann; zweitens, was ihr den Eindruck macht: es entspricht etwas, was ich brauche, was ich hereinbringen muß in die eigene Seele.

In dieser Beziehung hat unser soziales Leben Verhältnisse heraufgebracht, die ich heute in der folgenden Weise charakterisieren möchte. Man redet so sehr häufig davon, daß das Alter jugendfrisch bleiben soll, damit es mit der Jugend auskommt. Heute – selbstverständlich die Anwesenden sind ja immer ausgenommen –, heute ist das Alter zu jugendfrisch, nämlich, man versteht nicht, richtig alt zu werden. Man versteht nicht, hineinzuwachsen mit seinem Seelisch-Geistigen in den im Laufe des Lebens veränderten Leib. Man trägt hinein dasjenige, was man schon als Kind oder wenigstens als junger Mensch getan hat, in den alten Leib. Da paßt es nicht hinein, passen die Leibeskleider nicht. Und wenn dann die Jugend herankommt, so ist es nicht deshalb, daß man sich mit ihr nicht versteht, weil man zu alt geworden ist, sondern im Gegenteil, man versteht sich mit der Jugend nicht, weil man nicht hineingewachsen ist in das Alter und in dem Alter dadurch wertvoll geworden ist. Die Jugend will das ins Alter hineingewachsene Alter haben, nicht ein kindsköpfiges Alter. Und wenn so die Jugend heute unter das Alter kommt: Ja, diese Alten unterscheiden sich ja nicht von uns, sind ja gerade wie wir selber; sie haben zwar mehr gelernt, aber sie wissen nicht mehr; sie haben nicht verwendet das Altern dazu, die Dinge reif zu machen; die sind geradeso wie wir. – Die Jugend will das Alter richtig alt haben.

Dazu ist aber notwendig, wenn das wirklich in die soziale Ordnung übergehen soll, daß wir eine Erziehungskunst, eine Erziehungspraxis haben, die es eben darauf anlegt, daß dasjenige, was als Keim in der Erziehung gelegt wird, bis ins späteste Alter nachwirkt, wie ich es geschildert habe an Beispielen. Man muß in der richtigen Weise für jedes Lebensalter die richtigen Lebenskräfte entfalten können; man muß verstehen, alt zu werden. Das Alter ist nämlich, wenn es richtig verstanden hat, alt zu werden, gerade als Alter recht frisch. Währenddem, wenn ich grau geworden, runzelig geworden bin, und bin noch so ein Kindskopf, dann weiß ich ja der Jugend nichts zu sagen, als was sie schon selber hat.

GA 222, Ausg. 1976, 12. 3. 1923, S. 41

Aber die Zeit ruft uns wiederum auf zur inneren Aktivität, zur innerlichen Willensentfaltung. Das ist, was Jugend vom Alter will. Die Jugend will: Das Alter soll uns wiederum etwas überliefern, wodurch wir in die richtige Sprachbeziehung zu den Archangeloi kommen. Aber das Alter soll uns auch so erziehen, daß wir in die richtige Beziehung zu den Archai kommen. Denn – so sagt die Jugend – bis wir das nötige Alter erreicht haben, ist es notwendig, daß wir uns der Erziehung der Alten übergeben. Aber in der Erziehung der Alten liegt dieses Hindrängen zu dem Filmhaften, zu der Inaktivität.

GA 222, Ausg. 1976, 11. 3. 1923, S. 17/18

... Und dann tritt jener eigentümliche Zustand ein, daß die Seele etwas erlebt – sie kann es dann nicht aussprechen, weil sie es ja nicht in bewußtem Zustande erlebt, aber es ist vorhanden –, daß die Seele etwas erlebt, was man etwa in der folgenden Weise charakterisieren kann: Der Mensch kommt im schlafenden Zustande, nachdem er geschlechtsreif geworden ist, in die geistige Welt hinein. Die Erzengelwelt tut sich vor ihm auf. Er spürt diese Erzengelwelt. Allein, es gehen keine Gedankenfäden von der Erzengelwelt in seine Seele und von seiner Seele zur Erzengelwelt. Und er kommt unter diesem furchtbaren Mangel beim Aufwachen in den physischen Leib zurück.

Dieser Zustand ist tatsächlich für einen großen Teil der Menschheit eingetreten seit dem letzten Drittel des 19. Jahrhunderts. Und im Unbewußten, hinter dem, was dem Menschen bewußt ist, liegt heute bei vielen Seelen etwas, was sie so aufwachen läßt, daß sie eben unbewußt sich sagen: Wir sind hineingeboren in eine Welt, die uns nicht in der richtigen Weise schlafend eintreten läßt in das geistige Dasein. – Und sagen möchten dann solche Seelen, die diesen Zustand erleben: Uns hat eine Menschenwelt aufgenommen als Kinder, die uns in den Worten das Geistige versagt hat. – Das alles lebt aber in den Empfindungen, die heute vielfach die Jugend dem Alter entgegenbringt. Das ist die geistige Seite der Empfindungen, die durch die Jugendbewegung auftreten.

Was will heute der junge Mensch gegenüber dem alten? Er kann es nicht aussprechen, weil sein Bewußtsein durch das, was er als Erbe empfängt in seinem Bildungsgange, durch das Alter eher zurückgehalten als geöffnet wird. Er kann es nicht aussprechen, aber er empfindet es, er fühlt es im unbestimmtesten Dunkel des inneren Seelenlebens: Ich muß ja als Kind mich hineinfinden in das, was mir durch die älteren Generationen übergeben wird. Diese älteren Generationen müssen mich auch erziehen, aber sie versagen mir die Möglichkeit, mich da, wo es nötig ist, mit der geistigen Welt zu verständigen. – In demselben Maße, in dem der Materialismus sich auf allen Gebieten des Lebens – auf dem Erkenntnisgebiete, auf dem künstlerischen Gebiete, auf dem religiösen Gebiete – weiter ausbilden wird, in demselben Maße wird sich zu gleicher Zeit Jugend mit Alter nicht verstehen können, weil die Jugend empfindet, sie muß dem Alter das Gefühl entgegenbringen, daß das Alter ihr den Idealismus der Sprache versagt hat, die Bedeutung in den Worten, die nach einem spirituellen Leben hinweist. Materialismus der Zivilisation trennt Jugend und Alter. Und der eigentliche Quell des Nicht-Verstehens von Jugend und Alter liegt in dem, was durch das Angefressensein der Sprache von dem Materialismus einen ungesunden Zustand des schlafenden seelischen Lebens des jungen Menschen hervorruft...

GA 224, Ausg. 1966, 28. 4. 1923, S. 119

...Hier ist der Punkt, wo man insbesondere reden müßte zu den Menschen der Gegenwart, denn es hängt da sehr viel davon ab, wie das Denken während des Wachens sich gestaltet, wie wir in die Nähe der Angeloi kommen. Es hängt ab von der Art, wie der Mensch seine Sprachkräfte in würdiger Weise gebraucht, ob er in würdiger Weise in die Nähe der Archangeloi kommt. Von der Art, wie er in richtiger Weise seine Bewegungsfähigkeit und seinen moralischen Sinn gebraucht, hängt ab, ob er in würdiger Weise in die Nähe der Archai kommt.

GA 174b, Ausg. 1974, 26. 4. 1918, S. 335/339

...Von selbst kommt es nicht, das Geistige, wenn man jetzt wieder aufsteigt in die Altersentwickelung. Aber wenn der Funke des Geistigen auf die Weise, wie es in der Geisteswissenschaft gemeint ist, in der Seele erregt wird, dann kommt einem doch das zugute, daß man alt wird, dann steigt doch aus dem niedergehenden Leibe etwas auf, was sich besonders hineinlebt in das, was man auf geisteswissenschaftlichem Wege wissen gelernt hat, kennengelernt hat. Wenn Sie heute ohne eine wissenschaftliche Berührung mit dem Geiste bleiben – diese wissenschaftliche Berührung ist ja nicht in fachmännischer Weise gemeint, sondern so, daß sie jedem, auch dem einfachsten Gemüte zugänglich werden kann, denn die Geisteswissenschaft kann populär werden, wenn die Menschheit will –, dann werden Sie nichts Besonderes erleben, wenn Sie alt werden; Sie werden nicht zu schätzen wissen das Altwerden. Sie werden auch gar keine besondere Erwartung hegen in der Kindheit und in der Jugend für das Altwerden. Anders ist es, wenn der Funke der Geist-Erkenntnis in der Seele jetzt nicht durch naturgemäße, sondern durch erzieherische Entwickelung, durch eine an die Seelen der menschlichen Gemeinschaft herantretende Entwickelung, erregt wird. Da wird, wenn recht verstanden wird dasjenige, was Geisteswissenschaft in lebendiger Weise für die Seele sein kann, gerade durch diese Geisteswissenschaft die Stimmung, jetzt in bewußter Weise, wieder erzeugt werden: Ich habe etwas zu erwarten, wenn ich alt werde. Das Altwerden bedeutet etwas. Wenn ich fünfunddreißig Jahre alt sein werde, wird mir dasjenige, was in mir selber lebt, ein anderes sein als jetzt, da ich ein junger Dachs von zwanzig Jahren bin. – Diese Stimmung ist etwas Ungeheures für die Menschenseele, diese Stimmung, die ich als die Stimmung des erwartungsvollen Lebens bezeichnen möchte, des Lebens, das einfach weiß: Die Schöpfung, die du an dir selbst erlebst, die mußt du im Ernste als eine Schöpfung aus dem Geiste betrachen...

...Es hat einen Sinn, daß man alt wird. Der ganze menschliche Lebenslauf ist eine geistige Schöpfung; man wird nicht umsonst alt, es lebt sich das Geistige immer neu in uns aus. Dasjenige, was da in uns ersteht, was sich in uns offenbart von innen heraus, das wird immer neue Seiten zeigen. – Erwartungsvoll leben, etwas erwarten vom Älter- und Älterwerden mit jedem Jahr, das ist eine Konsequenz, die sich ergibt aus dem Ernstnehmen des Satzes, daß dasjenige, was um uns und in uns ist, eine Schöpfung des Geistes ist. Das ist eine Stimmung, dieses Erwartungsvoll-Leben, die sich einbürgern muß in alles Erziehungswesen, die hineinströmen muß in die ganze Verfassung, die dem Erziehungswesen gegeben wird. So daß die Kinder von klein auf und wenn sie Jünglinge und Jungfrauen werden, und noch später, das Gefühl bekommen: Solange wir jung sind, gibt uns der Geist noch nicht alles; aber indem man alt wird, offenbart er immer Neues und Neues, das in der Seele aufsteigt. – Man braucht nur die Anregung vom Wissen des Geistes, um nicht zu übersehen, um nicht unberücksichtigt zu lassen dasjenige, was da heraus will aus den Tiefen unseres Wesens, weil es nicht sinnlos, sondern weil es sinnvoll ist, daß wir alt werden. Heute ärgert es die jüngsten Leute schon, wenn man ihnen eine solche Empfindung noch zumutet; denn die jüngsten Leute schon fühlen sich heute reif, in Parlamente und in die Staatsvertretungen gewählt zu werden, selbstverständlich, obwohl sie da nicht hingehören, weil es sich darum handelt, daß man nur aus der reifen Lebensüberschau heraus über menschliche soziale Strukturverhältnisse ein Urteil fällen kann. Hat man überhaupt die Stimmung des erwartungsvollen Lebens, dann weiß man: Das, was man von den äußeren Einrichtungen voraussetzt, das kann man noch nicht lebendig wissen, noch nicht empfindend wissen, wenn man nicht ein gewisses Alter erreicht hat...

... Es ist ein strömendes Wesen, das da im Menschen zur Geltung kommt, das in alten Zeiten von selbst zur Geltung kam, das in der neueren Zeit gepflegt werden soll. Denn *da* ist es ja, was im Menschen auftritt; dadurch daß wir nicht darauf achtgeben, uns nicht darum kümmern, dadurch ist es ja nicht etwa nicht da. Glauben Sie nicht, daß Sie dem Weiserwerden, dem Empfangen von Geheimnissen, indem Sie älter werden, entgehen, wenn Sie diese Geheimnisse nicht beachten. Der Geist wirkt in Ihnen. Alle werden Sie geist-reich...

Was geschieht mit diesem Geiste, mit dem wirklichen Geiste, der in alten Zeiten sich von selbst entwickelt hat? Ja, meine lieben Freunde, dieser Geist muß zerstäuben. Wahrhaftig, er zerstäubt. Er verbreitet sich in der geistigen Atmosphäre, er verbreitet sich in der Menschheitsaura. Und das ist etwas, was unserer heutigen Zeit immer wieder und wiederum gesagt werden muß, woran sie aber natürlich nicht glaubt aus dem einfachen Grunde, weil sie es natürlich als Phantasie ansieht, wenn man ihr sagt: Nun, da ist ein junger Feuilletonschreiber, der sich für sehr gescheit hält. Er weiß nichts von dem Geiste, aber der Geist geht in die Menschheitsaura über, er zerstäubt. Sein Geist ist trotzdem da. – Ganz imprägniert von solchem zerstäubten Geiste ist heute die Menschheitsaura. Dieser Geist muß wieder zusammengehalten werden von den Menschen, eben durch die Stimmung, von der ich gesprochen habe. Denn wir sind heute schon hart an dem Punkte, wo ein furchtbares Übel entstehen müßte, wenn dieser zerstäubende

Geist weiter und immer weiter entwickelt würde. Denn es ist ein bedeutsames Gesetz des geistigen Lebens, daß ein Geist etwas ganz anderes wird, als er ursprünglich ist, wenn er seinen Träger verläßt. Fassen Sie das nur genau auf: Ein Geist, der seinen Träger verläßt, der zerstäubt, der wird etwas ganz anderes, als wenn er von seinem Träger zusammengehalten bleibt. Er wird im wesentlichen verschlechtert, verschlimmert, er wird in ahrimanischer Art umgestaltet...

GA 79, Ausg. 1962, 2.12. 1921, S. 182/183

Das aber hat eine tiefe Wirkung auf unser ganzes Kulturleben. Wenn wir nicht in der Lage sind, unsere reife Sprache, unsere Gedanken des reifen Lebens zu nuancieren, zu beleben, zu durchgeistigen mit dem, was aus unserer eigenen Kindheit heraufquillt, weil der Intellekt zwar eben uns Bilder, geistige Bilderwelten gibt, aber nicht das Geistesleben selbst aufnimmt, wenn wir dazu nicht in der Lage sind, dann können wir auch nicht in der lebendigen, in der intensiven Weise zur Jugend sprechen. Dann sprechen wir aus einer verlorenen Jugend zu einer lebendigen Jugend, die um uns herum ist. Und das ist es, was man als Empfindung der heutigen Jugend, als dasjenige Gefühl findet, das die Jugend in ihrem Suchen ausdrücken will und das etwa so charakterisiert werden kann: Ihr Alten sprecht eine für uns unverständliche Sprache. Ihr Alten sprecht dasjenige, was kein Echo, keinen Widerklang findet in unseren Herzen, in unseren Seelen. – Deshalb ist ein solcher Ruf nach Kulturerneuerung gerade aus dem Suchen unserer Jugend heute zu bemerken, und wir müssen uns durchaus darüber klar sein, daß wir durch ein Zurückgehen zum Erfassen des Geistigen auch wiederum lernen müssen, in der richtigen Weise zur Jugend, schon zur Kindheit sogar zu sprechen.

Derjenige, der sein Inneres durchdringt mit dem, was anthroposophische Geistesforschung nicht durch abstrakte Begriffe, sondern im lebendigen Seelenleben ergreifen will, der ergreift eben das, was nicht altert, er ergreift etwas, was auch im reifen Leben einem die Kräfte der Kindheit nicht raubt, und er fühlt in einer gewissen Weise das noch Geistigere der Kindheit, der Jugend, in sein reiferes Leben hereinragen. Er findet dann auch die Worte, die Taten, um zur Jugend zu sprechen, um in der Jugend zu sein.

GA 192, Ausg. 1964, 28. 9. 1919, S. 385/386

Wie ist es eigentlich heute? Der Mensch ist ein Kind, da benimmt er sich kindlich so, wie das seiner Umgebung gemäß geschehen kann. Dann wird er ein Erwachsener. Seine Begriffe werden abstrakter, seine Erfahrungen werden reicher; gewiß, das ist alles der Fall. Aber etwas Ähnliches tritt mit der Seele nicht ein, wie es eintritt mit unserem Äußerlich-Leiblichen. Wir bekommen ein schärfer ausgeprägtes Gesicht, wenn wir in einem gewissen Alter sind, haben nicht mehr die rundlichen Formen der Kindheit, wir bekommen weiße Haare und Runzeln und so weiter, oder oftmals auch Glatzen; kurz, die äußere Leiblichkeit ändert sich. Aber eigentlich könnte man sagen: Das Innerlich-Seelische ändert sich nicht in dieser Weise; es wird höchstens immer mehr hineingestopft, aber es wächst nicht so, daß die Art der Stellung zur Außenwelt eine andere ist. Es hängt nicht in der richtigen Weise Alter und Kindheit zusammen. Solche Dinge, wie ich sie oftmals betont habe, die hat der Mensch heute nicht mehr in seinem Bewußtsein, zum Beispiel daß, wenn man ein alter Mensch geworden ist, man segnen kann, und daß das Segnen eine gewisse Bedeutung hat, daß es nicht dieselbe Bedeutung hat bei einem im mittleren Alter stehenden Menschen. Davon haben die Menschen heute kein Bewußtsein, und zwar deshalb nicht, weil man heute nicht weiß, daß, wenn man richtig segnen will im Alter, man in der Jugend gelernt haben muß, die Hände zu falten. Denn nur aus der Faltung der Hände zum Gebet in der Kindheit entsteht die Fähigkeit des Segnens im Alter. Das Seelische hängt in bezug auf Segnen und Händefalten so zusammen, wie die greisen Haare mit den kindlichen Haaren. Dieses innerliche Umwandeln, das ist etwas, was in den Erfahrungskreis des gegenwärtigen Menschen nur in beschränktem Maß hineinfällt. Das muß aber wieder hineinfallen. Der Mensch muß wieder dahin kommen, das ganze Leben in seinen verschiedenen Metamorphosen einzusehen...

Die Wirkung der imaginativen, inspirierten und intuitiven Erkenntnis

GA 82, Ausg. 1957, 7.4.1922, S. 25–27

...In drei Stufen der Erkenntnis ergibt sich das dem Menschen. Es ergibt sich in der *imaginativen* Erkenntnis, durch die zunächst das Denken bis zur Bildlichkeit intensiviert wird, innerlich erkraftet wird; wo man schaut zunächst in Bildern die übersinnliche, die geistige Welt. Dann kommt die inspirierte Erkenntnis. Sie können darüber näheres in meinem Buche «Wie erlangt man Erkenntnisse der höheren Welten?» finden; in den nächsten Tagen werde ich auch noch manches zu charakterisieren haben. Durch die *inspirierte* Erkenntnis dringt die geistige Welt in unsere Seele herein. Dann kommt die *intuitive* Erkenntnis, durch die wir uns selber hineinstellen in die geistigen Wesenhaftigkeiten der Welt. Aber ohne daß man selber Geistesforscher wird, kann man, einfach durch den gesunden Menschenverstand, begreifen dasjenige, was der Geistesforscher herausholt aus der übersinnlichen Welt durch Imagination, Inspiration, Intuition. Eignet man sich aber diese Wahrheiten an, zum Beispiel die Wahrheiten, die durch imaginative Erkenntnis erlangt werden, dann bereichert man das innere Seelenleben. Wie bereichert man das innere Seelenleben?

Nun, mit demjenigen, was mit Recht so großartig geschildert wird, unser wissenschaftliches Leben, unser Wissenschaftsgeist, mit dem leben wir eigentlich in einer Seelenverfassung, die uns Menschen nur angemessen ist als intellektualistische Seelenverfassung, wenn wir völlig erwachsen sind, wenn wir in die zwanziger Jahre gekommen sind. Sehen wir nur auf das menschliche Lebensalter hin, das unmittelbar vorher liegt, auf das Alter, sagen wir, vom vierzehnten bis zum zwanzigsten, einundzwanzigsten Jahr. Da leben wir ein Leben, – derjenige, der auf solche Dinge wirklich sein Augenmerk lenken kann, der eine tiefere Psychologie in der

Seele hat, der weiß das und kann es erforschen – da leben wir so, daß aus unserem Inneren herauftauchen intensive Seelenerlebnisse. Nicht abstrakte Gedanken sind es da. Da sind es die Jugend-Ideale, die innerlich vollsaftig sind, mit der inneren Intensität voll Kraft, die man erlebt nicht bloß wie blasse, matte Gedanken.

Da steht der Mensch unter dem Eindruck einer inneren Impulsivität.

Was ist es, was da im Menschen wirksam ist? Nun, es lebt eigentlich halbträumerisch im Menschen. Der Mensch bringt es sich nicht in diesem Lebensalter zum Bewußtsein. Auch durch die gewöhnliche Wissenschaft kann es nicht zum Bewußtsein gebracht werden. Diese gewöhnliche Wissenschaft wird nie ergründen, was im Menschengemüt vor sich geht, was auch nur im menschlichen Leibe vor sich geht, sagen wir, zwischen dem vierzehnten und dem einundzwanzigsten Jahr. Das lehrt erkennen nur die imaginative Erkenntnis. Die bringt es zum Bewußtsein. Unterbewußt arbeitet es in unseren Jugendjahren in uns, was bewußt nur durch die imaginative Erkenntnis zur Offenbarung kommen kann. Der jugendliche Mensch, der das vierzehnte Jahr überschritten hat – wer wirkliche Pädagogik kennt, weiß es –, der sehnt sich nach einer Erkenntnis, die imaginativ ist, denn nur dadurch versteht er sich selbst. Sonst muß er bis über das zwanzigste Jahr hinaus warten, bis das intellektualistische Leben vollgültig in ihn eintritt; und dann kann er eben doch nur zum denkenden Bewußtsein kommen, mit dem er einsam ist. Er ödet sich hin, wenn ich mich so ausdrücken darf, bis zu diesem Zeitpunkte im menschlichen Leben. Er verlangt nach einer Offenbarung von seiten der Alten, die diese Alten ihm nur geben könnten – wenn sie seine Lehrer, seine Erzieher, seine Führer sind –, wenn sie imaginative Erkenntnisse hätten. Dann würden sie ihm sagen können, was er ist.

Und zwischen dem Zahnwechsel und der Geschlechtsreife, da leben wir ein innerliches Leben leiblich-seelisch-geistig so, daß das, was da unbewußt geschieht, was da Realität ist, nur begriffen werden kann für das inspirierte Erkennen. Nicht das äußere, intellektualistische, experimentierende Erkennen kann wissen, was sich eigentlich im Menschen herausarbeitet in den Kindheitsjahren. Da will alles nun nicht nach Naturgesetzen, sondern nach künstlerischen Impulsen sich gestalten. Da arbeiten in uns Inspirationen aus dem Weltenall heraus. Und die ältere Generation wird den Kindern zwischen dem siebenten und dem vierzehnten Jahr – approximativ gesprochen – nur sagen können, wonach diese Kinder sich sehnen, wonach ihr ganzes Fühlen und Wollen hindrängt, wenn sie etwas weiß von inspirierter Erkenntnis. Wir werden mit den Kindern unterrichtend, erziehend nur wiederum reden können, wenn wir etwas wissen von inspirierten Welterkenntnissen.

Und gar mit den ganz kleinen Kindern – «Wenn ihr nicht werdet wie die Kindlein, könnt ihr nicht in die Reiche der Himmel kommen», – es ist doch ein tiefes Wahrwort, dieses Christus-Wort. In diesem Lebensalter, während des Säuglings-Alters, des Alters bis zum Zahnwechsel hin, lebt das Kind so, daß man sein Einleben des Seelisch-Geistigen in das Physisch-Leibliche, dieses Hineinkraften, dieses plastische Gestalten des Leibes aus dem Seelischen heraus, nur mit intuitiver Erkenntnis begreifen kann. Daher werden die Kinder uns nur verstehen, das heißt, fühlend, instinktiv von uns in der richtigen Weise beeinflußt werden können, wenn wir religiös geformte Wahrheiten bekommen können von einer Ausbildung der intuitiven Erkenntnis.

So versteht die Jugend in unserer heutigen Zeit das Alter deshalb nicht, weil wir als Menschen im Grunde genommen unsere Jugend verlieren. Denn wir würden sie nur dann nicht verlieren, wenn dasjenige, was wir in den Kindheits- und Jugendjahren erleben, von uns erinnert werden könnte im späteren, reifen Alter durch Rückschau vermittelst derjenigen Erkenntnisse, die aus Imagination, Inspiration und Intuition kommen. Mit diesen Erkenntnissen können wir uns vertiefen in unsere Kindheit, in unser Jugendalter. Mit diesen Erkenntnissen können wir als Lehrer, als Erzieher, als Menschheitsführer zu den Kindern, zu der

Jugend so sprechen, daß uns diese Kinder fühlend-instinktiv verstehen, daß uns die Jugend verstehen lernt. Die Kluft zwischen der Jugend und dem Alter kann nur auf diese Weise ausgefüllt werden. Sie wird nicht auf andere Weise ausgefüllt werden können. Und es wird, wenn nicht der Wille vorhanden ist, in dieser Weise die Kluft zu überbrücken oder auszufüllen, unser Zeitalter in immer höherem Maße dasjenige zeigen, was es schon jetzt zeigt: daß die Jugend das Alter, das Alter die Jugend nicht versteht.

Und die Folge davon ist, daß der Mensch den Menschen nicht versteht; daß ein soziales Leben immer mehr und mehr unmöglich wird.

GA 217, Ausg. 1964, 3. 10. 1922, S. 14/15

Was ist denn ganz besonders üblich geworden im letzten Drittel des neunzehnten Jahrhunderts und dann aus diesem heraus in das zwanzigste Jahrhundert herübergekommen als soziales Empfinden von Mensch zu Mensch? Einen Satz hören Sie heute immer wieder die Leute sagen: Das ist mein Standpunkt. – Jeder hat einen Standpunkt. Als ob es darauf ankäme, was man für einen Standpunkt hat! Der Standpunkt im geistigen Leben ist nämlich ebenso vorübergehend wie der Standpunkt im physischen Leben. Gestern stand ich in Dornach, heute stehe ich hier. Das sind zwei verschiedene Standpunkte im physischen Leben. Es kommt darauf an, daß man einen gesunden Willen und ein gesundes Herz hat, um die Welt von jedem Standpunkte aus betrachten zu können. Aber die Menschen wollen heute nicht das, was sie von den verschiedenen Standpunkten aus gewinnen können, sondern wichtiger ist ihnen die egoistische Behauptung ihrer Standpunkte. Damit schließt man sich aber in der rigorosesten Weise von seinem Nebenmenschen ab. Sagt einer etwas, geht man nicht ein auf das, was er sagt, denn man hat ja seinen Standpunkt. Aber dadurch kommt man sich nicht näher. Näher kommt man sich, wenn man seine verschiedenen Standpunkte in eine gemeinsame Welt hineinzustellen weiß. Aber diese gemeinsame Welt fehlt heute ganz. Eine gemeinsame Welt für den Menschen findet sich nur im Geiste. Und der fehlt.

Das ist das zweite, und das dritte ist: Wir sind im Grunde genommen im Laufe des neunzehnten Jahrhunderts als mitteleuropäische Menschheit nach und nach doch recht willensschwach geworden, willensschwach in dem Sinne, daß der Gedanke nicht mehr die Kraft gewinnt, den Willen so zu stählen, daß der Mensch, der doch ein Gedankenwesen ist, die Welt aus seinen Gedanken heraus zu gestalten vermag.

Wenn davon gesprochen wird, daß die Gedanken blaß sind, sollte man daraus aber nicht den Schluß ziehen, daß man keine Gedanken braucht, um als Mensch zu leben. Die Gedanken sollten nur nicht so schwach sein, daß sie im Kopfe oben sitzen bleiben. Sie sollten so stark sein, daß sie durch das Herz und durch den ganzen Menschen bis in die Füße hinunter strömen; denn es ist wahrhaft besser, wenn statt bloßer roter und weißer Blutkügelchen auch Gedanken unser Blut durchpulsen. Es ist gewiß wertvoll, wenn der Mensch auch ein Herz hat und nicht bloß Gedanken. Aber das Wertvollste ist, wenn die Gedanken ein Herz haben. Das haben wir jedoch ganz verloren. Die Gedanken, welche die letzten vier bis fünf Jahrhunderte gebracht haben, können wir nicht mehr ablegen; aber diese Gedanken müssen auch ein Herz bekommen.

Und sehen Sie, jetzt will ich Ihnen ganz äußerlich einmal sagen, was in Ihren Seelen lebt. Sie sind herangewachsen, haben die ältere Generation kennengelernt. Diese ältere Generation hat sich in Worten dargestellt. Sie konnten nur Phrasen hören. In dieser älteren Generation stellte sich Ihnen ein unsoziales Element dar. Der eine ging an dem anderen vorbei. Und in dieser älteren Generation stellte sich Ihnen auch dar die Ohnmacht des Gedankens, den Willen, das Herz zu durchpulsen.

Mit der Phrase, mit dem antisozialen Konventionalismus und mit der bloßen Lebensroutine statt der Herzens-Lebensgemeinschaft konnte man so lange sich halten, als noch die Erbschaft der vorigen Generationen vorhanden war. Diese Erbschaft war ungefähr am Ende des neunzehnten Jahrhunderts dahin. So war für Sie nichts da, was zu der eigenen Seele sprechen konnte. Sie fühlten aber, daß in den Tiefen gerade in Mitteleuropa etwas vorhanden ist, was das tiefste Bedürfnis hat, wiederum zu dem zurückzufinden, was einmal jenseits der Phrase gelebt hat, jenseits der Konvention, jenseits der Routine: das Bedürfnis, wiederum Wahrheit zu erleben, wiederum menschliche Gemeinschaft zu erleben, wiederum Herzhaftigkeit des ganzen Geisteslebens zu empfinden. Wo ist denn das? So sagt eine Stimme in Ihrem Innern.

Die Wandervogelbewegung

GA 302, Ausg. 1971, 17. 6. 1921, S. 97/98

... Und da die Alten im Hause die Jungen nicht mehr aufhalten konnten, wurde die Jugend Wandervögel, suchte in einem Unbestimmten dasjenige, was die Alten nicht mehr geben konnten. Die Gedanken, die Worte waren stumpf geworden; man hatte für die heranwachsende Jugend nichts mehr, und so wanderte sie hinaus und suchte in den Wäldern, suchte im Zusammensein mit sich selbst dasjenige, was sie nicht finden konnten in den Worten, in den Vorbildern usw. der Alten. Das ist eine der allerbedeutsamsten Erscheinungen unserer Gegenwart: die Jugend stand auf einmal vor einer großen Frage, die in allen vergangenen Zeitaltern doch in der Weise von den Alten beantwortet worden ist und die jetzt von den Alten nicht mehr beantwortet werden konnte, weil die Sprache, die die Alten führten, von der Jugend nicht mehr verstanden wurde.

Sehen Sie auf Ihre eigene Jugend zurück, Sie waren vielleicht bräver als die Wandervögel, Sie waren vielleicht ein bißchen weniger aufs Wandern aus. Damit ich nicht ein besonderes Wort gebrauche: Sie haben sich gehalten, Sie haben so getan, als ob Sie auf die Alten hinhören würden, Sie sind geblieben. Und die andern haben nicht mehr so getan, als ob sie auf die Alten hinhören würden; sie haben sich den Alten entrissen und sind hinausgewandert. Das haben wir gesehen. Wir haben auch das ganze

Ergebnis der Jugendbewegung gesehen. Es entstand vor gar nicht langer Zeit in dieser Jugendbewegung ein Anschlußbedürfnis an sich selbst. Sie wollten durch sich, für sich selbst dasjenige finden, was die Alten nicht geben konnten. Sie wollten fort in die Natur. In einem Unbestimmten wollten sie dasjenige finden, was ihnen die Alten nicht mehr geben konnten. Und da haben sie den Anschluß gefunden, der eine an den andern. Sie haben kleine Cliquen gebildet. Im Grunde genommen ist da eine merkwürdige Einzelerscheinung aufgetreten, die eigentlich ungeheuer lehrreich ist: Die Alten haben die Führung verloren, sie sind Philister geworden. Die Alten haben es nicht geglaubt: In der Jugend ist die große Sehnsucht erwacht, die im Wandervogel da ist. Und was haben die Alten dazu gesagt, die nun selber etwas angestochen waren von der neuen Zeit? Die haben nicht gesagt, wir müssen jetzt suchen, in uns die Möglichkeit zu finden, in uns selbst den Anschluß zu gewinnen; wir müssen zu einer großen Gewissenserforschung vorrücken; wir müssen vom Alter her den Weg finden zur Jugend. Sie haben etwas ganz anderes gesagt: Nun, da die Jugend nichts mehr von uns lernen will, wollen wir von der Jugend lernen. Und da sehen wir von den Landerziehungsheimen bis zu den andern Dingen die Alten sich dem anpassen, was die Jugend will und fordert. Wenn Sie unbefangen die Sache, die entstanden ist, ins Auge fassen, so ist es doch nichts anderes, als daß die Alten geführt sein wollten von der Jugend, daß sie immer mehr und mehr kapituliert haben, daß sie mehr und mehr von ihrer Führung abgegeben haben, bis in einer besonders aufgeregten Zeit nicht aus der Lehrerschaft, sondern aus der Schülerschaft heraus gewählte Betriebsräte in den einzelnen Unterrichtsanstalten kamen.

Das richtige Altern als gelebtes Christentum – Verhältnis von Alten und Jungen.

GA 224, Ausg. 1966, 29. 4. 1923, S. 140–142

...Der Geologe nimmt an, die Erde war einmal lebendiger und ist allmählich in den toten Zustand übergegangen. Da sagt Sueß für ein ganz anderes Gebiet etwas ganz ähnliches, wie der Christus gesagt hat für das geistige Leben der Erde. Wenn nur das da wäre, daß die Erde zerfiele in einer fernen Zukunft, in der die Erde in der Welt zerstäubt, wenn es nicht mit der Erde geradeso wäre wie mit dem Menschen – der Leib zerfällt in Staub, sein Geist aber lebt weiter –, dann würden wir alle in diese Zerstreuung mit hineingehen. Mit dieser Erde schauen wir auf das, was in das Jupiterdasein hinaufführt. Wir schauen da schon eine neue Erde.

Für das Physische ist diese Anschauung vom Zerfall der Erde richtig, für das Geistig-Seelische gilt ein anderes. Für die alten Eingeweihten der Zeit des Mysteriums von Golgatha war es klar: Mit der alten Zivilisation, mit den alten Mysterien ist es zu Ende. So, wie die alten Menschen mit ihren Göttern gelebt haben, ist es zu Ende. So, wie sie mit den Naturerscheinungen zusammengelebt haben, ist es zu Ende. Aber die Götter schicken den Menschen die Möglichkeit, einer Zukunft entgegenzugehen mit dem Geiste. Was in alter Zeit an Erkenntnis aus der Erde herausgesogen worden ist, das ist Vergangenheit. Eine neue Zeit muß kommen, wo der Mensch durch seinen eigenen Willen ein Reich beginnen muß, wo der Mensch aus eigener Kraft das tote Denken wieder beleben kann. Das war eine Prophetie zur Zeit des Mysteriums von Golgatha. Äußerlich kam auch dieses Reich heran. Begriffen werden, aufgenommen werden kann es erst von den Menschen der Gegenwart. Jetzt müssen wir fühlen, daß das Gottesreich, von dem der Christus spricht, von uns gesehen werden muß auf der Erde, indem der Christus auf der Erde wirkt. Das muß Erfüllung werden auf der Erde, und die Erfüllung dieses Gottesreiches muß mit Ernst erfaßt werden gerade in dieser unserer Gegenwart. Wir erleben es auf allen Gebieten, wie der Mensch beginnt, vor der Gefahr zu stehen, abgeschnitten zu werden von den geistigen Welten und von seinem eigentlichen Wesen, wenn er nicht den Zugang findet zur spirituellen Welt. Der Mensch kommt mit der Naturwissenschaft nicht an den Menschen heran.

Nehmen Sie den großen Riß, der heute zwischen Alter und Jugend besteht. Ein Gegensatz bestand schon immer, aber so stark bestand er nicht wie heute. Ganz besonders eines muß man an ihm verstehen. Viele Menschen sagen, die Alten können nicht wirken für die Jugend, weil sie sich die Kindlichkeit nicht bewahrt haben. Das sieht furchtbar schön aus, es ist aber nicht so. Die Jugend verlangt nicht von uns, daß wir uns so jung gebärden sollten, wie die Jugend selber ist, sonst sagt die Jugend instinktiv: Das, was die können, können wir auch. Die brauchen wir ja dann gar nicht, da können wir ja unter uns allein bleiben. – Was wir verstehen müssen, ist, in richtiger Weise alt zu werden, in voller Frische den gealterten Menschenleib zu gebrauchen. Die jungen Leute lieben nicht die altgewordenen Kindsköpfe, sondern die richtig Altgewordenen, die liebt die Jugend. Die Jugend möchte gerade zu alten Leuten aufblicken, weil sie da anderes findet, was sie selbst nicht hat. Aber wir haben in der Menschheit die Fähigkeit verloren, recht lebendig geistig zu sein. Wenn das eigentliche Kindheitsfeuer vorüber ist, dorren wir aus. Der Körper wird nur älter, aber wir hantieren mit dem alten Körper so, wie wir als Kinder mit ihm hantiert haben. Wir müssen die Möglichkeit gewinnen, auch ohne daß uns unser Leib zu Hilfe kommt, unsere Gedanken aus der geistigen Erkenntnis heraus zu spiritualisieren, wiederum als lebendige Gedanken durch unseren eigenen Willen neu zu schaffen, die Auferstehung der Gedanken zu erzeugen in uns. Was in uns an totem Denken ist, muß so ein lebendiges Denken werden. Dann wird dieses lebendige Denken eindringen können in das Mysterium von Golgatha, dann werden wir erst, wie mit einem wahren Opfer des Denkens und Fühlens, lebendig in uns wiederholen: «Nicht ich, sondern der Christus in mir.»

Dieses Wort bedeutet auch für unser Zeitalter etwas ganz Gewaltiges. Das Ich-Bewußtsein haben wir uns errungen durch das unlebendige Denken. Mit dem alten, lebendigen Denken hätte dieses nicht errungen werden können. Wir haben es nun, dieses Ich-Bewußtsein, aber es muß innerlich durchglüht und durchgeistigt werden, indem wir diese Worte richtig aussprechen lernen:

«Nicht ich, sondern der Christus in mir.» Wir müssen in dieses unser innerstes Wesen, das wir uns aneignen müssen durch geistige Erkenntnis, den Christus aufnehmen können. Das ist etwas, das wir als Menschen heute nur erreichen können, wenn wir uns durchdringen können mit dem eigentlichen Willen des anthroposophischen Lebens. Und im Grunde genommen wird Anthroposopie nicht eine neue Religion sein wollen. Die christliche Religion ist ja schon da. Indem der Mensch zum Christus geführt wird, gründet er nicht eine neue Religion, aber er braucht einen neuen Weg zum Christentum. Und ein neuer Weg zum Christentum eröffnet sich durch Anthroposophie. Sie ist es, die den neuen, heute so notwendigen Weg zum Verständnis des Mysteriums von Golgatha eröffnet.

XII. ALTERSFRUCHT

Altersfrucht ist Lebensfrucht

GA 116, Ausg. 1961, 22. 12. 1909, S. 40

... Dieser edle Zorn der Jugendjahre durchdringt die Seele und wandelt sich im Laufe des Lebens um. Und was sich so im Verlaufe des Lebens umwandelt, das tritt in einer anderen Gestalt in der zweiten Lebenshälfte wieder auf: Es tritt auf in einer Gefühlsneigung zur liebenden Milde und zum Segnen. Es wandelt sich also der edle Zorn der Jugend, der ersten Lebenshälfte um, so daß er im späteren Leben auftritt als liebende Milde, als segnende Gesinnung. Und wir werden es nicht leicht finden – wenn alle anderen Dinge so stimmen, daß nichts die Sache stört –, daß in der zweiten Lebenshälfte des Menschen jene liebende, segenspendende Milde auftritt, ohne daß sie sich nicht in den Jugendjahren ausgedrückt hat durch einen edlen Zorn, verursacht über Torheit, über Dummheit, über Häßlichkeit im Leben. So haben wir einen karmischen Zusammenhang im gewöhnlichen Leben, und wir könnten ihn in ein Bild kleiden und sagen: Jene Hand, die sich nicht einmal auch in der ersten Lebenshälfte in edlem Zorn ballen konnte, wird sich nicht leicht zum Segnen ausstrecken können in der zweiten Lebenshälfte ...

GA 193, Ausg. 1977, 4. 2. 1919, S. 19/21

... Unser Verhältnis zur Welt wird, wenn wir ehrlich und redlich eine solche Selbstrückschau innerlich in Szene setzen, doch ein ganz anderes. Gefühle, Empfindungen bleiben zurück als die Ergebnisse einer solchen Rückschau. Und diese Gefühle, diese Empfindungen sind gewisse fruchtbare Keime in uns. Sie sind Keime für wirkliche Menschenerkenntnis. Derjenige, der immer wieder und wieder so in sein eigenes Wesen blickt, daß er den Anteil erkennt, den andere, vielleicht längst verstorbene oder ihm ferner gerückte Menschen an seinem Wesen genommen haben, er wird den anderen Menschen auch so entgegentreten, daß ihm, indem er ein individuelles Verhältnis von Mensch zu Mensch begründet, die Imagination von dem wahren Wesen dieses anderen Menschen aufsteigt. Das ist etwas, was in der neueren Zeit und gegen die Zukunft der Menschheit hin auch als eine innere, und zwar seelische soziale Forderung für die menschliche Entwikkelung auftauchen muß. So muß anthroposophisch orientierte Geisteswissenschaft praktisch werden, so muß sie das Leben befruchten, das Leben anregen.

Dann kann es erkannt werden, wenn die durch wirkliche geistige Empfindung feiner gestimmte reife Menschenseele, die Mannesseele, die Frauenseele, die Greisen- oder Greisinnenseele hinschaut auf das Kind und die Empfindung hat: In dem Kinde offenbart sich etwas, was das Kind jetzt nicht erkennen kann, was auch durch das Kind, wenn es auf sich selbst gestellt ist, niemals, auch selbst bis zu seinem Tode nicht, erkannt werden kann, was aber erkannt werden kann in der Seele des anderen, der als Greis auf dieses Kind zurückschaut. Da haben Sie etwas, was sich offenbaren kann durch das Kind, nicht im Kinde und nicht in dem Manne oder der Frau, die aus diesem Kinde werden können bis zum Tode hin, sondern in dem anderen, der von einem höheren Lebensalter aus liebevoll den jüngsten Menschen anschaut.

GA 165, Ausg. 1968, 28. 12. 1915, S. 76

...Daher sieht man wirklich den luziferfreien Menschen, wenn man das Kind mit dem richtigen Gefühle ansieht, wenn es in die Welt hereinkommt. Und ist man imstande, das Kind mit dem richtigen Gefühle anzusehen, wie es hereinkommt in die Welt, so sieht man schon den Menschen mit seiner Christus-Verwandtheit an...

GA 130, Ausg. 1962, 8. 2. 1912,S. 256

Wir können aber auch noch etwas anderes betrachten in unserem Karmaverlaufe, dasjenige, was wir in den zwei öffentlichen Vorträgen genannt haben: das Reifwerden, das Aneignen unserer Lebenserfahrung. Wenn das Wort nicht Unbescheidenheit erweckt, kann es ja gebraucht werden. Wir können in Betracht ziehen, wie wir weiser werden. Wir können an unseren Fehlern weiser werden, und am besten ist es für uns, wenn wir an unseren Fehlern weiser werden, denn wir haben in ein und demselben Leben nicht oft Gelegenheit, die Weisheit anzuwenden: daher bleibt uns das, was wir an den Fehlern gelernt haben, als Kraft für ein späteres Leben. Aber was wir uns an Weisheit, an Lebenserfahrung aneignen können, was ist denn das eigentlich?

GA 159/160, Ausg. 1967, 31. 1. 1915, S. 14

... Gut haben wir es angewendet, wenn wir, falls wir in der Jugend abfällig geurteilt haben, in einem bestimmten Alter nicht abfällig, sondern verständnisvoll, verzeihend urteilen, wenn wir uns bemühen, begreifen zu wollen. Wenn wir so geboren sind, daß uns gewisse Dinge in Jähzorn gebracht haben und wir im Alter nicht immer noch in Jähzorn kommen wie in der Jugend, wenn uns unser Jähzorn durch das, was uns das Leben gelehrt hat, verlassen hat und wir milder geworden sind, dann haben wir das Leben im Sinne der Weisheit angewendet. Wenn wir in der Jugend Materialisten gewesen sind, dann aber haben einwirken lassen dasjenige, was uns die Zeit an Offenbarungen aus der geistigen Welt hat sagen wollen, dann haben wir unser Leben im Sinne der Weisheit angewendet. Wenn wir uns den Offenbarungen der geistigen Welt verschließen, dann haben wir unser Leben nicht im Sinne der Weisheit angewendet.

GA 295, Ausg. 1959, 27. 8. 1919, S. 32/34

Nicht wahr, wenn Sie nun auf solche Dinge wie auf die Temperamente so ihre Aufmerksamkeit lenken, um darnach den Unterricht einzuteilen, müssen Sie vor allen Dingen darauf Rücksicht nehmen, daß der Mensch als solcher ein fortwährend *Werdender* ist. Und das ist etwas, was wir uns in unserem Erzieherbewußtsein immerwährend aneignen müssen, daß der Mensch ein fortwährend Werdender ist, daß er Metamorphosen unterliegt im Verlaufe seines Lebens. Und ebensogut, wie wir stark reflektieren auf die einzelnen Temperamentsanlagen der einzelnen Kinder, können wir reflektieren auf das Werdende, und können sagen: In der Hauptsache sind alle Kinder Sanguiniker, ob sie auch im einzelnen phlegmatisch oder cholerisch sind. Alle Jünglinge und Jungfrauen sind eigentlich Choleriker, und wenn es nicht so ist, wenn es in dieser Zeit nicht da ist, ist es eine ungesunde Entwicklung. Im Mannes- und Frauenalter ist der Mensch Melancholiker. Und im Greisenalter ist er phlegmatisch.

Der alte Mensch als Wirtschaftsberater

Alles Wirtschaftliche beruht darauf, daß im Menschen Alterseigenschaften hereinragen, auch wenn wir jung sind. Denn alles wirtschaftliche Urteil beruht auf der Erfahrung. Erfahrung wird nicht besser bewirkt als dadurch, daß in den Menschen gewisse Alterseigenschaften hereinragen, und der Greis ist ja Phlegmatiker. Der Geschäftsmann gedeiht am besten, wenn er in die übrigen Merkmale und Eigenschaften des Menschen ein gewisses Phlegma beigemischt hat, das eigentlich schon ein Greisenhaftes ist. Das ist das Geheimnis sehr vieler Geschäftsleute, daß sie sonst sehr gute Geschäftsleute sind, aber etwas Greisenhaftes beigemischt haben, namentlich in Dispositionen usw. Derjenige, der in der Wirtschaft nur das sanguinische Temperament entwickeln würde, der würde nur zu Jugendprojekten kommen, die nie fertig werden. Der Choleriker, der jünglinghaft geblieben ist, würde sich durch gewisse spätere Maßregeln frühere verderben. Der Melancholiker kann ja sowieso nicht Geschäftsmann werden. Dagegen ist eine harmonische Geschäftsentwicklung mit einer greisenhaften Fähigkeit verbunden. Harmonische Temperamente mit Phlegma, das gibt die beste Wirtschafts-Konstellation.

GA 192, Ausg. 1964, 15. 6. 1919, S. 196

... Es wird sich das schon herausbilden, daß wir auch im Geistesleben und im Wirtschaftsleben wieder Ältesten-Kollegien haben werden, weil man denen, welche alt geworden sind, doch mehr Verwaltungskunst zutrauen wird als denen, die noch jung sind...

GA 232, Ausg. 1958, 23. 11. 1923, S. 19

... Das Temperament des Alters ist vielfach ein Ergebnis dessen, was wir im Leben durchgemacht haben und was innerlich seelisch Erinnerung geworden ist.

Die Gnade durch die Lebensalter gehen zu dürfen

GA 102, Ausg. 1974, 24. 3. 1908, S. 104/105

... Diese Geister, die sich selbst bis zum Sonnendasein hinaufentwickelt haben, haben kein Interesse daran, daß der Mensch stufenweise durch die verschiedenen Lebensalter, durch das Kindesalter, Jugendalter, reifes Alter, Greisenalter geht und in der Körperlichkeit langsam und allmählich irdische Erfahrungen sammelt. Sie haben nur ein Interesse an der vollkommenen Entwickelung zur Geistigkeit. Würden sie mit der Erde verbunden geblieben sein, so wären die Körper in einer gewissen Weise verkümmert, verbrannt worden. Ohne die Früchte aus der Eroberung des Erdendaseins zu zeitigen, wäre der Geist einer raschen Entwickelung entgegengegangen, und der Mensch wäre alles dessen verlustig gegangen, was er auf dem Schauplatz der Erde lernen kann. Vor allem würde die Einprägung der Liebe in die kosmische Entwickelung verborgen geblieben sein. Damit die Liebe sich auf der Erde entwickeln konnte, mußte zunächst der Körper auf einer primitiven Stufe entwickelt sein. Die Liebe mußte in der niedersten Form als geschlechtliche Liebe angelegt werden, um sich durch die verschiedenen Stufen hinauf zu entwickeln, und zuletzt, wenn die Erde in ihrer Vollendung in ihrer letzten Epoche angekommen ist, wird die Liebe veredelt emporgehoben, zur rein geistigen Liebe sich im Menschen ausprägen. Alle niedere Liebe ist Schulung für die höhere Liebe. Der Erdenmensch soll die Liebe in sich ausbilden, um sie am Ende seiner Entwickelung der Erde zurückgeben zu können: denn alles, was im Mikrokosmos entwickelt wird, wird dem Makrokosmos zuletzt eingegossen. Der Fortschritt des Menschen wird eine Fortentwickelung des Makrokosmos. Die Weisheit, die in den Mondmenschen eingeströmt ist, leuchtet dem Erdenmenschen entgegen als Weisheit, die seinen Bau durchdringt. Die Liebe, die während der Erde in den Menschen stufenweise eingepflanzt wird, sie wird den Jupiterwesen entgegenduften aus dem ganzen Reiche des Jupiter. Diesen Weg müssen die einzelnen kosmischen Kräfte machen.

XIII. EINWIRKUNGEN VON LUZIFER UND AHRIMAN

«Ich werde kämpfen» – «Und kämpfend Göttern dienen». *Damit leuchtet in den «Mysteriendramen» der Kampf zwischen den Göttern und den Widersachern auf. Der Schauplatz sind die menschlichen Leiblichkeiten.*

Die Gewohnheiten und Eigenarten, die Neigungen und Abartigkeiten, die Egoismen, das Ablehnen von Menschen u. a., sie sind der Nährboden der Widersacher.

Geistig-Seelisches verwandelt sich im nächsten Leben in Physisches, die Krankheiten und Schicksalsereignisse, die Gnade der Reinkarnation geben dem Menschen die Kraft, den Weg der Evolution nicht zu verlieren.

Jeder einzelne Mensch ist für die Menschheits- und Erdenentwicklung verantwortlich.

Der von Luzifer infizierte Ätherleib

GA 165, Ausg. 1968, 28. 12. 1915, S. 74/75

... Stellen Sie sich vor: Luzifer wäre nicht an den Menschen herangekommen, der Mensch würde ohne den luziferischen Impuls leben, dann würde er im Ätherleibe ganz anders leben. Wenn der Mensch durch die Pforte des Todes geht und seinen Ätherleib noch hat, und ihn dann abstreift, so bleibt da dieser Ätherleib, aber in diesem Ätherleib ist abgedruckt dasjenige, was der Mensch tut und denkt durch die luziferische Verführung. Nicht wahr, der Mensch stirbt, geht also durch die Pforte des Todes. Der physische Leib wird den Elementen übergeben. Nach einigen Tagen löst sich der Ätherleib von der Wesenheit des Menschen los. Der Mensch geht dann seine weiteren Wege. Aber in diesem Ätherischen ist drinnen dasjenige, wozu dieser Ätherleib geworden ist dadurch, daß der Mensch denkt und fühlt und handelt, so wie er nach der luziferischen Versuchung denken und fühlen und handeln muß. Also nun stellen Sie sich die Erde vor. Hinein in die Erde kommt der menschliche physische Leib, er wird den Elementen der Erde übergeben. Aber sein Ätherleib, der bleibt mit der Erde verbunden. Da haben wir die Ätherleiber der Menschen, die sind nun einmal da in der Erdenatmosphäre. Sie sind anders, als sie wären, wenn nicht die luziferische Versuchung gekommen wäre. Auf diese Ätherleiber bezieht sich natürlich alles, was ich sonst über die Ätherleiber gesagt habe. Aber auch dasjenige bezieht sich darauf, was ich heute andeute, so daß wir sagen können: Ein Mensch wird in die Erde eingebettet. Dasjenige, was er auf der Erde zurückläßt, was sein Ätherleib geworden ist während des Lebens, ist dürrer, verholzter, als es wäre, wenn die luziferische Versuchung nicht gekommen wäre. Verholzter, dürrer – es ist dieser Unterschied wirklich vorhanden. Denken Sie sich, es wäre nie die luziferische Versuchung gekommen, dann würde der Mensch bei seinem Tode einen viel «gejüngerteren» Ätherleib hinterlassen, gleichsam einen viel grüneren Ätherleib. Er läßt einen viel dürreren, ausgetrockneteren Ätherleib durch die luziferische Versuchung zurück, als er ohne die luziferische Versuchung zurücklassen würde. Es ist schon ausgedrückt in der Legende, daß aus dem Grabe Adams der verholzte Paradiesesbaum herauswächst. Aber das, was da in der Erde lebt, lebte vor dem Mysterium von Golgatha in dem luziferisch infizierten Ätherleib. Das war gerade das Element, wo hinein erlösend der Leib des Jesus von Nazareth sich begab, als Phantom, wie ich einmal durch die Karlsruher Vorträge angedeutet hatte. Also nun stellen Sie sich das Grab Adams vor: Adam als physischer Leib den Elementen der Erde übergeben, aus dem Grabe Adams heraus den verholzten Ätherleib, der der Repräsentant desjenigen ist, was am Menschen luziferisch infiziert ist und übrigbleibt nach dem Tode. Das ist zu gleicher Zeit das Holz, an dem der Mensch gekreuzigt werden kann. Und es entsteht diese Kreuzigung in dem Zurückbleiben des Phantoms von dem Jesus von Nazareth nach dem Mysterium von Golgatha, das sich gerade mit dessen Hilfe mit der Erde verbindet. Das ist ausgedrückt in der Legende, indem gesagt wird: Dieses Holz ging von Generation zu Generation und es bildete wiederum das Holz des Kreuzes von Golgatha. Dieses Bild ist das Bild, das einer wirklichen Tatsache entspricht, nämlich das, daß durch die Kreuzigung das Phantom des Jesus von Nazareth sich vereinigte mit dem, was in der Erde ätherisch lebte von all den luziferisch infizierten Ätherleibern, die natürlich ausgestreut waren und sich verdünnt und aufgelöst hatten, aber eben in ihren Kräften da waren. Es ist eine sehr bedeutende, eine ganz unendlich tiefe, die Erdengeheimnisse beleuchtende Tatsache, die wir dabei hier ins Auge zu fassen haben.

Aber wodurch wird denn der Mensch verwandt mit diesem luziferisch infizierten Ätherleib? Dadurch, daß er sich hereinlebt in die physische Welt, wo er zum Kinde wird. Da ist es natürlich noch nicht...

Kindisch soll der Mensch nach Luzifer bleiben

GA 203, Ausg. 1978, 29. 1. 1921, S. 135/137

...die luziferischen Mächte können uns gewissermaßen zurückhalten auf der Kindheitsstufe; sie können über uns etwas verhängen, so daß wir nicht reif werden. Diejenigen Menschen, die sich allzusehr einer gewissen Schwärmerei, einer nebulosen Mystik hingeben, die eine gewisse Abneigung haben vor einem straffen konturierten Denken, welche es verschmähen, sich klare Vorstellungen zu machen über die Welt, auch diejenigen Menschen, welche es verschmähen, innerlichen Seelenfleiß, innerliche Regsamkeit der Seele zu entwickeln, diejenigen Menschen also, die mehr oder weniger dahinträumen, die setzen sich der Gefahr aus, in der nächsten Inkarnation nicht altern zu können, kindlich im schlimmen Sinne des Wortes zu bleiben. Es ist ein luziferischer Einschlag, der auf diese Weise in die Menschheit hineinkommen wird. Dadurch würden diese Menschen nicht voll in der nächsten Inkarnation in das irdische Leben untertauchen. Sie würden gewissermaßen aus der geistigen Welt sich nicht genügend herausbegeben, um in das irdische Leben einzutreten. Die luziferischen Mächte, welche einmal eine Verbindung eingegangen haben mit unserer Erde, die haben das Bestreben, in dem Menschen solche Instinkte zu entfachen, daß die Erdenentwickelung des Menschen einmal ankommt bei dieser Stufe, auf der die Menschen Kinder bleiben, auf der die Menschen nicht altern. Die luziferischen Mächte möchten es geradezu dahin bringen, daß einmal auf der Erde keine Greise herumgehen, sondern Menschen, die in einem gewissen Jugendwahn ihr Leben zubringen. Dadurch würden diese luziferischen Mächte die Erde dahin bringen, immer mehr und mehr als ganzer Planet *ein* Leib zu werden und auch *eine gemeinsame* Seele zu haben, in der die einzelnen Seelen verschwimmen. Eine gemeinsame Seelenhaftigkeit der Erde und eine gemeinsame Leibhaftigkeit der Erde, das ist es, was Luzifer für die Entwickelung der Menschheit anstrebt, gewissermaßen ein großes organisches Wesen aus der Erde zu machen mit einer gemeinsamen Seele, in der die einzelnen Seelen ihre Individualität verlieren.

Das andere ist, daß auch ahrimanische Wesenheiten mit unserer Erde eine Verbindung eingegangen haben. Sie haben die entgegengesetzte Tendenz. Sie wirken vor allen Dingen durch diejenigen Kräfte, die unseren Organismus wie an sich heranziehen zwischen der Geburt und dem Tode, die unseren Organismus ganz und gar durchsetzen mit Geistigkeit, das heißt immer mehr und mehr uns intellektualistisch machen, immer mehr und mehr uns vom Verstande durchziehen. Denn von der Verbindung der Seele mit dem physischen Leib hängt unsere wache Intelligenz ja ab, und wenn sie hypertrophiert, wenn sie zu stark wird, dann werden wir dem physischen Dasein zu ähnlich, dann verlieren wir *auch* das Gleichgewicht. Dann tritt diejenige Neigung auf, welche den Menschen verhindert, in der richtigen Weise in der Zukunft abzuwechseln zwischen Erdenleben und geistigem Leben, zwischen dem Tod und einer neuen Geburt.

Das ist es, was in Ahrimans Streben liegt, den Menschen gewissermaßen abzuhalten davon, in der richtigen Weise in der folgenden Erdenzeit durch Erdenleben und überirdische Leben zu gehen...

Die jung und die alt verstorbenen Menschen als Hilfe gegen Luzifer und Ahriman

GA 183, Ausg. 1967, 2. 9. 1918, S. 171–173

Dasjenige, was gegenwärtig noch eine Art Ausgleich schafft, das ist das Folgende. Wenn gegenwärtig ganz junge Menschen sterben, zum Beispiel Kinder, so haben diese Kinder – bei jungen Menschen ist es ebenso – eben in die Welt hereingeschaut; sie haben nicht voll das Dasein hier auf dem physischen Plane ausgelebt. Mit einem auf dem physischen Plane unausgelebten Leben kommen sie hinüber in die andere Welt, die zwischen dem Tode und einer neuen Geburt verlebt wird, so verlebt wird, wie ich es gestern geschildert habe. Dadurch, daß sie einen Teil nur des Erdenlebens gelebt haben, bringen sie etwas vom Erdenleben mit hinüber in die geistige Welt, das man nicht hinüberbringen kann, wenn man alt geworden ist. Man kommt anders in der geistigen Welt an, wenn man alt geworden ist, als wenn man jung stirbt. Wenn man jung stirbt, so hat man das Leben so durchlebt, daß man noch viele Kräfte in sich hat vom vorgeburtlichen Leben. Man hat als Kind und als junger Mensch das leibliche Leben so durchlebt, daß man darinnen noch viel von den Kräften in sich hat, dic man vor der Geburt in der geistigen Welt hatte. Dadurch hat man eine innige Verbindung geschaffen zwischen dem Geistigen, das man mitgebracht hat, und dem Physischen, das man hier erlebt hat. Und durch diese innige Verbindung kann man etwas, was man auf der Erde erwirbt, in die geistige Welt mit hinübernehmen. Kinder oder sonst jung gestorbene Leute, nehmen von dem Erdenleben etwas in die geistige Welt mit hinüber, was gar nicht mit hinübergenommen werden kann, wenn man als älterer Mensch stirbt. Das, was da mitgenommen wird, ist dann drüben in der geistigen Welt, und was da hinübergetragen wird durch

Kinder und junge Leute, das gibt der geistigen Welt eine gewisse Schwere, die sie sonst nicht haben würde, derjenigen geistigen Welt, in der dann die Menschen gemeinsam drinnen leben, das gibt eine gewisse Schwere der geistigen Welt und verhindert die luziferischen Mächte, die geistige Welt ganz loszutrennen von der physischen.

Also denken Sie, auf welches riesige Geheimnis wir da blicken! Wenn Kinder und junge Leute sterben, so nehmen sie von hier etwas mit, wodurch sie die luziferischen Mächte verhindern an deren Bestreben, uns ganz loszulösen von dem Erdenleben. Das ist außerordentlich wichtig, daß man dies ins Auge faßt.

Wird man älter hier auf der Erde, so kann man in der geschilderten Weise den luziferischen Mächten die Rechnung noch nicht verderben; denn von einem gewissen Alter an hat man nicht mehr jene innige Verbindung zwischen dem, was man mitgebracht hat bei der Geburt und dem physischen Erdenleben. Ist man alt geworden, so löst sich diese innerliche Verbindung, und es tritt gerade das Umgekehrte ein. Von einem gewissen Lebensalter an träufeln wir in einer gewissen Weise dem innerhalb der physischen Erde befindlichen Geistigen unser eigenes Wesen ein. Wir machen die physische Erde geistiger als sie sonst wäre. Also von einem bestimmten Alter an vergeistigen wir in einer gewissen Weise, die man nicht mit äußeren Sinnen wahrnehmen kann, die physische Erde. Wir tragen Geistiges in die physische Erde hinein, wie wir Physisches in die geistige Welt hinauftragen, wenn wir jung sterben; wir pressen gewissermaßen Geistiges aus, wenn wir alt werden, ich kann es nicht anders sagen. Das Altwerden besteht im geistigen Sinne von einem gewissen Aspekt aus darinnen, daß man Geistiges hier auf der Erde auspreßt. Dadurch wird wiederum die Rechnung des Ahriman verhindert. Dadurch kann Ahriman nicht auf die Dauer heute schon so intensiv auf die Menschen wirken, daß völlig erlöschen könnte die Meinung, Ideale hätten doch eine gewisse Bedeutung. Aber wir sind im heutigen Zeitraume schon sehr, sehr nahe daran, daß die Menschen in die furchtbarsten Irrtümer gerade mit Bezug auf das

Gesagte verfallen. Auch Gutmeinende verfallen leicht in bezug auf das Gesagte in solche Irrtümer. Und diese Irrtümer werden immer größer und größer werden und mit zunehmender Erdenentwickelung eben riesig werden können.

GA 187, Ausg. 1968, 25. 12. 1918, S. 43

... Wir haben gerade hier in einer andern Beziehung hingewiesen darauf, wie Entwickelungsmotive sich verändern im Laufe des Lebens zwischen Geburt und Tod. Und in anderer Weise finden Sie hingewiesen auf diese Entwickelungsmotive in meinem Aufsatz, den ich in der letzten Nummer des «Reiches» geschrieben habe über das Ahrimanische und Luziferische im menschlichen Leben. Da ist darauf hingewiesen, wie das Luziferische in der ersten Lebenshälfte eine gewisse Rolle spielt, das Ahrimanische in der zweiten Lebenshälfte, wie diese Impulse des Ahriman und Luzifer durch das ganze Leben hindurch wirken, aber in verschiedener Art.

«Verjüngende» und «greisenhafte» Kräfte

GA 210, Ausg. 1967, 1. 1. 1922, S. 12/13

Nehmen wir zunächst eine Betrachtung, die vom Gesichtspunkte des leiblichen Wesens des Menschen ausgeht. Dieses leibliche Wesen des Menschen ist nur äußerlich scheinbar für die Sinneswahrnehmung ein Einheitliches. In Wahrheit ist der Mensch fortwährend eingespannt zwischen den Kräften, die ihn verjüngen, und den Kräften, die ihn greisenhaft machen, zwischen den Kräften der Geburt und den Kräften des Todes. In keinem einzigen Augenblicke des Lebens ist in unserem Leib bloß die eine Art von Kräften vorhanden; immer sind sie beide da.

Wenn wir Kind sind, meinetwillen ganz kleines Kind, so überwiegen in uns die jungmachenden, die luziferischen Kräfte; aber tief zurückgezogen sind in der menschlichen Natur auch schon die greisenhaften Kräfte, diejenigen Kräfte, die zuletzt das Verkalken, das Sklerotisieren des Leibes hervorrufen, diejenigen Kräfte,

die uns dann zum Tode führen. Und beide Arten von Kräften müssen im menschlichen Leibe sein. Durch die luziferischen Kräfte, die in ihm sind, hat er eine fortwährende Möglichkeit, ich möchte sagen, nach dem Phosphorischen hin, nach der Wärme hin sich zu entwickeln. Im extremen Fall, im Krankheitsfall, wirken diese Kräfte so, daß der Mensch in das Fieber, in die Pleuritis hineinkommt, in entzündliche Zustände. Aber diese Neigung für Fieber, für entzündliche Zustände ist immer in ihm. Sie wird nur in Schach gehalten, im Gleichgewichte gehalten durch die anderen Kräfte, die ihn verfestigen wollen, die ihn verkalken, die ihn mineralisieren. Und darinnen besteht das Wesen des Menschen, daß ein Gleichgewichtszustand da ist zwischen diesen beiden polarisch einander entgegengesetzten Kräftearten.

GA 150, Ausg. 1980, 14. 3. 1913, S. 23–25

... Und auch die Schwäche des Alters zum Beispiel, ist eine Kraft, die, indem wir sie empfinden, uns direkt zuwächst, um wiederum etwas zu haben gegen den Ahriman, wenn wir durch die Pforte des Todes geschritten sind. Während wir hier zwischen der Geburt und dem Tode in der Tat böse sein können, wenn wir zu früh altern, müssen wir mit Bezug auf das, was wir nach dem Tode wollen, um mit Ahriman zurechtzukommen, froh sein, daß wir altern.

Und jetzt sehen Sie, wie wunderbar schön sich damit zusammenfügt, daß uns der innere geistig-seelische Kern verbleibt, der durchaus, in dem er sich zwischen Geburt und Tod fortentwikkelt, mit den fortschreitenden Mächten zu tun hat. Denn dieser Keim, der durch die Pforte des Todes hindurchschreitet, ist da, wo er seine stärksten innerlichen Spannkräfte entwickelt hat, rein beherrscht von den fortschreitenden Mächten. Das, was außer ihm ist, was äußerlich abwelkt, das ist dasjenige, worin die ahrimanischen Kräfte sind. Und wir müssen nun berücksichtigen, was eigentlich dem Seher dieser Ahriman ist.

Wenn unsere Pflanzen herauswachsen aus unserer Erde, gegen den Herbst zu verwelken und die Blätter herunterfallen, dann erscheinen überall die Elementargeister, die Ahriman an die Oberfläche der Erde schickt. Da heimst er ein alles Ersterbende; das heimst er durch seine Elementargeister ein. Wenn man im Herbst durch die Fluren geht und die ersterbende Natur hellseherisch sieht, dann streckt überall Ahriman seine Kräfte aus, und überall hat er seine Elementarboten, die ihm zutragen das, was abwelkende physische und ätherische Wesenheit ist. Aber wir sind als Menschen den ganzen Tag über eigentlich auch gewissermaßen in einer Art von Herbst- und Winterstimmung. Wahrhaftig, die Seelensommerstimmung ist eigentlich nur vorhanden, wenn die Seele schläft. Das ist wirklich so, daß der schlafende Menschenleib, physischer Leib und Ätherleib, von dem Werte einer Pflanze ist; und das, was draußen ist, das Ich und der astralische Leib, die werfen ihre Strahlen zurück auf den physischen und ätherischen Leib, wirken wie Sonne und Sterne und lassen da heraussprossen die Kräfte, die wir den Tag über zerstört haben. Da wächst das vegetabilische Leben, und das Tagesdenken ist eigentlich nur dazu da, um das, was die Nacht hat aufsprossen lassen, wiederum hinwegzuschaffen. Wenn wir aufwachen, dann huschen wir hin über unser vegetabilisches Leben, genau wie der Herbst über die Pflanzen der Erde. Und was der Winter tut an der Vegetation der Erde, das tun wir genauso im Tagwachen an unserem physischen und ätherischen Leib, an dem, was sie an sprießendem, sprossendem Leben in der Seelensommerzeit, nämlich zur nachtschlafenden Zeit hervorbringen. Wenn wir wachen, ist Winterzeit, richtig Winterzeit der Seele, und wenn wir Frühling der Seele haben wollen, so müssen wir einschlafen. Es ist so. Und von diesem Standpunkt aus ist es eigentlich leicht begreiflich, warum Menschen, die nicht wenigstens etwas aus der Seelensommerzeit hineinmischen in ihr tagwachendes Leben, so leicht vertrocknen. Trockene Gelehrte, dürre Professorenmännlein, das sind solche, die nicht gern das aufnehmen, was nicht ganz vollbewußt ist, die nicht gern aufnehmen etwas von der Seelensommerzeit. Dann vertrocknen sie, dann werden sie ganz ausgesprochene Wintermenschen. Und dem Seher stellt sich die ganze Entwickelung des menschlichen Tageslebens damit schon dar als ganz ähnlich dem, was ich Ihnen eben für die Natur gesagt habe. Wenn nämlich der Mensch seine gewöhnlichen, auf das Äußere bezüglichen Gedanken bildet, wenn er so recht materialistisch dasjenige nur denkt, was äußerlich geschieht, dann greifen seine Gedanken in das Hirn so ein, daß dieses Hirn Stoffe ausscheidet, die Ahriman gut gebrauchen kann, so daß eigentlich Ahriman das wache Tagesleben fortwährend begleitet. Und je materialistischer wir gesinnt sind, desto besessener sind wir von Ahriman. Kein Wunder, daß wahr ist, daß der Materialismus mit der Furcht zusammenhängt. Denn wenn Sie sich erinnern an den «Hüter der Schwelle», so werden Sie gewahr werden, wie die Furcht wiederum mit Ahriman zusammenhängt.

Wir sollen das Gefühl erhalten, daß wir in der Tat im Leben komplizierten geistigen Welten gegenüberstehen. Und was wir von der Anthroposophie erhalten sollen, ist nicht allein das, daß wir dieses oder jenes wissen, daß wir wissen, es gibt den Ahriman, den Luzifer, einen physischen Leib, einen Ätherleib. Das ist das Allerwenigste. Was wir uns aneignen sollen aus der Anthroposophie, das ist eine gewisse Stimmung der Seele, ein Grundgefühl des menschlichen Lebens, was da eigentlich in diesen Untergründen der Seele ist. Daher ist es notwendig, daß wir mit einer gewissen heiligen Scheu die Worte bewahren, die mit diesen höheren Dingen zusammenhängen. Wenn wir sie immer auf den Lippen führen, dann geschieht es nur allzu leicht, daß ihr Ernst und ihre Würde sich für uns abstumpfen.

So sehen wir den Menschen zwischen der Geburt und dem Tode, in seinem Verhältnis zu den fortschreitenden geistigen Wesenheiten, in einer gewissen Weise zwischen Luzifer und Ahriman stehen. Und damit die gesamte Entwickelung des Menschen in der richtigen Weise sich vollziehen kann, muß dieses Verhältnis auch zwischen dem Tod und einer neuen Geburt so bleiben, nur daß, was zwischen der Geburt und dem Tod innerlich ist, zwischen dem Tod und einer neuen Geburt äußerlich wird. Innerlich hat Luzifer von dem Momente an, bis zu dem wir uns zurückerinnern, seine Krallen mit der menschlichen Seele verbunden. Innerlich – der Mensch weiß nichts davon, wenn er nicht durch Geisteswissenschaft etwas erfährt und darüber fühlen lernt. Nach dem Tode ist die Sache anders. Da tritt in einem bestimmten Zeitpunkt Luzifer, ebenso sicher wie zwischen der Geburt und dem Tode innerlich, in dem Leben zwischen dem Tode und einer neuen Geburt äußerlich auf. So steht er dort in voller Gestalt vor uns, so steht er uns zur Seite, so wandeln wir mit ihm! So wenig nämlich der Mensch den Luzifer kennt, bevor er durch die Pforte des Todes getreten ist, so sicher und klar kennt er ihn, wenn er an seiner Seite geht zwischen dem Tod und einer neuen Geburt. Nur daß im jetzigen Zeitenzyklus dieses Bewußtsein ein recht unangenehmes werden kann. Wir können so durch das Gebiet zwischen dem Tode und einer neuen Geburt durchgehen, daß wir den Luzifer – der ja auch nicht nur etwas Furchtbares hat, sondern auch etwas Schönes, Herrliches in bezug auf seine äußere Gestalt –, daß wir gewissermaßen Luzifer neben uns haben und seine Notwendigkeit für die Welt einsehen. Immer mehr und mehr kommt die Zeit heran, wo die Menschen nur so das Leben nach dem Tode mit Luzifer durchschreiten können, wenn sie hier im Leben schon ordentlich die luziferischen Impulse in der Menschenseele haben ahnen- und kennengelernt...

Die Gefahr der Einseitigkeit: Idealist – Materialist

GA 190, Ausg. 1980, 28. 3. 1919, S. 75

Idealisten:	Vorstellungen können leicht luziferisch werden; Schwärmer, Phantasten, Schwarmgeister. Wille kann leicht ahrimanisch werden; despotisch, tyrannisch.
Materialisten:	Vorstellungen können leicht ahrimanisch werden; nüchtern, philiströs, trocken, bürgerlich. Wille kann leicht luziferisch werden; animalisch, begierlich, nervös, sensitiv, hysterisch.

Sie sehen: Idealisten und Materialisten, sie sind, nur von verschiedenen Seiten her, im fünften nachatlantischen Zeitraum den gleichen Gefahren ausgesetzt, die Idealisten von seiten der Vorstellungen dem Luziferischen, von seiten des Willens dem Ahrimanischen; die Materialisten von seiten der Vorstellungen dem Ahrimanischen und von seiten des Willens dem Luziferischen. Die verschiedenen Charaktere, die auftreten, werden das in den verschiedensten Abstufungen haben. Da wird die Schwierigkeit liegen, die Menschheit wirklich vorwärtszubringen, denn all das werden zugleich Quellen des Abirrens der Menschheit sein. Denn niemals wird der Mensch einseitig als Idealist oder als Materialist richtig vorwärtskommen können, sondern nur dann, wenn er den guten Willen hat, ebenso in die materielle Wirklichkeit verständnisvoll einzudringen, wie auch auf der anderen Seite sich vom Geiste in der richtigen Weise erleuchten zu lassen. Aber einseitig soll man nicht werden selbst mit Bezug auf die allerkonkretesten Anschauungen des Lebens, da erst recht nicht.

Wer nur Kinder gerne hat, der steht vor der Gefahr, daß sehr starke ahrimanische Einflüsse auf ihn wirken; wer nur Alte gerne hat, steht vor der Gefahr, daß sehr starke luziferische Einflüsse auf ihn wirken. Vielseitigkeit der Interessen, das ist dasjenige, was den Menschen notwendig wird, wenn sie Beihilfe leisten wollen zu einem fruchtbaren Entwickeln der Kultur nach der Zukunft hin. Das wird vorzugsweise die Aufgabe des fünften nachatlantischen Zeitraums sein...

Elektrische Ströme

GA 224, Ausg. 1966, 11. 7. 1923, S. 108/109

...Nun denken Sie sich nur einmal, wie fein die Instrumente sind, wohin man überall die Wirkung der Elektrizität schickt. Der Mensch hat aber lauter solche Apparate vor sich und um sich. Den Leuten drüben in Amerika geht eine Ahnung auf, daß das auf den physischen Menschen einen Einfluß hat, daß er überall umschwirrt ist von elektrischen Leitungen und dergleichen. Goethe ging durch die Welt, ohne daß sein Körper Induktionsströme in sich hatte. Heute kann man irgendwo weit hinausgehen – man kommt gar nicht so weit hinaus, daß nicht die elektrischen Leitungen mitfolgen. Das induziert fortwährend Strömungen in uns. Goethe war nicht in solchen Strömen. Das alles nimmt der Menschheit den physischen Leib weg, macht den physischen Leib so, daß die Seele gar nicht hineinkommt. Wir müssen uns ja klar darüber sein: In der Zeit, als es keine elektrischen Ströme gab, nicht die Luft durchschwirrt war von elektrischen Leitungen, da war es leichter, Mensch zu sein. Denn da waren nicht fortwährend diese ahrimanischen Kräfte da, die einem den Leib wegnehmen, wenn man auch wacht. Da war es auch nicht nötig, daß sich die Leute so anstrengten, um zum Geist zu kommen. Denn wenn wir hineinkommen in uns, kommen wir eigentlich erst zum Geist. Daher ist es nötig, heute viel stärkere geistige Kapazität aufzuwenden, um überhaupt Mensch zu sein, als es noch vor hundert Jahren war.

Neid und Lügenhaftigkeit

GA 127, Ausg. 1975, 7. 1. 1911, S. 34/36

Nehmen wir an, wir können im Kindesalter Neid, Neidhaftigkeit beobachten. Wir wissen aus geisteswissenschaftlichen Beobachtungen, daß bei dem Menschen in den Gliedern seiner Wesenheit, die ihm gewöhnlich nicht bewußt sind, im Astralleib und Ätherleib tätig sind besondere Mächte, im Astralleib die luziferischen Mächte, im Ätherleib die ahrimanischen Mächte, die Gegner der menschlichen Entwickelung sind. Alles, was mit dem Astralleib zu tun hat, wie Neid, kommt von den Versuchungen des Luzifer. Alles, was mit dem Ätherleib zu tun hat, wie Lügenhaftigkeit, sind Versuchungen des Ahriman. Bei einem neidischen Kinde ist der Astralleib von Luzifer in einer gewissen Weise erfaßt, da haben die luziferischen Wesenheiten ihre Angriffspunkte. Für Neid und Lüge gilt etwas sehr Bezeichnendes: Von den primitivsten Menschen an bis zu den entwickeltsten Führern der Menschheit gelten Neid und Lügenhaftigkeit für sehr verwerfliche Eigenschaften. Sobald der Mensch einsieht, er sei neidisch oder lügenhaft, dann taucht in der Seele auf ein Empfinden von dem Verwerflichen dieser Eigenschaften. Man will sie sich mit aller Macht abgewöhnen. Gerade Neid und Lügenhaftigkeit werden ganz instinktiv als verwerflich erscheinen. *Goethe* sagt, er müsse sich vieler Fehler zeihen, aber Neid finde er nicht auf dem Boden seiner Seele. Dasselbe sagt *Benvenuto Cellini* von der Lügenhaftigkeit. – Merkt jemand: Ich bin ein neidischer Mensch, so arbeitet er ganz instinktiv daran, sich diese Eigenschaft abzugewöhnen. Aber sie kann sehr tief sitzen, so tief, daß er wohl streben kann, sich den Neid abzugewöhnen, aber er ist nicht stark genug, moralisch nicht stark genug. Da tritt etwas sehr Eigentümliches ein. Neid ist eine luziferische Eigenschaft. Wenn der Mensch merkt, er hat Anlagen zum Neid und daran arbeitet, sich ihn abzugewöhnen, so sagt sich Luzifer: Da ist Gefahr vorhanden, daß dieser Mensch mir entgeht. Luzifer und Ahriman sind dem Menschen gleich feindlich, aber untereinander sind sie gute

Freunde. Da ruft Luzifer den Ahriman zu Hilfe, und der wandelt den Neid um in eine andere Eigenschaft. Der Neid erlebt eine Metamorphose, die so hervortritt in der menschlichen Seele, daß der Mensch, während er früher bei einem anderen Menschen das nicht wollte, jetzt zum Kritikaster wird, der alles mögliche aufsucht bei seinen Mitmenschen, um tadeln zu können. Diese Sucht, zu tadeln, ist nichts anderes als der umgewandelte Neid. Ist dies der Fall, dann hat einen Ahriman in den Klauen. Dieser verwandelte Neid ist sehr weit verbreitet. Wäre er nicht vorhanden in der Form der Kritikasterei und der Sucht, allerlei Übles über die Menschen zu sagen, so hätten manche Morgen- und Abendschoppen, manche Kaffeegesellschaften gar keinen Stoff.

Karmisch kommt eigentümlicherweise dasselbe heraus, ob man den Neid ursprünglich oder in umgewandelter Form als Kritikasterei auftauchen läßt. Verfolgt man einen in der Jugend neidischen Menschen oder einen Kritikaster bis ins spätere Alter, so wird man sehen, daß Menschen, die in der Jugend zerfressen waren von Neid, dazu kommen, Unsicherheit im Alter zu haben. Sie gewinnen keinen festen Boden, können in kein Verhältnis zu anderen Menschen kommen, können sich nicht selber raten, sind froh, wenn sie sagen können: Dies hat mir der oder jener geraten. Dies ist noch in demselben Leben eine karmische Folge des Neides oder des umgewandelten Neides.

Lügenhaftigkeit ist eine Eigenschaft des Ätherleibes und rührt von Ahriman her. Wenn der Mensch in einem gewissen Alter gewohnheitsmäßig Lügenhaftigkeit an sich hat, oder wenn er durch schlechte Erziehung überhaupt viel lügt, so zeigt sich immer im späteren Lebensalter eine gewisse Scheuheit, eine Unmöglichkeit, die Augen aufzuschlagen vor den Leuten. Gewisse sprichwörtliche Regeln auf moralischem Gebiete treffen hier sehr gut das Rechte. Wenn man sagt: Dieser Mensch kann mir nicht in die Augen schauen –, so wirkt sich da Lügenhaftigkeit aus. Scheu und Unselbständigkeit treten als seelische Eigenschaften in demselben Leben auf...

...Was aus einer solchen Eigenschaft folgt, bleibt in dem einen

Leben seelisch; seelisch bleibt es. Nehmen wir an, wir verfolgen geisteswissenschaftlich das eine Leben bis in das nächste hinüber. Was als karmische Wirkung seelisch in einem Leben auftrat, gewinnt eine größere Kraft in dem nächsten Leben. So können wir nachweisen, daß die Unselbständigkeit, die zunächst als seelische Wirkung von Neid in einem Leben auftritt und die Scheuheit als Wirkung von Lügenhaftigkeit, daß diese organisierend beim Aufbau des Leibes im nächsten Leben werden. Da greifen sie in das Leibliche hinüber.

Jemand, der in einem früheren Leben viel Neid entwickelt hat, wird wiedergeboren als ein Mensch, der schon in der äußeren Leibesorganisation das hat, was ihn zum hilflosen Menschen macht. Wer lügenhaft war, tritt so wieder auf, daß er kein rechtes Verhältnis zur Umwelt hat. Er kann nicht geliebt werden von den Menschen seiner Umgebung, er fühlt sich abgestoßen von ihnen, die Liebe stellt sich schwer ein. Geisteswissenschaft ist als Lebenspraxis aufzufassen. Was jetzt gesagt ist, wird unmittelbar Lebenspraxis.

Aber ohne Luzifer und Ahriman könnten wir nicht denken, fühlen und wollen

GA 158, Ausg. 1968, 22. 11. 1914, S. 133–135

So ist es aber auch mit dem Wollen, Fühlen und Denken. Der Unterschied ist nur der, daß das Wollen wohl dieselbe Seelentätigkeit ist wie das Denken, nur ganz jung noch, kindlich. Und wenn das Wollen älter wird, dann wird es Fühlen, und das ganz alte Wollen ist das Denken. Es ist nur ein Unterschied im Alter beim Wollen, Fühlen und Denken, nur daß sie in unserer Seele zusammenleben, die Lebensalter für diese Seelentätigkeiten, das macht die Sache schwierig. Aber wir haben schon auseinandergesetzt – Sie brauchen es nur nachzulesen in meinem Buche «Die Schwelle der geistigen Welt» –, daß, sobald wir aus der physischen Welt hinauskommen, das Gesetz der Verwandlung gilt, nicht das der Starrheit. Da verwandelt sich alles. Das Alte wird plötzlich jung, das Junge wird alt und so weiter. So daß wirklich gleichzeitig in uns auftreten können die drei Seelentätigkeiten: das Wollen, das sich bald als junges Wollen zeigt, bald als älteres Wollen, das heißt als Fühlen, und auch als ältestes Wollen, als ganz altes Wollen, das heißt als Denken. Da gehen die Lebensalter durcheinander, es wird dann alles flüssig. So ist es im Ätherleib des Menschen.

Aber diese Verwandlung kann nicht so ohne weiteres durch sich selbst zustande kommen. Dasjenige, was einheitliche Seelentätigkeit wäre, das kommt uns überhaupt im gewöhnlichen Leben nicht zum Bewußtsein, das können wir gar nicht ins Bewußtsein hereinbringen. Wenn wir – weil ja das Ganze im Ätherleib beobachtet werden muß, und der Ätherleib etwas Bewegliches, Flüssiges ist – den Ätherleib wie einen fortlaufenden Strom symbolisch zeichnen, so kommt uns dieser Strom der Seelentätigkeit im gewöhnlichen Leben überhaupt nicht zum Bewußtsein, sondern in diesen Strom, in dieses fortwährende Bewegen des Ätherleibes, das mit der Zeit fortfließt, gliedert sich

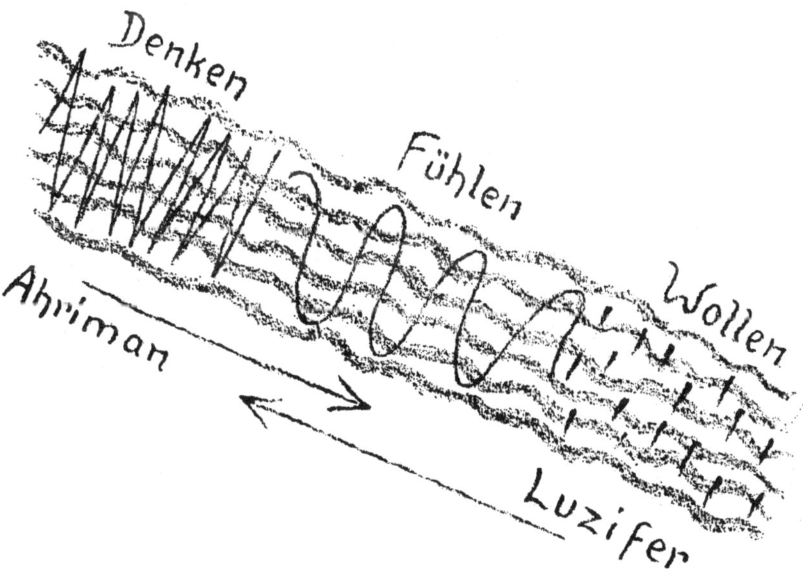

hinein einmal luziferische und dann wieder ahrimanische Tätigkeit.

Die luziferische Tätigkeit macht das Wollen jung. Unsere Seelentätigkeit, durchzogen von Luziferischem, ist Wollen. Wenn das Luziferische in unserer Seelentätigkeit überwiegt, wenn in unserer Seele nur Luzifer seine Kräfte geltend macht, so ist das Wollen. Luzifer wirkt verjüngend auf den Gesamtstrom unserer Seelentätigkeit. Wenn Ahriman dagegen hauptsächlich seine Wirkungen äußert in unserer Seelentätigkeit, dann verhärtet er unsere Seelentätigkeit, sie wird alt, und das ist das Denken. Dieses Denken, dieses Gedankenhaben ist gar nicht möglich im gewöhnlichen Leben, ohne daß in dem ätherischen Leibe Ahriman seine Kräfte entfaltet. Man kann im Seelenleben, insofern es sich im Ätherleibe äußert, nicht ohne Ahriman und Luzifer auskommen. Würde Luzifer sich ganz zurückziehen von unserem ätherischen Leibe, dann würden wir kein luziferisches Feuer haben zum Wollen. Würde Ahriman sich ganz zurückziehen von unserem Seelenleben, dann würden wir niemals die Kühle des Denkens entwikkeln können. In der Mitte von beiden ist eine Region, wo sie miteinander kämpfen. Hier durchdringen sie sich, Luzifer und Ahriman, hier spielen ihre Tätigkeiten ineinander. Das ist die Region des Fühlens. In der Tat, so erscheint der menschliche Ätherleib, daß man darinnen wahrnehmen kann das luziferische Licht und die ahrimanische Härte. Wenn man den menschlichen Ätherleib überblickt, so ist das natürlich nicht so angeordnet, wie hier (auf der Zeichnung) symbolisch, sondern da ist ein Durcheinander. Da sind Einschiebsel, in denen der Ätherleib undurchsichtig erscheint, so, wie wenn er, ich möchte sagen, Eiseinschläge hätte. Figuren treten im Ätherleibe auf, die man vergleichen kann mit Eisfiguren, wie sie auf Fensterscheiben erscheinen. Das sind die Verhärtungen in dem Ätherleibe. An solchen Stellen wird er undurchsichtig. Das sind aber die Auslebungen des Gedankenlebens im Ätherleibe. Dieses Gefrieren des Ätherleibes an gewissen Stellen rührt von Ahriman her, der seine Kräfte da hineinschickt durch das Denken.

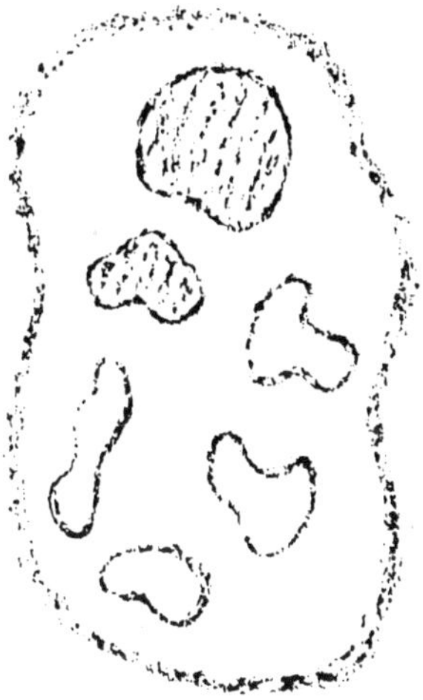

An andern Stellen des Ätherleibes ist es so, als wenn er Vakuolen, ganz lichte Stellen in sich hätte, die durchsichtig sind, die glänzend, lichtglitzernd sind. Da sendet Luzifer seine Strahlen, seine Kräfte hinein, das sind die Willenszentren im Ätherleibe. Und in dem, was dazwischen liegt, wo gleichsam fortwährende Tätigkeit ist im Ätherleibe, ist es so, daß man sieht, hier ist eine harte Stelle, aber nun wird sie sogleich von einer solchen Lichtstelle gefaßt und aufgelöst. Ein fortwährendes Festwerden und Wiederauflösen. Das ist der Ausdruck der Gefühlstätigkeit im Ätherleibe.

XIV. EINIGE METAMORPHOSEGESETZE UND RHYTHMEN IM MENSCHLICHEN LEBENSLAUF

Alles ist in Bewegung, in Metamorphose, hat Rhythmus; das Leben ist in ewigem Wandel begriffen.

Feste und Starre, Statik, kommt erst durch die Materie in die Welt des Lebendigen. So wird der physische Leib auch nur «alt», insofern er mit Materie erfüllt ist.

Das rhythmische System des Menschen ermüdet nie, der Ätherleib wird jünger. Es ist ein immer stärkeres Entwickeln von Ich-Bewußtsein das Ziel der Inkarnationen.

Je mehr wir uns in ein Zusammengehen mit den göttlich-geistigen Wesenheiten einleben und die großen Gesetzmäßigkeiten und Rhythmen auch im Kleinen wiedererkennen und wiederfinden können, um so reifer werden wir unsere Lebensfrucht an die geistige Welt übergeben. Wir werden immer mehr Kräfte gewinnen, um uns aus der Enge unserer Egoität, unseres Allzupersönlichen, in das Weltendenken, das Menschheitswollen einzuleben.

Wie die Verstorbenen Mitarbeiter an der Erdenentwicklung sind, so werden wir durch «den guten Willen» zu Mitarbeitern an den Welten werden.

Ein jeder guter Gedanke kann dazu Baustein sein. Es sind die Widersacher, die uns einreden wollen, daß wir zu solcher Mitarbeit zu schwach sind. Rudolf Steiner hat die Wege gewiesen und die Sicherheit vermittelt, an jedem Tag mit der bewußten Arbeit neu beginnen zu können.

Karmagesetze: Geistiges wird Seelisches, Seelisches wird Physisches. Das Obere wirkt auf das Untere.

GA 240, Ausg. 1961, 6. 2. 1924, S. 232/233

... Aber nehmen Sie jetzt folgendes an. In der Gegenwart gibt es so viele Menschen, die ganz materialistisch leben, die auch nur materialistische Eindrücke von der Umgebung haben wollen. Sie werden es in diesem Leben verschmähen – auch mit Bezug auf gewisse Verrichtungen ihres Leibes –, Materialisten zu sein: Sie essen das Geistige der Pflanze, das Seelische der Tiere, das essen sie mit; denn wenn sie brave Materialisten wären auch in bezug auf das Essen, müßten sie nur Steine essen, das Unorganische, das tot ist.

Aber in ihr Seelisches nehmen sie nur Ideen, Begriffe von Unlebendigem auf. Dasjenige, was da geistig-seelisch mit der Seele des Menschen sich verbindet, das wird dann Krankheitskraft für nächste Erdenleben. Da wirken die Eindrücke hinein, da wandeln sie sich um, so daß sie physisch wirkende Kräfte werden können. Das Schicksalsmäßige der Krankheit, das tragen wir aus früheren Erdenleben deshalb in unser jetziges Erdenleben herein, weil wir empfänglich werden für Krankheiten dadurch, daß wir gewisse Eindrücke, die dem Menschen nicht angemessen sind, in früheren Erdenleben gehabt haben. Diese Eindrücke wirken jetzt so, wie physisch-robuste Krankheitserzeuger in diesem Erdenleben wirken. Alles dasjenige, was in einem Erdenleben bloß Idee, Empfindung, inneres seelisches Sein war, verwandelt sich beim Durchgang durch die Zeit, die wir verleben zwischen dem Tod und einer neuen Geburt, in Physisch-Wirkendes im Menschenleben, und wir tragen in uns vieles Physisch-Wirkende, das bloß ein Seelisches war in früheren Erdenleben.

GA 224, Ausg. 1966, 6. 4. 1923, S. 21

Wenn man materialistisch denkt, so sagt man: Der Mensch ruht im Schlafe. – Aber er ruht nicht bloß. Wenn er den richtigen Idealismus während des Wachens entwickelt, so trägt er in den

Schlaf hinein für den astralischen Leib die Möglichkeit, sich hinaufzuschwingen zu der Hierarchie der Archangeloi, also mit der geistigen Welt während des Schlafes so in Beziehung zu treten, daß in der richtigen Weise verlebt werden kann die Zeit vom Tode bis zu einer neuen Geburt. Natürlich tragen wir, wenn wir diese Zeit nicht richtig verleben, auch Schwächen davon in das Erdenleben hinein. Aber in der Art und Weise, wie sich der Mensch in ein richtiges Verhältnis zu den Urkräften, zu den Archai versetzt, davon hängt es dann ab, wie wir uns das nächste Leben zu zimmern verstehen. Man sieht also, daß allgemeine Menschenliebe geradezu eine schöpferische Kraft hat. Denn, wovon hängt es denn ab, daß irgend jemand stark und kräftig ist in einem Leben, um seinen pyhsischen Leib in den Dienst der Seele zu stellen, beherrschen zu können seinen physischen Leib? Das hängt davon ab, ob er im vorhergehenden Leben Menschenliebe, etwas rein Seelisches entwickelt hat.

Sie erinnern sich, wie ich in früheren Vorträgen gesagt habe: Das Seelische des einen Erdenlebens lebt sich in dem Physischen des nächsten Erdenlebens aus, das Geistige des einen Erdenlebens in dem Seelischen des nächsten Erdenlebens. – Aber so hängen die Dinge zusammen, die ich eben auseinandergesetzt habe.

Man kann nicht bloß so im allgemeinen behaupten, daß es so etwas wie ein Schicksal, wie ein Karma gibt. Man kann geradezu sagen: Man schaut, wie der Mensch an seinem Karma arbeitet. Er webt es während des Schlafes, aber er erntet dasjenige, was er zum Gewebe braucht, während des Wachens ein. Denn das, was er webt, sind die Fäden, die er wirken muß aus allgemeiner Menschenliebe, oder die Fäden, die fortwährend abreißen und ein schlechtes Karma für das nächste Leben bilden, das sind diejenigen, die aus Menschenhaß gewoben sind. Denn für das Karma kommen als schöpferische Kräfte vor allen Dingen Menschenliebe und Menschenhaß in Betracht.

Alles gleicht sich aus

S. 22/23

... Wir müssen nicht alles in die Vergangenheit zurückschieben. Wir müssen uns klar sein, daß in der richtigen Weise zum Karma sich zu stellen dazu führt, daß man sich sagt: Eine Krankheit, die mich jetzt trifft, braucht gar nicht die Folge früherer seelischer Schwächen zu sein, sondern es kann eine Krankheit zuallererst auftreten. Aber Karma gilt doch. Trifft mich eine Krankheit, ein Unglück in diesem Erdenleben, es wird der Ausgleich kommen, oder dieses Unglück, diese Krankheit können der Ausgleich sein.

Das heißt, man muß immer auch mit der Zukunft rechnen, wenn man von Karma spricht. Das Verhältnis, das man zum Karma hat, ist das, daß man unerschütterlich wird in der Anerkennung der allgemeinen Weltengerechtigkeit, daß man also weiß: Alles gleicht sich aus, aber nicht so, daß man einfach die Reihe der Erdenleben zerreißt durch das Gegenwärtige und alles auf die Vergangenheit schiebt.

Derjenige stellt sich in einer lebensvollen Weise in den karmischen Verlauf der Lebensereignisse hinein, der da weiß: Ausgleich ist. Aber das Wesentliche bei der Karmaauffassung ist die Seelenstimmung, die aus dieser Auffassung kommt. Und die Seelenstimmung, die aus der Karmaauffassung kommen muß, das ist die, daß für den Fall, wo irgend etwas, sagen wir als Unglück, die Ausgleichung ist für eine frühere Seelenschwäche, wir darin den Anlaß finden, uns zu sagen: Hättest du jetzt dieses Unglück nicht erfahren, so hättest du die Schwäche fernerhin behalten. Wenn du in die Tiefen deiner Seele hineinsiehst, so mußt du sagen: Es ist recht, daß dieses Unglück über mich gekommen ist, denn dadurch ist eine Schwäche ausgelöscht, eine Schwäche hinweggenommen.

Wer ein solches Unglück, welches ein Ausgleich ist für eine vorherige Seelenschwäche oder Verfehlung, hinwegwünscht, stellt sich eigentlich nicht auf den Standpunkt vollständiger Menschenwürde. Er sagt gewissermaßen: Ach, mir ist es gleichgültig, ob ich schwach bleibe oder eine gewisse Stärke mir erringe! –

Allein derjenige faßt ein Unglück in der richtigen Weise auf, der da sagt: Falls es für eine frühere Schwäche wäre, ist es gut, daß es mich getroffen hat. Denn ich werde diese Schwäche, die ich gehabt habe, die sich in einer Verfehlung vielleicht ausgedrückt hat, durch das Unglück fühlen. Dadurch lösche ich die Schwäche aus, ich werde wieder stark.

Und falls ein Unglück als erster Schritt im Karma kommt, so ist die richtige Stimmung dagegen diese, daß man sich sagt: Wenn den Menschen nur dasjenige treffen würde, was er sich wünscht, so würde er gerade durch einen Lebensverlauf, der so ist, recht schwach werden. Wir würden zwar unter Umständen in einem oder zwei Erdenleben bequem und wohl leben, weil immer nur dasjenige über uns kommt, was wir uns wünschen, aber im dritten, vierten Erdenleben würden wir überhaupt seelisch und geistig wie gelähmt sein, weil gar keine Anstrengung in uns entstehen würde, um Widerstände zu überwinden. Widerstände lassen sich ja nur überwinden, wenn das Unerwartete, das Unerwünschte kommt. Entwickelt man aber die rechte Kraft an den Widerständen, nimmt man genug Menschenliebe hinein in den Schlaf, dann gestaltet sich dasjenige, was von dem Ich im Zusammenhange mit den Urkräften, mit den Archai als Karma gewoben wird so, daß der richtige Ausgleich in dem nächsten Erdenleben stattfindet.

Alle anthroposophischen Wahrheiten müssen nicht bloß theoretische Wahrheiten sein, durch die man etwas erkennt, sondern sie sind alle so, daß sie in die Stimmung, in die Gemütsverfassung übergehen. Und derjenige, bei dem sie nicht in die Gemütsverfassung übergehen, der hat sie noch nicht vollständig erfaßt, der hat sie bloß als theoretische Wahrheiten erfaßt ...

Der Rumpf wird Kopf im nächsten Leben

GA 169, Ausg. 1963, 27. 6. 1916, S. 90/91

... Wenn Sie das Skelett anschauen, gliedert sich scharf ab das Haupt, und der übrige Leib bildet den Rest. Ich habe dazumal bemerkt, daß – nicht ganz, aber im wesentlichen – alles, was an dem Haupte daranhängt, Erdenbildung ist. So, wie der Mensch nach der Mondenentwickelung auf die Erde herübergekommen ist, ist er nur noch enthalten in der Hauptesbildung. Wir können sagen, das Haupt ist ein wesentlich älteres Organ als der übrige Organismus. Der Kopf ist das Älteste, das Ehrwürdigste am Menschen. Die Erde hat ihm das andere angehängt – im wesentlichen, nicht ganz, aber man muß ja immer die Dinge, ich möchte sagen, annähernd betrachten. Wiederum, wenn wir die Tatsache betrachten, wie das Ich von Inkarnation zu Inkarnation geht, so müssen wir auch da die Kräfte unterscheiden, die dem Haupte zugrunde liegen, und die Kräfte, die dem übrigen Organismus zugrunde liegen. Erinnern Sie sich an das, was ich in jenem öffentlichen Vortrag gesagt habe: Unser Haupt ist im wesentlichen in seiner Form, in seiner Gestalt, das Ergebnis unserer früheren Inkarnation. Wie wir in unserer früheren Inkarnation uns verhalten haben, wie wir uns betragen haben im Leben, das hat unserem Organismus das Gepräge gegeben, das drückt sich in der nächsten Inkarnation in der Physiognomie, namentlich aber in der Schädelbildung unseres Hauptes aus. Erinnern Sie sich, daß ich einmal gesagt habe: Die Reinkarnation, die Wiederverkörperung, die wiederholten Erdenleben – am Schädel kann man sie mit Händen greifen; denn wie der Schädel geformt ist, das hängt davon ab, wie wir in unserer vorhergehenden Inkarnation waren. Wie wir unsere übrige Physiognomie bilden, unsere Haltung, ob wir mehr oder weniger zappelig sind, ob wir mehr oder weniger Gesten machen, das wirkt wiederum auf die nächste Inkarnation; das drückt sich in der nächsten Inkarnation in der Gesichtsbildung, namentlich in der Schädelbildung aus...

Freundschaften, Menschengemeinschaft

GA 235, Ausg. 1958, 1.3. 1924, S. 122–124

Nun, damit sich dieser Trieb, den Menschen in der Jugend zu haben, nicht dennoch dazu auswächst, dann den Jugendfreund im Alter weiter zu haben, muß irgend etwas anderes im Leben eintreten. In all den Fällen, die mir bewußt sind, ist es dann immer so gewesen, daß, wären diese Menschen in einem späteren Leben vereinigt geblieben, wäre die Jugendfreundschaft nicht zerbrochen, so würden sie einander überdrüssig geworden sein, weil sie die Freundschaft in einem früheren Leben, die eine Altersfreundschaft war, zu egoistisch ausgebildet haben. Der Egoismus von Freundschaften in einem Erdenleben rächt sich karmisch in dem Verlust dieser Freundschaften in anderen Erdenleben. So sind die Dinge kompliziert. Aber man bekommt immer einen Leitfaden, wenn man eben sieht: es ist in vielen Fällen dies vorhanden, daß zwei Menschen in einem Erdenleben, sagen wir, bis zu ihrem zwanzigsten Lebensjahr ihr Leben für sich und dann weiter in

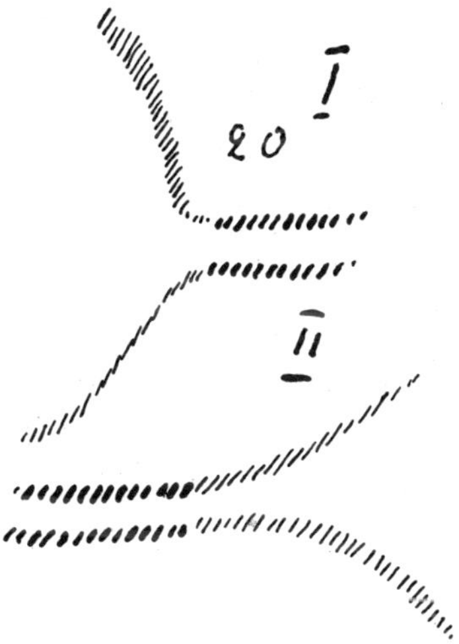

Freundschaft gehen (siehe Zeichnung I). In einem nächsten Erdenleben entspricht gewöhnlich diesem Bilde dann das andere (II), es entspricht diesem anderen die Jugendfreundschaft, und dann geht das Leben auseinander. Das ist sehr häufig der Fall. Wie denn überhaupt das gefunden wird, daß sich die einzelnen Erdenleben, ich möchte sagen, ihrer Konfiguration nach angesehen, gegenseitig ergänzen.

Besonders das wird häufig gefunden: Trifft man einen Menschen, der auf das Schicksal einen starken Einfluß hat – die Dinge gelten natürlich nur in der Regel, sind nicht für alle Fälle gültig –, aber trifft man einen Menschen im mittleren Lebensalter in einer Inkarnation, so hat man ihn unter Umständen am Anfange und am Ende des Lebens in einer vorigen Inkarnation schicksalsmäßig neben sich gehabt. Dann ist das Bild so: man durchlebt Anfang und Ende in der einen Inkarnation mit dem anderen Menschen zusammen, und in einer anderen Inkarnation durchlebt man Anfang und Ende nicht, aber man trifft ihn gerade in der Mitte des Lebens.

Oder aber es stellt sich so heraus, daß man als Kind an irgendeinen Menschen gebunden ist schicksalsmäßig. In einem vorigen Erdenleben war man gerade, bevor man zu Tode ging, mit demselben Menschen verbunden. Solche Spiegelungen finden in den schicksalsmäßigen Zusammenhängen außerordentlich häufig statt.

GA 130, Ausg. 1962, 8. 2. 1912, S. 254/255

...Das sind die allerwenigsten Fälle, wo wir etwa mit den Menschen, die früher unsere Eltern waren, in der allerersten Kindheit zusammenkommen, sondern gerade in der Mitte des Lebens. So erscheint das gewiß als eine kuriose Tatsache, aber es ist so. Und erst wenn wir versuchen, nun eine solche Regel am Leben zu probieren, wenn wir unsere Gedanken so einrichten, können wir ungeheuer viel für das Leben gewinnen. Wenn ein Mensch, sagen wir, um das dreißigste Jahr herum, in irgendein Verhältnis tritt zu einem anderen Menschen: es mag sein, daß er sich in ihn verliebt, Freundschaft schließt, in irgendeinen Kampf kommt oder irgendwie in etwas anderes, so wird uns vieles lichtvoll und erklärlich, wenn wir zunächst probeweise daran denken, daß wir mit diesem Menschen einmal im Verhältnis von Kind und Eltern waren. Umgekehrt stellt sich eine höchst merkwürdige Tatsache heraus. Diejenigen Menschen, mit denen wir gerade in der allerersten Kindheit zusammentrafen, Eltern, Geschwister, Spielkameraden oder sonstige Umgebung der Kindheit, sind in der Regel solche Persönlichkeiten, mit denen wir in der vorhergehenden oder irgendeiner früheren Inkarnation, die Beziehungen so entwickelt haben, daß wir damals um das dreißigste Jahr diese oder jene Bekanntschaft geschlossen haben. Es stellt sich sehr häufig heraus, daß diese Menschen als unsere Eltern oder Geschwister auftreten in der gegenwärtigen Inkarnation. Wenn uns so etwas auch kurios vorkommen mag, man versuche es nur einmal, auf sein Leben anzuwenden. Man wird sehen, wie lichtvoller das Leben wird, wenn wir die Sache so betrachten. Wenn das einmal nicht stimmt, so macht eine fehlerhafte Probe nicht viel aus. Aber in einsamen Stunden das Leben so betrachten, daß es einen Sinn bekommt, das gibt ungeheuer viel. Nur soll man das Leben nicht so oder so arrangieren wollen, man soll nicht aussuchen diejenigen, die einem gerade gefallen, die man einmal als Eltern gerne gehabt haben würde. Man darf sich nicht durch irgendein Vorurteil die Sache in ein falsches Licht rücken. Sie merken, daß hier eine Gefahr liegt und unzählige Vorurteile auf uns lauern. Aber es ist schon ganz gut, wenn wir uns erziehen, in diesen schwierigen Dingen vorurteilsfrei zu sein.

Sie können die Frage an mich richten: Wie ist es denn nun aber mit dem Leben in der absteigenden Linie? In einer merkwürdigen Weise hat sich herausgestellt, daß wir am Beginne des Lebens bekannt werden mit Menschen, mit denen wir früher bekannt waren in der Mitte des Lebens, während wir jetzt, in der Mitte des Lebens, unsere Bekanntschaft mit ihnen am Anfange des damaligen Lebens wieder erkennen. Wie ist es denn im absteigenden Leben? Da ist es so, daß wir dann mit Persönlichkeiten zusammengeführt werden, die vielleicht auch mit uns im früheren Leben etwas zu tun gehabt haben, vielleicht aber auch noch nicht. Sie haben dann etwas mit uns zu tun gehabt im früheren Leben, wenn besonders charakteristische Ereignisse vorkommen, wie sie so sehr häufig im Menschenleben auftreten, wenn irgendein entscheidender Lebenspunkt – sagen wir, starke Lebensprüfung durch bittere Enttäuschung – eintritt. Dann kommt das so, daß wir in der zweiten Hälfte des Lebens wieder mit Personen zusammengeführt werden, welche in der einen oder anderen Weise mit uns schon verbunden waren. Dadurch verschieben sich die Verhältnisse, und dadurch wird manches abgetragen, was früher verursacht war.

Das macht die Dinge mannigfaltig und läßt uns erkennen, daß wir nicht allzu schablonenhaft vorgehen sollen. Namentlich aber werden in der zweiten Hälfte des Lebens solche Personen uns in den Weg geführt, bei denen das Karma, das angesponnen ist, in *einem* Leben sich nicht erledigen läßt. Nehmen wir an, wir haben einem Menschen in einem Leben ein Leid zugefügt. Man könnte sich nun leicht denken, wir werden in einem folgenden Leben mit diesem Menschen wieder zusammengeführt, und der Gescheitere in uns führt uns so zusammen, daß wir ausgleichen können, was wir ihm getan haben. Aber die Lebensverhältnisse müssen nicht immer so sein, daß wir alles ausgleichen können, sondern oft nur einen Teil. Dadurch werden Dinge notwendig, welche die Sache komplizieren, und welche es möglich machen, daß solche zurückgebliebenen Reste des Karma in der zweiten Hälfte des Lebens ausgeglichen werden...

Seelisches wird Physisches

GA 96, Ausg. 1974, 15. 10. 1906, S. 112/115

...es ist von dem egoistischen Erwerbssinn die Rede, der eine bestimmte Konstitution des Ätherleibes bedingt und das Erwerbsstreben über das notwendige Maß hinaus ausbildet. Ein solcher Mensch wird sehr oft im nächsten Leben mit einem physischen Leib geboren, welcher die Anlage zu Infektionskrankheiten zeigt. Es ist in zahlreichen Fällen okkult festgestellt, daß Leute, die durch bestimmte Epidemien im jetzigen Leben leicht infizierbar sind, in ihrem früheren Leben mit einem krankhaft gesteigerten Erwerbssinn ausgestattet waren.

Auch anderes können wir im einzelnen anführen. So gibt es zwei Eigenschaften, die einen deutlich erkennbaren Einfluß auf die karmische Gestaltung des folgenden Lebens haben. Da ist zunächst einmal von dem starken Einfluß zu sprechen, den der bleibende Charakterzug des liebevollen, wohlwollenden Begegnens gegenüber seinen Mitmenschen ausübt. Es gibt Menschen, die bei ihren Mitmenschen alles wohlwollend aufnehmen, die ihre Umgebung liebevoll behandeln und sie teilnehmend erfassen. Bei manchen geht diese Liebe weit über die reine Menschenliebe hinaus. Sie lieben die Natur und die ganze Welt. Je mehr sich dieser Sinn des Umfassens ausgebildet hat und eine Gewohnheit der Seele geworden ist, also am Ätherleibe haftet, um so mehr hat der Mensch in einem nächsten Leben die Anlage zum Jungsein: er erhält sich lange jung. Wer also spät altert, sich lange jung und beweglich erhält, dessen Leben führt zurück auf ein früheres Erdenleben oder gar auf mehrere frühere Leben, die er in Liebe zur Umgebung verbracht hat. Um so mehr bleibt der Mensch in einer folgenden Inkarnation physisch jung, je mehr er seiner Umgebung gegenüber die Liebe ausprägt. Wer zu Antipathie gegenüber seinen Mitmenschen neigt, kommt zu einem frühen Altern. Ein Leib, der physisch früh die Zeichen des Alters zeigt, führt auf das Leben eines Kritikasters, auf ein Leben von Abneigung und Mißwollen zurück. So sieht man, daß man auf sein Leben einwirken kann, indem man bewußt in Karma eingreift. Wer in diesem Leben Liebe entfalten kann, darf versichert sein, daß er im nächsten Leben einen Leib haben wird, der junge Züge zeigt. Alle jene Menschen, die heute in einem frühen Alter Kritiken unter dem Strich schreiben, werden im nächsten Leben Leute sein, die fast mit Runzeln geboren werden. Das ist ein radikaler Ausspruch, aber ihm liegt eine starke Wahrheit zugrunde.

So zeigen uns die karmischen Gesetze den Zusammenhang

zwischen der Gesundheit und dem geistigen Leben. Daß dieser Zusammenhang allerdings nicht so mit zwei Schritten zu erreichen ist, sondern daß man schon ins einzelne gehen muß, wird niemand bestreiten. Ebensowenig kann der Satz bezweifelt werden, daß eine moralische, aufrichtige, gewissenhafte Seele der künftige Erbauer eines gesunden Leibes ist. Aber man darf das nicht von heute auf morgen erwarten und auch nicht glauben, daß der, welcher mit seelischen Fehlern behaftet ist, von heute auf morgen geheilt werden kann. Man sollte auch einsehen, daß man vom Egoismus zu einer selbstlosen Lebensweise aufsteigen muß, die nicht gleich die Früchte ihres Tuns einheimsen will. Was zur Gewohnheit wird, kann aber auch schon in diesem Leben auf den physischen Körper zurückwirken. Ein Beweis dafür ist die okkulte Entwickelung, welche nicht nur in bewußter Weise auf den Astralleib, sondern auch auf den Ätherleib Einfluß gewinnen kann. Wer eine okkulte Entwickelung durchmacht, lernt nicht nur seinen Astralleib, sondern auch seinen Ätherleib und seinen physischen Leib zu beeinflussen. Durch Umwandlung des gewohnheitsmäßigen Verhaltens kann aus einem jähzornigen Menschen ein sanfter, aus einem mit Affekten behafteten ein gleichmütiger, harmonischer Mensch werden. Der Okkultist muß seine Gewohnheiten in verhältnismäßig kurzer Zeit ändern. Die wahre Entwickelung setzt voraus, daß das, was man lernt, nicht bloße Lehre bleibt, sondern in den Ätherleib hineingeht. Dann erreicht der Okkultist auch, daß es in den physischen Leib hineingeht. Er lernt den Herzschlag, den Pulsschlag und den Atem zu beherrschen. In der okkulten Entwickelung wird das abgekürzt, was sich im gewöhnlichen Leben auf viele Inkarnationen verteilt. Das Karma wird also abgekürzt.

... Da kommt etwas in Betracht, was zunächst unglaublich erscheint, aber es ist so. Die Schönheit des physischen Leibes ist vielfach, nicht immer, aber sehr oft eine Folge von erduldetem Leiden im vorhergehenden Leben. Leiden im vorgehenden Leben – physisches Leiden und auch Seelenleiden – werden zur Schönheit in einem nächsten Leben, zur Schönheit des äußeren physischen Leibes. Es ist wirklich in diesen Fällen so, daß man einen Vergleich gebrauchen darf, den ich schon öfter angewendet habe. Wodurch entsteht die schöne Perle in der Perlmuschel? Eigentlich durch eine Krankheit, sie ist das Ergebnis einer Erkrankung. So ungefähr gibt es auch im karmischen Zusammenhang einen Prozeß, der den Zusammenhang von Krankheit, Leiden, mit der Schönheit darstellt. Diese Schönheit ist vielfach mit Leiden und Krankheit erkauft.

Auch die Weisheit ist vielfach mit Schmerz erkauft. Es ist nicht uninteressant, daß heute durch eine äußere Forschung in mannigfaltiger Weise bestätigt wird, was die Okkultisten seit Jahrtausenden gesagt haben: Daß die Weisheit mit Schmerzen und Leiden, mit einem entsagungsreichen, ernsten Leben im vorhergehenden Dasein zusammenhängt. Es lohnt sich gelegentlich durchaus, die äußere wissenschaftliche Forschung zu befragen. Da ist in letzter Zeit ein Buch über die Mimik des Denkens erschienen. Das Buch soll zeigen, wie sich in der Physiognomie des Menschen die Art und Weise malt, wie sein Denken gestimmt ist. Der Verfasser, der, wie man klar sieht, nicht viel vom Okkultismus weiß, hat doch durch äußerliche Beobachtung herausgefunden, daß man in der Physiognomie des Denkers einen Abdruck durchgemachter Schmerzen erkennen kann. Die gegenwärtige Wissenschaft ist im Begriff, Stück für Stück die uralte okkulte Weisheit zu bestätigen. Das wird in den nächsten Jahren noch viel mehr der Fall sein, als sich irgendein Gelehrter träumen läßt.

Nun werden Sie noch leichter einsehen, daß wir uns nicht in einem blinden Glauben oder Autoritätsgefühl gegenüber gewissen Erscheinungen der Geistesgeschichte bewegen können. Wenn wir mit dem Verständnis des Karmagesetzes zum Beispiel einer solchen Erscheinung gegenüberstehen, wie es *Schopenhauer* ist, der über seine ganze Weltanschauung eine pessimistische Stimmung ausgegossen hat, dann muß derjenige, der tiefer sieht, nicht glauben, daß dieser Pessimismus die menschliche Grundstimmung darstellt. Es ist vielmehr eine Grundstimmung seiner Seele, die karmisch in ihm vorbereitet und durch eine gewisse Konstitution seines Ätherleibes bewirkt worden ist. Diese pessimistische Stimmung eines Denkers ist nur zu verstehen, wenn man sie karmisch verfolgt. Eine so geartete Persönlichkeit hat in einem früheren Leben – das ist eine ganz konkrete Erklärung – nicht Gelegenheit gehabt, viel Gutes zu tun. Dagegen war dieser Mensch durch seine Lebensstellung und durch den Beruf dazu verurteilt, mancherlei Böses zu tun und Unrichtiges zu vollbringen. Und dieses Böse und Unrichtige, zu dem er in seinem früheren Leben nicht karmisch, sondern durch seinen Beruf verurteilt war, kommt ihm zurück als ein gewisses antipathisches Gefühl gegenüber der Welt, die ihm jetzt entgegentritt. Das ist die Wiederholung seiner eigenen von ihm vollbrachten Taten. Wenn Sie Karma verstehen wollen, dürfen Sie sich nicht bloß auf den fatalistischen Standpunkt stellen, daß alles vorherbestimmt ist. Zu dem, was der Mensch jetzt tut, braucht er nicht durch die vorhergehenden Leben verurteilt zu sein. Das gleicht sich oft erst im nächsten Leben aus. Die Taten sind also nicht immer die Früchte von früheren Leben, sondern finden gegebenenfalls erst ihren Ausgleich in einem künftigen Leben. Solche Taten sind gemeint, wenn von der Ursache der pessimistischen Grundstimmung bei Schopenhauer gesprochen wird.

Alles was der Mensch als seine eigenen individuellen Taten vollbringt, die ganz und gar aus seiner Person hervorgehen – nicht diejenigen, die er durch seine Volksgemeinschaft, seine Familiengemeinschaft und seinen Beruf auszuführen hat –, wollen wir einmal streng abgrenzen. Zwei Hofräte können dasselbe tun, weil sie Hofräte sind, das scheiden wir aus. Aber sie können auch etwas höchst Verschiedenes an Taten vollbringen, weil sie zwei verschiedene Menschen sind. Und das betrachten wir jetzt. Was als Tat von seiner Persönlichkeit ausfließt, was sie so vollbringt, das kommt ihm als sein äußeres Schicksal im nächsten Leben entgegen...

Einschlafen – Aufwachen

GA 239, Ausg. 1963, 14. 6. 1924, S. 242/243

... Wenn das mit Initiations-Anschauung ganz durchschaut wird, dann steckt in dieser zweiten Strömung das ganze menschliche Karma. Die ganze karmische Vergangenheit, sie zieht mit jedem Schlafe an dem Menschen vorüber. Während der Mensch vorzugsweise in dem, was er erleben kann beim Einschlafen, einen kleinen Vorgeschmack hat von dem werdenden Karma, das sich da ausbildet für die Zukunft, hat er, wenn er aufwacht in diesem Gefühl, das ich beschrieben habe, eine leise, allerdings eine sehr leise Empfindung von dem Karma, das er trägt. Der Moment des Aufwachens ist ein solcher, von dem man sagen muß: er bedeutet eine leise Andeutung alles dessen, was der Mensch in sich trägt von seinen vergangenen Erdenleben. Das wird allerdings aufgefangen durch alles das, durch das der astralische Leib und das Ich hindurchstrahlen, wenn sie sich von den Fingerspitzen und den Zehenspitzen aus in den Menschen hinein verbreiten. Aber es ist doch so, daß ein sehr beschwerliches Karma, ein Karma, an dem man stark trägt, die Eigentümlichkeit hat, daß es einem gewissermaßen in den Kopf hinaufstrahlt alles dasjenige, was ungesunde abgelagerte Stoffe sind, während ein gutes Karma eigentlich die guten abgelagerten Stoffe hinaufstrahlt. Und da ist es, wo Geistiges und Natürliches sich berühren. Das Gute im Karma des Menschen strahlt die gesunden Zustände des Organismus am Morgen in den Kopf hinauf, macht den Kopf frei; es dünstet nicht so viel Krankhaftes in den Kopf hinauf vom guten Karma. Vom bösen Karma, von dem Nachgebliebenen alles dessen, was wir im bösen Sinne vollbracht haben, werden alle möglichen ungesunden Ablagerungen im menschlichen Organismus zu einer Art Hinaufdünsten in den Kopf gebracht. Man spürt dann den Kopf brummig und dumpf von dem, was das böse Karma ist. Man kann schon gerade an den Zuständen, die man da am Morgen hat, bis ins Physische hinein das Walten und Weben des Karma empfinden. Und das Karma bildet sich ja aus in der Wechselwirkung von

Schlafen und Wachen. Geradeso wir das werdende Karma, das sich so zusammensetzt aus dem, was wir jeden Tag bis ans Lebensende vollbracht haben, wie dieses ganze bis zum Lebensende ausgearbeitete Karma uns für die Nacht dasselbe bedeutet, wie die augenblicklich gestalteten Gedanken für den Tag, so bedeutet jenes ganz Gigantische, was uns da entgegenströmt, was wir antreffen, wenn wir sozusagen vom Abend bis zum Morgen eingeschlafen sind, die Welterinnerungen an unser vergangenes Karma. Wie wir die persönlichen Erinnerungen beim Wachen haben, so haben wir, wenn sich das Bewußtsein darüber ausdehnt, unsere karmischen Erinnerungen vom Einschlafen bis zum Aufwachen. Da kommen uns entgegen die Erinnerungen an die verschiedenen Erdenleben, die wir durchgemacht haben. Bald nach dem Einschlafen kann entgegenkommen dem, der solches durch die Initiations-Weisheit, Initiations-Einsichten aufzufassen weiß, das letzte, das vorletzte Erdenleben, und so hinauf bis zu jenen Erdenleben, die unbestimmt werden, weil der Mensch selber noch mit einem unbestimmten, traumhaften, pflanzenhaften Bewußtsein damals im All lebte. So daß der Schlaf wirklich das Fenster ist, durch das der Mensch hineinschaut in sein Karma. Er lebt sich hinein in sein Karma, und er webt weiter durch seine Taten und Gedanken, die den Inhalt seines Lebens im Wachen bilden, er webt weiter gerade während des Schlafes an der Ausgestaltung seines Karma. Das ist das erste Weben am Karma: während des Schlafes. Ein zweites Weben haben wir schon betrachtet; das geschieht in den ersten Jahrzehnten nach dem Tode...

Vergangenheitsströmung und Zukunftsströmung wirken im Menschen

GA 294, Ausg. 1974, 27. 8. 1919, S. 86/87

Denken Sie, Sie versuchen sich klarzumachen den Seelenzustand Goethes im Jahre 1790. Sie können das, wenn Sie sich, herausgreifend, nur mit einigen von den Dingen beschäftigen, die Goethe gerade im Jahre 1790 hervorgebracht hat. Sie finden ja am Schlusse jeder Goethe-Ausgabe ein chronologisches Verzeichnis seiner Gedichte, wie sie nacheinander entstanden sind. Sie nehmen also heraus, was im Jahre 1790 an Gedichten entstanden ist und was er in diesem Jahre an Dramen geschrieben hat und betrachten es. Sie vergegenwärtigen sich, daß er in diesem Jahre gerade die schöne Abhandlung «Die Metamorphose der Pflanzen» fertiggestellt hat; Sie erinnern sich, daß er damals gerade die erste Idee der «Farbenlehre» gefaßt hat, vergegenwärtigen sich aus alledem seine Seelenstimmung vom Jahre 1790 und fragen sich: Was spielte in dieses Seelenleben Goethes 1790 hinein? Das werden Sie sich nur beantworten können, wenn Sie einen prüfenden Blick auf alles werfen, was bei Goethe vorangegangen ist in den Jahren von 1749–1790 und was nach diesem Jahre weiter gefolgt ist – was Goethe damals noch nicht kannte, Sie aber jetzt kennen – in der Zeit von 1790 bis 1832, also bis zu seinem Tode. Dann stellt sich das merkwürdige Erlebnis heraus, daß der augenblickliche Seelenzustand des Jahres 1790 ein Zusammenwirken ist des Späteren, was der Mensch sich erst erwerben will, mit dem Vorhergehenden, was er schon erlebt hat. Das ist eine außerordentlich bedeutsame Beobachtung. Die Menschen scheuen sie nur, weil sie in Gebiete hineinführt, die man begreiflicherweise für derartige Beobachtungen nicht gerne vornimmt. Versuchen Sie Ihre Beobachtung in dieser Weise zu erstrecken auf das Seelenleben eines Menschen, der vor kurzem verstorben ist und den Sie längere Zeit gekannt haben. Sie werden dann, wenn Sie sich zur feineren Seelenbeobachtung erziehen, das folgende erleben. Ein Mensch ist Ihnen als ein befreundeter hinweggestorben, sagen wir 1918. Sie haben ihn schon seit längerem gekannt, so daß Sie sich fragen können: Wie war sein Seelenzustand im Jahre 1912? Wenn Sie alles berücksichtigen, was Sie von ihm wissen, so werden Sie finden, daß seine Seelenstimmung im Jahre 1912 so war, daß die Vorbereitung zu seinem baldigen Tode unbewußt in seine damalige Seelenstimmung hineinspielte; in das Gefühlsleben unbewußt hineinspielte. Und das Gefühlsleben, im ganzen genommen, nenne ich die Seelenstimmung. Ein Mensch, der bald stirbt, hat eine ganz andere Seelenstimmung als einer, der noch lange lebt.

Zusammenziehen und Ausdehnen ist Lebensrhythmus

GA 273, Ausg. 1967, 19. 1. 1919, S. 238/239

Nicht wahr, die wirkliche Grenze der ersten Lebensperiode ist der Zahnwechsel, das Bekommen der zweiten Zähne. Ich habe öfters darauf aufmerksam gemacht. Was ist denn das eigentlich, dieses Bekommen der zweiten Zähne gegen das siebente Jahr hin, wo die erste Lebensperiode abschließt? Es ist das ein Konsolidieren, ein Verhärten des Menschen, respektive das Verhärten im Menschen gestaltet sich. Es ist wie ein Zusammenziehen aller Lebenskräfte, daß man Dichtestes, Mineralisiertestes zuletzt noch einmal hervorbringen kann, die zweiten Zähne. Es ist ein wirkliches Zusammenziehen aller Lebenskräfte ins Dichte.

Die zweite Lebensperiode schließt ab mit der Geschlechtsreife. Da ist gerade das Umgekehrte der Fall. Da ist nicht wiederum ein Zusammenziehen zur Verhärtung aller Lebenskräfte, sondern da ist im Gegenteil eine Verdünnung aller Lebenskräfte, ein Auseinandertreiben, ein Üppigwerden. Da ist ein entgegengesetzter Zustand, der in dem Organismus pulsiert.

Und nur etwas verfeinert, aber doch wiederum so, wenn um das einundzwanzigste Lebensjahr die dritte Lebensperiode abschließt. Da konsolidiert sich der Mensch wiederum, zieht seine Kräfte zusammen. Mit dem achtundzwanzigsten Lebensjahr dehnt er sie wiederum aus. Einundzwanzigstes Jahr: Zusammenziehung, mehr auf das stellen, was in seinem Inneren lebt. Achtundzwanzigstes Jahr: Ausdehnung, mehr auf das stellen, das ihn zusammenbringt mit der ganzen weiten Welt. Mit dem fündunddreißigsten Lebensjahr – approximativ zu nehmen – ist wiederum eine Art Zusammenziehung da. Das ist ja die Lebensmitte, das fündunddreißigste Jahr.

Also die Entwickelung ist nicht so geradlinig, sondern so, daß sie sich in einer Wellenlinie bewegt: Zusammenziehung, Erhärtung; Erweichung, Ausdehnung; Zusammenziehung, Erhärtung; Erweichung, Ausdehnung. Im Grunde genommen ist das auch das Leben des Menschen im Großen. Indem wir hier in die physische Welt hineingeboren werden, ziehen wir uns zusammen, so daß wir innerhalb unserer Haut sind. Indem wir das Leben zwischen dem Tod und einer neuen Geburt durchmachen, dehnen wir uns immer mehr und mehr aus.

Was folgt aus alledem? Aus alledem folgt, daß der Entwickelungsgedanke, der nur geradlinig die Entwickelung denkt, nichtsnutzig ist, daß er die Menschheit nasführt und abgestreift werden muß. Alle Entwickelung schreitet nämlich im Rhythmus voran. Alle Entwickelung geht: Wellental, Wellenberg, Zusammenziehung, Ausdehnung.

GA 312, Ausg. 1961, 7. 4. 1920, S. 340

... Braucht der Leib nicht mehr so viel für sich zu verwenden von den Bildekräften, dann staut er sie gewissermaßen zurück, und sie werden die Grundkräfte für das Gedächtnis. Das Gedächtnis tritt daher immer erst dann hervor, wenn der Organismus weniger die Bildekräfte in Anspruch nimmt. Denn die Kräfte, die organisch dem zugrunde liegen, sind die umgewandelten Wachstums- und Bildekräfte, die besonders stark in Anspruch genommen werden für die Plastik des Organismus in den ersten Lebensjahren. Alles beruht im Grunde auf der Metamorphose ...

Raumesorganismus und Zeitenorganismus

GA 309, Ausg. 1981, 13. 4. 1924, S. 20/21

... Aber der Mensch hat nicht nur den Raumesorganismus, er hat auch den Zeitenorganismus. Und ebenso wie das Ohrläppchen gebildet ist nach der Bildung des Ganzen und auch nach der Bildung, sagen wir des kleinen Fingers oder des Knies und so weiter, so steht dasjenige, was der Mensch im 50. Lebensjahr erlebt an physischer Gesundheit, an Krankheit, an seelischem Aufgeräumtsein oder Niedergeschlagensein, an geistiger Klarheit oder Dumpfheit, diese seelische Konfiguration des Menschen im 50. Lebensjahr steht im innigsten Verhältnis mit dem, was der Mensch im 10., 7. oder 4. Lebensjahr in dieser Beziehung in sich trug. So wie die Glieder im Raumesorganismus, so stehen die zeitlich voneinander getrennten Glieder im Zeitenorganismus in Beziehung zueinander. In gewisser Beziehung können wir sagen: Wenn wir 5 Jahre geworden sind – natürlich, der triviale Einwand gilt nicht, daß wir eher sterben können, da liegen andere Verhältnisse vor –, wenn wir 5 Jahre alt geworden sind, ist das, was in uns ist, schon im Einklang mit dem, was wir sein werden, wenn wir 40 Jahre alt sein werden. Der Mensch ist außerdem, daß er ein Raumesorganismus ist, ein Zeitenorganismus. Und wenn jemand einen Finger findet, so müßte schon dieser Finger eben erst abgeschnitten sein, damit er überhaupt einem Finger ähnlich sein kann: er wird sehr bald nicht mehr ein Finger sein; wenn er lange vom Organismus getrennt ist, verschrumpft er, wird er etwas anderes als ein menschliches Glied. Ein vom menschlichen Organismus getrennter Finger ist kein Finger; er könnte niemals leben, abgetrennt von seinem Leibe, und das ist nichts, ist kein in sich Beständiges, ist gar keine Wirklichkeit; er ist nur eine Wirklichkeit mit dem ganzen Erdenleib zwischen Geburt und Tod zusammen.

Wenn wir dies betrachten, werden wir uns auch klar sein darüber, daß wir in alldem, was wir an das Kind heranbringen, den Zeitenorganismus berücksichtigen müssen. Denken Sie sich nur einmal, wenn der Mensch ebenso beeinflussen könnte den Raumesorganismus, wie er den Zeitenorganismus oftmals beeinflußt, was dann aus diesem Raumesorganismus würde! Nehmen wir an, wir führten in den Menschenmagen eine Substanz ein, die den Kopf zerstört. Wir schauten nur auf den Magen, wir schauten nicht auf das, was aus dieser Substanz wird, wenn sie sich im Organismus verteilt und bis zum Kopfe kommt. Derjenige, der den menschlichen Organismus verstehen will, muß sagen können aus dem, was vorgeht mit einer Substanz im menschlichen Magen, was dieser Vorgang für eine Bedeutung für den Kopf hat. Die Substanz muß vom Magen bis zum Kopf fortwährend Veränderungen, Metamorphosen durchmachen, muß beweglich sein. Beim Zeitenorganismus versündigen wir uns dem Kinde gegenüber häufig. Wir sehen darauf, daß das Kind uns schon entgegenbringe so klare, scharfe Begriffe, Begriffe mit scharfen Konturen; wir werden unwillig, wenn das Kind elastische Begriffe hat, die nicht recht scharf sind. Wir arbeiten dahin, dem Kinde etwas beizubringen, das es dann so in der Seele behält, daß es uns das wieder vorschwatzen kann. Wir sind oftmals besonders glücklich, wenn wir einem ganz jungen Kinde etwas beibringen, das es nach Jahren in derselben Gestalt wieder vorschwatzt. Aber das ist gerade so, wie wenn wir einem Kinde mit 3 Jahren Stiefel machen lassen und verlangen, daß es mit 10 Jahren diese Stiefel anziehe und sie ihm noch passen. In Wahrheit handelt es sich darum, daß wir dem Kinde beibringen lebendige, biegsame, elastische Begriffe, die, wie die äußeren physischen Glieder wachsen, so seelisch mit dem Menschen heranwachsen. Das ist unbequemer, als dem Kinde Definitionen zu geben von dem und jenem, die es sich merken muß, die bleiben sollen, wie wenn man verlangen würde, daß Stiefel eines Kindes von 3 Jahren passen sollen für Füße eines Kindes von 10 Jahren. Man muß mit den Regungen des Kindes mitleben, muß eine Freude haben, dem Kinde etwas zu geben, was innerlich biegsam und elastisch ist, damit das Kind, so wie es mit den physischen Gliedern wächst, mit diesen Begriffen, Empfindungen, Gefühlsregungen heranwächst, so daß es in kurzer Zeit etwas anderes macht aus dem, was wir ihm gegeben haben. Da braucht man innige Freude am Werden und Wachsen; man kann nicht Pedantismus brauchen, nicht das Leben in zu scharf konturierten Begriffen brauchen. Man kann nur gebrauchen dasjenige, was regsames, sich gestaltendes, wachsendes, gedeihendes Leben ist...

Seelische Eindrücke – körperliche Folgen als Rhythmusgesetz

GA 309, Ausg. 1981, 14. 4. 1924, S. 38/39

...Ein Fall von Diabetes bei einem Vierzigjährigen zurückgeführt auf die Schädlichkeit des kindlichen Spieles im 3., 4. Lebensjahr. Dann wird man sehen, was es heißt: der ganze Mensch besteht aus

Körper, Seele und Geist, und beim Kinde ist Körper, Seele und Geist noch eine Einheit. Geist und Seele werden später vom Körper frei, dann sind sie ein Dreifaches. Dann sind sozusagen im erwachsenen Menschen Geist, Seele und Leib auseinandergeschoben, und nur der Leib behält dasjenige, was in ihm während der Zeit der kindlichen Entwickelung eingezogen ist als Keim für das spätere Leben. Nun ist das Eigentümliche: In der Seele erleben wir Folgen, die eben in das Unterbewußte hineingezogen sind, bald; physisch im Körper erleben wir es sieben- bis achtmal später. Wenn Sie das Kind seelenhaft erziehen, das Seelenhafte im 4., 5. Lebensjahr so geltend machen, daß das Kind es aufgenommen hat und sein Seelenleben unter dem Einflusse steht, so kommt dieses zum Beispiel im 8. Lebensjahr zum Vorschein. Die Leute sehen noch darauf, daß man im 4., 5. Lebensjahr das nicht beibringt, was es nicht gesund macht im 8., 9. Lebensjahr. Die Seelenwirkung zeigt sich im 8., im 7. Lebensjahr. Die körperliche Wirkung zeigt sich – weil sich der Körper emanzipiert – langsamer, zeigt sich sieben- bis achtmal später. Für die seelische Entwickelung zeigen sich die Früchte eines Einflusses aus dem 5. Lebensjahr im 8. Lebensjahr; im Körper zeigen sie sich nach 35 Jahren, nach einer Zeit, die siebenmal größer ist. 5 mal 7 ist 35. So daß Krankheitserscheinungen, die auftreten infolge einer falschen, durch Spielen bewirkten seelischen Einwirkung im 3., 4. Lebensjahr, im Beginne der Vierziger- oder Ende der Dreißigerjahre auftreten.

Derjenige, der den ganzen Menschen kennenlernen will, muß auch das wissen, daß diese Emanzipation des Seelisch-Geistigen, die beim Erwachsenen eintritt gegenüber dem Vereintsein beim Kinde, nicht etwas Abstraktes ist, sondern sehr konkret ist, indem sich sogar der Zeitverlauf verschieben kann. Immer mehr und mehr wird die Zeit, die der Körper mehr braucht als die Seele, um etwas auszubilden. Der Körper bleibt zurück, und Schädlichkeiten des Körpers treten viel später ein als Schädlichkeiten der Seele. So ist es wiederum bei manchen Verfehlungen im kindlichen Lebensalter, wo man sehen kann, wie in den Flegeljahren im Seelischen gar manches Schlimme ist; aber es gleicht sich aus...

Kopfbildung und Rumpfbildung in einem Erdenleben

GA 181, Ausg. 1967, 23. 7. 1918, S. 362/363

... Wir würden, indem wir auf unser Ich hinblickten, nicht auf unser abstraktes Ich hinschauen, wie wir es jetzt tun, sondern wir würden überschauen, wie dieses Ich innerlich tätig an unserem Leib arbeitet, wie es unseren Leib von Metamorphose zu Metamorphose führt. Wir würden manche Vorstellung korrigieren, denn wir geben uns – zusammenhängend mit dem, was ich jetzt auseinandergesetzt habe – eigentlich über uns recht irrtümlichen Vorstellungen hin. In den Worten der Sprache schon liegen eigentlich recht irrtümliche Vorstellungen über uns selbst. Wir sagen: Wir wachsen –, indem wir uns dabei vorstellen, daß wir erst Kinder waren, daß wir größer geworden sind. Aber so einfach, daß wir erst klein sind und dann größer werden, liegt eigentlich die Sache nicht. Sondern die Wahrheit ist diese, daß wir, indem wir ein kleines Kind sind, die physisch-leibliche Tätigkeit und die geistig-seelische Tätigkeit mehr als eine Einheit erleben, und dadurch halten sich Kopforganismus und Reproduktionsorganismus, Sexualorganismus, in einer gewissen Nähe. Später differenzieren sich diese beiden Erlebnisse, die Kopferlebnisse und Leibeserlebnisse werden einander fremder. Der stoffliche Organismus, der wir als Kind waren, wird nicht größer; denn der wird abgeworfen, schmilzt ab. Aber wir differenzieren uns, die beiden Pole unseres Wesens entfernen sich voneinander. Dadurch wird später in einen gestalteten Leib, bei dem sich die beiden Pole auseinandergezogen haben, der Stoff hineingeordnet. Das kommt uns dann vor, als ob wir bloß wachsen würden. Wir wachsen aber nicht bloß, sondern wir differenzieren uns innerlich, und dadurch kommen wir im späteren Lebensalter mit andern äußeren Dingen in Zusammenhang als im früheren Lebensalter. Wir müssen später mit unserer Kopforganisation den unmittelbaren Erdenkräften ferner stehen als vorher. Unser Kopf hebt sich. Damit ist das verbunden, daß wir wachsen.

Alle diese Vorstellungen werden anders, wenn wir das aufnehmen, was eigentlich die Wahrheit ist. Aber wir nehmen das nicht auf, was die Wahrheit ist. Wir verwischen sozusagen den fortwährend sich metamorphosierenden Leib, der sich fortwährend ändert, wir verwischen ihn und stellen ihn so vor, als wenn er aus sich herauswüchse, größer würde, und dadurch entgeht es uns, was für ein reiches Inneres, bewegtes Lebendiges unser Ich ist, das fortwährend zwischen Geburt und Tod an uns arbeitet...

Kopfentwickelung und Herzentwickelung im menschlichen Lebenslauf

GA 181, Ausg. 1967, 26. 3. 1918, S. 134/135

...Unsere Kopfentwickelung geht nämlich verhältnismäßig schnell, und die Entwickelung, die den übrigen Organismus zur Ausbildung bringt – ich will sie die Herzensentwickelung nennen –, geht verhältnismäßig langsamer, geht etwa drei- bis viermal langsamer. Was den Kopf zur Bedingung hat, ist mit seiner Entwickelung in der Regel mit den Zwanzigerjahren des Menschen schon abgeschlossen; mit Bezug auf den Kopf sind wir alle mit zwanzig Jahren schon Greise. Und nur weil fortwährend die Erfrischung von dem übrigen Organismus kommt, der sich aber drei- bis viermal langsamer entwickelt, leben wir in einer annehmbaren Weise weiter. Unsere Kopfentwickelung geht schnell; unsere Herzensentwickelung, die aber die Entwickelung des übrigen Organismus ist, geht drei- bis viermal langsamer. Und in diesem Zwiespalt stehen wir mit unserem Erleben drinnen. Unsere Kopfentwickelung kann gerade in unserer Kindheit und Jugendzeit eine ganze Menge aufnehmen. Daher lernen wir in der Kindheit und Jugendzeit. Was aber da aufgenommen wird, muß fortwährend erneuert, erfrischt werden, muß fortwährend eingefaßt werden von dem langsameren Gang der übrigen Organentwickelung, von der Herzensentwickelung.

Nun denken Sie sich, wenn die Erziehung so ist wie jetzt in unserem Zeitalter, wo Erziehung und Unterricht nur auf die Kopfausbildung Rücksicht nehmen, so ist, weil wir in Unterricht und Erziehung gewissermaßen nur den Kopf zu seinem Rechte kommen lassen, die Folge davon die, daß der Kopf wie ein toter Organismus in den langsameren Gang der übrigen Entwickelung sich eingliedert, daß er diese zurückhält, und daß die Menschen seelisch früh alt werden...

Nerven-Sinnessystem und Stoffwechselsystem

GA 314, Ausg. 1965, 27. 10. 1922, S. 121–126

...Alles, was zusammenhängt mit dem menschlichen Stoffwechsel, spielt sich in seinen Prozessen ungefähr mit viermal so großer Schnelligkeit ab, als alles dasjenige, was für das Wachstum des Menschen folgt aus der Nerven-Sinnesorganisation. Wir können geradezu sagen: Wir haben mit dem zweiten Zahnen des Kindes, mit dem Erhalten der zweiten Zähne beim Kinde, einen Ausdruck desjenigen, was im Stoffwechselsystem des Menschen vor sich geht gewissermaßen dadurch, daß dieses Stoffwechselsystem des Menschen fortwährend anschlägt an das Nerven-Sinnessystem, aber daß alles dasjenige, was aus dem Stoffwechselsystem des Menschen sich dann fortsetzt nach dem mittleren, nach dem rhythmischen System, zu dem, was sich fortsetzt aus dem Nerven-Sinnessystem in das rhythmische System, sich verhält im Tempo wie vier zu eins. Genau gesprochen ist das so: Wir können in dem Atmungssystem die rhythmische Fortsetzung des Nerven-Sinnessystems sehen, und wir können in dem Zirkulationssystem die rhythmische Fortsetzung des Stoffwechselsystems sehen. Wir können sagen: Das Stoffwechselsystem sendet gewissermaßen seine Wirkungen herauf in den rhythmischen Menschen, also das dritte Glied der menschlichen Organisation in das zweite Glied hinein, was sich ausdrückt durch den Rhythmus der Blutzirkulation im täglichen Leben. Das Nerven-Sinnessystem schickt seine Wirkungen in das Atmungssystem hinein, und das drückt sich aus durch den Rhythmus des Atmens. So daß wir im rhythmischen Menschen, in dem wir das Verhältnis von vier zu eins beobachten können – etliche siebzig Pulsschläge zu achtzehn Atemzügen –, gewissermaßen das Aufeinanderstoßen des Nerven-Sinnessystems und des Stoffwechselsystems haben in dem Verhältnis der Rhythmen, und das, wie gesagt, können wir noch beobachten in irgendeiner Lebensepoche des Menschen, wenn wir das Verhältnis alles desjenigen, was überhaupt in den menschlichen Vorgängen vom Stoffwechsel kommt, in seinem Zusammenstoß betrachten mit demjenigen, was ausgeht vom Kopfsystem, vom Nerven-Sinnessystem. Das ist ein außerordentlich wichtiges Verhältnis. Und wir können eben geradezu sagen: In dem zweiten Zahnen des Kindes haben wir ein Heraufstoßen des Stoffwechselsystems bis in den Kopf, aber so, daß bei der Begegnung des Stoffwechselsystems mit dem Nerven-Sinnessystem das Nerven-Sinnessystem zunächst überwiegt.

Es wird Ihnen das gleich aus den folgenden Auseinandersetzungen klar sein. Wir können also sagen: Wenn das Kind so um das siebente Jahr herum seine zweiten Zähne bekommt, so ist das ein Zusammenschlagen des Stoffwechselsystems und des Nerven-Sinnessystems, so aber, daß präponderiert die Wirkung des Nerven-Sinnessystems, und die Resultierende dieses Zusammenstoßes – gewissermaßen sind das die Komponenten, die vom Nerven-Sinnessystem und vom Stoffwechselsystem ausgehen –, die Resultierende ist dasjenige, was dann zu der Entwickelung der zweiten Zähne führt.

Wiederum in derjenigen Lebensepoche, welche die Geschlechtsreife des Menschen bringt, haben wir ein neuerliches Zusammenstoßen des Stoffwechselsystems und des Nerven-Sinnessystems. Aber so, daß jetzt das Stoffwechselsystem überwiegt, prädominiert, was sich zum Beispiel beim männlichen Geschlechte dadurch ausdrückt, daß selbst die Stimme, die zunächst bis in dieses Lebensalter hinein wesentlich eine Ausdrucksform war des Nerven-Sinnessystems, sich verändert dadurch, daß das Stoffwechselsystem gewissermaßen heraufschlägt und die Stimme dumpfer macht. Verstehen können wir diese Wirkungen dadurch, daß wir beobachten, wieviel in diesen Wirkungen liegt auf der einen Seite von denjenigen Ausstrahlungen im menschlichen Organismus, die im Nierensystem in der heute angedeuteten Weise ihren Ursprung haben und im Leber-Gallensystem, und auf der anderen Seite ihren Ursprung haben in der Kopfes- und in der Hautorganisation, also eigentlich in dem, was zugrunde liegt dem Nerven-Sinnessystem. Das ist ein außerordentlich interessantes Verhältnis, etwas, das, man könnte sagen, in die tiefsten Tiefen der menschlichen Organisation hineinführt. Es ist so, daß man sich geradezu das Bilden, das Gestalten des Organismus so vorstellen kann, daß Ausstrahlungen stattfinden von seiten – nun sagen wir – des Nieren-Lebersystems, denen begegnen die plastischen Abformungen des Kopfsystems. Und will man sich schematisch dasjenige, was da geschieht, zeichnen, so müßte man das so zeichnen (es wird gezeichnet). Man müßte sagen: Von dem Leber-Nierensystem finden solche Ausstrahlungen statt – natürlich nicht nur nach oben, sondern nach allen Seiten hin –, diese Ausstrahlungen, die haben die Tendenz, halbradial zu wirken, aber sie werden überall von den plastischen Formungen abgestumpft, die ihnen vom Kopfsystem aus begegnen. So daß wir die Form der Lunge dadurch begreifen, daß wir ihre Gestalt plastisch ausgestaltet denken vom Leber-Nierensystem, aber entgegenkommend diesen Komponenten diejenigen, die abrunden, vom Kopfsystem aus. Die ganze menschliche Bildung nämlich kommt dadurch zustande, daß wir uns denken: radiale Gestaltung vom Nieren-Lebersystem aus, Abrundung der radialen Gestaltung vom Kopfsystem aus.

Auf diese Weise bekommen wir die außerordentlich wichtige Tatsache, die empirisch in allen Einzelheiten belegt werden kann, daß im menschlichen Organisieren, namentlich im menschlichen Wachstum zwei Kräftekomponenten tätig sind: diejenigen Kräftekomponenten, die vom Leber-Nierensystem ausgehen, und die Kräftekomponenten, die abrunden die Formen, die sie gestalten, die ihnen die Oberfläche geben, diese Komponenten, die vom Nerven-Sinnessystem ausgehen. Beide Komponenten stoßen ineinander, aber sie stoßen nicht ineinander in demselben Rhythmus, sie stoßen in verschiedenem Rhythmus ineinander. Alles dasjenige, was vom Leber-Nierensystem ausgeht, hat den Rhythmus des Stoffwechselmenschen. Und alles dasjenige, was vom Kopfsystem ausgeht, hat eben den Rhythmus des Nerven-Sinnesmenschen. Das heißt, wenn der Mensch bereit ist durch seine Organisation, die zweiten Zähne zu bekommen so um das siebente Jahr herum, so ist er in seiner Stoffwechselorganisation, in alledem, was vom Nieren-Lebersystem ausgeht, und was ja gestoßen wird, möchte ich sagen, von jenem Rhythmus, der der Herzrhythmus ist, unterworfen einem Rhythmus, der sich zu dem anderen Rhythmus, der ihm vom Kopfe aus entgegenkommt, verhält wie vier zu eins. So daß der Mensch eigentlich erst im achtundzwanzigsten Jahre seines Lebens mit Bezug auf die Kopforganisation so weit ist, wie er mit sieben Jahren in bezug auf seine Stoffwechselorganisation ist. Das heißt, das plastische Prinzip des Menschen schreitet langsamer vor als das ausstrahlende, das unplastische Prinzip. Viermal so langsam schreitet das plastische Prinzip vor. Damit hängt es zusammen, daß wir in bezug auf dasjenige, was aus unserem Stoffwechsel kommt, am Ende des siebenten Jahres ungefähr so weit sind, wie wir in bezug auf unser gesamtes Wachstumsverhältnis, insofern es dem Nerven-Sinnessystem unterliegt, erst im achtundzwanzigsten Lebensjahre sind. So daß also der Mensch in dieser Weise ein kompliziertes Wesen ist, daß in ihm eigentlich zwei Strömungen, zwei Bewegungsströmungen tätig sind, die einem ganz verschiedenen Rhythmus unterliegen. Und wir können also sagen, daß zum Beispiel dieses zweite Zahnen dadurch entsteht, daß zunächst dasjenige, was mit dem Stoffwechsel zusammenhängt, anstößt an das langsamere, aber intensivere plastische Prinzip, so daß wir in dem Zahnen haben ein Präponderieren des plastischen Elementes. In der Epoche der Geschlechtsreife haben wir ein Präponderieren des Stoffwechselelementes; da zieht sich gewissermaßen das plastische Element zurück, was sich eben im männlichen Geschlechte durch die bekannte Erscheinung zum Ausdruck bringt.

Mit dem aber hängen andere Dinge in der menschlichen Organisation zusammen. Mit alledem hängt alles das zusammen, daß eigentlich die größte Möglichkeit für den Menschen, krank zu werden, im Grunde in die Lebenszeit fällt bis zum zweiten Zahnen, und zwar so, daß die größte Möglichkeit, krank zu werden, da ist in der allerersten Lebensepoche. Dann, mit dem zweiten Zahnen, hört eigentlich die innere Veranlagung des Menschen zur Krankheit stark auf. Dieses Verhältnis genau zu studieren, war mir eigentlich auferlegt durch unsere Pädagogik, die wir ausbilden mußten. Denn man kann tatsächlich keine rationelle Pädagogik begründen ohne diese Grundlagen über den gesunden und kranken Menschen. Der Mensch ist eigentlich durch seine innere Wesenheit in der zweiten Lebensepoche, vom Zahnwechsel bis zur Geschlechtsreife, am allergesündesten. Dann beginnt für ihn wieder eine Epoche, wo er unschwer erkrankt. Nun ist das Krankwerden in der ersten Lebensepoche bis zum Zahnwechsel hin im Grunde genommen etwas ganz anderes als das Krankwerden nach der Geschlechtsreife. Diese zwei Möglichkeiten des Krankwerdens sind so verschieden, möchte ich sagen, wie das Bekommen der zweiten Zähne von dem Stimmwechsel bei den Knaben verschieden ist. Das ist so, daß während der ersten Lebensepoche bis zum Zahnwechsel beim Kinde alles ausgeht von der Nerven-Sinnesorganisation bis in die äußersten Peripherien des menschlichen Organismus. Es geht eigentlich alles aus von der Nerven-Sinnesorganisation. Die Nerven-Sinnesorganisation, die noch beim Zahnwechsel prädominiert, die ist es, von der auch die pathologischen Erscheinungen in der ersten menschlichen Lebensepoche ausgehen. Und Sie werden über diese pathologischen Erscheinungen ein totales Urteil, wenn ich mich so ausdrücken darf, bekommen, wenn Sie sich die Sache so anschauen, wenn Sie sich sagen: Da zeigt sich doch ganz klar, daß dasjenige, was vom Nieren-Lebersystem ausstrahlt, abgestumpft gewissermaßen wird, plastisch abgestumpft wird vom plastizierenden Prinzip des Nerven-Sinnesmenschen, und in diesem plastizierenden Element des Nerven-Sinnesmenschen wirkt nun vorzugsweise dasjenige, was ich in diesen Vorträgen bezeichnet habe als zusammenhängend mit der Ich-Organisation des Menschen und mit der astralischen Organisation des Menschen.

Sehen Sie, es ist merkwürdig, daß ich früher sagen mußte, daß die Ich-Organisation vom Leber-Gallensystem ausgeht, daß die astralische Organisation vom Nierensystem ausgeht, und daß ich jetzt sagen muß: Von der Kopforganisation her kommt alles dasjenige, was mit der Ich-Organisation und mit der astralischen Organisation zusammenhängt. Man kommt nämlich niemals mit der menschlichen Organisation in ihrer ungeheuren Kompliziertheit zurecht, wenn man die Dinge nur so geradlinig beschreibt, daß man also sagt: Ich-Organisation geht aus vom Leber-Gallensystem, astralische Organisation geht aus vom Leber-Nierensystem, und man bleibt dabei. Man muß sich nämlich darüber klar sein, daß in der ersten Lebensepoche des Menschen bis zum Zahnwechsel diese Ausstrahlungen vom Leber- und vom Nierensystem abgestumpft werden vom Nerven-Sinnessystem her, und daß diese Abstumpfung das Wesentliche ist, daß also dasjenige, was für das Ich und die astralische Organisation des Menschen vom Leber-Gallensystem und vom Nierensystem herkommt, sich kurioserweise zeigt als Gegenstrahlung, nicht in seinem direkten Wege von unten nach oben, sondern es zeigt sich von oben nach unten in seiner Gegenstrahlung. Und wir haben die ganze kindliche Organisation eigentlich so, daß wir uns vorzustellen haben: das Astralische strahlt aus vom Nierensystem, die Ich-Organisation strahlt aus vom Lebersystem, aber diese Ausstrahlungen haben keine Bedeutung, sondern das Lebersystem wird gewissermaßen reflektiert vom Kopfsystem, das Nierensystem wird reflektiert vom Kopfsystem, und erst die Reflexion in den Organismus hinein erscheint als das wirksame Prinzip. So daß Sie sich sagen müssen: Wie betrachte ich in dem Kinde die astralische Organisation? – Ich betrachte in dem Kinde die astralische Organisation so, daß ich die Nierenwirkungen betrachte, aber in ihrer Rückstrahlung vom Kopfsystem. Wie betrachte ich in dem Kinde die Ich-Organisation? – So, daß ich die Leber-Gallenwirkungen betrachte, aber in ihrer Rückwirkung vom Kopfsystem aus. Und das eigentlich physische System und das ätherische System, die wirken von unten nach oben, die physische Organisation mit ihrem Ausgangspunkte im Verdauungssystem, und vom Herz-Lungensystem die ätherische Organisation. Die wirken von unten nach oben, und die andern von oben nach unten für die erste Lebensepoche des Menschen; und in die Strahlung von unten nach oben wirkt hinein jener Rhythmus, der sich zu jener Strahlung von oben nach unten verhält wie vier zu eins.

Außen – Innen

GA 216, Ausg. 1965, 22. 9. 1922, S. 42/43

... Ich meine diejenigen Stoffe, die fein verteilt im Luftkreise, wir können auch sagen im Luftäther sind, insofern dieser den Luftkreis durchspielt. Diese Stoffe bilden auch Formen, aber diese Formen sind nicht wie die mineralischen Formen, sondern sie sind den Formen der menschlichen Organe ähnlich. Das ist eine Eigentümlichkeit des die Luft durchsetzenden Äthers. Wenn wir ihn beobachten können, wie er die Luft durchspielt und wie er uns für das imaginative Erkenntnisleben erscheinen kann, so nehmen wir wahr, daß in diesem Äther gewissermaßen feine, eben ätherische Gebilde umherfliegen, welche Lungenform, Leber- oder Magenform, jedenfalls die Formen innerer menschlicher Organe haben. Wir können, wenn wir in ätherischer Betrachtung geschult sind, alle menschlichen Formen draußen im Weltenäther beobachten. Nur sind in der Regel diese Organformen im Verhältnis zu den physischen Organen, die wir in uns tragen, riesig groß. Wir sehen mächtige ätherische Leberformen, Lungenformen den Raum, der uns im Kosmos umgibt, durchsetzen.

Was da im Raume draußen gewissermaßen als Formen herumfliegt, das atmet der Mensch ein. Und es ist gut, daß er es einatmen kann, denn indem er es einatmet, wirken diese Formen, die mit der Luft gewissermaßen in uns hineinkommen, immer ausbessernd, gesundend auf unsere Organe. Unsere Organe werden im Verlaufe des Lebens immer schlechter und schlechter. Und gewissermaßen werden sie, wenn ich es etwas grob ausdrücken darf, durch das, was da eingeatmet wird, wiederum ausgeflickt. Wir wissen, wie schwierig es der Therapie ist, menschliche Organe auszuflicken. Aber diese hier gemeinte Therapie muß eigentlich fortwährend auf den Menschen wirken und wirkt auch.

Nun war es in jenen ältesten Zeiten der geschichtlichen Menschheitsentwickelung den Menschen möglich, ohne besondere Schulung, durch ihr ursprüngliches traumhaftes Hellsehen diese ätherischen Formen und namentlich auch ihre Bedeutung für den Menschen zu schauen; zu erschauen, was das zu bedeuten hat, sagen wir, wenn mit dem fein im Ätherischen aufgelösten pepsinartigen Stoffe die menschliche Magenform eingeatmet und von dem menschlichen Magenorgan aufgefangen wird. In solchen Dingen wußte man in alten Zeiten außerordentlich gut Bescheid, und je weiter wir in ältere Zeiten zurückgehen, um so mehr wußte man Bescheid, wie der Mensch zu der feinen Organisation der Umwelt steht.

Zerstäubungsprozesse werden Skleroseprozesse. Kosmische Kräfte wandeln sich im Erdbereich.

GA 312, Ausg. 1961, 27. 3. 1920, S. 142/143

... Und manchmal kann man im menschlichen Leben nur dasjenige beobachten, was dann nach der Geburt eintritt und eine Art Gegenwirkung ist gegen dasjenige, was schon vor der Konzeption im ganzen Zusammenhang des Naturdaseins da war.

Das, was ich jetzt sagte, bezieht sich insbesondere in sehr hohem Grade auf alles dasjenige, was mit der Ossifikation und mit der Sklerose zusammenhängt. Die Sklerose und auch das Ossifizieren sind eigentlich Prozesse, welche ihre Gegenprozesse schon vor der Konzeption haben. Sie wirken entgegen ganz normal als organische Formprozesse demjenigen, was im Menschen vor der Konzeption als Zerstäubungsprozesse, als Ausbreitungsprozesse wirkt. Das ist außerordentlich wichtig, daß man das ins Auge faßt. Man wird den Skleroseprozeß nicht beherrschen können, wenn man ihn nicht in dieser Weise beziehen kann auf das Außertellurische, auch insoferne es von der Geburt oder von der

Konzeption an im Menschen selber auftritt, wenn man ihn nicht beziehen kann auf einen außermenschlichen und außertellurischen Prozeß, der vor der Konzeption liegt.

Nun aber können alle diese Prozesse, die eintreten müssen, über eine gewisse Grenze, gewissermaßen über ihre Schwingungsmitte hinausgehen. Solche Prozesse, wie die Sklerotisierung oder die Ossifikation, sind gewissermaßen Schwingungen gegen eine Mittellage hin, und sie können übergreifen, sie können also zu stark werden. Sie treten dann in ganz anderer Form auf. Zunächst treten sie auf in Form von Dispositionen. Und in den Dispositionen müssen wir eigentlich viel Wesentliches vom Wesen des Menschen suchen. Wenn dasjenige, was in der Ossifikation und in der Sklerose normal ist oder erst abnorm auf seinem eigenen Felde im Laufe des Lebens wird, nach der anderen Seite schwingt und also dieser Prozeß sozusagen nicht auf seinem Felde, sondern in anderen Organsystemen des Menschen sich abwickelt, dann tritt etwas auf, was das krankhafte Gegenbild ist eines Vorkonzeptionellen, was wir in den verschiedenen Arten der Karzinombildung vor uns haben.

Diese Dinge ins Auge zu fassen ist eben nur möglich, wenn man versucht, den ganzen Werde- und Seinsprozeß des Menschen wirklich zu durchschauen. Ohne das wird einem immer so etwas wie die Karzinombildung verhältnismäßig ein unbekannter Faktor im menschlichen Leben sein, wenn man ihn nicht beziehen kann auf etwas, was in irgendeiner Weise im Menschen wirken muß, was nur, ausgeartet, auf ein anderes Feld sich überträgt.

Sklerose – Heilende Maßnahmen gegen diese

GA 319, Ausg. 1971, 29. 8. 1924, S. 238/239

Nehmen wir aber an, in der menschlichen Organisation ist eine solche Anormalität eingetreten, daß, wenn der Mensch nun in Schlaf versetzt wird, oder sich in Schlaf versetzt, die Ich-Organisation und der astralische Leib zu stark sich einwurzeln in der äußeren Welt, das heißt, zuviel von der Spiritualität des außermenschlichen Kosmos aufnehmen, so daß also diese Wirkungen zu stark werden, daß der Mensch also jedesmal, wenn er in Schlaf kommt, zu starke Wirkungen von außen bekommt, zu starke geistige Wirkungen von außen bekommt, spirituelle Wirkungen. Dann verfällt er in die Sklerose.

Das ist die wirkliche Ursache der Sklerose, daß der Mensch, statt daß er sich innerlich durchorganisieren würde, zu starke Wirkungen von außen bekommt, und zwar dann, wenn er gerade im Schlafzustande ist. Zuweilen weigert sich der menschliche Organismus, wenn er älter wird und diese Wirkungen eintreten können, durch die Schlaflosigkeit gegen dieses zu starke Wirken von außen. Aber man kann ja nicht bei der Schlaflosigkeit verbleiben. Die Folge davon ist, daß, wenn man alt wird und doch schlafen muß, der im Alter heraustretende, aus physischem Leib und ätherischem Leib heraustretende astralische Leib und die Ich-Organisation zuviel Wirkungen von außen einnehmen und zu stark zurückwirken auf den Organismus. Was finden wir nun, wenn man alt wird und doch schlafen muß und der im Alter heraustretende astralische Leib und die Ich-Organisation zuviel Wirkungen von außen einnehmen und zu stark zurückwirken auf den Organismus? Wir finden, wenn wir dem menschlichen Organismus nunmehr Blei beibringen, so tritt nicht Schwindel und Ohnmacht ein, sondern es werden nur abgehalten die sklerotisierenden Kräfte unter Umständen, indem man das Blei zu einem entsprechenden Heilmittel präpariert, es werden die astralischen Kräfte von außen und die Ich-Kräfte von außen, die sklerotisierenden Kräfte dadurch abgehalten, weil der Mensch dann auch Zustände durchmacht, in denen er nicht in den Schlaf kommt, sondern in denen nur durch das Blei sein astralischer Leib und die Ich-Organisation herausgetrieben werden, aber die zu starken Kräfte von außen abgehalten werden...

GA 319, Ausg. 1971, 16. 11. 1923, S. 116/117

... Wir müssen das, was den Krankheitsprozeß ausmacht, und was astralischer Leib und Ich-Organisation versorgen müssen, wenn eben der Krankheitsprozeß ungestört wuchern kann, das müssen wir dem astralischen Leibe und der Ich-Organisation abnehmen. Was müssen wir also tun, wenn wir die Sklerose haben? Wir müssen uns ihr so nähern, daß wir dem menschlichen astralischen Leibe für das Verdauungs-Gliedmaßensystem das abnehmen, was er mit dem alternden, zerfallenden, sklerotisch werdenden Leibe zu tun hat. Und das können wir, wenn wir es dem Blei übergeben, dem Blei in einer gewissen Dosierung. Und dies hat dazu geführt, daß wir zu einem solchen Heilmittel gekommen sind, wie Sie es in unserem Verzeichnis als Heilmittel Nummer I angeführt finden, als das Heilmittel gegen Arteriosklerose. Es ist also von vornherein durch wirkliche Menschenerkenntnis klar, daß man durch die in entsprechender Weise in den Menschen hineingebrachte Bleifunktion substantiell der Sklerose beikommen kann; nur muß man jetzt das Blei zur Wirksamkeit bringen. Es ist nicht ohne weiteres gesagt, daß ich das Blei, wenn ich es in den Organismus eingeführt habe, damit auch wirklich zur Wirksamkeit gebracht habe. Da helfen einem dann die weiteren Glieder einer wirklichen Menschenerkenntnis.

Da hilft es einem dann, daß man im menschlichen Organismus unterscheiden kann die aufbauenden und die abbauenden Kräfte. Die letzteren sind zum Beispiel gerade in der Sklerose tätig, wo der menschliche Organismus zerfällt. Im Haupte, im Gehirn zerfällt fortwährend der menschliche Organismus, denn das Gehirn ist immerfort von einer leisen Sklerose erfüllt; das liegt in seiner Organisation. Es hängt also alles davon ab, daß man nun unterscheiden kann die Abbauprozesse und die eigentlichen Vitalisationsprozesse, die Aufbau-, die Wachstumsprozesse. Wenn man diese beiden Prozesse richtig voneinander unterscheiden kann, dann sieht man zunächst hin auf dasjenige im menschlichen Organismus, was die Aufbauprozesse im eminentesten Sinne in sich trägt: das ist in dem ersten Kindesalter der ganze menschliche Organismus. Er ist zunächst noch nicht überlastet mit den Organen für das Denken, mit den Organen für die übrige seelische Tätigkeit; er lebt zunächst in der Organisation des Wachstums. Wenn wir nun das Verhältnis der Milchfunktion zum menschlichen kindlichen Organismus nehmen, so finden wir, daß in dieser Milchfunktion gerade die plastischen Kräfte drinnen liegen, die der Organismus im kindlichen Zeitalter braucht. Im späteren Lebensalter können wir uns nicht in derselben Weise die noch immer nötigen plastischen Kräfte verschaffen, die wir durch den Milchgenuß im kindlichen Alter haben. Wir brauchen auch noch, wenn wir uralt geworden sind, plastisch wirkende Kräfte, Bildekräfte, die die Nahrung, die wir aufnehmen, überführen in die Formen des Organismus. Nun stellt sich heraus: Daß nichts mehr fördert diese plastisch wirkenden, diese Bildekräfte, daß nichts mehr fördert die Anähnlichung der aufgenommenen Stoffe an den menschlichen Organismus als ein oftmals recht schwacher Honiggenuß. Honig wirkt in der Tat auf den altgewordenen Menschen im Stoffwechsel-Gliedmaßenorganismus ganz ähnlich, wie für den Gehirnorganismus des Kindes – und besonders des Kindes – die Milch wirkt. Das weist uns darauf hin, daß im Honig eben besondere Bildekräfte sind, die wir nicht dadurch auffinden, daß wir den Honig einfach chemisch analysieren, sondern die wir nur finden, wenn wir tatsächlich in aller Lebendigkeit die Beziehungen erkennen, die der Mensch hat zu den übrigen Substanzen im Weltall. Und diese Bildefähigkeit des Honigs – denn für eine genauere Interpretation stellt sich heraus, daß der Honig den menschlichen Organismus so ergreift, daß vorzugsweise der astralische Leib seine Bildekräfte ausüben kann –, diese Wirkungen des Honigs kann man dann unterstützen durch einen Zusatz von Zucker, vorausgesetzt, daß der menschliche Organismus das sonst verträgt. Daher finden Sie, daß – in einer besonderen Weise ineinandergefügt, funktional ineinandergefügt – unser erstes Heilmittel gegen Sklerose ein Präparat darstellt aus Blei, Honig und Zucker.

Weltenrhythmus – Lebensrhythmus – Sternenrhythmus

GA 182, Ausg. 1969, 29. 4. 1918, S. 64–66

... In unserem Fühlen, wie wir es mitgebracht haben in unsere Geburt, lebt der Weltenrhythmus. Mehr als man glaubt, lebt der ganze Weltenrhythmus in uns. Das läßt sich sogar zahlenmäßig nachweisen; nur wissen die wenigsten Menschen etwas von diesen Geheimnissen des Daseins. Scheuen Sie es nicht, mit mir diese Betrachtungen anzustellen, wie der ganze Weltenrhythmus lebt in unserem eigenen Organismus, in dem, was in uns vorgeht. Sie wissen: Der Sonnenaufgang rückt jedes Jahr ein Stückchen weiter. Wenn wir zurückgehen in alte Zeiten, war der sogenannte Frühlingspunkt der Sonne im Stier; dann kam er in den Widder, aber in dem Widder jedes Jahr weiterrückend; jetzt ist er in den Fischen. Die Sonne geht nicht jedes Jahr am 21. März an demselben Punkte auf; dadurch kommt sie ja die ganze Kreisbahn herum. Und nach 25920 Jahren ungefähr geht die Sonne ganz herum, scheinbar natürlich, beschreibt die ganze Ellipse. Wenn sie heute in einem bestimmten Punkt der Fische aufgeht, kommt sie in 25920 Jahren wieder dahin zurück. Das Kuriose ist: Wenn Sie diese 25920 Jahre ungefähr betrachten als das große Weltenjahr, wie es die alten Griechen betrachtet haben und Sie suchen nun einen Tag dieses Weltenjahres, so müssen Sie durch 365 dividieren. Was ist dann ein Tag dieses großen Weltenjahres? Das sind ungefähr 70 bis 71 Jahre. Das ist nämlich im Durchschnitt ein Menschenleben, wenn der Mensch alt wird. Wenn Sie sich das Menschenleben, wie es hier auf der Erde zugebracht wird, als einen Tag denken, und das ganze platonische Jahr nehmen, so ist das 365 mal so viel. Das braucht die Sonne, um einmal in der Welt ihren Umgang zu machen: 365 Tage, von denen der Mensch einen in einem Erdenleben durchlebt. Es ist ein schöner Rhythmus, aber dieser Rhythmus geht viel weiter. Bedenken Sie, daß wir in einer Minute ungefähr 18 Atemzüge machen. Diese 18 Atemzüge, multipliziert mit 60, geben die Atemzüge einer Stunde; dieses multipliziert mit 24 gibt die Atemzüge in einem Tag und einer Nacht. Wenn Sie 18 mal 60 mal 24 rechnen, so bekommen Sie heraus: 25920. Das heißt, Sie machen soviel Atemzüge in einem Tage, als die Sonne braucht, um durch ihr eigenes Jahr durchzugehen. Derselbe Rhythmus ist in Ihrem Atmen innerlich, der äußerlich im Gang der Sonne ist. Und wiederum ist das Merkwürdige: Da bringen sie einen Tag zu, indem Sie in einem Tag 25920 mal atmen. Nehmen Sie einen Tag so, daß Sie ihn behandeln wie einen Atemzug: er ist in gewissem Sinne ein Atemzug, so ein Tag, denn morgens atmet unser Leib und unser Ätherleib unser Ich und den Astralleib ein, und am Abend beim Einschlafen atmen wir unser Ich und den Astralleib aus; ein Einatmen und Ausatmen ist das. Wie oft machen wir das in einem Erdentage, in ungefähr 70 bis 71 Jahren? Wir machen dieses Atmen, das heißt das Leben in einem Tage – rechnen Sie es aus – fast genau 25920 mal. Soviel Tage leben wir nämlich in 71 Jahren. Der einzelne Atemzug verhält sich also zu den Atemzügen des ganzen vierundzwanzigstündigen Tages wie das Vorrücken des Frühlingspunktes in einem Jahr zu dem Vorrücken der Sonne durch 25920 Jahre. Das einzelne menschliche Erdenleben ist im Verhältnis zum großen Sonnenjahr von 25920 wie ein Tag, ein Tag unseres Lebens, ein vierundzwanzigstündiger Tag ist ebenso viele Male in unserem 71 Jahre währenden Leben drinnen wie ein Jahr im Sonnenumlauf. Denken Sie sich, was das eigentlich bedeutet, daß wir so in dem wunderbaren Rhythmus des sonnendurchglänzten Kosmos drinnenstehen. Daß unser Leben, insofern es inneres Menschenleben ist, rein rechnerisch ausdrückt die große Sphärenmusik des Kosmos!

GA 179, Ausg. 1977, 11. 12. 1917, S. 75

... Und wiederum, wenn wir unser Leben nehmen, sagen wir also ungefähr 71 Jahre, und wir betrachten dieses Leben des Menschen als einen kosmischen Tag – nennen wir einmal ein Menschenleben einen kosmischen Tag –, so würde ein kosmisches Jahr 365 mal soviel sein, 25920, also annähernd wiederum ein Jahr. Das aber ist die Zeit, in welcher die Sonne wiederum zurückkehrt zu demselben Sternbilde: 25920 Jahre. Wenn in einem bestimmten Jahre die

Sonne im Widder erscheint, nach 25 920 Jahren erscheint sie wiederum im Widder im Aufgang, denn die Sonne bewegt sich durch den ganzen Tierkreis im Laufe von 25 920 Jahren. So also ist ein ganzes Menschenleben herausgeatmet aus dem Kosmos, ein Atemzug des Kosmos, der sich genau zum kosmischen Werden, zum kosmischen Umschwung der Sonne im Tierkreis verhält, wie ein Atemzug zum Tagesleben. Eine tiefe innerliche Gesetzmäßigkeit! Sie sehen, alles ist auf Rhythmus aufgebaut. Wir atmen dreifach oder wenigstens stehen dreifach in einem Atmungsprozeß drinnen. Wir atmen zunächst durch unsere Lunge in den Elementen – in einem Rhythmus, der durch die Zahl 25 920 angegeben wird. Wir atmen im ganzen Sonnensystem, wenn wir Auf- und Untergang der Sonne als parallellaufend zählen unserem Einschlafen und Aufwachen ... Und endlich, das Weltenall atmet uns aus, atmet uns wieder ein ...

GA 237, Ausg. 1959, 6. 7. 1924, S. 47/48

... Wir sehen dieses menschliche Leben auf der Erde, wenn es in gewissen Zusammenhängen seine Grenze erreicht, sich entfalten bis etwa zum 70. Jahre. Was darüber hinaus ist, ist eigentlich ein gnadevoll geschenktes Leben. Was darunter ist, steht unter karmischen Einflüssen; die werden wir noch zu betrachten haben.

Aber man kann – das haben wir ja schon öfter von verschiedenen Gesichtspunkten aus in den mannigfaltigsten Betrachtungen berührt – ein menschliches Erdenleben auf etwa zweiundsiebzig Jahre rechnen. Zweiundsiebzig Jahre ist nun auch, vor den Geheimnissen des Kosmos gesehen, eine merkwürdige Zahl, deren Bedeutung einem eigentlich erst dann so richtig aufgeht, wenn man, ich möchte sagen, das kosmische Geheimnis des menschlichen Erdenlebens in Betracht zieht. Wir haben ja geschildert, was die Sternenwelt vom geistigen Gesichtspunkte aus eigentlich ist ...

... der Mensch, indem er von geistig kosmischen Weiten heruntersteigt zu einem irdischen Dasein, kommt immer von einem bestimmten Sterne her. Man kann diese Richtung verfolgen, und es ist nicht unsachlich, sondern im Gegenteil recht exakt, wenn wir davon sprechen, der Mensch habe einmal seinen Stern. Ein bestimmter Stern, ein Fixstern, ist die geistige Heimat des Menschen...

S. 49

Wir können aber nicht über die Mitternachtsstunde des Daseins sprechen zwischen dem Tode und einer neuen Geburt, ohne an einen Stern zu denken, den dann gewissermaßen, aber mit Berücksichtigung dessen, was ich über Sternenwesen gesagt habe, der Mensch bewohnt zwischen dem Tode und einer neuen Geburt...

S. 50

... Wenn wir immer wieder und wiederum aufmerksam Sternengang und Sonnengang beobachten, so kommen wir dahinter, daß die Sonne im Verhältnis zu den Sternen nicht immer zur selben Zeit aufgeht, sondern immer ein klein wenig später; jeden Tag ein klein wenig später kommt sie an den Ort, an dem sie am vorhergehenden Tag im Verhältnis zu den Sternen gewesen ist. Und dann summieren sich diese Zeitstrecken, um die die Sonne immer zurückbleibt hinter dem Sternengang, summieren sich, werden eine Stunde, werden zwei Stunden, werden drei Stunden und werden schließlich ein Tag. Und der Zeitpunkt rückt heran, wo wir sagen können: die Sonne ist hinter dem Stern um einen Tag zurückgeblieben.

S. 50/51

...Wenn der Mensch aber 72 Jahre gelebt hat, dann ist ein voller Tag abgelaufen, und er kommt in seinem Lebensalter an einer Stelle an, wo die Sonne den Stern verlassen hat, in den sie gerade eingetreten ist, als er sein Leben angetreten hat. Und er kommt bei seinem Geburtstag über den ersten März hinaus: der Stern sagt nicht mehr dasselbe, was die Sonne sagt. Die Sterne sagen, es sei der zweite März; die Sonne sagt, es sei der erste März: der Mensch hat einen Weltentag verloren, denn es sind gerade 72 Jahre, daß die Sonne um einen Tag hinter dem Stern zurückbleibt.

Und während dieser Zeit, während sich die Sonne im Bereiche seines Sternes aufhalten kann, kann der Mensch auf der Erde leben. Dann, unter normalen Verhältnissen, wenn die Sonne nicht mehr seinen Stern beruhigt über sein irdisches Dasein, wenn die Sonne nicht mehr zu seinem Stern sagt: der ist unten, und ich gebe dir das, was dir dieser Mensch zu geben hat, von mir aus, – während ich nun vorläufig, dich zudeckend, mit ihm dasjenige mache, was du sonst mit ihm machtest zwischen dem Tode und einer neuen Geburt, wenn die Sonne das nicht mehr zum Stern sagen kann, fordert der Stern den Menschen wiederum zurück.

Und da haben Sie die Vorgänge am Himmel als unmittelbar zusammenhängend mit dem menschlichen Dasein auf der Erde: wir sehen in den Geheimnissen des Himmels das Lebensalter des Menschen ausgesprochen. Der Mensch kann 72 Jahre leben, weil die Sonne in dieser Zeit um einen Tag zurückbleibt. Dann kann sie also einen Stern, den sie vorher beruhigt hat, indem sie sich vor ihn gestellt hat, nicht mehr beruhigen, so daß der wieder frei geworden ist für die geistig-seelische Arbeit des Menschen im Kosmos.

GA 243, Ausg. 1955, 16. 8. 1924, S. 147/148

Wir stecken darinnen mit der Erde in sich ineinanderschiebenden Sphären. Sieben Sphären sind ineinandergeschoben, und wir wachsen in das Ineinandergeschobene hinein im Laufe des Lebens, hängen so mit ihm zusammen. Unser Leben von der Geburt bis zum Tode wird herausevolviert aus der ursprünglichen Anlage, indem gewissermaßen die Sternensphären uns ziehen von der Geburt bis zum Tode. Wenn wir beim Saturn angekommen sind, dann haben wir alles dasjenige, was die Planetensphäre beziehungsweise die Wesen der Planetensphäre in Gnaden an uns tun können, durchgemacht und bekommen dann, im okkulten Sinne gesprochen, das frei im Weltenall sich bewegende, geschenkte Leben, das zurückschaut auf das planetarische Leben vom Initiaten-Standpunkte aus, und das in gewisser Beziehung emanzipiert sein kann von dem, was in früheren Lebensaltern noch Notwendigkeiten sind.

TITELÜBERSICHT NACH BIBLIOGRAPHIE-NUMMERN DER RUDOLF STEINER-GESAMTAUSGABE

GA		Ausgabe
55	Die Erkenntnis des Übersinnlichen in unserer Zeit und deren Bedeutung für das heutige Leben	(1959)
61	Menschengeschichte im Lichte der Geistesforschung	(1962)
62	Ergebnisse der Geistesforschung	(1960)
63	Geisteswissenschaft als Lebensgut	(1959)
79	Die Wirklichkeit der höheren Welten	(1962)
82	Die Bedeutung der Anthroposophie im Geistesleben der Gegenwart	(1957)
84	Was wollte das Goetheanum und was soll die Anthroposophie?	(1961)
93 a	Grundelemente der Esoterik. Notizen von einem esoterischen Lehrgang	(1972)
96	Ursprungsimpulse der Geisteswissenschaft. Christliche Esoterik im Lichte neuer Geist-Erkenntnis	(1974)
102	Das Hereinwirken geistiger Wesenheiten in den Menschen	(1974)
107	Geisteswissenschaftliche Menschenkunde	(1959)
116	Der Christus-Impuls und die Entwickelung des Ich-Bewußtseins	(1961)
118	Das Ereignis der Christus-Erscheinung in der ätherischen Welt	(1965)
121	Die Mission einzelner Volksseelen im Zusammenhang mit der germanisch-nordischen Mythologie	(1962)
127	Die Mission der neuen Geistesoffenbarung. Das Christus-Ereignis als Mittelpunktsgeschehen der Erdenevolution	(1975)
129	Weltenwunder, Seelenprüfungen und Geistesoffenbarungen	(1960)
130	Das esoterische Christentum und die geistige Führung der Menschheit	(1962)
140	Okkulte Untersuchungen über das Leben zwischen Tod und neuer Geburt	(1970)
147	Die Geheimnisse der Schwelle	(1969)
150	Die Welt des Geistes und ihr Hereinragen in das physische Dasein. Das Einwirken der Toten in die Welt der Lebenden	(1980)

154	Wie erwirbt man sich Verständnis für die geistige	
	Welt? Das Einfließen geistiger Impulse aus der Welt	
	der Verstorbenen	(1973)
157	Menschenschicksale und Völkerschicksale. Schicksals-	
	bildung und Leben nach dem Tode	(1960)
158	Der Zusammenhang des Menschen mit der elemen-	
	tarischen Welt. Kalewala. Olaf Åsteson. Das russische Volks-	
	tum. Die Welt als Ergebnis von Gleichgewichtswirkungen.	(1968)
159/	Das Geheimnis des Todes. Wesen und Bedeutung	
160	Mitteleuropas und die europäischen Volksgeister	(1967)
163	Zufall, Notwendigkeit und Vorsehung. Imaginative	
	Erkenntnis und Vorgänge nach dem Tode	(1975)
165	Die geistige Vereinigung der Menschheit durch den	
	Christus-Impuls	(1968)
166	Notwendigkeit und Freiheit im Weltengeschehen	
	und im menschlichen Handeln	(1960)
168	Die Verbindung zwischen Lebenden und Toten	(1968)
169	Weltwesen und Ichheit	(1963)
174	Zeitgeschichtliche Betrachtungen, zweiter Teil.	
	Das Karma der Unwahrhaftigkeit	(1966)
174a	Mitteleuropa zwischen Ost und West	(1971)
174b	Die geistigen Hintergründe des Ersten Weltkrieges	(1974)
176	Menschliche und menschheitliche Entwicklungs-	
	wahrheiten. Das Karma des Materialismus	(1964)
179	Geschichtliche Notwendigkeit und Freiheit.	
	Schicksalseinwirkungen aus der Welt der Toten	
180	Mysterienwahrheiten und Weihnachtsimpulse.	(1977)
	Alte Mythen und ihre Bedeutung	
181	Erdensterben und Weltenleben. Anthroposophische	(1966)
	Lebensgaben. Bewußtseins-Notwendigkeiten für	
	Gegenwart und Zukunft	(1967)
182	Der Tod als Lebenswandlung	(1969)
183	Die Wissenschaft vom Werden des Menschen	(1967)
184	Die Polarität von Dauer und Entwickelung im Menschen-	
	leben. Die kosmische Vorgeschichte der Menschheit	(1968)
187	Wie kann die Menschheit den Christus wiederfinden?	
	Das dreifache Schattendasein unserer Zeit und das neue	
	Christus-Licht	(1968)

188 Der Goetheanimus, ein Umwandlungsimpuls und Auferstehungsgedanke. Menschenwissenschaft und Sozialwissenschaft (1967)
190 Vergangenheits- und Zukunftsimpulse im sozialen Geschehen (1980)
191 Soziales Verständnis aus geisteswissenschaftlicher Erkenntnis (1972)
192 Geisteswissenschaftliche Behandlung sozialer und pädagogischer Fragen (1964)
193 Der innere Aspekt des sozialen Rätsels. Luziferische Vergangenheit und ahrimanische Zukunft (1977)
196 Geistige und soziale Wandlungen in der Menschheitsentwickelung (1966)
202 Die Brücke zwischen der Weltgeistigkeit und dem Physischen des Menschen. Die Suche nach der neuen Isis, der göttlichen Sophia (1970)
203 Die Verantwortung des Menschen für die Weltentwickelung durch seinen geistigen Zusammenhang mit dem Erdplaneten und der Sternenwelt (1978)
205 Menschenwerden, Weltenseele und Weltengeist. Erster Teil: Der Mensch als leiblich-seelische Wesenheit in seinem Verhältnis zur Welt (1967)
206 Menschenwerden, Weltenseele und Weltengeist. Zweiter Teil: Der Mensch als geistiges Wesen im historischen Werdegang (1967)
209 Nordische und mitteleuropäische Geistimpulse. Das Fest der Erscheinung Christi (1968)
210 Alte und neue Einweihungsmethoden (1967)
212 Menschliches Seelenleben und Geistesstreben im Zusammenhange mit Welt- und Erdentwickelung (1978)
213 Menschenfragen und Weltenantworten (1969)
216 Die Grundimpulse des weltgeschichtlichen Werdens der Menschheit (1965)
217 Geistige Wirkenskräfte im Zusammenleben von alter und junger Generation. Pädagogischer Jugendkurs (1964)
218 Geistige Zusammenhänge in der Gestaltung des menschlichen Organismus (1976)
219 Das Verhältnis der Sternenwelt zum Menschen und des

	Menschen zur Sternenwelt – Die geistige Kommunion der Menschheit	(1966)
222	Die Impulsierung des weltgeschichtlichen Geschehens durch geistige Mächte	(1976)
224	Die menschliche Seele in ihrem Zusammenhang mit göttlich-geistigen Individualitäten. Die Verinnerlichung der Jahresfeste	(1966)
226	Menschenwesen, Menschenschicksal und Welt-Entwicklung	(1966)
230	Der Mensch als Zusammenklang des schaffenden, bildenden und gestaltenden Weltenwortes	(1978)
232	Mysteriengestaltungen	(1958)
233	Die Weltgeschichte in anthroposophischer Beleuchtung und als Grundlage der Erkenntnis des Menschengeistes	(1962)
235	Esoterische Betrachtungen karmischer Zusammenhänge, Band I	(1958)
236	Esoterische Betrachtungen karmischer Zusammenhänge, Band II	(1965)
237	Esoterische Betrachtungen karmischer Zusammenhänge, Band III	(1959)
239	Esoterische Betrachtungen karmischer Zusammenhänge, Band V	(1963)
240	Esoterische Betrachtungen karmischer Zusammenhänge, Band VI	(1961)
243	Das Initiaten-Bewußtsein. Die wahren und die falschen Wege der geistigen Forschungen	(1955)
271	Kunst und Kunsterkenntnis. Das Sinnlich-Übersinnliche in seiner Verwirklichung durch die Kunst	(1961)
272	Geisteswissenschaftliche Erläuterungen zu Goethes Faust, Band I: Faust, der strebende Mensch	(1967)
273	Geisteswissenschaftliche Erläuterungen zu Goethes Faust, Band II: Das Faust-Problem. Die romantische und die klassische Walpurgisnacht	(1967)
275	Kunst im Lichte der Mysterienweisheit	(1966)
293	Allgemeine Menschenkunde als Grundlage der Pädagogik	(1973)
294	Erziehungskunst. Methodisch-Didaktisches	(1974)
295	Erziehungskunst. Seminarbesprechungen und Lehrplanvorträge	(1969)

301	Die Erneuerung der pädagogisch-didaktischen Kunst durch Geisteswissenschaft	(1977)
302	Menschenerkenntnis und Unterrichtsgestaltung	(1971)
303	Die gesunde Entwickelung des Leiblich-Physischen als Grundlage der freien Entfaltung des Seelisch-Geistigen	(1969)
304	Erziehungs- und Unterrichtsmethoden auf anthroposophischer Grundlage	(1979)
304 a	Anthroposophische Menschenkunde und Pädagogik	(1979)
306	Die pädagogische Praxis vom Gesichtspunkte geisteswissenschaftlicher Menschenerkenntnis. Die Erziehung des Kindes und jüngeren Menschen	(1956)
307	Gegenwärtiges Geistesleben und Erziehung	(1973)
308	Die Methodik des Lehrens und die Lebensbedingungen des Erziehens	(1974)
309	Anthroposophische Pädagogik und ihre Voraussetzungen	(1981)
310	Der pädagogische Wert der Menschenerkenntnis und der Kulturwert der Pädagogik	(1965)
312	Geisteswissenschaft und Medizin	(1961)
313	Geisteswissenschaftliche Gesichtspunkte zur Therapie	(1963)
314	Physiologisch-Therapeutisches auf Grundlage der Geisteswissenschaft. Zur Therapie und Hygiene	(1965)
315	Heileurythmie	(1966)
316	Meditative Betrachtungen und Anleitungen zur Vertiefung der Heilkunst	(1980)
319	Anthroposophische Menschenerkenntnis und Medizin	(1971)
347	Die Erkenntnis des Menschenwesens nach Leib, Seele und Geist. Über frühe Erdzustände	(1976)
348	Über Gesundheit und Krankheit. Grundlagen einer geisteswissenschaftlichen Sinneslehre	(1976)
350	Rhythmen im Kosmos und im Menschenwesen. Wie kommt man zum Schauen der geistigen Welt?	(1962)
352	Natur und Mensch in geisteswissenschaftlicher Betrachtung	(1967)
353	Die Geschichte der Menschheit und die Weltanschauungen der Kulturvölker	(1968)